【1】伊娥皇·伊女英

中國歷史上第一位不得善終的皇后，是黃帝王朝第七任帝虞舜帝姚重華先生的妻子伊娥皇女士；和她同死的，還有她的妹妹伊女英女士。

（《中國后妃百圖》，鄒莉／繪圖·提供）

【2】施妹喜

施妹喜喜歡聽撕裂綢緞的聲音，姒履癸先生就從國庫搬出綢緞，教宮女撕給她聽。任何荒唐行為，一旦開始，就會一天一天擴張，終於荒唐到不可收拾。

（《中國后妃百圖》，鄒莉／繪圖·提供）

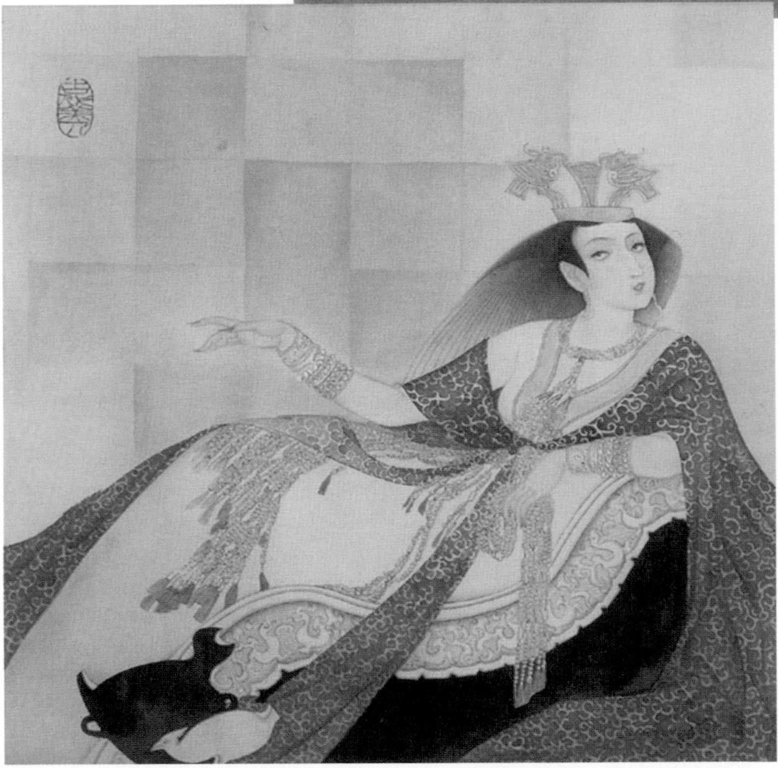

【3】蘇妲己

施妹喜女士之死，是人之死。但在《封神榜》中，蘇妲己女士卻不是一個人，而是一個狐狸精。從蘇妲己女士開始，狐狸精就成了漂亮女人的代名詞。

(《中國后妃百圖》，鄒莉／繪圖・提供)

【4】褒姒

褒姒女士的遭遇，使我們嘆息。但她的不笑，太過於離奇，姬宮湦先生為了她的不笑而大燃烽火，尤其離奇得發怪。

(《中國后妃百圖》，鄒莉／繪圖・提供)

【5】呂雉

呂雉女士是中國歷史上第一位女性梟雄，她能幹、聰明、警覺特別高、反應特別靈敏，為了政治利益，看得透徹，下得狠心。

(《中國后妃百圖》，鄒莉／繪圖．提供)

【6】戚懿

中國歷史上第一個慘死的皇后戚懿女士，她是西漢王朝第一任皇帝劉邦先生的小老婆，史書上稱她為「戚姬」「戚夫人」。

(《中國后妃百圖》，鄒莉／繪圖．提供)

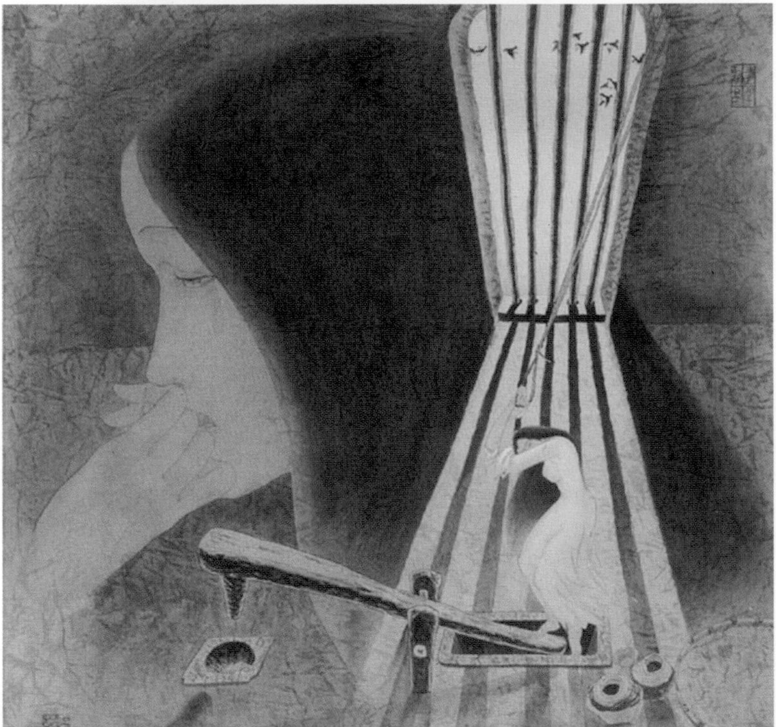

【7】陳嬌

陳嬌女士最後的努力落空，〈長門賦〉只在文學史上留下佳話，在現實上沒有發生絲毫影響，她終於死在長門宮。這個無期徒刑的美麗囚犯，臨死時的心情，永留我們遐思。

（《中國后妃百圖》，鄒莉／繪圖．提供）

【8】李夫人

從李女士病危時拒不跟皇帝丈夫劉徹先生見面，以致使劉徹先生跺腳而去，可看出李女士的絕頂智慧，如果換了別的老奶，準推被而起，抱住劉徹先生鼻涕一把淚一把，那就糟啦。

（《中國后妃百圖》，鄒莉／繪圖．提供）

【9】王昭君

騷人墨客幾乎一口咬定王昭君女士在塞外受苦受難，所以跟著也傷心同情。問題是，中國固然繁華，但與王昭君女士何干？相形之下，她留在長安，只能囚在墳園；塞外卻有廣闊的蒼穹，使她擁有豐富的愛情和人生溫暖。

（《中國后妃百圖》，鄒莉／繪圖．提供）

【10】班婕妤

班婕妤女士出身於高級知識份子的家庭，所以她有當時一般老奶們很少有的禮義修養和文學功力。

（《中國后妃百圖》，鄒莉／繪圖．提供）

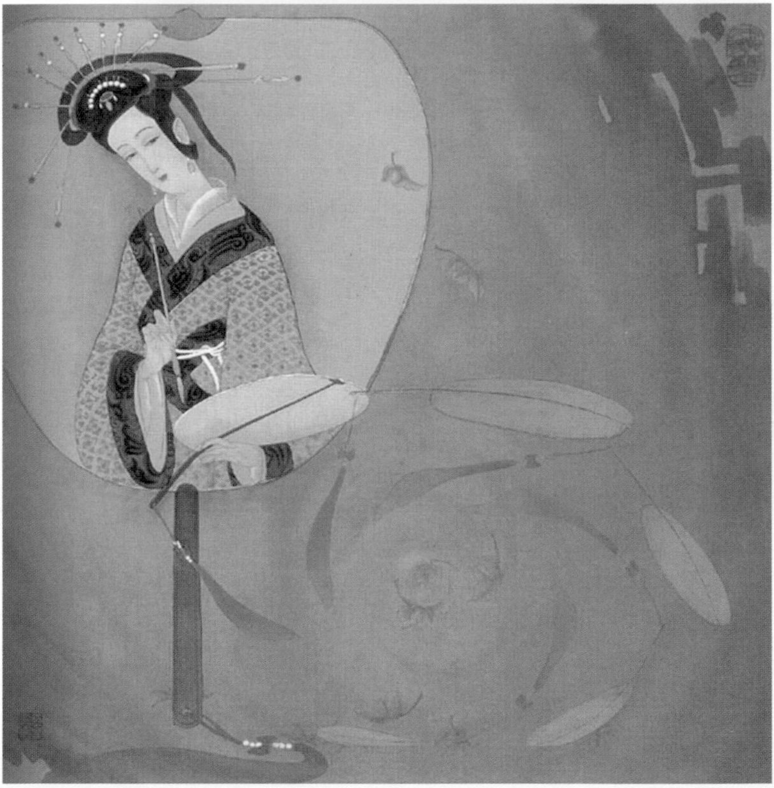

【11】樊姬

樊姬女士是紀元前六世紀，楚王國第六任國王羋侶先生的姬妾，羋侶先生喜愛打獵，不但殘忍，而且荒怠政府公務，樊姬女士勸他不聽，就拒絕吃肉，羋侶先生只好停止去外邊亂跑。

（《中國后妃百圖》，鄒莉／繪圖．提供）

【12】陰麗華

劉秀先生年輕時，他最大的志願是：「做官當做執金吾，娶妻當娶陰麗華。」

（《中國后妃百圖》，鄒莉／繪圖．提供）

【13】竇章德

竇章德女士雖然當上皇后，跟當年趙飛燕女士當上皇后一樣，她和她的妹妹，卻都沒有兒子。無論皇后也好，姬妾也好，沒有兒子是一個可怕的致命傷。

（《中國后妃百圖》，鄒莉／繪圖．提供）

【14】鄧綏

鄧綏女士是一個深具機心的女娃，她既然要刺激陰孝和女士更嫉妒更憤怒，就特別使出最有效的柔媚功夫。

（《中國后妃百圖》，鄒莉／繪圖．提供）

【15】閻姬

劉保小子剷除了閻家班後，接著下令把閻姬女士囚入離宮。這位年紀不過三十歲左右的美貌徐娘，一夜之間變成孤苦一身。

（《中國后妃百圖》，鄒莉／繪圖．提供）

【16】梁妠

梁妠女士當了皇后之後，東漢政府大權，滑到梁氏家族之手，氣焰沖天。而尤以梁冀先生，性情特別凶暴。

（《中國后妃百圖》，鄒莉／繪圖．提供）

柏楊精選集

柏楊精選集㊴

皇后之死・姑蘇響鞋・溫柔鄉・長髮披面

作　　者——柏　楊
總監暨總編輯——林馨琴
編　　輯——游奇惠
發 行 人——王榮文
出版發行——遠流出版事業股份有限公司
臺北市 10084 南昌路 2 段 81 號 6 樓
電話／2392-6899　　傳真／2392-6658
郵撥／0189456-1
著作權顧問——蕭雄淋律師
2003 年 12 月　初版一刷
2017 年 10 月　二版一刷
售價新台幣 480 元
（缺頁或破損的書，請寄回更換）

ISBN　978-957-32-8146-7

YLib 遠流博識網
http://www.ylib.com　　e-mail: ylib@ylib.com

皇后之死

姑蘇響鞋
溫柔鄉
長髮披面

皇后之死

第1集

姑蘇鞶鞋

《姑蘇響鞋》提要

一九七九年六月起，柏楊開始在《台灣時報》寫「湖濱讀史札記」專欄，內容是「皇后之死」，後來結集了三冊，《姑蘇響鞋》是第一冊，從伊娥皇（舜帝姚重華之妻）到衛子夫（漢武帝劉徹之妻），總計十三位。

柏楊說，皇后是世界上危險性最高的職業，在歷朝歷代宮廷鬥爭中大批的皇后死於非命。他把宮廷視為最最黑暗的人間地獄，在那裏面，「每個女人都為了生存，而拚命掙扎鬥爭」，皇后之死，不管怎麼死的，都是悲劇，有時也是醜劇，柏楊寫這一系列文章，就是要探其成因。

伊娥皇怎麼死的？很難說，或是殉情，或是政治謀殺；施妹喜（夏桀帝姒履癸之妻）國亡被放逐而死；蘇妲己（商紂王子受辛之妻）亦國亡而被殺；褒姒（周幽王姬涅之妻）國破夫死而下落不明；翟叔隗（周襄王姬鄭、及其弟姬帶之妻）因國際與宮廷雙重鬥爭最後被亂箭射死；西施（吳王夫差之妻）國亡夫死，不知所終；虞姬（西楚霸王項羽之妻）舉劍自刎於垓下；戚懿（漢高祖劉邦之妻）因奪嫡之爭被砍斷雙足雙手，挖出眼珠，喝下啞藥，極悲慘；張嫣（漢孝惠皇帝劉盈之妻）被囚死；薄皇后（漢景帝劉啓之妻）亦被囚死；栗姬（漢景帝之妻）氣死；陳嬌及衛子夫（漢武帝劉徹之妻），一被廢囚死，一懸樑自盡。

姑蘇曾聞鞋響聲，這是夫差的溫柔鄉；然而一旦勾踐先是火燒姑蘇台，再是攻陷姑蘇，由越派來的西施會是一個什麼樣的下場呢？

序

高雄台灣時報得以有「湖濱讀史札記」偉大的專欄，得感謝四位：一位是王杏慶先生，他通風報信。一位是蘇墱基先生，他辛辛苦苦把我從台北搞到高雄醫治眼疾。一位是吳基福先生，他在高雄守株待兔，爲我大動干戈。另一位則是柏楊先生，臉皮是武裝過的，緣竿而上。

話說一九七九年春天，台北大學雜誌報導柏楊先生眼疾甚重，哀哀求醫。台灣時報記者王杏慶先生靈機一動，四處廣播苦情。台灣時報台北特派員蘇墱基先生暨台灣時報董事長兼眼科權威吳基福先生，素來郵老憐貧。於是一聲令下，就由蘇先生把我押解南征，再由吳先生親自動手，打針吃藥，情形頗爲穩定。我就誓言非給他們尊報寫稿，以報大恩不可。蘇墱基先生大驚曰：「老頭，我們施診捨藥，就是求你不要打我們的主意呀，千萬別寫。」我毫不爲所動，而且假裝沒有聽見。稿件排山倒海，他們遂敗下陣來，只好刊登。每星期兩次，每次兩千字。

本集收集的是一九七九年六月到十二月間的專欄。所謂「湖濱」者，高雄大貝湖之濱也。其實我距大貝湖濱有四百公里之遙，有點名不副實。不過天下名不副實的東西多啦，再多一件也沒啥。強詞奪理的說，我如果不在大貝湖濱，難道我在大貝湖底乎？「讀史札記」倒是貨眞價實，札起來有板有眼，猛一瞧，學問似乎眞大。蓋我老人家一九六〇年後半段及一九七〇年前半段坐牢期間，收集了四部巨著的資料，曰：「皇后之死」「帝王之死」「中國歷代冤獄」，和「中國英雄群」。如果可能，就慢慢道來。如果半路裏殺出程咬金，就寫到那裏算那裏。

是爲序。

柏楊一九八〇・一・於台北柏楊居

《姑蘇響鞋》目錄

第1集

引言

帝王知多少

十三世紀八〇年代，蒙古帝國宰相博囉先生，曾向不幸被俘的文天祥先生，發過大哉之問，問的是：「自盤古到今日，幾人稱帝？幾人稱王？」柏楊先生說博囉發的是大哉之問，實在過度溫柔敦厚。嚴格的說，他發的是狗屁之問，假使文天祥先生反詰曰：「老哥，俺可不知，請你這個主考官，把答案說出來聽聽。」我敢賭一塊錢，他閣下包管眼如銅鈴。用一種連自己都不知道答案的問題，去考別人，乃大亨之類的特權，只能表示他狗屁甚嚮，不能表示他學問甚大也。

然而，我們不以人廢言，這問題仍是一個問題，不能因博囉先生一粒老鼠屎，搞壞了一鍋湯，就說它不成爲問題。中國到底有幾個帝？幾個王？值得考查考查。不過，這裏面有兩項困難，一是，自從盤古老爺開天闢地，到黃帝王朝之間，屬於神話時代，歷史書上出現的，全是些雲裏來霧裏去的神仙之體，或半仙之體；像盤古老爺之後，接着是天皇、地皇、人皇，以及其他等等之皇。三皇之後，接着是有巢氏、燧人氏、伏羲氏、女媧氏、神農氏，以及其他等等之氏。一個個武林稱霸，手段高強。例如天皇先生，一活就是一萬八千年，這就不是一般凡夫俗子所能辦到的事。因為這個緣故，從盤古老爺到黃帝王朝之間，到底有多少年，誰都不知道，連神話專家都不知道；自然更不知道出了多少頭目。

第二個難題是，頭目是頭目，帝王是帝王。縱使我們知道了從盤古老爺到黃帝王朝有幾個頭目，也不能說那些頭目就是帝王。頭目跟帝王不一樣，就好像柿子跟茄子不一樣——不一樣就是不一樣。所以博囉先生的狗屁之問，就更證明他不夠水準。柏楊先生有位朋友，在一家大學堂當算術教習，有一次見面，我忽然詢之曰：「老哥，請教，二十五加汽車，減去艾克斯光，等於幾？」問得他當時就翻白眼。博囉先生提出的，就是這種類型，不要說文天祥先生甘拜下風，任何有鼻子有眼睛的人，都得甘拜下風。

不過，要是從黃帝王朝計算到文天祥先生那個時代，幾人稱帝？幾人稱王？倒是可以計算出來的。文天祥先生之後，距今又七百年矣，此七百年間，帝王也者，如春雨後的狗尿苔，紛紛外冒，似乎也應該歸納進去。所以現在的問題應該是：「自從第一個帝王起，直到最後一個帝王止，中國共出了多少帝王？」這就比較精密啦。蓋第一個帝王是被尊為中國人祖先的姬軒轅先生，最後一個帝王，則是溥儀先生——可不是淸帝國的溥儀先生，而是滿洲帝國的溥儀先生。他閣下於一九一一年被趕下淸帝國的金鑾寶殿，一九三二年，日本人又把他抱上滿洲帝國的龍墩，直到一九四五年，再度捲舖蓋，帝王這玩藝才算在中國歷史上眞正的絕了種。

——在眞正絕了種之前，雖然已是二十世紀，中國仍然冒出了兩個，一個是哲布尊丹巴先生，在庫倫當了三年零七個月的皇帝，他建立的是「蒙古帝國」，熱鬧了一陣之後，仍歸附中華。另一個是袁世凱先生，他閣下在北京城，改國號，定年號，擇吉登極。亂糟糟的搞了八十三天，被風起雲湧的武裝反抗力量，活活氣死。

——我們可稱這是帝王病的後遺症。後遺症包括形式上的後遺症，和意識上的後遺症。形式上的後遺症就是屁股要坐寶座，自從袁世凱先生的屁股被踢腫、溥儀先生的屁股被踢爛之後，再沒有人敢屁股發癢。可是意識上的後遺症，卻瓜瓞綿綿；屁股雖然不敢發癢，心裏卻癢得難熬。大多數人，一旦當了頭目，不管是大頭目小頭目，不管是哪一個行業，他就成了老虎戴念珠。老虎是帝王思想，念珠是現代潮流——念珠再漂亮，甚至是金鋼鑽做的，只不過爲了唬人，而老虎的血盆大口不變。巧言花語不過虛晃一槍，而一家之主的做法不變。不要說遠，就是台北高雄這兩個大都市，貴閣下不妨舉目四觀，從袁世凱模子裏澆出來的朋友，固多如牛毛也。這種意識上的後遺症，如果不能跟着形式上的後遺症，一齊絕種，要想靠別的玩藝，發憤圖強，恐怕肚臍眼裏賽龍舟，難難難難難難難。

好啦，現在我們該數一下啦，自從有帝有王，直到沒帝沒王，中國境內，共有多少帝？多少王？柏楊先生在九年零二十六天盛大坐牢期間，曾經數過，數的結果是：「自黃帝起，至滿洲亡，帝王絕。前二六九八——後一九四五，共四六四三年間」，中國境內出現了八十三個王朝，也就是八十三個中央政府。同時也出現了五百五十九個帝王，其中包括三百九十七個帝，一百六十二個王。

柏楊先生從小算術就不及格，而竟能數得這麼仔細，除了天縱英明外，別無其他解釋。有些朋友恭維我了不起呀了不起，了不起當然了不起，不過，文天祥先生曰：「時窮節乃見，一一垂丹青」，柏老只是「時窮智乃見，一一數帝王」罷啦。

皇后知多少

吾友孟浩然先生詩曰：「讀史不覺曉，尊號又謚號，帝王一大堆，到底有多少？」我們總算把一大堆帝王清理出來，這件龐大的工程，看起來容易，前人卻沒有做過。幸而天老爺欽派柏楊先生親自坐牢，才隆重落成，如果沒有點仙氣兒，怎能如此叫座也哉。

我們說中國歷史上共有八十三個王朝，和五百五十九個帝王，必須有個界說。這界說是，我們是站在鳥瞰的和認眞的科學立場，而不是站在漩渦中的泛政治、泛道德立場。像五胡亂華十九國，過去都是稱十六國的。像五代十一國，過去都是稱十國的。對這種數目字的糾紛，最簡單不過，只要伸出手指——必要時加上腳趾，那麼一算就算出來啦。又像劉齊帝國、滿洲帝國，因爲它們漢奸賣國賊的性質太結實、太明顯的緣故，從前的史學家就給它來個一筆勾銷。然而，存在就是存在，我們的精神是「尊重事實」的精神。口誅筆伐則可，取消則不可。壞蛋犯了法，殺掉他就是啦，如果說他根本不是人，連出生證和戶籍登記都毀掉滅跡，那是聖人系統的幹法，不是正常人的幹法也。

帝王的性質，在中國史書上更是混亂。貴閣下看過司馬遷先生的《史記》乎？劉邦之後是劉盈，劉盈之後是呂雉，呂雉之後是劉恒。連《辭海》《辭源》，以及其他年表之類，都這麼排列。給人的印象是，呂雉也是一位皇帝。事實上呂雉女士不過是皇太后，當時坐龍廷的，是前少帝劉恭，和後少帝劉弘。呂雉女士要透過他們兩個小子，才能發號施令。可是史書上卻幹掉了兩個小子的合法地位，不但是不忠於史實，也是欺騙小民。如果說誰有權誰就可以在史書上佔第一把交椅，那麼清王朝就不應該把載湉先生當做皇帝，而應由皇太后那拉蘭兒女士出面矣。英國國王是虛位的，難道女王伊莉莎白二世不算數？宰相柴契爾夫人反而成了英國元首乎哉。

在這個界說之下，我們總算弄清楚中國歷史上帝王的數目。可惜博囉先生已翹了辮子，不然我們就把這答案暗暗傳遞給文天祥先生（柏老在學堂裏是小抄能手，包管無誤），教他拿去塞博囉的嘴。不過，很顯然的，那是政治事件，不是考試事件，就是塞住了博囉的嘴，文天祥先生仍得栽到他手裏。然而，不管怎麼吧，我們敢肯定中國歷史上帝王的數目。

可是，我們卻不敢肯定中國歷史上皇后妃妾的數目，即令天縱英明如柏楊先生，也不敢肯定。所以想當年博囉先生如果問的是：「自盤古到今日，幾人稱后？幾人稱妃？」不要說文天祥先生張口結舌，縱是柏楊先生拔刀上陣，也無處下手，只好仍把他閣下之問，歸入狗屁之列。

我們所以弄不清皇后妃妾到底有多少，主要的原因是，古中國實行的是一夫多妻制，一個小民，只要有銀子，就可以擁有許多老婆，這種風氣，迄今已到了二十世紀八〇年代，仍然明目張膽，鑼鼓喧天，成爲有錢大爺的特權。報紙上常看到有些訃文，死傢伙的「未亡人」常常並列着兩位老奶或三四位老奶，而其中至少有一位老奶，年輕貌美，眞教一些老光棍發瘋。小民尙且如此，一旦稱帝稱王，那就更不得了啦。紀元前一世紀西漢王朝末期，一位皇帝僅宮女就有四萬餘人，嗚呼，他媽的，不要說上床睡覺，便是每一位美女看上一眼，都能看得筋疲力盡，軟癱到椅子底下。七世紀初葉的隋王朝，皇帝楊廣先生的宮女，比這個更多。歷史上只有清王朝的皇帝比較收斂，但也總在兩三百人左右。站在大男人沙文主義立場，還是復古的好，最稱心如意的，當然是莫過於弄個帝王幹幹，那可比在報上寫專欄舒服多了也。

我們姑且來一個大膽假設，假設一個平均數，一個帝王如果平均有兩千位如花似玉的話，五五九乘兩千，於是乎，中國歷史上，從姬軒轅先生到溥儀先生，共有皇后妃妾一百一十一萬八千人，這個數目當然是不準確的，所以不作爲跟任何學問龐大之士抬槓之用，只提供讀者老爺一個具體的印象。然而，僅此就足夠我們麻煩啦。

我們所稱的「后妃姬妾」，是非官方的籠統說法，在宮廷之中，所有的女人——除了女兒和娘，在理論上或事實上，都是帝王一個人的老婆。說是「老婆」，未免有點學院派，事實上她們都是帝王一個人專用的妓女。任何一個女孩子，不管爲了啥原因，或者是貧窮賣身，或者是大官巨商的女兒被父母獻進去，或者是犯了罪全家處斬後，女兒被「沒入」進去。

只要一進那個黃圈圈的紫禁城，她們便只准穿裙子，不准穿褲子，爲的是帝王老爺一旦性起，免得礙手礙腳，掃了御輿。

宮廷鬥爭

每一個男孩都希望他是王子，每一個男人都希望他是帝王。柏楊先生尤其羨慕坐在金鑾殿上吆五喝六的朋友。有一次誠於中而形於外，喟然嘆曰：「我要是當了皇帝該多好。」老妻問曰：「好在那裏？」我一時腦筋沒轉過來，口吐眞言，曰：「一當皇帝，就有三宮六院，成千成萬的漂亮老奶。」只聽砰的一聲，桌上的茶盃祭了過來，要不是我武功蓋世，閃避得快，尊頭準被幹出一個窟窿。急忙解釋曰：「阿巴桑，且聽我言，我只說我如果一朝登極，妳想穿啥吃啥都行，三天一件旗袍，一天一個荷包蛋。」這才總算平息民憤。

同樣道理，每一個女孩都希望她是公主，每一個女人都希望她是皇后。自從我向柏楊夫人發表了上述的安撫性言論之後，她閣下也躍躍欲試。其實如果作一個民意調查，一個女孩子一旦懂事，而且又能夠自由選擇，恐怕願當公主的少，願當皇后的多也。六世紀時，北周王朝皇帝宇文贇先生的妻子楊麗華女士，是稍後才當權的隋王朝第一任皇帝楊堅先生的女兒，楊堅封她爲樂平公主，她把公主的金印都扔出來。十世紀時，南吳帝國皇太子楊璉先生的妻子，是稍後才當權的南唐帝國第一任皇帝徐知誥先生的女兒，徐知誥封她爲永興公主，她堅持自己仍是太子妃，每逢有人稱她公主，她就痛哭流涕。

這些故事，可能是她們身受亡國之痛，感情上一時不能適應。但五世紀時北魏王朝就有一位公主，大概寫史的朋友以她爲恥，沒有記下她的名字。她閣下竟鼓勵她丈夫割據獨立，事情失敗後，法官問她爲啥謀反，她曰：「當公主有啥意思，當皇后才過癮。」

猛一想，當皇后當然比當公主過癮，可是仔細一想，皇后這玩藝卻是世界上危險性最大的職業。如果換了柏老，我就寧可當公主，打死我我也不當皇后。蓋天下最享福的女人，莫過於公主，不愁吃、不愁穿、不愁丈夫不聽話，而且還可以不用大腦，傲視群倫。

——公主當然也有砸鍋的，一世紀時，東漢王朝的酈邑公主，就被她丈夫照玉肚上捅了一刀，命歸黃泉。但這種節目，並不常見。千千萬萬的公主，都享盡榮華富貴，平平安安的死在彈簧床上。

一般人只看見皇后過癮的一面，沒看見皇后悲慘的一面，如果看見悲慘的一面，恐怕八抬轎抬到門口，都會嚴重考慮。蓋宮廷也者，表面上金碧輝煌，事實上卻是最最黑暗的人間地獄，在那金碧輝煌的人間地獄裏，每個女人都爲了生存，而拚命掙扎鬥爭。沒有法律、沒有人性，只有當權人物——帝王，和帝王授權的人，以及管得住帝王和挾制帝王的人。他們操有亂倫和屠殺的特權，不受任何法律的或道德的拘束。皇后有權的時候，她是皇后；皇后一旦沒有了權，她的下場就不忍卒睹。即令是豬是狗，一旦被宰，總不會連累牠的父母兄弟姊妹，而皇后被宰，往往連累她的全家。

從宮廷鬥爭和皇后的大批死於非命，說明中國宮廷的黑暗，遠超過歐洲宮廷。大概只有阿拉伯宮廷可以媲美。殘酷無情，黑無天日。中華民族優秀的傳統文化，至少在中國宮廷中找不出來。這種情形，越到後來越嚴重。女人不但是帝王一個人的玩物，也是宮廷制度下的蟲豸。儀態萬方，被搖尾系統歌頌爲「母儀天下」的皇后，一旦失勢，不如一屁。

中國歷史上有多少帝王，我們已經有了答案。帝王中有多少死於非命，我們也可數得一清二楚。但中國歷史上有多少皇后，我們卻不知道，皇后中有多少死於非命，我們更不知道。我們只能就我們所知道的，作個案的研究。

每一個死於非命的皇后，不管她是殺死、絞死、氣死、跳河、投井，都是一樁時代悲劇，有時候也是一樁時代醜劇。她們的人是孤立的，孤立在皇宮之中，但她們的遭遇，卻代表說明那個時代女人的命運，也代表說明中國當時政治的和道德的形態。——寫到這裏，讀者老爺一定嚇了一跳，柏老的學問眞是大呀，一扯就扯十萬八千里，從野雞攤扯到學院派，亂蓋。

嗚呼，柏楊先生除了有時候自我推銷，偶爾膨脹一下，表示確實尾大外，從不亂蓋。讀者老爺如果眞的不相信微言大義，我也無法。俗不云乎：「人命關天」，小民的命還關天，皇后的命所包含的意義就更大。但從另一個基本的角度來看，小民的命事實上並不如書上宣傳的那麼値錢，而皇后的命有時候連小民的命都不如。哀哉。

帝王可以獨立存在，皇后則不能獨立存在，只能附麗在帝王屁股底下。一個帝王被砍下尊頭，可能不涉及他的妻子——有時候他根本沒有妻子，像六世紀北魏王朝第十任皇帝元釗先生，他是被他的部下裝進鐵籠，扔到黃河裏，活活淹死的；他就光棍一條，沒有結過婚。而一個皇后被砍下尊頭，那就準跟老公有關，有時候更是死在親愛的丈夫之手；或是夫妻二人，雙雙倒斃。

凡是獨挑大樑，演出血流五步節目的帝王，我們有另一系列的介紹。凡是夫妻同運，事件相連，一刀兩命，或兩命一刀的，我們在談「皇后之死」時，對該「帝王之死」，也一併觀賞，蓋硬把二人分割，就弄不清來龍去脈矣。

現在，我們且逐一報導。

伊娥皇

時代／紀元前二十三世紀九〇年代
其夫／黃帝王朝第七任帝姚重華
遭遇／溺死湘江

聖人的成名

中國歷史上第一位不得善終的皇后，是黃帝王朝第七任帝虞舜帝姚重華先生的妻子伊娥皇女士；和她同死的，還有她的妹妹伊女英女士。

伊娥皇女士是紀元前二十三世紀的美女，她爹是黃帝王朝第六任帝唐堯帝伊放勳先生。後來跟她的妹妹伊女英女士，一齊嫁給第七任帝虞舜帝姚重華。

——這眞是應驗了四千三百年後，二十世紀的新疆民歌：「帶着妳的錢財，領着妳的妹妹，跟着我的馬車來。」姚重華先生財色雙收，好不得意。這至少說明一點，四千三百年前，中國就已經是多妻制矣。不過在紀元前三世紀之前，中國元首只簡單的稱「帝」或稱「王」，元首的妻稱「妃」，元首的妾稱「次妃」。其實稱謂是啥，無關要旨，反正她們姊妹二人，都是姚重華先生的老婆就是啦。至於姚先生除了她們姊妹二人之外，是不是還有其他老婆，我們不知道。

姚重華先生在中國歷史上屬於傳奇人物，他和岳父伊放勳先生，被儒家學派形容為天上少有、地下只有一雙的至善至美。不但是空前絕後的標準君主，而且是空前絕後的典型完人。人類所有的美德，全部集中在翁婿兩位身上，沒有人性弱點，更沒有人性缺點。以致看起來不像是人，而像是活寶。

當伊放勳先生在當時中國首都平陽（山西省臨汾市）稱孤道寡時，姚重華先生還是二百公里外蒲阪（山西省永濟市）一個小部落酋長的兒子，沒沒無聞。可是他胸懷大志——也可以說他不知道安份，於是就發生了一連串怪事。這些怪事可能眞有，也可能只不過是為了美化他，而揑造出來的。反正，無論如何，怪事終是怪事。怪事是，姚重華先生的一家人，全是蛇蠍心腸，只有他一個人大仁大孝。這是一種畫家常用的烘托筆法，必須在周圍全塗上黑墨，才能使月亮雪白如畫。後世史學家為了突出姚重華，不惜工本，把他爹他娘，以及他弟弟，甚至他的妻子伊娥皇和伊女英，都潑上狗尿。

史書上說，姚重華先生老爹瞎老頭（瞽叟）、繼母，跟繼母生的弟弟姚象，三個集人類至惡至醜的傢伙，組成聯合陣線，跟集人類至善至美的姚重華作對。老爹日夜計算怎麼才能殺他的兒子，老弟則日夜計算怎麼才能殺他的老哥。父子都是喪盡天良，謀財害命的高手。那是一個恐怖的家庭，陰風慘慘，隨時隨地都會發生凶案。事實上也隨時隨地都在發生，不過每一次，姚重華先生都靠着他的機智和運氣，死裏逃生。於是，他奇異的「大孝」行為，傳到伊放勳先生耳朵裏，伊先生就把伊娥皇、伊女英兩位公主，嫁給他這個匹夫。

不可理解的是，兒子雖然娶了公主，老爹仍饒不了他，非幹掉他不可。史書上說，老爹教姚重華先生上房洗瓦，等他剛爬上去，老爹就在下面放火，要把兒子燒死，誰知道姚重華先生早有準備，手拿斗笠，就像降落傘一樣，冉冉而下。一計不成，再來一計。有一天，老爹教姚重華先生掏井，姚重華知道老爹又要露一手，早就祕密的在井底鑿了一條地道，通往地面（柏老按，這眞是三歲娃兒說的童話，在井底鑿一個地道，通往地面，可不簡單，尤其是山西省是黃土高原的一部份，井深而土堅，不要說鑿地道，就是鑿個土坑，都要九牛二虎之力）。果然，等到姚重華先生一下了井，老爹和小弟立刻七手八腳的把井塡平。老爹拍巴掌曰：「好啦，這下子他死定啦。」姚象曰：「這計謀是俺想出來的，家產俺要平分。」平分就平分，老爹老娘高高興興把兒子的牛羊趕走，老弟則高高興興的把兩位年輕漂亮的嫂嫂接收；把老哥的琴放到桌上，又彈又唱，好不得意。正唱得起勁，想不到老哥從地道爬出來，驀的在門口出現，兩個人當時那副面孔，一定大有可觀，結果老弟狼狽而逃；老爹趕走的牛羊，也只好再趕回來。

——柏老眞弄不懂，爲啥把老爹老娘和老弟，形容得如此凶惡？對親生兒子一再下毒手。史書上並沒有說明老爹何以一再下毒手的理由？任何反常的行爲，都一定有反常的原因，這原因沒有說出來，一定有不可告人之處。詩云：「一將功成萬骨枯」，看起來，一個聖人的成名，連老爹老娘老弟，都得賠進去。

姊妹二人・同時落水

當岳父伊放勳先生，聽了親家翁的種種奇怪惡行，和女婿的種種奇怪孝行之後，大為感動。認為有孝行的人，對老闆對朋友，必然忠心耿耿。就把姚重華先生召到中央政府，擔任高級官員。姚重華先生是何等角色，他進入中央政府後不久，即取得實權，而且在實權穩固了之後，就對岳父另眼看待。紀元前二二五八年，伊放勳先生逝世，他的兒子伊丹朱先生繼承帝位，屁股還沒有把龍墩暖熱，姚重華先生就發動政變，把他放逐到丹水。

——丹水在哪裏？誰也說不準，蓋中國的丹水可多啦。山東省昌樂縣有丹水焉，河南省濟源市有丹水焉，湖北省枝城市有丹水焉，陝西省商州市有丹水焉，陝西省洛川縣有丹水焉，河南省開封市也有丹水焉。柏楊先生推測，可能是河南省濟源市的丹水，因為距當時的首都平陽（山西省臨汾市）最近。可是依以後所發生的事推測，量小非君子，無毒不丈夫，伊丹朱先生可能被放逐到最遠的湖北枝城，那裏距首都平陽航空距離六百公里。

——姚重華先生的孝行，不但奇怪，而且詭譎，除非故事是假的，否則的話，他閣下的種種孝行，使人毛骨悚然。蘇老泉先生有言：「凡事之不近人情者，咸不為大奸慝。」連孔孟二位聖人，都主張「小杖則受，大杖則走」，何況必置之於死地乎。眞是三顆石頭投到水井裏，不懂不懂又不懂也。

姚重華先生把伊丹朱先生趕走之後，自己坐上寶座，那是紀元前二二五五年的事，距岳父大人伊放勳先生之死，已三年矣，說明這場政治鬥爭，是如何之烈，和這個寶座得來是如何的不易。

姚重華先生既成了元首，後世的史學家稱他為「虞舜帝」，即孝順友愛的君主也，如果傳說不是亂蓋，卻也頗為名實相副。我們的女主角伊娥皇女士，女配角伊女英女士，自然一律升格為「妃」。

──那時的宮廷，不過是一個大雜院而已，儒家學派的繁文縟節，還沒有興起，所以稱謂十分簡單。只要是君主的妻子，都稱為「妃」，頂多把大老婆稱為「正妃」，表示她才是群妻之首。

姚重華先生的元首生涯，一幹就是四十八年。到了紀元前二二〇八年，他閣下已一百歲，發生了大事。以治水聞名於世的夏部落酋長姒文命先生，不再聽他那一套。於是──於是什麼，我們也弄不清，可能發動了宮廷政變，也可能武裝革命，也可能像後世儒家學派所咬定牙關嚷嚷的，姚重華先生「禪讓」啦，把坐了四十八年的寶座，自動自發，心甘情願的讓給姒文命先生去坐。反正是，我們只知道，就在這一年，姚重華先生和他的兩位妻子，離開他的首都蒲阪（山西省永濟市），向南逃亡，一直逃到一片蠻荒的湖南省南部蒼梧山。

我們說姚重華先生舉家被逐，是有根據的。請讀者老爺找一本地圖，用尺量一量就會大夢初醒，山西省永濟市，距湖南省蒼梧山，航空距離（也就是直線距離）一千二百公里。那時不但沒有火車汽車，恐怕連羊腸小徑都沒有，即令有羊腸小徑，航空距離往往是實際里程的三分之一，將有三千六百公里之遙。一個人平均每天步行三十五公里，要走一千零二十天，差不多是三年的時間。嗚呼，姚重華先生老矣，下台的那年已一百高齡，他既非唯利是圖的商人，也非搜奇覓勝的探險家，又沒有任何特殊使命。老夫妻三人，深入荒蠻幹啥？如果不是忽然間大發神經，那就恐怕跟「柏楊先生下綠島」一樣，差官前呼後擁，不得不去。或者，還有一個可能，追兵在後，他盲目逃生。

三年後的紀元前二二〇五年，姚重華先生死在湖南省蒼梧山。伊娥皇和伊女英，走到湘江。——或許是在南下時走到湘江，筋疲力盡（她們也都老啦）。也或許是丈夫死後，哭哭啼啼北返時走到湘江，感覺到已無生意。不管怎麼吧，姊妹二人走到湘江，雙雙投到或跌到湘江淹死。

伊娥皇、伊女英二位之死，我們不敢肯定它不是一場政治謀殺，夏部落酋長姒文命先生既有膽量造反，他就有理由預防死灰復燃，來一個斬草除根。但我們也不排除她們姊妹殉夫自盡。不過，如果眞的殉夫，後世史學家一定會大大的喊叫，使姚重華先生更爲膨脹。只有死得不明不白，尤其是，姒文命先生也被後世納入了聖人系統，就更難下筆。記載遂不得不含含糊糊，呑呑吐吐。

事實上姊妹二人未死之前，曾每天哭泣，眼淚灑到竹子上，盡都成斑——奇怪的是，她們不在房子裏哭，卻跑到竹林裏哭，是不是被逼投河時，抱着竹子，大放悲聲？從此凡是有斑點的竹子，都被稱爲「湘妃竹」。姊妹死後，後人尊奉她們爲湘江女神：姊姊伊娥皇女士爲「湘君」，妹妹伊女英爲「湘夫人」。屈原先生在所著的離騷中，就有下列詩句——

天帝的女兒降臨了啊
向北眺望，有無限的悲愁
微弱的秋風吹着洞庭湖啊
樹葉片片，落下水流

（原文：帝子降兮北渚，目眇眇兮愁予。嫋嫋兮秋風，洞庭波兮木葉下。）

四千年來，出現無數吟詠她們姊妹的詩，都充滿了哀愁，卻沒有悲憤。柏楊先生以爲我們是應該悲憤的，因爲這是中國歷史上第一位死於非命的皇后，第一位被權力爭鬥犧牲的女人，一幕一直被掩蓋着的慘劇。

施妹喜

時代／紀元前十八世紀三〇年代
其夫／夏王朝第十九任帝姒履癸
遭遇／國亡·身死

一個可憐的女俘

中國歷史上，第二位死於非命的皇后是施妹喜女士，夏王朝第十九任帝姒履癸先生的妻子。

姒履癸是前文所述的，姒文命先生的第十四代後裔，夏王朝在姒文命先生手中建立，歷時四百餘年，到了紀元前十九世紀八〇年代前一八一九年，姒履癸先生登極。他登極時幾歲？史書上沒有記載，不管年齡多麼小，他在寶座上一坐就是五十四年；五十四年足夠他成長啦。五十四年中他幹了些啥事，一片空白，只知道三十四年後的紀元前十八世紀一〇年代前一七八六年，他發動大軍，攻擊位於山東省蒙陰縣境的有施部落。在信史時代之前，部落名稱上往往冠以「有」字，我們推測，這個「有」字應該是一個語助詞，跟後世的「阿」字一樣，沒有實質上的意義。「有施部落」者，「施部落」也。施部落顯然抵擋不住夏政府的軍隊，在滅亡和屈膝之間，施部落酋長選擇了屈膝，他向夏政府求和，獻出他們的牛羊、馬匹、美女——包括酋長的妹妹，她的名字只一個「喜」字，所以她應稱爲施喜。當時人把它簡化，稱爲「妹喜」，這就跟後來人們稱「皇姑」「皇妹」一樣。蓋酋長屬於貴族階層，貴族的姓，小民是叫不得的也。

施妹喜是個可憐的女孩子，她的身份是一個沒有人權的俘虜，在她正青春年華的時候，不得不離開家鄉，離開情郎（假如她有情郎的話），爲了宗族的生存，像牛羊一樣的被獻到敵人之手。

姒履癸先生以天子之尊，有的是女伴，可是他卻迷上了施妹喜，常常把她抱到雙膝上，日夜不停地陪她飲酒。施妹喜喜歡聽撕裂綢緞的聲音，姒履癸先生就從國庫搬出綢緞，教宮女撕給她聽。

——紅樓夢上晴雯小姐喜歡聽撕扇子的聲音，可能是從施妹喜女士身上得到靈感。不過撕扇子撕得起，撕綢緞卻非同小可。縱是帝王，也是一個沉重的負擔。那些絲織品貴得嚇死人，讀者老爺不信的話，不妨到台北、高雄百貨公司問一下行情，一件普通襯衫就要五千元以上，柏楊先生一個月的餉，只夠買兩件襯衫加幾個釦子。不過，帝王的負擔再沉重，卻要不了命；要命的是小民，小民千辛萬苦織出的綢緞，只供帝王剎那間的娛樂。

任何荒唐行爲，一旦開始，就會一天一天擴張，終於荒唐到不可收拾。姒履癸先生在「裂帛」壯舉之後，索性大興土木，鑿了一個巨池，滿裝美酒。巨池不愧巨池，面積有五平方公里，可以在酒上划船。皇天在上，看樣子姒履癸先生的酒池也跟台灣日月潭差不多啦，那要盛多少酒乎哉？而且帝王用的絕不會是蹩腳貨，依目前台北高雄大亨們的標準，至少也是「約翰走路」之類，嗟夫。

——姒履癸先生的老祖宗姒文命先生在世時，有一次飲了點酒，舒舒服服，像吃了人參果。他到底是一位有智慧的老人，嘆曰：「後世帝王，一定有人因喝了太多美酒，喝亡了國的。」他的眞知灼見，第一個應驗在他後裔身上。

酒池雖然有那麼多酒，人們卻不能隨便下肚，而需要等候號令。只聽一聲鼓響，就有三千人趴下來，把頭伸到酒池裏「牛飲」，這眞是一個偉大的狂歡景觀，施妹喜女士在一旁欣賞，遂芳心大悅。不特「牛飲」耳，還有「長夜飲」，反正岸上肉類堆積得像山那麼高，肉乾堆積得像林那麼密，眞是有吃有喝、無憂無慮的世界，男女們混雜在一起，日夜不停的幹。每次宴會，都長達幾晝幾夜。姒履癸先生樂此不疲，往往一個月不出來處理政府事務。

身爲宰相（相）的伊尹先生規勸曰：「陛下老哥，你如果再這樣搞下去，滅亡之禍，迫在眉睫。」姒履癸先生啞然失笑曰：「你又妖言惑眾啦！天上有太陽，猶如人民有君王。太陽滅亡，我才滅亡。」小民聽啦，只好向上天哀號曰：「太陽呀！你滅亡吧！我們跟你一塊滅亡。」然而，姒履癸先生不在乎這些，他有充份的自信，可以保持自己的高位。

姒履癸先生保持他高位的法寶之一，是採用酷刑：「炮烙」。炮烙到底是啥，言人人殊，有人說是一種中空的銅柱，把犯人用鐵鍊綁到銅柱上，然後在銅柱中燃火，使他慢慢烤死。有人說是一種實心的銅柱，用火燒熱，教犯人赤足在上面行走，燙得不能忍受時，跌下來活活燒死。紀元前一七六七年，姒履癸先生率領文武百官，登上瑤台，觀看炮烙行刑，在犯人哀號聲中，他問他的大臣關龍逢先生曰：「樂乎？」關龍逢先生只好答曰：「樂也。」姒履癸先生曰：「這就怪啦，你難道沒有惻隱之心？」關龍逢先生曰：「天下人都以為苦，而你陛下卻獨以為樂。大臣是君王的手臂，豈有心高興，而手臂敢不高興的。」姒履癸先生聽出來他在頂撞自己，於是興起殺機：「好吧，說說你的意見，如果意見好，我可以採納。如果意見不好，我用法律制裁你。」關龍逢先生曰：「我看你陛下的帽子，不是帽子，乃危石也。我看你陛下的鞋子，不是鞋子，乃春冰也。從沒有戴着危石而不壓死，踏着春冰而不掉下淹死的。」姒履癸先生曰：「閣下知道我快要完蛋，卻不知道你自己快要完蛋，請去嚐嚐炮烙的滋味。從你的完蛋，就可證明我的不完蛋。」

——因忠心耿耿而招來殺身之禍，關龍逢先生是中國歷史上第一人，但不是最後一人，悲夫！

巢湖末日

關龍逢先生之後，商部落（山東省曹縣）酋長子天乙先生，也向姒履癸先生進諫。然而，暴君們的習慣是，對任何逆耳之言，都有一種強烈的反感。紀元前一七七七年，姒履癸先生下令逮捕子天乙，囚禁在夏台（河南省禹州市）。蓋在暴君尊眼中，逮捕和處決，是解決問題最有效的工具。可是不知道什麼緣故，或許姒履癸先生一時心腸發軟，也或許由於來自商部落或其他方面的壓力，不久，他又把子天乙先生釋放。這時，宰相伊尹先生，發現情勢已無法挽救，就拋棄了高官貴爵，向商部落投奔。伊尹先生也是一個部落的酋長，兩大部落遂締結軍事同盟，跟夏政府對抗。

姒履癸先生有足夠的時間懸崖勒馬，但他沒有。史書上說，他已被施妹喜女士的美色搞昏了頭，不但沒有稍微改善他的行爲，反而更爲凶暴。十年之間，幾乎把所有的部落，全部逼反。紀元前一七六六年，子天乙先生率領聯合兵團，向夏政府進攻，節節勝利。姒履癸先生不得不放棄他的首都斟鄩（河南省登封市），逃回四百年前的故都安邑（山西省夏縣），預備固守。可是聯合兵團已渡過黃河，繼續進攻，雙方在鳴條（河南省封丘縣境）地方決戰，夏政府軍大敗。姒履癸先生帶着施妹喜女士，往西逃亡，大概想渡過黃河，尋求夷狄之邦（陝西省北部）的政治庇護。可惜爹娘生的腿太少，跑得不夠快，就在大涉渡口（山西省夏縣西黃河渡口），被聯合兵團的追兵，生擒活捉。這個自封爲天上的太陽，在做了階下囚之後，才發現他雖然完蛋，太陽卻仍然掛在那裏，繼續發光發熱。他嘆氣曰：「眞後悔沒有把子天乙殺掉，以致落得今天的下場。」

——暴君的特徵之一是：永不檢討自己的暴行，而只懷恨被他逼反的敵人。姒履癸先生不後悔他的酒池肉林，不後悔他的大言不慚，不後悔他的屠殺忠良，卻只後悔殺得還不夠多。

聯合兵團不但生擒活捉了姒履癸，也生擒活捉了喜歡聽撕裂綢緞聲音的施妹喜。然後，把他們夫婦二人，裝上囚車，放逐到南方淮河流域的巢湖（南巢），巢湖距安邑航空距離七百公里。當時一片蠻荒，潮濕和蚊蟲，使人不堪居住，對享受過長期榮華富貴的男女而言，平民生活就是一種苦刑，何況又是囚犯生活。而子天乙先生建立的商王朝，也不會對這位夏王朝末代君王那麼放心，讓他眞的過着沒有監視的日子。沒有人知道又過了多少時候，姒履癸先生和施妹喜女士，就死在巢湖。同樣，也沒有人知道他們是怎麼死的？餓死、病死、氣死、溺死，都有可能，反正是死啦，悽悽涼涼死啦。

——商王朝追稱姒履癸先生爲桀帝，意思是凶暴的君主。

蘇妲己

時代／紀元前十二世紀七〇年代
其夫／商殷王朝第三十一任帝子受辛
遭遇／國亡・被殺・人頭懸掛高竿

東西兩大美人

施妹喜女士是中國歷史上第一位美麗絕倫而又死於非命的皇后（伊娥皇、伊女英二位女士，似乎沒有一本書上，說她們貌如天仙）。施妹喜女士固然漂亮，但在知名度上，卻不如蘇妲己。蘇妲己女士比她晚生六百年，聲名之噪，卻在歷史上居第一線，後人知蘇妲己的多，知施妹喜的少。人生有幸有不幸，無可奈何者也。

蘇妲己，這是後世對她的呼謂，古時則只叫她「妲己」的，事實上，她姓己，名妲；又因爲她是蘇部落（河南省溫縣）酋長的女兒，所以她也姓蘇。一個人爲啥冒出了兩個姓，原因何在，在三千年後的二十世紀，我們可弄不淸楚。習慣性的稱謂，她就是妲己；再精密一點，她就是蘇己。把眞正的姓弄到尾巴上，頗有西洋大人之風，蓋西洋大人都是名在前、姓在後的。不過中國似乎也不陌生，俗不云乎：「大耳朵李」「歪嘴趙」。妲，艷麗之意，即

「漂亮的己小姐」是也。

蘇妲己女士的境遇，從根到梢，大致上跟施妹喜女士相似，雖然相距六百年，卻好像一個瓶子裏養出來的。

紀元前第十二世紀五〇年代前一一四七年，商王朝第三十一任帝子受辛先生——他是第一任帝子天乙先生第十七代後裔，因爲蘇部落叛變，政府大軍討伐，蘇部落跟六百年前施部落同一命運，抵擋不住，酋長只好把女兒——女主角蘇妲己，獻出來乞和。子受辛先生一見蘇妲己沉魚落雁、閉月羞花，御頭立刻就轟的一聲，迫不及待的滿口答應，急忙收兵。

——就在這個紀元前十二世紀，跟蘇妲己女士同一世紀，西方也出現了一位絕色美女，也惹起蘇妲己所惹起同樣的滔天大禍。西方的絕色美女海倫女士，是希臘斯巴達王國的皇后，可是她卻跟土耳其半島上特類王國的國王私奔。那對希臘人民是一種絕大侮辱，各城邦就組織希臘聯軍，進攻特類。自紀元前一一九四年幹起，打了十一年，雖然希臘神話時代的神祇，幾乎全部出籠，爲維護希臘的榮耀拚命，可是仍不能取得勝利。最後，到了紀元前一一八四年，希臘聯軍筋疲力竭，就來一個陰謀詭計，掘個陷阱使敵人往裏跳。他們假裝放棄攻城，一夜之間，逃之夭夭，可是卻留下一個沉重而巨大的木馬。特類人一瞧，「嚎糠嚎糠」，發了財啦，就把木馬當勝利品運回城裏。想不到這勝利品可不是好消受的。當天晚上，希臘突擊隊從木馬肚子裏爬出來，特類城遂告陷落。那位享了十一年艷福，把國家帶到毀滅的國王，被一刀兩斷。而海倫女士也被希臘人搶了回去。當大戰打到第十年時，海倫女士親自出來勞軍，戰士們震驚她的美麗，失聲曰：「我們爲她再打十年也情願。」——有一點是肯定的，換了中國同胞，見了海倫女士，準國罵省罵三字經，一齊泉湧，聖崽們恐怕更忙於咒她「妖孽」，詈她「禍水」。嗚呼，柏楊先生崇拜特類戰士們的胸襟。——無論是一個人或一個國家，千萬切記，不要貪小便宜，貪小便宜鐵定的要吃大虧。特類城朋友如果不貪小便宜，木馬何致屠城也哉。

這樣的君王丈夫

子受辛先生有他超人的一面，史書上說，他閣下見多識廣，而又力大無窮，不用武器，赤手空拳，就能格殺猛獸；抓住九條牛的尾巴，能同時把牠們拖着走（可惜他生不逢時，當了帝王，只好挨刀；如果生在二十世紀，準可打出一個拳王，那比當帝王舒服安全得多啦）。子受辛先生不但有體力，而且有智力，史書上又說，他的聰明足夠他拒絕規勸，而智慧也足夠他掩飾錯誤。——嗟夫，兩句話其實是一句話：「死不認錯」，看起來這種氣質不是二十世紀中國同胞所特有的，三千年前，子受辛先生已立下了可敬的榜樣。

子受辛先生迷上蘇妲己，就跟姒履癸先生迷上施妹喜一樣，如醉如癡，言聽計從。蘇妲己教他東，他就東；教他西，他就西。教他喊姊，他就喊姊；教他喊娘，他就喊娘。蘇妲己女士不久就嚐到權力的滋味，開始在宮廷和政府之中，佈置並鞏固她私人的勢力。子受辛先生遂成了橡皮圖章，蘇妲己所喜歡的人，他就升他的官，她所討厭的人，他就把他宰掉。接着是物質上的奢侈，其中最使人震駭的是，子受辛先生開始使用象牙做的筷子。

象牙筷子，現在看起來，固也豪華，但已沒人把它當做一件大事。可是，在紀元前十二世紀，獵獲大象不易。蓋象先生皮厚得跟混世小癟三的臉一樣，弓箭不入、刀槍不進，走得太近，牠閣下一晃大耳朵，能把人搧一個嘴吃屎，不服氣的再走近一點，尊蹄一動，能把人活活踩死。而且，問題不在使用象牙筷子，而在使用了象牙筷子之後的連鎖反應。子受辛先生的叔父大人，官拜子爵的箕部落酋長子胥餘先生，就悄悄嘆曰：

「象牙筷子不會放到土炕上，勢必另外製造玉櫃來放它。天天吃熊掌豹胎的人，不會長久的住茅屋，勢必穿綾羅綢緞，而遨遊於九層高台之上。以後的花樣，恐怕越來越多。」

叔父的話果然料中，蓋奢侈一旦起飛，便要一直飛到底，中途不能停止。子受辛先生果然大發威風，猛興木土，建造瓊宮瑤台，上面遍裝美玉，七年才成。面積有四平方公里，高三百公尺。總計大宮一百、小宮七十三。裏面熱鬧非凡，車水馬龍。除了喝酒，就是吃肉。以三個月作爲一夜，長期狂歡。——姒履癸先生不過以一個月作爲一夜，已驚天動地；子受辛先生似乎更要高竿。有一年（不知道是哪一年），盛暑時候，子受辛先生率領軍隊和貴族，到太行山打獵，這一打就是一年。暴政之下，必有天災，因暴政必有貪官，貪官只知道要錢，誰還管政府的事乎。於是，史書上說，河川決口，發生大水，屋塌樹倒，牛馬家畜，都被漂沒，一個大饑荒已經形成。偏偏瓊宮瑤台又失了火，大火兩天不熄，據說，人們還聽見鬼哭神號。

子受辛先生毫不在乎，強烈的自信心使他輕視一切（暴君們對自己的能力都估計得太高，這是悲劇的種子）。有一天，全宮狂飲，七日七夜，連哪一天是哪一天都忘掉啦。子受辛先生問他左右的搖尾系統，搖尾系統沒有一個人答得出來；他閣下又派人去問叔父子胥餘先生。子胥餘先生曰：「當一國的元首，而不知道日子，國家危矣。當一國的國民，而不知道日子，只有我一個人知道，我也危矣。」為了表示他也不知道日子，只好也爛醉如泥。

子受辛先生的聰明用到殘酷上，凶暴的程度就更厲害。廚夫烤熊掌沒有烤熟，他立刻把廚夫殺掉。殺掉廚夫不足為奇，後世帝王的表演遠超過他。奇的是子受辛先生可怕的研究精神。有一年冬天，他閣下坐在鹿台之上，看見一個倒楣的窮朋友，脫掉鞋襪，赤足涉過溪流，不禁大驚曰：「天這麼冷，竟然不怕，他的腳構造一定不同凡品，敲碎讓我瞧瞧。」結果窮朋友的雙腿和雙腳被敲碎，取出骨髓，以供御覽。又有一次，子受辛先生對懷孕的女人發生興趣，下令剖開肚子，把胎兒拿出來看看到底是怎麼回事。嗚呼，窮朋友還有活着的可能，孕婦老奶只有慘死。而凡是被幹掉的異己，屍首統統都拖到皇家動物園去餵老虎。

暴政引起各部落酋長（諸侯）的叛變，蘇妲己女士告訴子受辛先生說，他們之所以膽敢叛變，乃是懲罰太輕的緣故，如果懲罰加重，就可以鎮壓下去。於是特別用銅製造一個大熨斗，用火燒紅，使倒楣的犯人去舉起來。可是，人到底是肉做的，還沒有舉起，肌肉焦爛，哀號聲中，不能再舉矣。子受辛先生大為掃興，就再發明炮烙之刑，看見犯人在炮烙上輾轉慘死，子受辛和蘇妲己夫婦，高坐瑤台之上欣賞，不禁大樂。

子受辛先生不但迷於色，也迷於聲。他閣下命當時中國最偉大的音樂家師涓先生，爲他譜出最淫蕩的靡靡之音，以加強墮落生活的氣氛。然後，再加重人民的賦稅，把收括來的金銀財寶堆集在鹿台上，把糧食堆集到鉅橋那裏。他閣下已準備好啦，要把艷福無憂無慮的享受到底。

白兔的起源

子受辛先生不但是中國歷史上最暴虐的君王之一，也是中國歷史上最聰明的君王之一——暴虐的傢伙，往往聰明絕頂，不但聰明，而且能幹。這裏所指的能幹，一方面是，正因爲他聰明能幹，才想得出種種整人的花樣。另一方面是：正因爲他聰明能幹，才能把自己所有的鐵打的江山，折騰粉碎。子受辛先生太聰明能幹啦，所以他瞧不起他的部下，萬一部下中有人比他更聰明能幹，他就「打掃淸潔」，或貶，或宰，然後舉目都是奴才，龍心大悅。

子受辛先生有三位大臣，也就是後世稱的三公，曰：九侯、鄂侯、西伯。三個都是官名，我們只知西伯是姬昌，其他的姓啥名啥，就木宰羊矣。九侯的女兒是子受辛先生的妃妾之一，她既然能選入宮廷，當然花容月貌，再加上老爹是三公之一，有高貴的家世，按說應十分得寵才是。可是她閣下大概沒有拜讀過柏楊先生的堡壘集（降福集）、紅袖集（紅顏集），等等之集，而完全按儒家學派所主張的「相敬如賓」去幹。嗟夫，閨房之中，愛是第一，敬是第二。她既抓不住丈夫，又無法擊敗競爭者蘇妲己，大禍自然臨頭。有一天，不知道爲了啥，子受辛先生下令把她處斬，接着，可能是遷怒，也可能是預防報復，又把她老爹九侯也處斬，而且剁成肉醬。鄂侯一瞧，這簡直不像話，極力規勸，咦，暴君一旦發了脾氣，任何理性的話都聽不進去。規勸得太懇切，反而被認爲：「怎麼，你膽敢同情別人，吃裏扒外呀。」有此一念，索性連鄂侯，也一併剁成肉醬。

——九侯女兒應是中國歷代皇后死於非命的第三人，並且是死於丈夫之手的第一人，可惜姓名不傳，事蹟又少，然而慘劇終是慘劇。讀者老奶們請注意她閣下的下場，不但自己死，還連累了老爹和老爹的朋友。無論太太小姐，必須把臭男人吃得死脫，才算天下第一等本領，即令現在已二十世紀，如果跟臭男人鬧翻，而又不能安全的把他甩掉，仍然殺機重重。九侯女兒最大的悲哀是她沒有選擇，老爹把她配給誰就是誰，她不能離婚，而獻媚又不夠勁，就只好血流五步。如果提出離婚，血會流得更多。毒蛇纏身，不得不死。現代老奶，活在自由天地，那就完全看自己的矣。

子受辛先生一連串暴行，使唯一殘餘下來三公之一的姬昌先生，如雷轟頂，他不敢再去規勸，他知道規勸的結果是啥——一團肉醬，他只有嘆氣。然而，嘆氣也不行。崇侯虎先生，立刻一個小報告打到子受辛先生那裏。

——崇侯，官名。崇是封邑，今陝西省戶縣。「侯」是封爵。「虎」是人名，姓啥就不知道啦。中國史書有個毛病，往往只寫名，不寫姓，好像他姓啥已天下皆知。貴閣下看過漢書乎，上面的〈臣瓚曰〉，那個名「瓚」的朋友，到底姓啥，考據學家考據了一千多年，都沒有考據出一致同意的結論，當初如果索性連名帶姓一齊出籠，豈不淸淸楚楚。這種混蛋之事，固多得很也。

崇侯虎先生（我們只好這樣稱呼他）的小報告是有煽動性的，他曰：「姬昌有他的所謂影響力，很多部落酋長都服他，他心裏已經有鬼，恐怕將有不利於國家的行動。」子受辛先生毛骨悚然，下令逮捕姬昌，囚禁在羑里（河南省湯陰縣）。

姬昌先生的大兒子姬考，這時正在商政府當人質，給子受辛先生駕車，子受辛先生再把姬考「烹之」——如果不是投到滾水鍋裏煮死，就是投到滾油鍋裏炸死，然後用他的肉做成肉羹，送給老爹。子受辛先生曰：「如果姬昌是聖人，他就不吃他兒子的肉。」嗚呼，在兇暴的壓力之下，姬昌先生除了屈服外，還有啥法乎哉，只好吃掉。子受辛先生笑曰：「誰說姬昌是聖人？吃了自己兒子的肉都不知道。」

——民間傳說，姬昌先生是知道的，但他不得不吃，吃了還有活命的可能，不吃則難逃羅網。他吃了之後，難以下咽，於是大吐特吐，吐到地上的殘肉，忽然變成了小白兔，向老爹拜了一拜，蹦跳而去，這是白兔的起源。讀者老爺如果看到小白兔，千萬多疼牠，牠是一場冤獄的犧牲者。

姬昌先生既被囚禁，虎落平陽被犬欺，束手無策。但他所屬的周部落的一位閎夭先生，跟其他的部下們和朋友們，卻正在積極營救。在百般營救失敗後，他們向子受辛先生的弱點進攻，於是收集駿馬，徵集美女（那時莘部落以美女聞名於世；莘部落，現在陝西省合陽縣；據說，在周部落威迫利誘下，莘部落的美女一空），專程呈獻。子受辛先生一見美女，全身發燒，大喜曰：「有一個就夠啦，何況這麼多乎。」紀元前一一四二年，他把姬昌先生釋放。那些美女在枕頭上又向子受辛先生說了些甜言蜜語，他就教軍械庫發給姬昌先生一批弓箭，而且告之曰：「不是我要抓你，是崇侯虎那傢伙打的小報告。」

暴君們都是自私的，永不爲別人着想，即令效忠他的人。子受辛先生出賣了崇侯虎的結果是，姬昌先生回到他的周部落後——周部落那時在陝西省岐山縣。於紀元前一一三六年，對崇部落發動攻擊，崇部落覆亡，周部落也就遷到崇部落地方——陝西戶縣，把崇部落人民全部當做奴隸。

喀嚓一聲·玉頭落地

崇侯虎先生付出他打小報告的代價。姬昌先生於向崇部落復仇後的次年，紀元前一一三五年逝世，他的一位兒子姬發先生繼承酋長的職位——他就是稍後建立的周王朝第一任國王，綽號周武王，跟老爹姬昌綽號的周文王，在儒家學派中，同時被納入聖人系統。

姬發先生當了酋長後，立即向商政府採取軍事行動，在黃河渡口孟津（河南省孟津縣）集結了八百餘個部落的戰士，那當然都是些小部落，八百個部落仍不堪商政府的一擊，只好一哄而散。

第一次武裝抗暴雖然失敗，但已敲下商王朝的喪鐘，可是子受辛先生毫不在乎。——讀者老爺一定還記得，姒履癸先生也曾毫不在乎，他們同是「毫不在乎型」的暴君。大臣之一的祖伊先生，把險惡的現象分析給子受辛先生聽，子受辛笑曰：「我生不有命在天乎？」——我的命在天老爺手裏，小民蠢動，有個屁用？祖伊先生嘆曰：「這傢伙完啦。」於是，一大批頭腦清楚的高級官員，包括子受辛先生的老哥子啓先生，還有太師、少師等官，一個個腳底抹油，溜之乎也。身爲王族的子干先生曰：「主上有過，不去規勸，不能算忠心。怕死不敢說話，不能算勇士。」他接續着向子受辛先生進諫。

吾友孟軻先生曰：「朋友間規勸得太多，就要疏遠。君臣間規勸得太多，就要受到侮辱。」嗚呼，豈止受到侮辱而已，簡直還要殺頭。豈止殺頭而已，簡直還有更殘酷的奇遇。子受辛先生被子干先生纏得煩啦，厲聲問曰：「你有啥後台，敢對我這樣？」子干先生曰：「我的後台是仁，是義。」子受辛先生翻臉曰：「好吧，你是聖人，我聽說聖人的心有七竅，不知眞假，請把你的心掏出來瞧瞧。」

——民間傳說，子干先生被開膛破肚之後，一縷忠魂不散，屍首仍悠悠忽忽，走到田野，遇見一位農婦在辛苦挖菜。子干先生曰：「菜有心乎？」農婦曰：「菜怎麼無心？無心怎麼能活？」子干曰：「不然，人無心照樣能活。」農婦嗤曰：「看你這個呆瓜，人無心非死不可。」一言提醒，子干先生才想到他的心已被挖去，一霎時不能支持，倒地而亡。他的墳墓現在仍矗立在河南省衛輝市，巨大得像一座帝王皇陵，供後人憑弔。而那個嚇壞了的農婦，再看她手中的菜時，根根都變成了空心。這是空心菜的來源，爲的是紀念紀元前十二世紀這場冤獄。

子干之死，使當叔父的子胥餘先生魂飛天外，趕忙假裝瘋狂，整天跟奴隸混在一起。然而子受辛先生何等角色，一眼就「洞燭其奸」，把子胥餘先生逮捕，打入天牢。

在西方虎視眈眈的周部落，日夜都在注意商政府的變化。最初，諜報曰：「奸佞的人都居高位，可以幹啦。」姬發先生曰：「還不到時候。」不久，諜報曰：「賢能的人紛紛逃走，可以幹啦。」姬發先生曰：「還不到時候。」又不久，諜報曰：「不斷的逮捕處決，人民不敢批評政府矣，可以幹啦。」姬發先生告訴他的智囊姜子牙，姜子牙先生大喜曰：「這是赤裸裸的權力，時候已到。」於是大舉東征。

紀元前十二世紀七〇年代前一一二二年，周兵團戰士四萬五千人，戰車四千輛，從孟津渡過黃河，進逼商王朝首都朝歌（河南省淇縣）。商兵團戰士十七萬人，（戰車數目沒有記載，可能沒有，所以才希里花啦）。兩軍在牧野（河南省衛輝市西南郊）決戰。決戰開始後，商兵團陣前叛變——也可稱之爲陣前起義，加入周兵團，倒戈攻擊子受辛先生的御林軍。御林軍是一種展示威風的工具，在大勢已去時，排不上用場。子受辛先生這時候才發現天下有這麼多人把他恨入骨髓，他的劣根性使他最後一次發狠，跑上鹿台的摘星樓，自己放一把火，連同他聚斂的金銀財寶，一齊燒光。他的意思是，我自己不能享受，別人也別想享受。

——子受辛先生被稱爲紂帝，就是殘害忠良的君王。「紂」這個字在現代中國文字中，是一個死亡了的字，除了提到子受辛外，沒有別的地方再用到它。

現在輪到可憐的女主角蘇妲己女士啦，她既不願自殺，又相信以她的絕代容貌，定可繼續她的富貴生涯，想不到她遇到的對手不是青年才俊，而是老年才俊。周兵團總司令姜子牙先生，已九十餘歲，眞正到了男人們可悲的年齡——不是快死啦的年齡，而是被女人們認爲安全的年齡，對漂亮女人已不動心矣。於是，蘇妲己女士只好身首異處。

——民間傳說是這樣的，當蘇妲己女士綁赴刑場時，哭得一枝梨花春帶雨，那些劊子手哪裏見過這種絕代佳人。一個個三魂出竅，七魄升天，手軟臂痲，舉不起刀。姜子牙先生聞報，快馬前往，要親自動手，可是他閣下也頭暈目眩。最後，他下令把她的花容玉貌，用布遮住，眼不見則心不亂，這才喀嚓一聲，玉頭落地。

後人有詩嘆曰：

妲己妖嬌起衆憐，臨刑軍士也情牽。桃花難寫溫柔態，芍藥堪如窈窕姸。憶昔冀州能借竅，應知閨内善周旋。從今嬌娃歸何處，化作南柯帶血眠。

玉碎香消實可憐，嬌容雲鬢盡高懸。奇歌妙舞今何在，覆雨翻雲竟枉然。鳳枕已無藏玉日，鴛衾難再探花眠。悠悠此恨情無極，日落滄桑又萬年。

荷馬與封神榜

紀元前十八世紀三〇年代前一七六六年，商部落酋長子天乙先生，把亡國君王夫婦姒履癸和施妹喜，放逐到南巢（安徽省巢縣），夫婦不明不白的死掉。子天乙先生並沒有明目張膽的下令把姒履癸和施妹喜一刀兩斷——至少我們還沒有他閣下下令一刀兩斷的積極證據。但紀元前十二世紀七〇年代前一一二二年，周部落酋長姬發先生，對亡國君王夫婦子受辛和蘇妲己，卻下了毒手。在上古那種靜態的農業社會，兩件事情只不過相距六百年，竟有這麼劇烈的發展，政治鬥爭這玩藝，實在使人發抖。

話說商王朝於紀元前一一二二年完蛋，子受辛先生燒死，作為他暴君一場的報酬。蘇妲己女士身首異處，一代佳人，香消玉殞。然而，姬發先生於「血流漂杵」中殺進朝歌（河南省淇縣）之後，對二人的屍體也不放過，他閣下向子受辛先生燒焦了的屍體上射了三箭，砍了三刀，再用利斧（黃鉞）砍下他的御頭，繫上白旗，懸掛高竿。然後如法炮製，向蘇妲己女士的無頭屍體上，也射了三箭，砍了三刀，也用利斧砍下她的玉頭，繫上稍小一點的白旗，也懸掛高竿。

——施妹喜女士跟蘇妲己女士，到底誰比較幸運，很難定論。刑場斬首，固然悲慘；而死在蠻荒，也同樣悲慘。尤其是，如果仔細的分析史書上的記載，兩位絕色美女，命運幾乎完全相同。都是自己祖國戰敗，被獻給敵人玩弄，苟延殘喘，求生而已。姒履癸和子受辛在本性上是殘暴的，沒有她們，照樣鬧得不可開交，並非所有壞事都是她們出的主意也。可是，後世一些全屬男性的聖崽，卻拚命的把王朝滅亡的責任，罩到她們頭上。紅樓夢就有這麼一段，賈寶玉先生纏着金釧小姐，要吃她嘴唇上的胭脂（說穿啦，只是要吻她而已），王夫人不教訓她兒子，反而一巴掌打到丫頭臉上，說都是她把主子引誘壞的，打得金釧兒只好跳井。後世史學家大多數都是王夫人一型，一巴掌打到施妹喜、蘇妲己臉上。嗚呼，「主子」有福啦，自有人替他找出頂缸的。

——還有一點，子受辛先生的暴行，跟六百年前姒履癸先生的暴行，似乎一模一樣，當然，也可能眞的如此。不過，炮烙之刑，原是姒履癸先生發明的，已註册有案。幹宣傳的朋友，大概忘了六百年前的往事，就又教子受辛先生再發明一次。嗟夫，宣傳工作，並不像有些文化打手想像中那麼容易，大刀橫飛，有時眞能砍掉自己的腳丫。

——蘇妲己女士的故事，在中國家喻戶曉。海倫女士的故事，在西洋也家喻戶曉。她們同生在紀元前十二世紀，可是她們的遭遇不同。海倫平平安安回到她丈夫的懷抱，蘇妲己卻被宰掉。三百年後的紀元前九世紀，以海倫為主題的荷馬史詩伊里亞特和奧德賽問世。而一直到二千六百年之後的紀元後十五世紀，以蘇妲己為主題的許仲琳小說封神榜才出籠。伊里亞特、奧德賽的文學價值，高震世界。封神榜的文學價值，不但七八九流，而且簡直不能入流。這應是中國人的恥辱，沒有一部好的史書，更沒有一部好的歷史文學作品。對日本八年抗戰，乃一場空前慘烈的民族決鬥，引起日本強權垮台，更引起中國發生劇變。可是，戰爭結束已三十餘年，卻沒有一本可以端到枱盤上的文學作品。至於距今將近百年的甲午戰爭（一八九四），和八國聯軍（一九〇〇），中國文學所表現的，更是一片空白。

——施妹喜女士之死，是人之死。海倫女士掀起當時西方已知世界的世界大戰，以致希臘神話時代的各種神祇，全都騰雲駕霧的前來參戰。可是，在荷馬筆下，海倫女士仍是一人，一切都很正常。但在封神榜中，蘇妲己女士卻不是一個人，而是一個狐狸精。假設蘇妲己女士是那麼可恨的話，這種寫法，目的只在沖淡她閣下的罪惡。讀者老爺看過說岳全傳乎？事實上是宋王朝皇帝趙構先生，跟宰相秦檜先生，聯合起來，用冤獄手段，把民族英雄岳飛先生害死的。可是該書作者卻一口咬定岳飛先生前生是個大鵬鳥，因傷害過魚鼈蝦蚧，魚鼈蝦蚧乃轉生爲金帝國大元帥完顏兀朮先生等等，前來報仇。文學家有創作的自由，但是以歷史爲主題的作品，不能違背事實。吾友大仲馬先生寫俠隱記，天花亂墜，但仍沒有把國王救出，如果救出，那就糟啦。過去有續紅樓夢一書，硬教林黛玉女士死後還魂，跟賈寶玉先生成了親。無論如何，這一類作品，段數不高。然而，從蘇妲己女士開始，狐狸精就成了漂亮女人的代名詞。

蘇妲己女士砍頭後四百年，又冒出來一個古怪的故事，周王朝的王后褒姒女士，應運而生。

褒姒

時代／紀元前八世紀一〇—二〇年代
其夫／周王朝第十二任國王姬宮涅
遭遇／首都陷落・夫死・下落不明

懷孕四十年

褒姒女士，是紀元前八世紀，周王朝第十二任國王姬宮涅先生的妻子。她的故事，要從「想當年」的一段神話說起。

想當年紀元前十八世紀（距褒姒女士一千年），那時還是夏王朝政府，施妹喜的丈夫姒履癸先生在位，有那麼一天，褒國（陝西省漢中市西北褒河鎮）有兩個小民，不知道怎麼搞的，忽然變成兩條龍，振翅升天，一飛就飛了一千公里，降落在夏王朝行都斟鄩（河南省登封市）姒履癸先生的王宮之中。大概太辛苦的緣故，滿口往外噴唾沫，而且忽然開口說話，說的是亮招牌的話，曰：「俺，褒國的兩個大人物是也。」姒履癸先生心戰膽驚，想下令殺牠，又怕殺不死，就請巫師（太史）算卦，巫師算卦已畢，大驚曰：「萬勿動手。」姒履癸先生更加驚慌，想派軍隊把牠們趕走。巫師曰：「神仙下臨凡塵，一定顯示禎祥，你陛下不如把牠們的唾沫收藏起來。夫唾沫者，乃龍老爺精氣，藏起來可能會有後福。」姒履癸先生乃命人把金盤——事實上不過是銅盤，放到龍老爺面前，讓牠們二位流了個夠，儲存在皇家寶庫的朱櫝之中。於是，風雨大作，二龍騰空而去。

這個放在寶庫朱櫝之中的龍涎，一放就是一千年，到了紀元前九世紀五〇年代周王朝第十任國王姬胡先生的末年，朱櫝忽然放出光芒。負責官員奏報姬胡，姬胡先生問曰：「裏頭裝的是啥？」官員打開朱櫝，把金盤雙手捧上，姬胡先生伸手去接，可能對這個老掉了牙的怪物，有點害怕，戰戰兢兢，手裏一滑，叮光噹啷，金盤落地，那個歷時一千年之久的龍涎，既沒有蒸發，也沒有凝固，仍是二位龍老爺當初留下來的老樣子，從金盤中流出，流了一地，而且忽然變成一個小黿，在庭院裏亂跑。姬胡先生直冒冷汗，就教女人們脫光了衣服圍着牠鼓譟呼叫。蓋當時傳說，裸體美女，可以鎮邪驅惡也。大概黿先生受了驚嚇，跑來跑去，竟跑進了王宮，霎時不見。

——咦，這辦法可真妙，如果有一天，舊雨新知，要再整柏楊先生時，擺出美女裸體大陣，柏老準俯首帖耳。不信的話，我可找兩個保。

就在那時，一位年輕的宮女，偶然踏了一下小黿跑過的腳跡，心裏一動，肚子就開始膨脹。姬胡先生大怒，好賤婢，竟敢跟野男人偷情呀，就把她囚禁起來。紀元前八二八年，姬胡先生伸腿瞪眼。兒子姬靖繼承王位，仍沒有把她釋放。可是，有一天，距她囚禁已四十年矣，忽然肚子作痛，生下一個女孩。姬靖先生下令把該女孩扔到水裏溺死。

姬靖先生碰到懷孕四十年才生子的怪事，心裏已很煩躁。偏偏這時候，首都鎬京有童謠曰——

桑木做成強弓
細草編成箭袋
周王國不再存在

姬靖先生大爲惱火，嚴禁人民製造和販賣桑木弓和細草織成的箭袋，他以爲只要如此，他的政府就穩如金湯。命令剛下，就有一對倒楣的鄉下夫婦，丈夫背着幾張自製的桑木弓，妻子抱着幾個自編的草箭袋，興興頭頭，趕到洛陽，指望賣幾錢銀子，回家維生。卻不知道國王老爺下了那麼嚴重的禁令，於是，在經過城門的時候，只聽一聲「拿下」，一群兵丁一把揪住妻子，那丈夫一瞧苗頭不對，拔腿就跑。嗚呼，中國傳統文化中，最缺少的是人權觀念，妻子遂不得不立刻砍頭。那丈夫一口氣跑出十里之外，才聽到妻子已死的消息。蹂躪人權的就是全國最高的頭目，他又向誰申訴乎哉。悲悲切切，走到河邊，只見有一個草蓆順流而下，草蓆上躺着一個熟睡着的女孩。據說，當時百鳥飛鳴，在空中掩護，又有些鳥朋友啣着草蓆四角，一則免它沉下去，一則也盡力向岸上拖。那丈夫撈起草蓆，把女孩抱到懷裏，環顧四周，周王朝天下雖大，卻無他立腳之地，思前想後，只好投奔褒國，找他的朋友而去。這且按下不表。

紀元前八世紀前七八二年，姬靖先生死掉，他的兒子姬宮涅先生繼位為周王朝第十二任國王，申國（河南省南陽市）國君的女兒申女士當王后，生下太子姬宜臼。這時候周王朝立國已三百餘年，富貴太久的家庭，一定產生敗子，姬宮涅正是這個敗子。他的屁股一坐上寶座，就變了形象，偉大如豬，重蹈姒履癸、子受辛二位先生的覆轍，成為周王朝的暴君之一。史書上沒有具體的列出他的暴行項目，但他的岳父兼宰相的申國國君，首先有了警覺，立即辭職，捲舖蓋回國。有一天，大臣奏報：「涇河、洛河、黃河，三條河流，都告乾涸。岐山地震，發生山崩。」姬宮涅先生曰：「河乾山崩，稀鬆平常，對我說幹啥？」——又是一個冥頑不靈型的暴君，他閣下仍大批徵選美女，供一人娛樂。

愚不可及的奇計

姬宮涅先生的荒唐，比起他之前或他之後的一些暴君，簡直算不了啥，可是程度雖不相同，行徑卻一模一樣。大臣之一的趙國國君趙叔帶先生規勸曰：「在傳說中，河乾山崩，象徵血枯神耗，是一種不祥的預兆。況且岐山是我們周王朝建立大業的基地，一旦倒塌，不是一件小事。現在力圖振作，革新政治，提高行政效率，還來得及。你要做的不是徵選美女，而是徵選人才。」另一位大臣，虢國國君虢石父先生一聽，排除政敵，表演忠貞的機會來啦，他向姬宮涅先生打小報告曰：「周王朝定都鎬京（陝西省西安市西鎬京鎮），已四百年。那岐山時代，已是想當年古老的事矣，跟國運有屁關係？趙叔帶這傢伙，自命不凡，一向有點瞧你不起，只不過找個藉口罵罵你罷啦。以你的英明，一定考慮到這一點。」姬宮涅先生本來沒有考慮到這一點的，經馬屁精這麼一拍，他不得不順水推舟，承認他確實考慮到這一點。於是，他把趙叔帶先生免職，驅逐他回到他自己的封國。——沒有殺他，已是皇恩浩蕩啦。

無巧不成書，就在這時候，褒國國君褒珦先生，前來首都朝覲，眼見政府發生變化，忍不住忠心耿耿，也規勸了幾句。姬宮涅先生蠢血沸騰，馬上逮捕褒珦，囚禁大牢。事情發展到這裏，歷史開始重演，褒珦的朋友們用盡方法，都無法把褒珦營救出來。嗚呼，法律性的冤獄，可以靠無罪的證據，得到昭雪。政治性的冤獄，靠無罪的證據就沒有用，必須靠法律之外的手段才行。褒珦的兒子褒洪德先生，想起了姬宮涅先生老祖宗姬昌對付子受辛的故事，於是，他開始徵集大批美女——那位被桑木弓丈夫抱着逃到褒國的女嬰，這時已經亭亭玉立。我們不能不驚奇天老爺冥冥中的安排，她也包括在內，似乎是她那從未見過面的枉死娘親，要她復仇。

紀元前八世紀前七八〇年，褒國把美女送到鎬京。姬宮涅先生大喜過望。尤其褒姒女士，顏色如仙，光艷照人，他雖然擁有很多妃妾，卻從沒有見過她這樣的花容玉貌，幾乎當場就要醜態畢露。好啦，美女收宮，褒珦釋放。

褒姒女士不過是荒僻邊陲的一個小國的鄉下女孩子，一旦進入王宮，即令她再漂亮，——王宮裏豈有不漂亮的女孩子也哉，而每一個漂亮的女孩子，都是她的勁敵。可是，褒姒小小年紀，不但外在美，而且內在慧，她立刻就把老傢伙姬宮湦，掌握在手心。一年後，生了一個兒子姬伯服。於是，她發動中國歷史上最早的一次宮廷鬥爭，她開始爲自己奪取王后的寶座，爲兒子奪取太子的王位繼承權。權力的魔杖——國王，既對她愛得發瘋，教他跳河他都幹，何況僅只這點「小事」乎。紀元前八世紀二〇年代前七七三年，陰謀成熟，姬宮湦先生廢掉元配申后和太子姬宜臼先生。申后被囚禁，姬宜臼被貶爲平民，發配到四百公里外的申國（河南省南陽市），命他的外祖父申國的國君管教。遂即立褒姒女士當王后，立她親生的兒子姬伯服當太子。這一年，褒姒才二十歲，換了別的人，還是一個渾渾噩噩，貪吃貪玩的妙齡女郎，可是她已過五關、斬六將，殺開一條血路，把自己帶上權力的高峰，距她褒國小家碧玉的日子，不過六年。攻勢的凌厲，使人嘆爲觀止。

——一千四百年後的紀元後七世紀五〇年代，唐王朝皇后武照女士，也用同樣凌厲的攻勢，取得同褒姒女士同樣的勝利，但武照那時已是「歷盡滄桑一美人」，三十二歲矣；比起褒姒，似乎略遜一籌。

褒姒女士雖然大獲全勝，可是她卻不笑——可能是很少笑。姬宮湦先生千方百計使她笑，她就是不笑。我們實在弄不懂她閣下爲啥不笑？依人之常情看來，她沒有不高興的理由，假如一定要亂猜的話，豈是她嫌她那國王丈夫跟柏楊先生一樣，是個糟老頭乎。反正不管怎麼吧，她越不笑，姬宮湦先生越想逗她笑，於是天下最愚不可及的奇計，應運而生。擠走反調份子趙叔帶有功的虢石父先生，獻策曰：「從前西方蠻族強盛，時常侵犯首都，爲了防備他們突襲，曾經設置了烽火台二十餘路，一旦有警，燃火燒煙，直沖霄漢，附近封國，就會起兵來救。多少年來，天下太平，從沒有用過。我建議你跟王后前往驪山，然後舉起烽火，一定大軍雲集，等他們來啦，卻撲了個空，玩弄玩弄那些國君，王后必定欣賞。」

姬宮湦先生拍案叫絕，認爲虢石父先生爲主分憂，乃天下第一等忠良，而此計也是天下第一等妙計。就帶着褒姒女士，擺駕到了驪山。驪山，在鎬京（陝西省西安市西鎬京鎮）東方約三十公里。

驪山烽火

姬宮湦先生跟褒姒女士，到了驪山，當天晚上，舉行盛大宴會，然後，下令燃燒烽火。鄭國國君姬友，那時正擔任三軍總司令，得到消息，嚇得魂飛天外（任何正常人都會魂飛天外），慌慌張張跑到行宮，警告曰：「烽火是軍國大事，在緊急時才能使用。現在無緣無故燃燒，對封國國君是一種戲弄。而且，以後萬一有緊急情況，他們不再相信，怎麼能徵得起來兵也。」暴君最厭惡別人有獨立的思考——跟他不同的思考。姬宮湦先生沉下御臉，吼曰：「風調雨順，國泰民安，有啥情況可緊張的？又有啥兵可徵的？你說了一大堆偏激的話，是何居心？俺跟迷死褒閒極無聊，玩玩烽火，開開封國的小玩笑，你竟大驚小怪，危言聳聽，挑撥人民感情。」帽子既如此的巨而且大，姬友先生只好閉嘴。

——烽火台，是上古時代的人造通信衛星，專門傳遞軍事上緊急情況。從首都作放射形狀，分別通往邊疆或各封國，每隔十公里或十五公里，建築一個高大的碉堡。碉堡上除了有兵老爺日夜二十四小時輪班眺望外，還儲備木柴和狼糞。夜間燃起木柴，謂之烽火；白天燃起狼糞，謂之狼煙——爲啥不用其他的燃料而獨用狼糞？據說，狼糞的煙，比較有凝聚力，直沖天際，不容易被風吹散。如果敵人攻擊邊界，邊界立刻燃起烽火狼煙，消息會很快的傳達到首都，就可以發兵赴援。如果首都有難，各封國也立刻可以得到消息，發兵勤王。

全世界的人都知道烽火的重要性，絕不可以亂搞，只有姬宮涅這位老混蛋，認爲偶爾亂搞一次沒有關係，偏偏老混蛋又有這種「想怎麼亂搞就可以怎麼亂搞」的權柄，事情就不可收拾。歡宴到深夜時，姬宮涅先生下令燃燒烽火。那眞是電影大銀幕上的奇觀，剎那間，火焰直沖星斗，像無數逃命的巨鯨一樣，不斷的一股一股噴出火柱，向黑暗的遠處，奔騰而去。王畿附近的一些封國國君們，從夢中驚醒，以爲鎬京已被蠻族包圍，國王老命，危在旦夕，立即集合軍隊，率領馳援。姬宮涅先生和褒姒女士，則居高臨下，準備欣賞這場自以爲使人出醜的偉大節目。

黎明時分，那些身披重甲，汗出如漿，啣枚疾進的勤王之師，從四面八方，紛紛進入視界，不久就抵達驪山腳下。封國的部隊雖然經過一夜的急行軍，仍精神抖擻，臉上呈現着即將獻身國王，爲國戰死的忠義顏色。可是，他們看不到敵人的影蹤，也聽不到廝殺的聲音。只看到燈火齊明，聽到樂聲悠揚，不禁丈二金剛，摸不着頭腦。姬宮涅先生對這種奇觀，大爲滿意，派人宣佈曰：「謝謝各位，根本沒有什麼外寇，我只不過用烽火消遣解悶罷啦，請你們原路回去，等候政府賞賜。」那些勤王的國君和勤王的戰士，好不容易才相信自己的耳朵之後，是不是開了國罵省罵家鄉罵，我們不知道。只知道他們只好大眼瞪小眼，自認倒楣，偃旗息鼓，狼狽撤退。褒姒女士一一看到眼裏，不禁嫣然一笑，這一笑使她更加美如天仙，姬宮湦先生渾身發麻曰：「親愛的，妳這一笑，百媚俱生。」然後歸功於虢石父先生，賞他黃金一千兩。

——中國俗語：「千金買笑」，有人說典出於此。柏楊先生以爲不然，蓋這錢不是給女主角的，也不是給女主角經理人的也。一定說代價的話，那代價可大啦，一千兩黃金連邊都沾不上。

就在褒姒女士百媚俱生的時候，姬宮湦先生覺得有向美麗絕倫的年輕妻子，再度獻媚的必要。紀元前八世紀二〇年代最後一年（前七七一），他閣下下令給申國國君，教他把廢掉的太子姬宜臼先生殺掉。申國國君不肯殺自己的外孫，立即寫了一封激烈的抗議書曰：「從前夏王朝元首姒履癸寵施妹喜，結果夏王朝滅亡。商王朝元首子受辛寵蘇妲己，結果商王朝滅亡。而今你又寵褒姒，廢嫡立庶，既沒有夫妻之情，更沒有父子之情。請馬上收回命令，免得也歸滅亡。」姬宮湦先生還沒有看完，就氣得哇哇亂叫，大跳其高。他的反應迅速而強烈，下令撤銷申國國君的爵位，同時撤銷申國的封國，並且集結軍隊，準備討伐。

申國國君知道單獨不能抵抗中央政府的攻擊，就跟鎬京附近的蠻族——犬戎部落酋長結盟。在死亡的壓力下，人民的生命財產遂成了一種賄賂，申國國君向犬戎酋長保證，申國國君只爲外孫奪取王位，至於鎬京所有的金銀財寶，包括政府的和民間的；以及可以供奴隸的青年，和可以供淫樂的年輕婦女，全歸犬戎。犬戎酋長眞是運氣來了山都擋不住，對這天大的好消息，興奮得要翻觔斗。於是，一萬五千人的強大兵團，向鎬京發動閃電攻擊。中國的軍隊也跟着向鎬京進發。

也是狼來了

中國與犬戎部落聯合兵團，在發動攻擊時，身爲周王朝第十二任國王的姬宮湦先生並不在意，三百餘年合法的正統政府，豈在乎一個小小封國叛變，更不在乎一個小小蠻族部落的蠢動。等到犬戎兵團抵達鎬京（陝西省西安市西鎬京鎮）城下，他仍安如泰山，蓋他手中有他的王牌——烽火，只要烽火一舉，立刻就大軍雲集，他深信宣傳家所形容的：「王師所至，有征無戰。」掃蕩群醜，易如反掌。於是他下令「舉烽」，霎時間，烽火狼煙，直沖雲霄。嗚呼，這正應驗了伊索寓言上「狼來了」的故事，牧童第一次喊「狼來了」，大家飛奔馳救，他笑大家傻瓜。姬宮湦先生雖然大權在握，也頗年高。但有大權不一定就有大智慧，年高更不一定老謀深算，他做出的竟是只有寓言裏牧童才做出的奇事。結果很簡單，那些封國的國君一想，好老頭，你又爲了褒姒那婆娘，戲弄俺呀，去你媽的。

救兵不至，姬宮湦先生才慌了手腳。最初他還仗恃鎬京的城牆，可是中國潛伏在鎬京的內應，打開城門，犬戎兵團一擁而入。他閣下魂不附體，趕忙帶着褒姒女士，跳上國王專用的輦車——怪哉的是，逃命的節骨眼上，他連馬都不肯騎（也或許他端架子，拒絕騎）。在三軍總司令姬友先生的保護之下，率領少數還繼續效忠的御林軍，向驪山逃命。他最終的目的地，可能是遠在東方的陪都洛陽。

姬宮涅先生的運氣，最初還好，總算殺開一條血路，到了驪山腳下，正打算在行宮歇歇腳，犬戎的追兵已到，姬友先生戰死，其他的一律被生擒活捉。犬戎酋長一瞧姬宮涅先生的打扮，就知道他是國王。平常高高在上，作威作福，現在又渾身發抖，不當人子，越看越有氣，大刀一揮，御頭落地，可憐一個昏庸的傢伙，不明不白的了賬。犬戎酋長再一瞧褒姒女士，長得沉魚落雁，閉月羞花，雖然嚇得面無人色，反而更使她顯得楚楚可憐。酋長老爺生長蠻荒，哪裏見過這樣天仙化人，立刻就魂不守舍，把她帶回他的營帳之中。從此，褒姒女士就下落不明。帶回營帳之中發生了什麼事，那是可以想像的。但在犬戎部落撤退之後，她的遭遇，就沒有人可以想像矣。她是第一個落到蠻族之手的中國王后，無論如何，即令她能得到犬戎酋長的繼續寵愛，在那高山萬重，岩穴茅屋中過日子，物質缺乏，和精神苦悶——不知道她是不是仍然不笑？都不是往日鎬京榮華矣。

——然而，另有一種說法，大概是不忍心她淪落到野人之手的朋友傳出來的。說申國國君對犬戎部落的姦淫燒殺，既悔又痛，祕密聯絡了四個封國的國君：晉國國君姬仇、衛國國君姬和、秦國國君嬴開、鄭國國君姬掘突。裏應外合，把犬戎部落打得落花流水，狼狽而逃，顧不得攜帶褒姒女士啦。而褒姒女士發現申國國君不會饒了她，乃自縊而死，大概是上了吊。此乃紀元前八世紀二〇年代前七七一年之事也，後人有詩嘆曰：

多方圖笑掖廷中　烽火光搖粉黛紅
自絶諸侯猶自可　忍教國脈喪犬戎

褒姒女士就這樣在歷史上消失。她的遭遇，使我們嘆息。但她的不笑，太過於離奇，姬宮涅先生爲了她的不笑而大燃烽火，尤其離奇得發怪。如果二十世紀有一個超級強國的元首，爲了使一個女人高興，竟試發一次核子來襲的警報，把全國搞了個人仰馬翻，恐怕打死你你也不會相信。然而，歷史上卻眞的出現過一次，我們還能說啥。

翟叔隗

時代／紀元前七世紀六〇年代
其夫／周王朝第二十任國王姬鄭
周王朝第二十一任國王姬帶
遭遇／騎馬逃亡・亂箭射死

國王的綠帽

褒姒女士被擄一百三十七年後，即紀元前七世紀六〇年代前六三五年，另一位王后翟叔隗女士，有更盛大的節目登場。她的節目，我們可作一個預告，第一幕是老夫少妻，第二幕是戀姦情熱，第三幕是把丈夫趕下金鑾寶殿（而且，要不是老頭飛毛腿，還可能要他的命），第四幕是嫁給後夫，由後夫當國王。第五幕是丈夫回籠——反政變成功，把她幹掉。翟叔隗女士不是中國歷史上第一個被砍頭的王后，但她可是第一個給國王戴綠帽子的王后，第一個跟情夫攜手同心，把國王趕走的王后。此所以她閣下的演出，博得掌聲如雷也。

——特別聲明的，中國的歷史太久啦。國家元首的稱謂，好像大姑娘十八變一樣，總是在變，而他們妻子的稱謂，也水落船低，水漲船高。元首稱「帝」時，老婆曰「妃」。元首稱「國王」時，老婆曰「王后」。元首稱「皇帝」時，老婆曰「皇后」。而「帝」的小老婆曰「次妃」。「國王」的小老婆曰「妃」（跟「帝」的大老婆稱謂一樣）。「皇帝」的小老婆名堂更多，多如滿天繁星，只好以後再行介紹。我們聲明的是，凡是帝王老婆死於非命的，都在研究之列，不管她是大是小。所以我們說翟叔隗女士是中國第一個給國王戴綠帽子的王后，到了紀元前一世紀，又有趙飛燕女士，給皇帝也戴上綠帽，趙女士雖是皇后，仍得屈居第二。

翟國牌

女主角翟叔隗女士，還具有一項任何一個女孩子都沒有的特徵，那就是，她前後兩任丈夫，全是國王，而該兩個國王，又是兄弟。

這又要從想當年說起，不過褒姒女士的想當年，是一段漫長而拙劣的神話；翟叔隗女士的想當年，則是一段現實的國際鬥爭。

話說周王朝自從第十二任國王姬宮湦先生跟褒姒女士英明的亂搞了一陣，除了搞掉了自己的老命外，還把自己的周王朝搞垮了一半。鎬京（陝西省西安市西鎬京鎮）被犬戎部落大肆蹂躪，殘破不堪，已不能再作爲首都，只好把首都遷到洛陽。中央政府的力量和威望，就王小二過年，一年不如一年，各封國對中央政府逐漸的不買賬，各封國國君對原來高不可攀的國王，也逐漸的愛理不理；封國與封國之間，爲了爭土地、奪城堡、搶人民、劫財富，你攻我、我攻你，拳頭大的理也大。而楚王國又在南方的長江流域興起，在當時已知的世界之內，第一次出現了國際社會。周王朝已不能統治全部中國，我們只好改稱它爲周王國，跟楚王國平等並存。跟其他封國，名義上雖高一級，太平日子裏發發文告，吹吹大牛，儼然昔日模樣，實質上誰也不敢管，而且，遇到像翟叔隗女士主持的節目，還不得不向封國，低三下四，搖尾乞憐。

紀元前七世紀六〇年代，鄭國（河南省新鄭市）投靠楚王國旗下，成爲南方陣營的尾巴國，跟周王國若即若離，仗恃楚王國的威風，四出攻打它的鄰邦。偏偏鄰邦之一的滑國（河南省偃師市緱氏鎮），不肯聽它那一套，硬是和衛國（河南省濮陽市）締結友好同盟，跟它對抗。鄭國每一次攻打滑國，滑國每一次都不得不屈服；可是等到鄭國軍隊一退，滑國仍跟衛國恢復原狀。鄭國國君姬捷先生，火冒三丈，紀元前六三九年，再度攻擊滑國。滑國知道，這次僅只屈服，恐怕仍不能脫險，簡直有亡國之禍，急向衛國求救，衛國不過一個空殼子，有啥辦法，只好向周王國求救。平常不把人當人，火燒眉毛，才把人當人，義正詞嚴曰：「你是國王呀。」

前已言之，周王國政府早已一蹶不振，跟一個害虛脫症的老傢伙一樣，連手都握不緊啦，怎麼幫拳？可是不幫又不行，第二十任國王姬鄭先生，可憐巴巴，派出一個特使到鄭國，勸鄭國高抬貴手。嗟夫，一個侵略的國家，凶性已發，靠三寸不爛之舌，而沒有強大的武力做後盾，就想請它自動停止，如果不是白癡，就是做夢。鄭國國君姬捷先生立刻把那個倒楣的特使，就在邊界上捉住，關進監牢。

國王姬鄭先生得到消息，氣得發昏第十一。發昏第十一雖然發昏第十一，卻別無良策。最後，他閣下打出了翟國牌。這張翟國牌打的代價是，引起一連串不能控制的連鎖反應，綠帽橫飛，伏屍百里。

翟國，位於山西省太原市之南，也就是山西省中南部地區，是一個已經漢化了的夷狄部落。不過漢化的程度，還沒有到全部喪失尚武精神的地步，他們仍保持着北方游牧民族特有的粗獷生活方式，兵強馬壯，雖沒有原子核子之彈，卻擁有當時（紀元前七世紀）最強大的野戰兵團。忽然得到周王國國王的邀請，正是他耀武中原，並順便大搶特搶的天賜良機。立刻拍胸脯承諾，並且劍及履及，大軍南下，渡過黃河，深入鄭國國境，第一炮就攻陷鄭國的陪都櫟城（河南省禹州市），鄭國國君姬捷先生逞不起英雄，滑國也不敢打啦，特使也釋放啦，又向國王姬鄭先生寫了份悔過書（依中國古老傳統的習慣判斷，可能還找了兩家殷實舖保），誓做周王國的恭順封國。

——國際之間，往往一千句好話不如一馬棒。

身爲國王的姬鄭先生，既出了氣，又立了威，好不快活。恰恰他的王后蒙主寵召，使他興起一種趁此機會，用事實來報答翟國的辦法，那就是，他打算娶翟國國君的女兒當老婆。嗚呼，這個辦法如果小民來用，非砸鍋不可。若夫柏楊先生以老頭之身，要娶恩人的妙齡少女，以示感恩圖報，結局一定大有可觀，鼻子仍能嵌在臉上就很運氣啦。問題是，兩千六百年之前那個極端封建的時代，國王願娶一個夷狄部落的女兒當妻子，而且是堂堂正正坐首席的王后，對蠻族簡直是一樁空前的榮耀。所以翟國國君得到消息後，心花怒放，迫不及待的就把女兒送到王宮。

這個女兒就是翟叔隗女士。翟叔隗女士的天姿國色，可用翟國一個歌謠來證明。歌謠曰：「前叔隗，後叔隗，如珠如玉生光輝。」蓋翟國國君有兩個女兒。她們同名，都叫叔隗，而且同樣的都美不可言。姊姊嫁給晉國國君姬重耳；現在嫁給國王老爹姬鄭先生的，就是她的妹妹。

於是，我們的女主角——王后翟叔隗女士，正式登上舞台。

老夫少妻的麻煩

翟國也者，實際上只是翟部落，仍停留在游獵時代，所以他們才能一直保持強大。翟叔隗女士從小就跟其他女孩子一樣，成爲戰鬥的一員。老爹每次打獵，她都自率一隊，騎馬射箭，驅鷹縱犬，馳騁山岳，如履平地，典型的北方巾幗英雄。她心目中的丈夫是一位足以跟她相配的健壯王子，英姿煥發，出入千軍萬馬，百戰榮歸，接受族人歡呼。再也料不到，周王國的國王姬鄭先生爲了報恩，老爹爲了虛榮，竟被送到繁華蓋世的洛陽，當了老漢的妻子。

王后這個銜頭足以使任何一個女孩子動心，物質的享受也足以使任何一個女孩子出賣自己。可是，如果沒有愛情的滿足，當這些已經到手之後，再大的榮華富貴，都不能彌補心靈上的空虛。不過，也確實有些太太小姐，只要有眼前歡樂就心滿意足啦。翟叔隗女士的悲劇恰恰在此，在這裏，我們就很難判斷有靈性的好，還是沒靈性的好。我們同情翟叔隗女士，但也佩服有些老奶，竟能一輩子忍受一個衰老的或庸俗的丈夫。

翟叔隗女士第一個不滿意的是年齡的懸殊，老夫少妻的麻煩，不久即行爆發，以致姬鄭先生不得不常常住到別的地方，不敢回宮。老漢固然自己感到窩囊，嬌妻尤其自嘆命苦。上帝造男人，似乎不太公平，使他年齡越老，性能力也越減，說句粗話，「哀莫大於屌死」，一個男人一旦被女人認爲跟他在一起「十分安全」，這男人就活着沒意思；女人嫁給他，也同樣活着沒意思。翟叔隗女士第二個不滿意的是宮廷那種封閉生活，中國男女之間的嚴厲分別，和多妻制度，周王朝認爲天經地義。在紀元前七世紀，王宮即跟外界隔絕，一個國王可以合法的擁有一百二十五位妻子，包括一位「王后」、三位「夫人」、九位「嬪」、二十七位「世婦」、八十一位「女御」。

——嗚呼，一個臭男人竟有這麼多老婆，站在大男人沙文主義立場，周王朝的法律實在可愛。而當一個國王，尤其妙趣無窮。現在不是有人猛喊「復興中國傳統文化」乎？不知道多妻的傳統文化，復興不復興也。問題是，一個臭男人面對着這麼多自己專用的如花似玉，旦旦而伐之，即令保住老命，也會未老先衰。如果妻子們都被禮教把腦筋醬死，只敢自怨自艾，不敢紅杏出牆，當然天下太平。如果妻子們中間出了一個翟叔隗，準會人仰馬翻。

事情開始於翟叔隗女士要求打獵，姬鄭先生雖不願意打獵，但不忍違拂嬌妻，也只好打玁。他閣下當然跑不動矣，就教他弟弟姬帶先生充當護花使者。姬帶先生跟想當年的柏楊先生一樣，一表人才，文武全能。於是，細節不必細表，反正男女之間，既然兩情相悅，也就膽大包天。東周列國志上，有一段描述，照抄於後：

「翟叔隗解下繡袍，袍內預穿着窄袖短衫，罩上黃金鎖子，輕細軟甲，腰繫玉綠純絲束帶，用玄色輕綃，周圍抹額，籠蔽鳳簪，以防塵土。腰懸箭袋，手執朱弓，妝束的好不整齊，別是一番丰采，喜得姬鄭微微含笑，左右駕戎車以待，翟叔隗曰：『行車不如騎馬，我陪嫁的婢女，都習慣騎馬。』正欲縱身跨馬，姬鄭曰：『且慢。』遂問同姓諸卿中：『誰人善騎，保護王后下場？』姬帶曰：『我當效勞。』這一請求，正暗合翟叔隗心意，侍婢簇擁翟叔隗，做一隊騎馬先行，姬帶隨後跨名駒趕上，不離左右。翟叔隗要在姬帶面前，施逞精神。姬帶也要在翟叔隗面前，誇張手段。未試弓箭，先試跑馬。翟叔隗將馬連鞭數下，那馬騰空般的飛馳而去，姬帶緊接着躍馬而前，轉過山腰，剛剛兩騎馳個並頭。翟叔隗將絡韁勒住，誇獎曰：『久慕王子大才，今始見之。』姬帶馬上欠身曰：『我只是學騎耳，不及王后萬分之一。』翟叔隗芳心搖晃，曰：『明早你可進宮向太后請安，我有話講。』言猶未畢，侍女數騎趕到，翟叔隗以目送情，姬帶會意，輕輕點頭，各勒馬而回。次日，姬帶入朝謝賜，遂到生母太后宮中。翟叔隗早已先至，預將賄賂，買通隨行宮人，遂與姬帶眉來眼去，兩下意會，託言起身，私會於側室之中，男貪女愛，極其眷戀之情，依依不捨。」

從此以後，這個祕密的愛情就成了兩人生活的一部份。最初還小心翼翼，唯恐洩漏。久而久之，得心應手，覺得沒啥，漸漸不避耳目。俗云：上得山多必遇虎。終有一天，老虎出現。紀元前七世紀六〇年代前六三七年，姦情洩漏，姬鄭先生下令把翟叔隗女士囚禁。老弟姬帶先生聽到消息，星夜開溜，逃向翟國。姬帶先生的死黨頹叔、桃子二人，也在屁股後追趕而至。三個臭皮匠，就是一個諸葛亮。三個傢伙經過一番設計，事實眞相就全變了樣。頹叔、桃子二位先生向翟國國君搥胸打跌曰：

「當初我們奉命前來，原是爲王弟姬帶求婚的。想不到國王姬鄭，色迷心竅，自己收留。只因爲有一天，王后到太后那裏請安，偶爾跟姬帶碰面，談起來往事，不勝欷歔，被宮人惡意造謠。國王是個昏君，既不念貴國攻打鄭國之勞，又不念與王后的夫妻之情，竟把王后打入冷宮，又把王弟驅逐出境，背德忘親，無義無恩。敢乞再發大兵，殺到洛陽，救出王后，扶立姬帶爲王，使他們夫婦團聚，誠貴國的義舉也。」

——嗚呼，一個被羞辱的失勢丈夫，在敵人口中，卻成了「背德忘親」「無義無恩」。天下事要尋求眞相，難矣難矣。

女人是禍水也歟

翟國國君深信這一面之詞，而姬帶先生又相貌堂堂，青年才俊。翟國國君心裏一想，好姬鄭，你以爲你是國王，就可以亂搞呀。於是南下討伐，周王國的軍隊豈是翟兵團的對手，那時國際戰爭，還是用的兵車——貴閣下看過電影上的羅馬兵車乎，兩個輪子一匹馬。而中國古代兵車，則是四個輪子兩匹馬，戰鬥力雖比較強，但運轉起來，活像一個大烏龜，就不靈光矣。翟兵團全是騎兵，勢如破竹，直抵洛陽。

姬鄭先生得到消息，知道城破在即，只好狼狽逃命，舉目四顧，王畿附近的那些封國，如陳國、蔡國、衛國，都弱小不堪，萬一翟軍追擊，仍逃不脫，只有鄭國強大。可是就在去年（前六三七），剛剛請翟國幹了它一記，如今形勢卻恰恰翻了過來，再去投奔，老臉實在有點磨不開。可是，搞政治的人就是全憑臉皮厚，想了又想，丟人事小，丟命事大，仍選擇了鄭國，進入鄭國國境，在汜城（河南省襄城縣）停下來，派人打聽消息。

姬鄭先生得到的反應，使他滿意。鄭國國君姬捷先生，正要藉此挽回僵局，就親自到汜城朝覲，兩個姓姬的相見，扭扭捏捏，終算君臣和好如初。然後由姬鄭先生頒發詔書，號召各封國勤王救駕，這且不表。

且說主角姬帶先生，進入洛陽，從冷宮中放出翟叔隗女士，兩人好不高興。這時太后老奶正患病在床，大概是受了驚嚇，一命歸天。姬帶先生就宣稱遵奉太后遺命，繼任爲周王國第二十一任國王，立翟叔隗女士當王后。——一身兼爲兩任元首的正宮妻子，翟叔隗女士是中國歷史上第一人，也是唯一的一人。可是洛陽的情勢不適合他們居住，無論如何，這種悖禮亂倫的幹法，貴族和小民都一百個不服，這是一個火藥庫場面。姬帶先生於是把首都從洛陽遷到黃河北岸的溫城（河南省溫縣），溫縣是他的根據地，自以爲比較牢靠。可是，他卻又做了一個錯誤的決策，那就是他自以爲天下已定，教翟國軍隊撤退。

當姬帶先生跟翟叔隗女士如魚得水，沉醉在溫柔鄉的時候，各封國的軍隊也開始集結。晉國國君姬重耳先生——大翟叔隗女士的丈夫，小翟叔隗女士的姊夫，正雄心勃勃的建立霸權，苦於沒有機會。而現在機會天降，他決定行動。蓋國王雖然已不值錢，可是卻有剩餘的利用價值，如果發出「尊王攘夷」的政治號召，可以堵住任何人的嘴。尤其是大臣之一的狐偃先生，警告姬重耳先生曰：「齊國國君姜小白所以能獨霸諸侯，就是靠的『尊王攘夷』，國王姬鄭先生流離失所，我們晉國如果不出面使他復位，秦國必定出面，那就糟啦。」蓋到了自己之手的活寶才算活寶，一旦到了別人之手，別人玩起來花樣百出，自己就只有乾瞪眼矣。

姬重耳先生立刻下令動員，分兵兩路，一路直赴汜城，迎接姬鄭先生的御駕，返回洛陽復位。一路直赴溫城，發動攻擊。大軍剛臨城下，溫城就來了個窩裏反，貴族們一方面厭惡姬帶先生的行為，一方面也怕晉軍玉石俱焚的屠殺，他們就先行進攻王宮，大開城門，迎接晉軍。姬帶先生慌了手腳，他面臨的是全國皆敵的場面，急忙和翟叔隗女士，乘馬突圍，打算投奔翟國。卻恰恰在城門口，冤家路窄，遇到晉軍大將魏犨先生，姬帶先生乞憐曰：「老哥，饒我一命，大恩大德，異日相報。」魏犨先生曰：「國王饒你，我就饒你。」大刀一揮，人頭落地。這時軍士早把翟叔隗女士團團圍住，魏犨先生曰：「這種淫婦，留她幹啥。」一聲令下，亂箭射死。

嗚呼，翟叔隗女士是紀元前七世紀六〇年代前六三七年嫁給姬鄭先生當王后的，第二年

（前六三六）就跟姬帶先生通姦，鬧了個天翻地覆，姬鄭逃亡，姬帶繼任國王，她再當王后。第三年（前六三五），死於亂箭之下。前後不過三年，假如她十八歲結婚，死時正是二十歲，綺貌年華，化爲一堆塵土。聖崽常怒目吆喝曰：「女人是禍水。」前面我們所敍述的四位死於非命的王后：伊娥皇、施妹喜、蘇妲己、褒姒，實在都身不由己，而翟叔隗女士卻是主動的闖下滔天大禍，她至少搞慘了一個國王，又搞死了一個國王，並使那些翟國的和勤王之師的很多將士，喪失生命。豈眞是禍水也歟？抑仍是男人不爭氣，硬推卸責任也歟？

——殺死姬帶、翟叔隗之後，魏犨先生把二人的屍體，帶到元帥郤臻先生那裏。郤臻先生大驚曰：「你怎麼下得毒手？理應生擒活捉，獻給國王，經過審判，明正典刑才對呀。」魏犨先生曰：「你懂個啥？國王假仁假義，故意要避免殺妻殺弟的惡名，希望借晉國的手剷除。我們不殺，送給老漢，豈不弄巧反拙乎哉。」郤臻先生大爲嘆息。不僅郤臻先生大爲嘆息，柏楊先生也大爲嘆息，政治權術，實在複雜。

翟叔隗女士埋葬在洛陽近郊的神農澗，墳墓早已湮沒，神農澗也早乾涸，成爲農田；一代妖姬，化爲塵土。

西施

時代／紀元前五世紀一〇—二〇年代
丈夫／吳王國第七任國王吳夫差
遭遇／夫死國亡．不知所終

戰敗國反擊武器

翟叔隗女士於紀元前七世紀六〇年代前六三五年被殺，三百九十四年之後，紀元前五世紀二〇年代前四七三年，另一位美麗絕倫的王后西施女士，也遭受到同樣命運。唯一不同的是，翟叔隗女士只當了三年王后，西施女士卻當了十三年。

不過，即令是一種苦難，也有幸有不幸，翟叔隗女士的花容玉貌，和搞出來的驚天動地，不亞於西施女士，可是翟叔隗女士卻從沒有人提及過，西施女士反而家喻戶曉，被列爲中國四大美女之一，直到二十世紀，艷名不衰。也可能是受了姒勾踐先生「臥薪嚐膽」政治性的影響，要宣傳姒勾踐先生的偉大，就不能不附帶宣傳西施女士的漂亮。在小說、電影、電視裏，她閣下都以掛頭牌的主角出場，使我們爲翟叔隗女士叫屈。

提起來西施女士，不得不追溯到她的那個時代。翟叔隗女士在時代的巨流中，仍有她的掙扎和反抗，但她不能突破，不是她不努力，而是突破的條件還沒有成熟。如果她生在二十世紀，不但沒有生命危險，經過大眾傳播工具的報導，準名震世界。可惜，她生得太早，猶如柏楊先生生得太早一樣。聖崽們把施妹喜、蘇妲己加以醜化，對西施女士卻沒有下此毒手，其中道理，我們就不知道矣。

——可能的原因是，越王國是一個野蠻部落的集合體，還沒有培養出這類的文化人。也可能是越王國不忍心把自己送出的女兒再加蹧蹋。

西施女士的時代——紀元前五世紀，正逢春秋時代的末葉，戰國時代的初期。中國疆土上，王國林立，比二十世紀的世界還亂。就在長江和錢塘江兩大河流的下游，有兩個強大的王國南北對峙。北方的是吳王國，南方的是越王國。

紀元前五世紀〇〇年代前四九六年，就是魯國「攝相事」孔丘先生誣殺少正卯先生那一年，吳王國向越王國大舉進攻，想把它吞下肚皮。想不到在檇李（浙江省海寧市）一場會戰，吳兵團大敗，國王吳光先生的腳趾還中了越軍的毒箭，中了毒箭當然活不成。由他的孫兒吳夫差先生繼承王位，把祖父屍首埋葬在首都姑蘇（江蘇省蘇州市）郊外。葬禮十分隆重，不但起了一個大墳，還在工程落成時，把所有的可憐工人殉葬。據說，三天之後，有人遙遙的望見土山之上，有個白虎蹲在那裏，因而命名為「虎丘」。到了紀元前三世紀，秦王朝第一任皇帝嬴政先生派人發掘，企圖尋找陪葬的「魚腸劍」，啥也沒有找到，只留下一個巨坑，成為深澗，後人命名為「劍池」。「虎丘劍池」，迄今仍是名勝，不過，這位中國歷史上第一個戰死沙場的國王，已成陳跡。

吳夫差先生積極準備復仇，他教他的侍從們輪流站在庭院中，每逢他經過，就向他呼喊：「夫差，你忘記越王國殺你的祖父乎？」他回答曰：「決不敢忘。」他任命他祖父手下的大將伍子胥先生和伯嚭先生，負責水陸兩軍訓練。

兩年後的紀元前四九四年，越王姒勾踐先生搶先攻擊吳王國，他可能基於「攻擊是最好的防禦」戰略，先下手爲強，大軍直抵吳王國首都姑蘇（江蘇省蘇州市）只三十餘公里的夫椒（江蘇省蘇州市境）。吳兵團迎頭痛擊，現在輪到越軍大敗啦，姒勾踐先生走投無路，只好投降。

且引用中國人史綱一段，代我們敍述以後的發展：

「對越王國如何處理，吳政府發生歧見，那位忠心耿耿，鞭屍案的主持人伍子胥，堅決主張把越王國併入版圖。而另一位高級官員伯嚭，則堅決主張把越王國收爲尾巴國，他們都有非常充份的理由。當時吳、越兩國的形勢，跟上世紀（前六）鞭屍時吳、楚兩國的形勢不同。那時吳王國沒有力量併吞楚王國，現在吳王國已有足夠的力量併吞越王國了。可是，姒勾踐是一個可怕的敵人，他靠着諂媚和賄賂，使伯嚭提出與伍子胥相反的意見，並使吳夫差採納那個意見。吳夫差允許越王國存在，但越王姒勾踐必須拘留在吳王國的首都姑蘇，當作人質。姒勾踐對這種苦難，只好接受，但他握有更重要的祕密武器——忍耐。有一次，吳夫差病了，姒勾踐親自去嚐吳夫差的糞便，然後用一種唯恐怕別人沒有聽到和傳播不廣的驚喜聲調喊：『病人的糞便如果是香的，性命就有危險。如果是臭的，表示生理正常。大王的糞便是臭的，一定會馬上痊癒。』

「世界上只有少數像伍子胥那種智慧人物，才能抵擋住諂媚和賄賂，吳夫差不過一個平凡角色而已，他被姒勾踐裝模作樣的愛心深深感動。於是，只三年光景，就在○○年代最後一年紀元前四九一年，把姒勾踐釋放回國。」

嗚呼，釋放姒勾踐先生回國，正應了中國一句話：「縱虎歸山」，後患一定無窮。他閣下回國後的第一件事，就是挑選越王國的美女，獻給吳夫差先生，以表示他誓守不渝的忠貞。於是，我們的女主角西施女士登場。

人生有幸有不幸

多妻制度和男性中心社會，使中國帝王，每一位都是一個大淫棍大嫖客，有人說阿拉伯世界是男人的樂園，而二十世紀前古老的中國，同樣也是男人的樂園——寫到這裏，柏楊先生又覺得生得太晚，如果生到十九世紀之前，則以柏楊先生之尊（自從我請了巷口那個擺攤的傢伙吃了一頓小館，他就一口咬定我原來是一個匈牙利親王，有皇家血統）。恐怕柏楊夫人至少一打。最近財閥們御用的文化人不是義正詞嚴的要「選美」和「選中國小姐」乎，我就可跟其他有錢的大爺一樣，先行定下一個。當選之後，立即納入後宮。

我們說這些，可不是廢話。而是對過去的事，作一個總結。施妹喜和蘇妲己，都是戰敗的一方所獻的女俘。而子天乙、姬昌、褒珦，也都靠着獻上美女，才脫離滔天大禍。蓋臭男人的立場是，美女多多益善，而且越多越不嫌多，即令四肢無力，不能上床，擺在宮中，瞧瞧也能過癮。

在精密的設計下，沙裏淘金，姒勾踐先生深悟到精兵政策，從全國美女群中，遴選了兩位美女中的美女，一位是西施，一位是鄭旦。

——西施，並不姓西，跟妹喜並不姓妹，妲己並不姓妲一樣。大概紀元前三世紀之前，中國人的姓氏制度還沒有完全建立，所以顯得紊亂。西施，事實上姓施，是浙江省諸暨市苧羅山下一位農夫的女兒。苧羅山下，有東西兩個村落，西施女士住在西村，從小就以美貌聞名遠近，人們稱她爲西施，即西村施小姐是也。鄭旦女士，也住在西村，比鄰相居，二人每天一齊到江邊洗紗，紅顏花貌，交相映發，好一對並蒂芙蓉。

姒勾踐先生遴選了兩位美女之後，加以嚴格訓練，使她們在外在美之下，有充實的內在美。訓練的內容包括琴棋書畫，和各種歌舞，從古典音樂到流行歌曲，從方塊舞到狄斯哥，應有盡有。極可能的，還灌輸一些國家民族意識，使她們知道她們的任務是，導使她們未來親愛的丈夫，也是她們國家的敵人吳夫差先生，迷戀她們的美色，荒怠國政。所以，二人所受的訓練是嚴格的。嗚呼，帝王身旁，美女山積，如果沒有兩下子，就無法殺出一條血路，到達他的身旁。

訓練的時間是六年，六年後的紀元前四八五年，專車送到吳王國首都姑蘇（江蘇省蘇州市），吳夫差先生一見，立刻靈魂出竅。尤其是姒勾踐先生又說了一段「一臉忠貞學」上的金句，曰：「東海賤臣姒勾踐，感激大王的天恩，不能親率妻妾，侍奉左右，只有搜括全境，物色到美女二人，請求大王允許收納在後宮，以供灑掃。」把吳夫差先生的馬屁，拍得好不舒服。於是，龍心大悅，照單全收。

兩位美女沒有辜負她們所受的長期嚴格訓練，進宮後不久，就把吳王宮的其他得寵的漂亮小姐，統統擠掉；把吳夫差先生吃得死脫。不過，兩位美女之間，西施與鄭旦，美貌相同，生活背景相同，所受的教育相同，可以說沒有一樣不相同。可是，在吳夫差先生色迷迷的尊眼裏，卻有了差異，大概西施女士的調調正適合他的調調，他就也特別寵愛西施。相形之下，鄭旦女士就感覺到寂寞，美麗的女孩子最悲痛的是受到冷落，過了一年，她竟憂鬱而終。吳夫差先生難過了一陣，把她安葬在黃茅山，立廟祭祀。

——嗚呼，鄭旦女士這種下場，使人疑問叢生，可能兩位同是越國的美女發生內鬥。然而，無論如何，西施女士名傳千古，而鄭旦女士卻與草木同朽，沒沒無聞。彷彿記得若干年前，有一齣台灣歌仔戲（或許是一部電影），名字就叫「鄭旦」，演的是她閣下的故事，內容如何，因沒有看過，不能介紹。然而，距鄭旦女士之死，已兩千四百年矣，僅此一見，又流傳不廣，哀哉。

吳夫差先生愛西施女士，愛得神魂顛倒，特地把位於姑蘇（江蘇省蘇州市）城外的姑蘇台，加以擴建，又增蓋了一座館娃宮，銅溝玉檻，珠玉裝飾，又建「響屧廊」，屧是鞋子裏的襯墊，走廊地下是空的，用大甕填滿，上面再用木板舖平。西施女士和其他宮女經過這個走廊時，玉足所至，發出清脆悅耳的聲音——比高跟鞋還要能搗碎臭男人的心臟。這比姒履癸、子受辛兩位蓋的那些酒肉型的瓊宮、瑤台，文明風雅得多矣。後人有詩嘆曰：

館娃宮中館娃閣　畫棟侵雲峰頂開
猶恨當時高未極　不能望見越兵來

另外還有一首，同屬於懷古型的詩，也嘆曰：

廊壞空留響屧名　只爲西子繞廊行
可憐伍相終屍諫　誰記當時曳履聲

嗚呼，誰記？我們這些後人，就記得清楚得很也。

捧心戰術

吳越春秋對姑蘇台的生活，有下列介紹：

「最初，吳王吳光在姑蘇山築台，距首都姑蘇十七公里。春夏兩季，前往遊逛。吳夫差更爲加高，並且作豪華整修（柏老按：國王豪華起來，跟柏楊先生豪華起來，大不相同——柏楊先生豪華起來，不過在豆漿裏加個蛋；國王豪華起來，能把全國小民的筋都抽掉）。用了三年工夫，大興土木，竭盡人力；周旋盤折，橫亙將近三公里。宮女就有一千餘人（柏老按：西施女士能在一千餘美女中拔尖，可不簡單）。又築春霄宮，日夜不停的飲酒歡宴，又做了可以容納千石美酒的酒槽。又挖了一個人造湖，曰天池，天池上行駛國王御用的『青龍舟』，舟上滿載美女和歌舞用的樂隊。吳夫差天天和西施登上去玩樂。然後又建海靈館、館娃閣，用銅做樑柱，用玉做窗檽，欄杆椽木，也都用珠寶裝飾。」

吳夫差先生身陷在溫柔鄉中，他的第一個變化是，跟他的重要幹部隔離，他只接見伯嚭先生，蓋伯嚭先生說的馬屁之話，使他覺得心曠神怡，一個胡塗蛋加上一個馬屁精，眞是情投意合，各得其所。而忠心耿耿的伍子胥先生，卻難得一見，蓋伍子胥先生總是口吐眞言，而眞言往往都是不悅耳的，吳夫差先生不是儍子，爲啥去接受部下的頂撞乎哉。

就在姑蘇台，西施女士把吳夫差先生完全掌握在手心，她閣下從小就有一種胃病——是胃潰瘍？抑或是胃下垂？我們不知道，只知道她的胃病經常復發，每次復發，就疼痛難忍，只好把一雙纖手，按住胃部，人們遂稱之爲「捧心」。最奇妙的是，西施女士捧心之時，也正是她最美之時，於是東村一些老奶一瞧，原來有這麼大的妙用，妳不是胃痛乎？俺老娘也胃痛。妳不是捧心乎？俺老娘也捧心。妳不是一捧心就皺眉乎？俺老娘也一捧心就皺眉。結果把人嚇得撒鴨子就跑。這故事在中國留下「東施效顰」的成語。顰，皺眉也。吳夫差先生天大的本領，都跳不出西施女士的捧心戰術，要想不把腦筋搞成一盆漿糊，不可得也。

吾友歌德先生，有一次到巴黎，參觀拿破崙先生的皇宮，嘆曰：「我要有這麼富麗的住處，一輩子都不出門。」柏楊先生也想，我要是住在姑蘇台兼擁有西施女士那樣美艷的嬌妻，我就啥地方都不去。然而，拿破崙先生卻東征西討，馬不停蹄。吳夫差先生也有同樣毛病，他要進軍中原。

越王國獻上西施女士的次年，即紀元前五世紀一〇年代前四八四年，吳夫差先生跟魯國結盟，組成吳魯聯軍，大舉進攻齊國，在艾陵（山東省沂源縣）地方，把齊國打得落花流水，大獲全勝。報紙出號外，電台報新聞，馬拍之聲，不絕於耳，一致歌頌吳夫差先生前無古人，後無來者。吳夫差先生暈暈忽忽，自以爲也眞的了不起。只有伍子胥先生一語不發。吳夫差先生問曰：「你曾勸我不要攻打齊國，我卻凱旋而歸，你老臉磨不開，是乎？」伍子胥先生曰：「越王國才是我們的大患，齊國不過小毛病罷啦。這次如果我們戰敗，你還可能生出戒懼之心，反而是吳王國的福。如今不幸勝利，你一定心高氣傲，再向中原發展，跟古老的晉國爭霸。那時，越王國乘我們國內空虛，發動突擊，危在旦夕。」

永無止境的忠言規諫，使吳夫差先生對元老大臣的容忍達到最後限度。不久，越王姒勾踐先生率領一個龐大的代表團，前來朝賀。吳夫差先生宣佈曰：「當國王的不忘有功的部下，當父親的不忘得力的兒子。現在伯嚭訓練三軍有功，我要升擢他當宰相（上卿）。姒勾踐侍奉我始終不倦，我要增加他的土地，各位意思如何。」嗚呼，「各位意思如何」？老闆已決定的意向，順口問問，不過表示他閣下虛懷若谷罷啦，誰要當成眞的，誰就倒楣。而可憐的伍子胥先生，卻當成眞的，他涕泣曰：「忠臣閉口，奸人在側，邪惡的理論，和精密的阿訣，使曲的變成直的，直的變成曲的。我們國家將亡，宮殿將生亂草矣。」吳夫差先生吼曰：「老賊，你竟如此詭詐，吳國不需要你這種妖孽。」伯嚭先生乘機打小報告曰：「我聽說伍子胥出使齊國的時候，曾把兒子託付給齊國官員鮑息，大王呀大王，你可要小心。」

——在魯吳聯軍進攻齊國之前，吳夫差先生派遣伍子胥先生去齊國投遞戰書，戰書上當然把齊國上上下下，攻擊得體無完膚。吳夫差的意思，就是要假齊國之刀，把伍子胥殺掉。偏偏齊國不肯中計，對伍子胥先生仍隆重招待。伍子胥先生早已料到吳王國必亡，所以此行特把兒子伍封帶去，託孤給鮑息先生，鮑息問他吳王國的事，伍子胥只垂淚不言，鮑息知道他的心事，嘆曰：「伍子胥恐怕決心死諫，所上才存後裔在齊國也。」

通敵賣國的證據沒有比這更確鑿的啦，吳夫差先生就像一條被挑怒了的瘋狗一樣，伍子胥先生遂不得不死於瘋狗口下。

姑蘇台大火三月

伍子胥先生之死，是一個悲壯的場面。中國歷史上太多的例證，說明凡是耿耿忠心的愛國人士，卻往往落得「誣以謀反」的結局。鼓兒詞有句曰：「說忠良，道忠良，自古忠良無下場。」嗟夫，這是中國傳統文化有了毛病歟？或是中國政治制度有了毛病歟？我們以爲，政治性的冤獄，一定是不良的政治所鑄成，而傳統文化再拚命維護這種不良的政治制度，每一個愛國的中國人，都得面對危險。愛心越重，被「誣以謀反」的可能性也越大。

當吳夫差先生派人把寶劍送給伍子胥先生，敎他自殺時，伍子胥先生吩咐他的家人曰：「我死之後，要把我的雙眼挖出來，懸掛東門，讓我看到越王國的軍隊入侵。」這話是沉痛的。但是，卻刺激吳夫差先生的獸性更爲大發，他下令把伍子胥先生的頭砍下來，放到城樓上，再把伍子胥先生的屍體，投入長江；餘恨不消，又詛咒曰：「日月曬焦你的骨，魚鼈吃掉你的肉。」

伍子胥先生死後第二年（前四八二），吳夫差先生果然率軍北上。抵達黃池（河南省封丘縣），這是南方霸權兵力到達北方最北的第一次。在那裏大會各國國君，爭取盟主。當晉國稍微表示猶豫時，吳夫差先生下令他的兵團擂起戰鼓，晉國立即屈服。姑蘇到黃池，航空距離七百公里，急行軍也要二十天左右，而經過二十天之久急行軍的部隊，緊張疲憊交加，根本不能作戰。姒勾踐先生的復仇機會，終於來臨，他動員越王國全國最精銳的軍隊，向吳王國突襲，包圍姑蘇，焚燒姑蘇台，大火一月不熄。

——焚燒姑蘇台時，西施女士在哪裏，史書上沒有交代。我們推測，她不可能遷到姑蘇城裏去住，因爲沒有那個必要。恐怕她是隨着吳夫差先生遠征，才免去這場災難。

吳夫差先生狼狽回軍救援，就在姑蘇城外，他的百戰百勝大軍，第一次崩潰。他只好向姒勾踐求和，姒勾踐先生接受，因爲這時候越王國的力量還不夠強大。但形勢已經逆轉，吳越兩國已立於平等地位。距姒勾踐先生兵敗被俘，不過十年。

這是吳夫差先生第一次挫敗，嚴格的說，這挫敗不過是一種「勝敗乃兵家常事」的普通挫敗，國家固完整的也，兵源固健在的也。然而，吳夫差先生老矣，昔年教衛士呼喊他不要忘殺祖父之仇的英雄氣概，已經成爲過去。在越軍撤退後，他沒有想到振作，反而像鴕鳥一樣，把頭埋在以西施女士爲首的美女窩中，過一天算一天，苟延殘喘，盼望姒勾踐先生會饒他。問題是，姒勾踐先生當然不會饒他。

二〇年代紀元前四七三年，距姑蘇城外第一次挫敗整整十年，距生擒姒勾踐先生整整二十年。越王國發動全面總攻擊，吳軍覆沒，姑蘇陷落。吳夫差先生逃到陽山（江蘇省蘇州市西北萬安山），越軍海水般的把陽山團團圍住，三軍總司令文種先生宣佈吳夫差先生的六大罪狀：「一曰：殺忠臣伍子胥。二曰：殺諫臣公孫聖（柏老按：我們沒有介紹他）。三曰：伯嚭是個奸猾的馬屁精，卻重用他。四曰：齊晉兩國無罪，數興撻伐。五曰：吳越兩國接壤，應和平共存。卻數度攻打越王國。六曰：越王國殺掉吳王國的國王，不知報仇，反而縱敵遺患。」

吳夫差先生看到這些罪狀，不知不覺流下眼淚。無可奈何，他請求越王國仿傚二十年前的故事，准許吳王國降爲越王國的尾巴國。姒勾踐先生答覆曰：「從前天老爺把越王國賜給你，你不接受。現在天老爺把吳王國賜給我，我不敢拒絕。」並且派人在陣前大喊曰：「人間沒有萬歲的帝王，總有一死，何必等到我們砍掉你的頭乎哉？」吳夫差先生面無人色，只好拔劍抹脖子。臨死時，對他的侍衛曰：「如果死者有知，我無面目見伍子胥於地下，請用布把我的臉蓋住。」

吳夫差先生完蛋，吳王國也完蛋，立國一百六十五年。

姒勾踐先生以征服者的姿態，進入姑蘇，這跟二十年前蓬頭垢面，以囚犯的身份，含羞帶愧進入姑蘇，回想起來，好像一場噩夢。吳王國那些文武百官，一個個向他們過去的階下囚朝拜，那位可敬的伯嚭先生也在其中，而且露着得意的顏色，好像是在說，嗨，要不是俺從中掩護你，把伍子胥先生當做叛徒剷除，你能有今天呀。想不到姒勾踐先生的想法卻恰恰相反，他對伯嚭先生板起面孔，曰：「閣下是吳王國的宰相，你的國王在陽山，怎麼不去找他？」伯嚭先生這才發現不妙，然而已來不及矣，姒勾踐先生教力士把伯嚭先生幹掉，屠滅他的全家，曰：「我這是報答伍子胥的忠心。」

最後，姒勾踐先生面對着他親自派遣的西施女士。對西施女士的處理，史書上有三種說法。

三種說法

有幾位讀者老爺對吳夫差先生之死，希望知道他安葬何處，一代英雄，尤其是沾西施女士的光，總應有許多佳話。嗚呼，吳夫差先生固是一代英雄，可惜只是半截英雄。柏楊先生年輕唸學堂時，有一位女生，大家上尊號曰「半截美人」，蓋面目姣好，胸脯高聳，連柳下惠先生見啦，都得心跳。可是腰部以下，無足觀焉，小腹鼓鼓膨脹，而腿則籮筐，即令立正姿勢，兩膝之間，幾乎仍可鑽過一隻大象。

吳夫差先生有他的英雄事蹟，復仇之戰，驚天地而泣鬼神。保留越王國，釋放姒勾踐，也是領袖人物的偉大氣度。身旁美女成群，時代使然，貴閣下如果也幹頭目，恐怕美女更多。為美女們弄些花樣，也屬人之常情。然而，魔鬼既然選中了他要毀滅他，他的英雄生涯在攻打齊國時，已走完了前半截。後半截忽然尾大起來，對自己的英明，沾沾自喜，順耳朵的話越來越喜歡聽，不順耳朵的話越聽越「怒從心頭起，惡向膽邊生」，賣國賊伯嚭先生成了忠貞心腹，愛國心切的伍子胥先生反而成了叛徒。到了下半截，吳夫差先生已不是英雄，而是狗熊矣。英雄氣度恢宏，神采煥發；狗熊則整天埋着頭氣呼呼兼呼呼氣，理智全失。

我們對半截英雄的敬意，也只有半截。所以他葬身何處，沒有強調。同時史書上記載不一，有的說他葬在江蘇省蘇州市城南二十八公里，濱近太湖的卑猶位亭，「卑猶位」三字甚怪，好像大日本帝國的地名。有的說他就葬在他閣下抹脖子的陽山（江蘇省蘇州市西北萬安山）。不管葬在哪裏吧，對他葬時的盛典，報導卻是一致的。姒勾踐先生已不把吳夫差先生當做國王，他下令用埋葬「侯爵」的禮埋葬他，教越王國的戰士，每人掬一把土堆到他屍體上（也可能堆到他棺材上），霎時間就成為一個大塚。不過對吳夫差先生三個金枝玉葉的兒子，可沒有放鬆，而把他們放逐到龍尾山。龍尾山在哪裏？沒有定論，江蘇省婺源縣東北五十公里，有一座龍尾山，是不是該處，就不知之矣。

這些故國勝蹟，自是騷人墨客吟詠的好題材，讀起來颯颯生風，倍增悵惘。

張羽先生詩曰——

荒台獨上故城西　輦路淒涼草木悲
廢墓已無金虎臥　壞牆時最夜烏啼
採香徑斷東麋鹿　響屧廊空變黍離
欣弔伍員何處去　淡煙斜月不堪題

楊誠齋先生詩曰——

插天四塔雲中身　隔水諸峰雪後新
道是遠瞻三百里　如何不見六千人

胡曾先生詩曰——

吳王恃霸逞雄才　貪向姑蘇醉綠醅
不覺錢塘江上月　一宵西送越兵來

薩都剌先生詩曰——

閶門楊柳自春風　水殿幽花泣露紅

飛絮年年滿城郭　行人不見館娃宮

吳夫差先生已矣，館娃宮早已不存片瓦。只西施女士的下場，卻在歷史上成爲千古疑案。

第一種說法是順理成章的，那就是姒勾踐先生把吳夫差先生逼死後，就把西施女士接收過來。她既然是越王國派去的越王國的女郎，出國之日，假設是二十歲，現在不過四十歲，正是美女最成熟的年齡。前已言之，沒有一個帝王不是淫棍（這可不是貶辭，柏楊先生曾爲了「侮辱歷代帝王」，吃過官司。所以絕不敢再存此心，我們只是說明一種現象而已，如果柏楊先生當了帝王，我可更叫座）。所以，美色當前，把敵人的妻子女兒捉住上床睡覺，不但天之經也，亦地之義也。西施女士從一個豪華的王宮，換到另一個豪華的王宮，榮耀富貴，依然如初。不過面對的是另一個嶄新的局面，這個嶄新的局面中，美女們照樣如山如海，即令大多數沒有她標致迷人，但可肯定的，大多數都比她年輕。她是否還有鬥志？是否還能殺開一條血路，就很難預料矣。

第二種說法是人之常情的，西施女士被姒勾踐先生接收之後，十分寵愛。我們可以推測：最受不了的當然是姒勾踐先生的太太。好呀，俺含辛茹苦，採桑織麻，拚老命給你幹，好容易大獲全勝，你卻弄了一個漂亮的小老婆。讀者老爺跟讀者老奶的心理狀態可能不同，如果換一換位置，就可知道這股勁的凶不可當。臭男人汗流浹背的幫助嬌妻功成名就，嬌妻卻弄了一位年輕力壯的小白臉當活寶，關在房裏取樂，恐怕臭男人準動刀子。姒太太雖沒有動刀子，據說，卻在乘船回航途中，派人把一塊石頭綁到西施女士身上，推到錢塘江裏溺死。然後聲明她可不是吃醋，而是愛國，曰：「這種亡國妖孽，留她幹啥？」

——嗚呼，讀了姒太太的聲明，她可以當政治家矣。但最使人沉痛的，是在西施女士身上綁石頭的一幕，她有何惡？又有何罪？三千年之後，我們仍聽到她驚恐掙扎的哭聲。

扁舟載美

西施女士下場的第三種說法是羅曼蒂克的，越王國大軍攻陷姑蘇時，大臣之一的范蠡先生，先下手爲強，把西施女士搶到手裏（美女人人愛，這就是臭男人的本性）。然後發展出一項歷史上的傳奇故事。

范蠡先生不但是姒勾踐先生最親信的高級幹部，也是姒勾踐先生最親密的朋友之一——另外一位就是文種先生，這兩位足智多謀，忠心耿耿的人物，是姒勾踐先生的左右手。當姒勾踐先生在姑蘇受苦受難，吃糞拍馬的日子裏，范蠡先生始終陪伴身邊，安慰他、鼓勵他，爲他低三下四奔走；因爲生活得太密切，范蠡先生也就把姒勾踐先生看了個穿。而文種先生，官拜宰相之職，留在國內，不分晝夜，祕密重整軍備。

范蠡先生智慧超人，他能在混亂混沌的局勢裏，看出潛伏的危機（柏楊先生就沒有這種本領），知道吳王國覆滅之日，大禍就要臨頭，立刻拋掉了世界第一強國宰相尊位，駕了一葉扁舟，乘着月白風淸之夜，只帶着西施，逃之夭夭。臨走時，留下一封信給文種先生，曰：

「老哥，『狡兔死，獵狗烹。敵國破，謀臣亡。』（也有把後二句改爲『飛鳥盡，良弓藏』，以免觸怒有權的大爺。）姒勾踐先生這個人，脖子很長而嘴尖尖的像鳥嘴，能夠忍受任何羞辱，但也非常猜忌，嫉妒別人比他能幹。可以跟他共患難，不可以跟他共安樂。你如果不早點離開他，必有災難。」

文種先生比柏楊先生高明多啦。柏楊先生想不透，還可原諒，文種先生想不透，就遺憾萬分。不過也正因爲想不透，才使姒勾踐先生暴露了他的獸性。文種先生就是不相信姒勾踐先生——他二十年如一日的謙恭誠懇，樸實誠摯——會凶猛的翻臉無情。文種先生忘了忍人所不能忍的，也往往狠人所不能狠。不久，文種先生有病，他的政敵向姒勾踐先生打小報告：「文種自以爲功比天高，埋怨政府對他的酬勞太小，一肚子不滿，所以害起來政治病啦。」於是姒勾踐先生御駕親往探病，這舉動不要說在古代，縱使在現代，也是一種榮譽。可是，卻不知道姒勾踐先生已興起殺機。蓋在帝王邏輯中，不滿就是不忠，必須先下手爲強。客套寒暄已畢，姒勾踐先生板起面孔問曰：「你有七種滅國方法，我只用了三種，就把吳王國併吞。剩下的還有四種，你預備用到啥地方？」文種先生發呆曰：「啥地方都不用。」姒勾踐先生曰：「我想請你去陰曹地府，用那四種方法去對付吳王國的祖宗，如何。」說罷此話，拔腿就走，故意把身上帶的劍遺留在座位上。文種先生拿起來一看，正是當年伍子胥先生自殺時用的那柄，不由仰天嘆曰：「古人云：『大德不報』，我不聽老范之言，眞是豬也。」於是，跟伍子胥先生一樣，自殺而亡。

——姒勾踐先生，不但是可怕的敵人，也是可怕的朋友，拜託上帝保祐貴閣下及敝閣下，千萬別讓我們碰到這種角色。

從文種先生之死，可看出范蠡先生的才幹和洞察力。他閣下帶着中國四大美女之一的西施女士，先到齊國做官，然後棄官從商，做起生意，發了大財，定居在陶山（山東省肥城市西北十五公里），不姓范啦（大概是怕姒勾踐先生派特務追蹤），改姓爲朱，世人稱之爲陶朱公。

西施女士的下場雖然有三種說法，卻沒有一項積極的史料，證明哪一種說法可靠。有人說姒太太把她推落江心太殘忍，那是站在西施女士的立場，如果站在姒太太的立場，兩美不並立，恐怕也只有一推。至於柏楊先生，我倒願意她追隨老范，佳人才子，自是天配的一對。不管怎麼吧，我們仍無法肯定她是如何死的。唯一敢肯定的是，她早已香消玉殞，化爲塵土，徒供後人懷念。

龐鳴先生把姒勾踐和吳夫差的生活加以對比，感慨有加，詩曰——

屧廊移得苧蘿春　沉醉君王夜宴頻
台畔臥薪台上舞　可知同是不眠人

羅隱先生哀西施女士之被無聊文人指責，詩曰——

家國興亡自有時　吳人何必怨西施
西施若解亡吳國　越國亡來又是誰

袁枚先生痛西施女士的家國兩難，詩曰——

吳國亡國爲傾城　越女如花受重名
妾自承恩人報怨　捧心常覺不分明
笙歌剛送采蓮舟　重捲珠簾倚畫樓
生就蛾眉顰更好　美人只合一生愁

曹雪芹先生感慨西施女士因富貴而墮江慘死，不如貧賤女伴，詩曰——

一代傾城逐浪花　吳宮空許憶兒家
效顰莫笑東村女　白頭溪邊尚浣紗

高啓先生對范蠡攜西施女士而去，曲爲解釋，詩曰——

功成不戀上將軍　一舸歸遊笠澤雲

載得西施豈無意　恐留傾國更迷君

最後，介紹王維先生以西施自況的借題發揮，詩曰——

艷色重天下　西施寧久微
朝爲越溪女　暮作吳宮妃
賤日豈殊衆　貴來方悟稀
邀人傅香粉　不自着羅衣
君寵益驕態　君憐無是非
當時浣紗伴　莫得同車歸
持謝鄰家子　效顰安可希

虞姬

時代／紀元前三世紀九〇年代
其夫／西楚王國第一任國王項羽
遭遇／垓下會戰前夕・自殺

彗星

以前我們敍述的幾位后妃姬妾，都佔了很長的篇幅，倒不是她們比其他死於非命的后妃姬妾，有啥特別，而是她們留下的史料較多。在以後的歷史中，不久就會間斷的出現一些彗星似的美女，她們驀然間滑過天際，身居高位，光艷四射，但也驀然間血落如雨，倉卒結束自己的生命，宇宙又恢復沉寂。全靠一兩部史書上的片段記載，在茫茫人海中，爲後人留下煙霧般迷離的印象；而這印象，幾乎幾句話就可說盡。

紀元前三世紀九〇年代，中國正陷於改朝換代的大混戰之中，統一中國的秦王朝瓦解，英雄豪傑，紛紛起兵，拚死拚活，最後只剩下兩個大頭目。如果在秦王朝之前，不要說兩個大頭目，縱有三個四個大頭目，都沒有關係，因爲中國境內七個王國林立並存，分裂得太久啦。可是秦王朝之後，中國人心理上已奠定了「大一統」的基礎，所以這剩下來的兩個大頭目，就非拚得只剩下來一個不可。中國人的苦難，就更爲難解難脫。這兩個大頭目，一是項羽先生，一是劉邦先生。

項羽先生是一個沒有政治頭腦的彪形大漢，也是中國歷史上最偉大的軍事天才之一，他跟西方世界的軍事天才漢尼拔先生，同是紀元前三世紀的英雄人物。提起漢尼拔先生，西洋老爺人人皆知。紀元前三世紀八〇年代前二一九年，第二次布匿戰爭揭幕，漢尼拔先生穿過伊比利安半島，把戰爭帶到羅馬帝國本土，三年後的康尼會戰，羅馬軍團大敗，七萬人有六萬七千人戰死，僅有可憐的三千人逃生。漢尼拔先生率領的迦太基軍團，轉戰各地，攻無不勝，戰無不取，直抵羅馬城下，把羅馬帝國打得叫苦連天，眼看就要惡性倒閉。最後羅馬海軍切斷他的海上補給線，他才不得不撤回本國，可是已在羅馬帝國本土上整整打了十八年。紀元前二〇二年，羅馬軍團追擊，漢尼拔先生在本國疲憊迎戰，嚐到他平生第一次失敗。

正當漢尼拔先生在羅馬帝國境內轉戰，節節勝利時，項羽先生也在中國境內轉戰，也節節勝利，而且還一度建立中央政府，他稱他的王朝爲西楚，自稱爲「霸王」，定都彭城（江蘇省徐州市）。項羽先生的悲劇根源，在於他沒有政治頭腦，卻偏偏坐上非有政治頭腦才可以坐上的寶座。他的政治愚蠢，跟他的軍事天才，成尖銳的反比。就在他用武力統一中國的時候——紀元前第三世紀九〇年代前二〇六年，他卻自己把秩序重新搞亂。這是有原因的，他閣下是故楚王國沒落的貴族後裔，僅僅兩年前，不過還是江東（長江下游南岸，即太湖附近）的一個無業遊民，乘着秦王朝崩潰，聚集了一批惡少，大幹特幹，不但沒有送掉老命，還成爲中國的元首，自然而然的把天下事看得簡單無比，認爲只要兵強馬壯，就可以一意孤行，想幹啥就幹啥。

最嚴重的一個錯誤是他胡亂封王。隨着他西征的聯軍，差不多都是各個新興王國派出的軍隊。項羽先生一時高興，或一時不高興，竟把那些隨他西征的一些將軍，都封成國王，反而把將軍的頂頭上司——即派遣他們西征的原來的那些國王，驅逐到別的地方。嗚呼，那些新興王國的國王，跟項羽先生一樣，天下也是「打」出來的，當然不吃這一套，於是，好容易平息下來的混戰，再度爆發。最糟的是，項羽先生的死對頭劉邦先生，原來約定好要封爲秦王（陝西省中部）的，項羽先生卻把他封到萬山叢中去當漢中王（陝西省南部）。劉先生遂第一個起兵反抗。九〇年代的前二〇六年，到前二〇二年，五年之中，兩個大頭目生死決鬥，殺得赤地千里，血流成河。

劉邦先生的出身更差勁，項羽先生不過是無業遊民，劉邦先生卻是典型的地痞流氓。這場戰爭中，項羽先生百戰百勝，劉邦先生百戰百敗。但劉邦先生像蒼蠅一樣，項羽先生一巴掌下去，劉邦先生就嗡的一聲飛啦，東南西北飛了一陣，兜了個大圈小圈，最後仍兜回來原地再幹。項羽先生要求的是速戰速決，卻始終捕捉不到劉邦先生西漢兵團的野戰主力，把他閣下急得哇哇亂叫，派人到劉邦先生那裏，要求決戰，劉邦先生笑曰：「請你回去稟報項老哥，俺可是寧願鬥智，而不鬥力。」

顯然的，在純軍事上，劉邦先生不是對手，所以他才不得不鬥智，鬥智是一種謀略戰。

劉邦先生有重要的兩大謀略，使他奠立決定性勝利的基礎。

第一個偉大的謀略，是使項羽先生自己覺得尾大非常，把他唯一的智囊范增先生，一腳踢出大門。嗚呼，劉邦先生有三個股肱幹部，一是後勤總司令蕭何先生，他使後方社會保持安定繁榮，更使補充兵源源源不缺。一是參謀總長張良先生，他的神機妙算，能料敵於千里之外。另一是陸海軍大元帥韓信先生，他是一個比項羽先生更高明的軍事天才，他在短短的數年之中，掃蕩了黃河以北所有的新興王國和地方割據政權。而項羽先生只有一位范增先生，范增先生的智慧超過項羽，可是項羽先生手下的軍隊超過范增。在權力決定一切的社會，最初項羽先生還很謙恭，後來既然尾大不凡，再加上劉邦集團的陰謀詭計，項羽先生遂疑心范增先生要叛變啦。疑心一起，蠢血即沸，於是把范增先生驅逐回鄉。從此項羽先生陷於孤立，恁憑劉邦先生作弄擺佈——劉邦先生跺腳他就跳，劉邦先生咳嗽他就叫，恍恍惚惚，身不由主。

垓下歌舞

劉邦先生第二個偉大的謀略是「和談」。紀元前二〇三年，劉邦先生向項羽先生提議談判，義正詞嚴的話，悲天憫人的話，以及拍馬屁的話，說了兩火車。然後信誓旦旦曰：「如果劉邦負約，是劉邦背信，而你閣下理滿天下，古人不云乎：『師直為壯，師曲為老』，劉邦既然為人所不齒，你閣下以直道而行，天下何人能敵？劉邦背信食言，自為天下所不容，何能跟你閣下抗衡哉?」

項羽先生一聽,對呀,對呀,有理有理,馬上答應。議定以洪溝(河南省滎陽市西一條小河)爲界,洪溝以東的東中國,歸項羽先生的西楚政府,洪溝以西的西中國,歸劉邦先生的西漢政府。其實,要說項羽先生比劉邦先生政治低能則可,要說項羽先生傻到會在這麼件大事上受騙則不可。實在是他也筋疲力盡,能喘一口氣,就抓住機會喘一口氣。

政治眞正使人嘆息,洪溝爲界的盟約,墨跡剛乾。項羽先生率領他的軍隊撤退,劉邦先生立刻變卦,下令追擊。項羽先生氣得暴跳如雷,而西楚兵團的戰士,憬悟到受了欺騙,馬上猛烈還擊,把劉邦先生再一次打得抱頭鼠竄。然而,這是項羽最後一次勝利矣,韓信先生大軍趕到,就在垓下(安徽省靈璧縣),佈置下口袋陣地——在那個時代,稱爲「十面埋伏」。項羽先生有勇無謀,他率領的西楚精銳常勝軍,一步一步,走入陷阱。

就在垓下,我們的女主角虞姬女士,像彗星般的在軍營中出現,也像彗星般的在軍營中殞滅。

虞姬,姓虞,她的名字已經失傳。虞姬者,虞小姐,虞女士也。也有人說虞是她的名,姓啥則不可考矣。江蘇省蘇州市人,項羽先生於紀元前二〇九年在下相(江蘇省宿遷市)殺了縣長起兵時,打到吳縣,一瞧虞姬女士貌如天仙,三圍更該粗的地方粗,該細的地方細,而且書畫歌舞,無一不精,還是一個才女。在那個時代,美女易得,才女難求,項羽先生就來一個眞正的霸王硬上弓。不過英雄美人,卻相見恨晚,十分恩愛,項羽轉戰南北,總把虞姬帶在身邊，如影隨形，她分享了項羽先生的威風，也分享了項羽先生的榮耀。然而，她是一位善良純潔的女孩，從沒有干涉過政治，從沒有在西楚王朝扮演過使人注目或使人遷怒的角色，更沒有替項羽先生得罪過一個人，或做出一件傷害西楚政府的事。可是，她卻分享西楚政府覆亡的災難。

紀元前二〇二年初春，劉邦先生的西漢兵團，在垓下把西楚兵團重重包圍。當晚，滿天星斗，月明如畫。忽然間，四面八方的西漢兵團陣地中，傳出楚歌，項羽先生側耳傾聽，大駭曰：「我們疆土難道全部陷落了乎，何楚國人之多也。」事實上也正是如此，項羽先生的力量只剩下這支孤軍。而這支孤軍，死的死，降的降，逃的逃，現在只殘存八百騎兵。他闔下不能入睡，就在營帳中徘徊，虞姬女士在旁陪伴。項羽先生的戰馬，名叫烏騅，也在帳外長嘶，項羽先生百感交集，慷慨悲歌。歌曰：

力拔山岳啊，氣蓋江河
情勢險惡啊，烏騅仍不肯離棄我
烏騅不肯離棄我啊，我該如何
虞姬啊虞姬，我該如何

一面唱，一面落下英雄窮途末路的眼淚。虞姬女士也隨着他唱，最後，她起身爲項羽先生舞蹈，一面舞，一面唱她自製的詩曲：

漢兵已略地　四面楚歌聲
大王意趣盡　賤妾何聊生

這是一個悲涼的場面，項羽先生眾叛親離，只有八百騎兵仍効忠他，一匹戰馬和一位美女仍愛他。然而世界之大，已無他容身之地。虞姬女士知道這一點，往事已不堪回首，她泣曰：「我生隨着你，死也隨着你，願你爲國保重。」趁着項羽先生不備，她舉劍自刎。

——她如果苟延殘喘的活下去，一定會被西漢兵團捉住，十拿九穩的，劉邦先生要她上床。以虞姬之美，和虞姬之才，她可能成爲下文我們將要敍述的戚懿女士。咦，那結局將更悲慘。

項羽先生抱屍痛哭，就在屍體倒處，掘土成墓，把虞姬女士安葬。至今安徽省定遠縣城南三十公里，墓塚仍在。然而荒煙野蔓，狐鼠鼯鼪，徒使後人感傷。不過，虞姬女士除了給我們留下這段可歌可泣的事蹟外，她還在中國文學史上，佔有相當地位，詞曲中有「虞美人」調，就是爲紀念這位美女而作，地下有知，也足慰芳魂矣。

京戲中的霸王別姬，是最成功的一幕歌劇。當舞台上女主角出現，唱出「冰輪乍湧」優美的詞句，觀眾雖在千載以下，仍覺悽惋。虞姬女士跟西施女士不一樣，聖崽醬蘿蔔之流，還能硬着嘴巴，說是西施女士把吳王國搞亡的，卻無法說虞姬女士把西楚王國搞亡，躲過一刀，也是幸事。

彗星剎那間呈現，又剎那間消失。歷史上，虞姬女士只在這一晚露面，在完成悲劇後，又歸烏有。

戚懿

時代／紀元前二世紀〇〇年代
其夫／西漢王朝第一任皇帝劉邦
遭遇／挖掉雙目．飲啞藥．砍斷手足．稱爲「人豬」

山東出美女

前面所述的幾位后妃姬妾，她們的死於非命，不過死於非命而已，不過沒有死在床上而已。人生自古誰無死，不死在床上，大限到時，只要能受剎那間的痛苦，了此殘生，在無可奈何中，也是退而求其次的願望。人類再萬能，爬到台上，吹的牛再大，拳打腳踢，本領再高，可是，卻有兩件事情，不能控制，一是出生的家庭，一是死亡的時間和死亡的方式。

降生不用說啦，誰都不能選擇老爹老娘。據柏楊先生用科學方法考察，還沒有發現哪位老哥在投胎之前，先站在雲端，舉目下望，如果是洛克斐勒先生之流有錢有勢，就一頭撞進去；如果是柏楊先生之流的草民寒門，就撥馬而回，跟閻王老爺再打商量。事實上每個人都是先生下來之後，才知道老爹老娘是誰，不管你願意不願意，不能把老爹老娘一腳踢，另換一個親生父母。

死亡亦然，人類——至少大多數人類，都沒有能力選擇死亡的時間和死亡的方式。貴閣下可別跟我抬槓，決定買二十公斤巴拉松，某月某日，一次下肚。不過，即令如此，也不見得能完全成功，可能到時候被醫生老爺急救過來。假如貴閣下決心跳淡水河，同樣也不見得有圓滿的結果，說不定遇到一位俠義朋友，把你打撈上岸，破壞了你的好事。這眞是人生最大的悲哀，無可奈何者也。貴爲帝王皇后，也不敢肯定啥時候死，和死時是啥模樣。中國如此，西洋亦然，最偉大的帝王之一的亞歷山大大帝，他的妻子洛克金那皇后，在亞歷山大先生翹了辮子後不久，就被攝政王派人把她以及她所生的皇子，一網打盡的幹掉。更何況我們東方小民耶乎。

最可怖的死是慘死——受盡了痛苦絕望折磨之後而死，俗云：「求生不得，求死不能」，才是人生最悲切悽涼之境。受過苦刑拷打的朋友，都會有這種外人所不能了解的恐怖經驗。在一般人的印象中，只有手無寸鐵的小民，才可能有這種蓋世奇遇，事實上，死時死法既不能選擇，更不能預料，就是帝王皇后，也不能例外，在不得其死的帝王后皇妃，就有很多被殘酷的奪取性命。中國歷史上第一個慘死的皇后——附帶再聲明一句，「皇后」的定義是廣義的，凡是帝王的妻子，不管官式稱呼是啥，我們一律稱她爲皇后。這位中國歷史上第一個慘死的皇后戚懿女士，她是西漢王朝第一任皇帝劉邦先生的小老婆，史書上稱她爲「戚姬」「戚夫人」。

戚懿女士，山東省定陶縣人，用不着說，她閣下美艷絕倫。山東省眞是好地方，不但出聖人，也出美女。劉邦先生跟項羽先生拚命內戰期間，紀元前三世紀九〇年代，劉邦先生從他漢中王的封地陝西省漢中市，率領他的那些歸心似箭的西漢兵團，乘着項羽先生不備，一口氣打到了山東省，就在定陶縣，他遇見了戚懿女士，跟項羽先生遇到了虞姬女士一樣，立刻就搶了過來。

——要注意一點的，一個臭男人一旦大權在握，他就不可能到大街小巷，親自去找美女。即令他找，家家戶戶都把美女藏得密不通風，也根本找不到。因此，他們跟美女的結合，不是「遇」上的，而是「獻」上的。幾乎每一個大小頭目，都有一個搖尾系統，每天在正心誠意的研究老闆的心理狀態，帶着「美女探測器」，到處探測，忽然發現一個，立刻就生擒活捉，獻給山大王，以便山大王舒服之後，頒下他所希望的賞賜。項羽先生之遇虞姬女士，劉邦先生之遇戚懿女士，固如是也。嗚呼，一個有搖尾系統的山大王，有那麼多馬屁精伺候在側，你只要想得出要啥，他們就有辦法獻出啥，眞是妙不可言。

劉邦先生是地痞流氓出身，年輕時常被衙門通緝捉拿，逃到山窩裏亡命，既窮又苦。他的大老婆呂雉女士，是一個土財主的千金小姐，不知道劉邦先生當初用了些啥手段，可能是連嚇帶騙，才把她娶到手。俗不云乎，客大欺店，店大欺客。太太既然來頭不凡，劉邦先生對她也就有點敬畏，而且還有兩個因素，一是呂雉女士另有她的情夫（就是後來封爲辟陽侯的審食其先生），一是呂雉女士年齡逐漸老啦，容貌自不如當年。——其實這都是廢話，反正大多數臭男人都是見一個愛一個，劉邦先生戎馬一生，東跑西竄，忽然嚐到風情萬種，就一下跌到溫柔缸裏，發現這才是眞正的人生。從此，跟項羽先生一直把虞姬女士帶到身邊一樣，劉邦先生也一直把戚懿女士帶到身邊，形影不離。而正配夫人呂雉女士，卻被冷落在大後方長安，反而不常相見。

——呂雉女士因不能常見，從政治角度來看，固然受到傷害。但在愛情的立場上，她正可以日夜跟情夫幽會，得其所哉。

可怕的對手

劉邦先生跟呂雉女士生了一男一女，兒子劉盈先生，女兒就是後來的魯元公主（她的名字叫啥，史書上沒有記載）。劉邦先生娶了戚懿女士之後，又生了一個兒子劉如意。——劉邦先生一共有八個兒子，但其他的兒子都跟戚懿女士無關。

紀元前三世紀最後第二年，前二〇二年，垓下之圍，項羽先生自殺，劉邦先生成了中國最大的兼唯一的軍事領袖，於是他自封爲中國皇帝，稱他的王朝爲西漢王朝。當皇帝後的第一件事，就是封劉盈先生當皇太子，成爲皇位的合法繼承人。皇后這個角色，順理成章的是呂雉女士，戚懿女士只好屈居第二把交椅。

呂雉女士是中國歷史上第一位女性梟雄，在二十世紀之前，聖人系統所要求的中國女人，都要溫順如羊，被宰時如能連一聲哎喲都不喊，而且還感謝男人的恩典，那才是最被稱頌的角色。呂雉女士卻是聖人的叛徒，她能幹、聰明、警覺特別高、反應特別靈敏，爲了政治利益，看得透徹，下得狠心。舉一個例子可以代替對她的說明。紀元前二世紀〇〇年代前一九七年，鎮守代郡（河北省蔚縣）的將軍陳豨先生叛變，劉邦先生御駕親征，徵召梁王彭越先生的軍隊，彭越先生跟劉邦先生一樣，也是地痞流氓出身，接受劉邦先生西漢政府的封王官爵，王宮設在戚懿女士的故鄉定陶。恰巧彭越先生有病，不能親自率領軍隊，就由一位將領代替前往，在邯鄲（河北省邯鄲市）跟中央大軍會師。劉邦先生一瞧彭越先生沒來，大發雷霆，派人去問他到底害的是啥性質的病？爲啥早不害病，遲不害病，偏偏這時候害病？這種權勢人物特有的嘴臉，使彭越先生渾身發毛，就要抱病動身。他的一位部將扈輒先生曰：「老哥，你可千萬不能去，要去應該當時就去，現在再去，你會束手就擒。事情已到了這種地步，唯一的生路是起兵叛變。」彭越先生不肯，嗚呼，當斷不斷，反受其亂，他又蹈了韓信先生的覆轍。恰巧彭越先生手下一名畜牧部（太僕）的官員，不知道爲了啥，彭越先生要殺他，他就溜到劉邦先生那裏，檢舉彭越先生謀反。劉邦先生立刻派出輕裝騎兵，奇襲定陶。彭越先生既沒有叛變的意圖，當然毫無準備，就輕而易舉的被活活捉住。

事情發展到這裏，下文不問可知，自盤古開天闢地，任何一個中國人，只要被大傢伙罩上「謀反」的帽子，就等於剃頭的拍巴掌。法庭不過魔術師所用的魔術道具，自然認定彭越先生「反行已具」，那就是說，叛亂的行爲已付諸實施。這還了得，不但自己要丟命，連全家也要丟命。幸虧劉邦先生覺得這樣做未免太狠，下令赦免他的死罪，貶他成爲平民，押解到青衣（四川省名山縣北）軟禁。這種處置雖然仍是冤枉的，但總算不幸中的大幸。

一群差官押解着這位倒楣的囚犯，從洛陽出發，走到鄭縣（陝西省華縣），恰恰呂雉女士從長安（陝西省西安市）去洛陽，也走到鄭縣。嗚呼，呂雉女士和彭越先生，一個是皇后，一個是封王，一向護從如雲，威風凜凜，都屬於高階層頂尖人物。現在一個仍是前呼後擁的皇后，一個卻成了繩綑索綁的階下囚。兩隊人馬在道上相遇，這個尖銳的對比，使人百感交集。

彭越先生鬼迷了心竅，他見了呂雉女士，痛哭流涕，向她哭訴自己的冤枉，他所以如此，我們推測，一則是他確實冤枉，二則是他們是老朋友啦，三則是他以為女人總是比較仁慈。彭越先生這時候已經知道，僅靠法律上的證據不能解脫政治性的冤獄，所以他不敢請求昭雪，只敢請求不要把他放逐到蠻荒邊陲，而把他發配到他的故鄉昌邑（山東省金鄉縣西北昌邑鎮）。呂雉女士一聽，滿口答應，而且立即把他帶回洛陽。

好啦，現在人人都為彭越先生額手稱慶。連彭越先生自己，也對呂雉女士的愛心，感激零涕。然而，他們錯估了呂雉女士，一件更殘忍的陰謀在祕密進行。呂雉女士告劉邦先生曰：「彭越是一位英雄人物，你把他安置到四川邊遠地區，恐怕是放虎歸山，萬一有什麼變動，後患無窮。不如斬草除根，我已把他帶回來矣。」

政策既定，彭越先生就非報銷不可，呂雉女士隨便叫一個人，出面告發彭越先生謀反——這是第二次被檢舉謀反矣，結果瞭如指掌，司法部部長（廷尉）王恬先生判決彭越先生死刑，而且全族（人數比全家更多）處決。彭越先生不但被殺，而且把他剁成肉醬，送給其他所有的封王。那是一種強烈的暗示：可不要謀反，謀反的結局就是血淋淋的一團肉醬。——問題是，純殺戮不能杜絕謀反，如果純殺戮可以杜絕謀反，根本不會有什麼劉邦、呂雉，今天恐怕仍是秦王朝的天下也。

寫到這裏，我們可以看出，戚懿女士的對手呂雉女士，是一個什麼樣的人。戚懿女士不過一朵生長在溫室中的鮮花，連小風小雨都沒見過，卻向呂雉女士這種老薑挑戰，鮮花豈能鬥得過老薑乎哉。

奪嫡陰謀

戚懿女士的出身可能不是烜赫的官宦之家，所以史書上沒有提過她的身世。她最初並沒有雄心大志，但當她爲劉邦先生生下一個兒子，也是她唯一的兒子劉如意之後，她開始有了野心。她發現她的老頭丈夫不同凡品，是一位擁有無限權力的皇帝老爺，而這位皇帝老爺在她懷抱中，卻馴如羔羊，只要那傢伙一句話，她就可以統治中國，這是她當小家碧玉時夢都沒有夢到的奇異景致。她怦然心動，就向劉邦先生要求封劉如意當皇太子。皇太子是帝位的合法繼承人，母以子貴，一旦老傢伙死翹翹，她兒子登極，她就成了皇太后，咦，天就開啦。

皇太子劉盈先生是一位敦厚善良的青年，隨着生母呂雉女士，一直留在首都長安（陝西省西安市）皇宮裏面，跟劉邦先生雖是父子，但父子感情比較疏遠。而戚懿女士帶着劉如意，卻始終和劉邦先生形影不離。劉邦先生這個老流氓，不但沉湎在她的美色之中，而且俗不云乎，「貓老吃子，人老惜子」，人之老也，最愛幼子。劉如意先生絕頂的聰明，反應快，有決斷。劉邦先生讚不絕口，曰：「像我，像我。」從他的名字「如意」上，可以了解，老爹多麼喜他疼他。

——吾友田景山先生，在美國舊金山定居，兒子老爺娶了一位洋媳婦，老兩口最初氣得要命，恨不得跳金山大橋，誰知道洋媳婦比中國媳婦還好，二老已夠喜氣洋洋，更料不到洋媳婦又生下一個白胖小子，二老更笑得嘴都合不住，每天爭着摟，爭着抱，爭着親，爭着跳，給小子取綽號曰「萬人迷」。小子一瞥一笑，都使全家神魂顛倒。柏楊夫人在舊金山時，曾分享過孩子帶給他們的幸福，眞把我老人家羨得搥胸打跌。

劉如意先生一定是一位乖巧孩子，否則不會被命名爲「如意」也。戚懿女士遂乘機進行她奪嫡的陰謀，向老公日夜泣啼。史書上雖沒有說出她泣啼些啥，但我們可以推想而知，不外乎：「親愛的，打鈴，你已經老啦，萬一倒地不起，俺娘倆將靠何人？恐怕呂雉跟她的兒子劉盈不會放過我們。」劉邦先生一想，有道理有道理，於是，第一步，下令封劉如意爲趙王。第二步，紀元前一九七年，劉邦先生早朝時，就在金鑾殿上，表示要立劉如意當皇太子。文武百官們嚇了一跳，蓋皇太子這玩藝，不是僱工，一不順眼，就趕走再找一個。不要說紀元前二世紀，縱然在兩千年後紀元後二十世紀，帝國元首換一個王儲，也不能那麼輕鬆。最高監察長（御史大夫）的周昌先生，正顏厲色的提出嚴重抗議，劉邦先生曰：「好吧，聽聽你關於換皇太子的意見？」周昌先生本來天生的有點口吃，現在又氣急敗壞，一下子說不出來，只大聲曰：「我口不能言，但我期期知道不可。你要是廢掉皇太子，我期期不接受命令。」

這眞是一幕有趣的場面，在殺氣騰騰中，忽然出現一個結巴耍寶，劉邦先生忍不住大笑起來。幸虧這一大笑，把車煞住，沒有作進一步的決定，早朝即行結束。嗚呼，險矣。

這是戚懿女士向呂雉女士短兵相接的挑戰，朝會時，呂雉女士躲到金鑾殿的東廂側房裏偷聽，朝會散後，周昌先生經過那裏，呂雉女士出來向他跪下叩謝曰：「要不是你，皇太子不保。」然而劉邦先生只是暫時退讓，他仍念念不忘要册封劉如意當皇太子，陰謀仍在進行，隨時都會爆發。呂雉女士雖是女中好漢，也束手無策。但她終於想出自衛的方法，她派她的兄弟呂釋之先生，去找劉邦先生手下三傑之一的張良先生。史書上說，呂釋之先生用的不是「求」，而是「刼」，大概威脅張良先生，他如果不出主意，就要跟他同歸於盡。呂釋之先生警告曰：「你是皇帝的智囊，而今皇帝要換皇太子，你以爲你能高枕而臥，置身事外乎哉？」張良先生不愧智足謀多，他分析他之所以不能出面的緣故——因爲，他即令出面，也沒有用。他曰：「當初皇帝老爺都是在困頓危險的時候，才聽我的。而今天下已定，全國統一，由於一點私心的愛憎，要換皇太子，骨肉之間，外人插不上嘴，縱然有一百個張良，也無能爲力。」呂釋之先生勉強他非出個主意不可，曰：「不管怎麼說，你也得幫這個忙，救救呂皇后母子。」張良先生不得已，曰：「這不是單靠嘴巴就可以辦到的事。這樣吧，我另推薦別人。劉邦先生自當上皇帝，總以爲天下的人都會拍他的馬屁，可是，卻有四個老頭，他們對劉邦先生那種傲慢無禮的態度，深爲厭惡。他也曾找過他們，他們就逃到山裏，誓死不當他的部下。正因爲如此，劉邦先生對他們反而更爲尊重。你閣下如果不吝惜金銀財寶，教皇太子再親筆修書，恭請他們做他的賓客，經常隨他入朝，故意讓劉邦先生發現，劉邦先生一定奇怪，會問他們是誰，這對皇太子是一個大的助力。」

這四個老頭，當時稱爲「商山四皓」——唐宣明先生、崔廣先生、周術先生、綺里季先生。商山，位於長安之南，即他們逃匿之處。四皓，四個白頭髮也。

第一回合的慘敗

商山四皓不久就貢獻出他們的智慧。

紀元前一九六年，駐防安徽省壽縣的封王（淮南王）英布先生叛變。——英布先生的叛變跟彭越先生的冤獄有關，也跟劉邦先生的殘忍殺戮有關。劉邦先生把彭越先生剁成的肉醬分別送給各地封王，他閣下的意思是展示他的血腥鎮壓，等於宣佈曰：「誰敢叛變，我就對誰下此毒手。」他以爲這樣可以收到恐嚇的效果。卻想不到效果恰恰相反，英布先生看到肉醬之後，大吃一驚，咦，老流氓這麼殘酷，說不定哪一天獸性會發作到俺頭上，如果不早日脫身，就悔之晚矣。於是，他擁兵割據，脫離中央政府。

——固然是人同此心，心同此理。然而人們因性格不同，性靈不同，知識見解立場不同，對同一刺激，會有不同的反應，政治的複雜性正在於此。

當英布先生叛變的消息傳到首都長安（陝西省西安市）時，因他閣下實力雄厚，西漢政府大為震動。恰恰劉邦先生有病，躺在床上哼哼，就打算教皇太子劉盈先生率領大軍出征。四個白頭髮老頭，魂不附體，曰：「皇太子統兵，大事不好。」立刻找到呂釋之先生——皇太子劉盈先生的舅舅，警告曰：「皇太子親率大軍，討伐叛徒，大勝而歸，有啥功勞？皇太子位極人臣，不能再升官矣。可是，萬一打了敗仗，那可不得了，皇帝要廢掉他時，就有了藉口。而且他所統率的那些將軍，都是想當年跟劉邦先生打天下的亡命之徒，一個個桀驁不馴，教一個年輕晚輩高高在上當他們的元帥，簡直是教綿羊驅使狼群也，恐怕他們不會盡力。所以此行無功，已可預卜。而戚女士日夜陪伴皇帝，劉如意又經常抱在皇帝懷裏，坐在皇帝膝上，聽說皇帝老爺曾咬牙曰：『說啥也不教不肖子（劉盈）居愛兒（劉如意）之上。』形勢至為明顯，終有一天，皇太子的寶座會保不住。」如此如此，這般這般，教了呂釋之先生一套，呂釋之先生再把這一套轉教給姊姊呂雉女士。

於是，呂雉女士去見劉邦先生，向她這位已無感情的老丈夫泣曰（這眼淚來得不易）：「英布是天下猛將，善於用兵，眼前的一些將領，都是你的同輩老朋友，如果叫劉盈統軍，恐怕他們心裏不舒服，不肯聽令。消息傳到英布耳朵裏，不會把中央軍看在眼裏，一路西攻，勢將無人阻擋，政府危矣。你雖然有病，仍得御駕親征。不必騎馬，躺在車上指揮，也是一樣，將領們就不敢不盡全力啦。你雖然辛苦一點，卻可成功。老哥呀，為你的妻，為你的子，跑一趟吧。」劉邦先生一聽，原來他這麼重要，龍心一悅，病就好了一半，但他仍號叫曰：「我早就知道那小子不能辦事，還是老子親自出馬吧。」

——台灣有部電影，片名「師妹出馬」，硬是被電影官禁演，好容易弄明白禁演的理由，原來「出馬」不可以，「出關」可以，於是只好改爲「師妹出關」。這也是官場奇聞之一。我們不知道官腦筋與民腦筋有何不同，只知道劉邦先生幸而生在紀元前二世紀，才能出馬。如果他閣下不幸而生在紀元後二十世紀，恐怕只好出關矣。

英布先生的叛變，最後失敗，他不是劉邦先生的對手。劉邦先生回到首都長安後，病情加重，更急着要換皇太子。可是有一次，在宴會上，劉邦先生看見劉盈身後站着四個白頭髮老頭，都在八十歲以上，仙風道骨，尾大得跟柏楊先生一樣，不禁問曰：「他們是幹啥的？」等到曉得竟然是商山四皓，大驚曰：「我找你們多少年，你們逃得無影無蹤，現在卻追隨我兒子，這是爲啥？」四老頭答曰：「你既看不起人，又好罵人，我們不願受這種侮辱，才拒絕跟你見面。皇太子忠厚仁孝，又敬愛知識份子，天下人都願爲他效死，所以願意侍奉左右。」劉邦先生謝曰：「那麼，就拜託四位照顧他。」當他們告辭時，劉邦先生一直望着他們的背影，心有所思。

退朝之後，劉邦先生回到皇宮，告訴戚懿女士曰：「我本來決心要換皇太子的，可是有商山四皓輔助他，羽毛已豐，難動搖矣。呂雉皇后將成爲妳的主人矣。」這對戚懿女士，是一個絕望的打擊，受到的是已無力翻本的慘敗，她流下眼淚，而這時眼淚已經無力挽回大局。她不明白劉邦先生爲啥在乎四個白髮老頭，但她不敢堅持。劉邦先生嘆曰：「好吧，妳爲我跳楚國鄉土舞，我為妳唱楚國鄉土歌。」

歌曰：

鴻雁高飛　一舉千里
羽毛已豐　橫絶四海
橫絶四海　當可奈何
雖有弓箭　何處去施

歌聲是愴涼的，是一種眼看着自己心愛的人掉下懸崖，卻無法營救的悲苦心情。戚懿女士更是徹骨悲痛，她只有邊舞邊哭，終於泣不成聲。她已料到自己的不幸結局，但她沒有料到她的不幸結局是那麼可怖。

搗米歌

劉邦先生不改換太子的原因，我們所敍述的，是正史上的說法。有人以為四個白頭髮老頭，恐怕沒有這種力量。劉邦先生一旦興起，不要說四個白頭髮老頭，縱然一百個白頭髮老頭，他也沒放在眼裏。問題是，劉邦先生有他的一套，他這一生從不做顧前不顧後，一意孤行的事，這是他的絕頂智慧。戚懿女士的戰略顯然有一個極大的錯誤（她不久就為她的錯誤付出代價），她的錯誤不在於她膽敢奪嫡，而在於她始終是孤立的，除了抓住皇帝老頭一個人外，她沒有在宮廷中和政府高級官員中，建立黨羽。而呂雉女士卻廣結善緣，從她以皇后之尊，竟向周昌先生下跪，可看出她的手段，運用之妙，已出神入化。四個白頭髮老頭代表一種巨大的支持力量，劉邦先生考慮到戚懿女士的處境，一旦硬生生的把劉如意立爲太子，而自己死後，母子們可能因得不到支持，連飯都沒得吃的。他現在煩心的，不再是把劉盈趕下寶座，而是如何保全他最心愛的戚懿女士母子的安全。

可是，他想不出妥善的辦法，這是專制政體的悲劇——在以後兩千年間的歷史中，這種悲劇層出不窮，花樣翻新。那就是，威風凜凜的專制魔王可以保障他的生前，但他無法控制他的身後，他所最愛的人，在他斷了氣之後，被無情屠殺時，而凶手卻打着愛他的招牌。

劉邦先生的苦悶，使他在皇宮中不斷高唱他所作的那首「楚歌」，這眞是一個諷刺，只不過十年之前，垓下的「楚歌」，困擾了項羽先生，把項羽先生逼上死路。而現在，劉邦先生自己的「楚歌」，使他沮喪絕望，束手無策，縱有天大的本領，蓋世的權威，也無法解開這個結。政府官員都知道皇帝的煩惱，但沒有一個人能爲他分憂。這情形被監察部的官員（符璽御史）趙堯先生看到，他怦然心動，他知道他升官的機會來啦。於是他問劉邦先生：「你悶悶不樂，我猜想莫非是爲了劉如意年幼，而戚懿夫人跟呂雉皇后又水火不能相容，想到你死了之後，母子不能保全乎耶？」劉邦先生曰：「一點不錯，我幾乎愁死，可是，想不出辦法。」趙堯先生曰：「我給你出個主意。」劉邦先生曰：「啥主意？」趙堯先生曰：「劉如意的爵位是親王，凡是親王，都有封國；凡是封國，都有『國相』，如果陛下能派一個強有力的大臣，這大臣又素來受皇后和皇太子的尊敬，去擔任國相，就可以啦。」劉邦先生曰：「這辦法很好，你看誰能夠擔任？」趙堯先生於是推薦周昌先生，他之所以推薦周昌，一則是周昌先生確實具備他所說的條件——事實上恐怕是他先選定了周昌，再說出他的條件。二則是，周昌先生外調「國相」（封國的宰相），空出來的中央政府的宰相之一（御史大夫）的位置，他就可以爬上去。

劉邦先生召見周昌先生，把決定告訴他，周昌先生一百個不願意，他固然不願意從中央政府的宰相降級到封國的宰相，同時他也知道劉邦先生死了之後，他根本抗不過呂雉女士。然而劉邦先生曰：「我知道這對你是降級，但我憂慮劉如意的性命，非你不能保護。無論如何，勉強爲我做這件事。」遂即遣送劉如意先生到他的封國——趙國，在河北省南部，趙國的首府在河北省邯鄲市。

——嗚呼，趙堯先生這主意，可謂餿主意。強硬的「國相」能保護得了親王乎？眞是肚臍眼放屁，沒這回事。蓋「國相」是中央政府任命的，既不能脫離中央政府而獨立，他只有接受中央政府的命令。而劉邦先生死後，中央政府落到呂雉女士手中，除掉周昌先生比除掉一隻螞蟻還容易，泥菩薩過江，連自身都難保，怎麼還能保別人哉。以劉邦先生的聰明才智，他不會想不到這些，但他已進入暮年，壯志已消，形勢比人強，他不得不假裝嘉許這個辦法，爲自己製造一個安全幻象，過一天算一天。

紀元前一九三年，劉邦先生伸腿瞪眼，皇太子劉盈先生繼承了皇帝的寶座，呂雉女士也當了皇太后。形勢陡的大變，受迫害受排斥的人當令。呂雉女士不是一個心胸寬大的仁厚女性（不過，換了一個男人，妻子姘上了小白臉，日夜計謀要把他掃地出門，他當令後的反應，恐怕不會比呂雉女士緩和多少）。呂雉女士不能忘掉她從戚懿女士那裏受到的折磨，她立即展開報復。可憐的戚懿女士，她失去了唯一的靠山，當年呂雉女士受打擊時，政府官員都站在呂雉女士那一邊，而今輪到戚懿女士，卻沒有一個人爲她說一句話。——其實，怨毒既已深入骨髓，即令有人說話，也沒有用。

呂雉女士下令逮捕戚懿，囚禁在皇宮裏的特種監獄（永巷），把她的頭髮剃掉，剃成光光的禿頭，用鐵鍊拴住脖子，穿上土紅色粗布囚衣，教她每天搗米。這刑罰不但痛苦，而且羞辱。戚懿女士悲痛之餘，一面搗米，一面歌曰：

兒子是親王，娘是囚犯
搗不盡的米啊，跟死亡相伴
相隔三千里，誰能把信息傳

任何人在這種情形下，都會發出這種悲歌。可是，經過政治的解釋，意義又全不相同。呂雉女士聽到後，勃然大怒，怎麼，妳還指望劉如意那小子發兵救妳，大翻身呀。於是，她決定斬草除根。

人豬

呂雉女士既決定斬草除根，劉如意先生就沒有命矣。當中央政府徵召劉如意先生到首都長安（陝西省西安市）的命令，到達趙國（河北省邯鄲市）的時候，身爲國相的周昌先生，已曉得是怎麼回事，他對欽差大臣曰：「劉邦先生把劉如意託付給我，我怎能不盡我的全心？我們都知道，皇太后把戚懿女士痛恨入骨，現在徵召劉如意，一定是母子全殺，我不能讓他去。而且，劉如意正好有病，也不能去。」中央政府三次下令，都被周昌先生如此這般的三次拒絕。

以呂雉女士陰騺的性格，她可以先把周昌先生幹掉。幹掉周昌先生易如反掌，現在，呂雉女士就是中央政府，中央政府就是呂雉女士，她只要一翻臉，說周昌先生抗命，就誰都救不了他。可是，周昌先生有太高的聲望，而呂雉女士對他也有過感激之情，所以呂雉女士採用了較爲溫和的調虎離山手段，她下令徵召周昌先生前來首都。

徵召親王，有國相可以拒抗。徵召國相，就不能不接受命令，周昌先生只好上道。到長安後，晉見呂雉女士，呂雉女士跟當年向他下跪的日子不同啦，她現在貴爲皇太后，上下大權一把抓，她一見周昌先生，就開罵曰：「你這個糟貨，難道不知道我跟戚懿母子，勢不兩立，爲啥不放劉如意來？」周昌先生曰：「劉邦先生把劉如意託孤給我，我只要在一天，就要保護他一天。況且劉如意是現任皇帝的幼弟，劉邦先生最最疼愛。我從前保護現任皇帝，得到劉邦先生信任，所以盼望我也同樣的能保護劉如意，免得他們弟兄骨肉相殘。如果妳懷着私慾私恨，我不敢參與，我只知道奉行劉邦先生的遺命。」這一番話說得呂雉女士啞口無言，呆了半天。但再嚴正的理由都不能改變一個人的私心——尤其是情緒上的私心。只有大智慧的人才能向理性屈服，而呂雉女士並不是大智慧的人，她只有太多的小聰明。

呂雉女士於是再下令徵召劉如意，沒有了周昌先生作主，他不過一個小孩子，只好前往。新坐上寶座的劉盈先生，他的年齡也不大，但他性格敦厚。按說，劉如意幾乎把他的皇帝位置擠掉，他應該恨劉如意才是，可是他卻顧念骨肉之情。當劉如意將到長安時，他親自到郊外迎接，一直接到皇宮裏。這一年（前一九四），劉盈先生才十八歲，沒有娶皇后，他就跟劉如意先生食則同桌，睡則同床，一分鐘也不離開。呂雉女士急得跳腳，劉盈先生這種作法，使她不能在不傷害親生兒子的前提之下，施展毒計。

然而，明槍易躲，暗箭難防。不久，機會來啦。劉如意先生的年齡，史書上沒有記載，但我們可以推測，紀元前二〇五年，劉邦先生打到山東省，得到戚懿女士，假定她第二年，即紀元前二〇四年，生下劉如意，則紀元前一九四年，劉如意不過十五歲，還是初級中學堂一名天眞的大孩子，顯然不知道大禍臨頭。其實即令他知道，他的年齡也不允許他有能力保護自己。他貪玩貪睡，這一年的冬天，有一天，劉盈先生一早爬起來，要去打獵，而劉如意先生還呼呼睡得正酣，怎麼叫也叫不醒。劉盈先生以爲這一會工夫，沒有關係，就自己先去。呂雉女士的爪牙，密佈在每一個角落，這正是表演忠貞的機會，小報告立即打過去，呂雉女士立即派人前往下手，兇手把劉如意先生喚醒，這時候他不能不醒，然後幾個大漢按住他的手足，從口中灌下毒酒。我們可以想像到孩子的掙扎、呼救、哭泣。然後，當劉盈先生打獵回來，幼弟已七竅流血，死在床上。而且周圍的人都指天發誓，沒有一個人知道他暴斃的原因，甚至連呂雉女士也不知道。

呂雉女士幹掉了劉如意先生，已無後患。接着，她下令砍斷戚懿女士的雙手雙足，再把她眼睛挖出來，用煙把她的耳朵熏聾，又強迫她喝下啞藥，扔在茅廁裏，命名曰「人豬」。悲夫，寫到這裏，我們似乎仍可隱約的看到那幕慘景，一代美女，現在變成一個血肉模糊的肉棍，她光着頭，兩眼已成兩個鮮血涔涔滴出的黑洞，耳朵聽不見，千萬痛苦，只能乾張大口，吶喊不出。無手，無腳，不能站，不能拿，求生不得，求死不能。但她心裏卻仍清醒，她可能還在癡想和盼望她的愛兒來搭救她？也可能她在回憶昔日和劉邦先生恩愛的往事，但她只有從黑洞中流下血淚。人間最殘酷的刑罰落到一個女人身上，而下令處刑的卻是另一個女人。

呂雉女士不但這樣處置了戚懿女士，她還教她的皇帝兒子劉盈先生，前去參觀她殘暴的成果。劉盈先生一瞧，毛骨悚然，詢問宦官那個蠕蠕而動的肉棍是啥？宦官只好告訴他是戚懿女士。劉盈先生放聲大哭，曰：「這不是人的行爲，我是皇太后的兒子，對皇太后沒有辦法，但我已不能治理天下矣。」過度的傷心和過度的受驚，使劉盈先生一病不起。

劉盈先生是紀元前一八八年逝世的，他的死，帶給呂雉女士八年之久的風光，也帶給呂雉女士全族男女被屠罄盡的災禍。假定說人間有因果報應的話，這個報應也夠慘烈。

戚懿女士死於何時，史書上沒有記載，我們想她大概活不過紀元前一九四年那一年。千嬌百媚的如花似玉，如此下場，使人千載之後，仍為她欷歔。一個不知道利害的女人，靠着丈夫的關係去玩政治，危矣，哀哉。

張嫣

時代／紀元前二世紀一〇—二〇年代
其夫／西漢王朝第二任皇帝劉盈
遭遇／囚死

一樁亂倫的婚姻

在戚懿女士慘死後的第三年，即紀元前二世紀〇〇年代前一九一年，張嫣女士跟西漢王朝的第二任皇帝劉盈先生結婚，成爲名實相副的眞正皇后。在史書上，她的正式稱號是「孝惠皇后」。當然，她只是大老婆，劉盈先生另外還有若干位美貌的小妻。

張嫣女士是劉盈姊姊魯元公主的女兒，她是甥女，劉盈先生則是舅父，無論在當時和現代，都不可能結婚。可是，政治使他們成爲可能。前已言之，中國宮廷是世界上最骯髒的宮廷之一，「人豬」都能出現，何況亂倫。尤其是，皇帝具有絕對的殺人權威，誰敢說他亂倫乎哉。何況劉盈先生自己並不當家，老娘皇太后呂雉女士威不可當，她要兒子娶誰，兒子就得娶誰，呂雉女士所以要劉盈娶張嫣，有她的深謀遠慮，一則是要掩飾自己通姦的醜聞，一則是要親上加親，她不允許一個潛伏着不易控制因素的女人當現成的皇后。

按下張嫣女士跟劉盈先生結婚電鈕的人物，還是呂雉女士的姘夫審食其先生。劉邦先生在世的時候，呂雉女士就跟審食其先生通姦，但他們小心翼翼，雖然高級官員們大多數都看出苗頭，但劉邦先生卻一直蒙在鼓裏。嗚呼，即以皇帝之尊，再加以劉邦先生殺人不眨眼，綠帽仍然橫飛，男女間的情慾，豈是嚴刑峻法所能根絕的哉。劉邦先生翹了辮子之後，呂雉女士大權在握，逐漸的不再避人耳目。審食其先生既如此接近權力的魔杖，枕邊床上的甜言蜜語，第二天就可能變成中央政府的命令，日久天長，他就開始尾大。吃不消他的朋友，遂千方百計，把這件醜聞傳播開來，而且如所盼望的傳到劉盈先生耳朵裏。

母親跟人通姦，做兒子的當然又羞又恨，而呂雉女士對戚懿女士和幼弟的毒辣手段，使劉盈先生對這位老娘，從心眼裏就瞧不起。可是，老娘終是老娘，他無法對老娘下手，但他有法對姘夫下手，教審食其先生這傢伙成為戚懿女士第二。

皇帝老爺蓄意要殺一個大臣，在一個既沒有法治又沒有人權的社會，比喝涼水都容易。劉盈先生隨便找一個藉口（史書上沒有說找的是啥藉口，反正這不重要），就把審食其先生逮捕，囚進監牢。從法治人權的角度來看，這明顯的是一件冤獄，人人都知道他為啥闖下了這滔天大禍，危在旦夕。

審食其先生最初並不害怕，他認為他有情婦作他的內援，皇帝總不敢不聽老娘的話吧。可是，呂雉女士遇到了困難，她在皇宮中也急得成了熱鍋上的螞蟻，她本來打算要親自向兒子說情的，但她見了兒子，想起自己做的醜事，老臉磨不開，每一次都無法開口。她接着示意朝中大臣出面，偏偏大家都樂意審食其先生一刀兩斷。而且跟張良先生所持的理由一樣，這樁冤獄涉及到皇帝的情緒，即令開口也沒有用，甚至自己也可能陷進去，所以沒有一個人肯爲他出頭，審食其先生這才發現，他是死定啦。

然而，他命不該絕，他的朋友，封爵爲平原君的朱建先生救了他。

這要歸功於劉盈先生的同性戀。劉盈先生那時還沒有結婚，在皇宮的內侍中，愛上一位漂亮的小子閎孺；閎孺先生小小年紀，面如桃花。跟審食其先生接近皇太后權力魔杖一樣，他接近的是皇帝權力魔杖。朱建先生去閎府拜訪他，屏去左右，咬耳朵曰：「審食其先生下獄，外人都說是你閣下的主意，有沒有這回事？」閎孺先生嚇了一跳，這眞是天大冤枉，他叫曰：「我跟審食其先生根本沒有見過幾次面，怎麼會是我的主意？這是啥地方來的消息？」朱建先生曰：「啥地方來的消息並不重要，重要的是大家都異口同聲這麼說。可怕的是，審食其先生一死，下一個就是你啦。」閎孺先生眼如銅鈴，他怎麼想都想不通審食其先生的死，會跟他拉上因果關係。不但閎孺先生想不通，柏楊先生跟讀者老爺也想不通。可是，經過智囊朱建先生一解釋，理由就比你的鼻子生在你的臉上還要明顯。朱建先生曰：「你受皇帝的寵愛，人人皆知。審食其先生受皇太后的寵愛，也人人皆知。現在政府大權，操在皇太后手裏，不過事關隱私，對審食其先生的事，說不出口。一旦審食其先生被殺，皇太后爲了報復，明天就會殺你。母子之間，互相鬥法，你跟審食其先生，湊巧夾在當中，還能活命乎哉。」閎孺先生急得汗如雨下，曰：「依你的看法，只要審食其先生不死，我才能不死，對乎？」朱建先生曰：「這還用說，你如果能哀懇皇帝，把審食其先生釋放，不但審食其先生感激你，連皇太后也感激你。而你得到母子二人的歡心，豈止富貴而已，簡直還要槓上開花。」

閎孺先生如夢初醒。不知道他用了些啥方法打動了劉盈先生的，反正，不久，審食其先生恢復自由，和老情人呂雉女士相見，心戰膽驚的糾纏了一陣之後，呂雉女士想出一計，那就是趕緊爲劉盈先生娶親，一則讓他搬得遠遠的，二則讓他受女人的牽制，免得他總是虎視眈眈的找老娘的碴。

十六七歲的皇太后

劉盈先生於紀元前一九五年登極，已十七歲。這一年（前一九一），已二十一歲矣。中國五千年來，盛行早婚制度，上自帝王，下至小民，往往十五六歲，還沒有懂事，就被父母爲他娶了老婆。劉盈先生以皇帝的身份，卻一直空房獨守，當然非常的不簡單。

問題出在老太婆呂雉女士的私心上，蓋她閣下生了一男一女，男孩劉盈是弟弟，女孩叫啥，沒人知道，只知道她在老爹劉邦先生當了皇帝後，被封爲魯元公主，是姊姊。魯元公主嫁給張敖先生，生了一個女兒，就是張嫣女士。這時張嫣只十餘歲，呂雉女士計劃使他們結親，因爲張嫣女士年齡還小，希望再拖幾年。可是既然爆發了審食其先生的紕漏，也就顧不得她年齡還小，立即要兒子迎娶。

然而，最大的困擾並不是年齡，而是輩份。張嫣是劉盈的甥女，劉盈是張嫣的舅父。這種血統上的倫理關係，縱是二十世紀最開放的社會，都不可能。附帶發生的問題也很多，好比說，劉盈先生見了魯元公主，是叫她姊姊乎？抑或叫她娘乎？眞是人倫大亂，大亂人倫。中國以禮儀之邦自居，可是遇到這種禽獸行徑，卻沒有一個聖人開腔。蓋開腔的後果是，小者丟官，大者丟命。維護傳統的衛道之士，教別人犧牲可以，教自己犧牲，可沒人這麼傻。

結婚的結果是，第一、呂雉女士在兒子劉盈先生身旁，樹立了一個監聽站，免得劉盈先生被別人操縱。第二、劉盈夫婦搬出了呂雉女士所住的長樂宮，搬到皇帝所住的未央宮。兩宮相距兩公里，這正合呂雉女士的意，她跟審食其先生就更高枕無憂矣。

紀元前一八八年，劉盈先生病死，才二十四歲。依史書的含糊記載推測，身爲皇后的張嫣女士，不過十六七歲，正是高級中學堂女學生年紀，還沒有生育。但劉盈先生卻是跟別的兩位小妻生了兩個男孩，一個男孩名劉恭，一個男孩名劉弘。依我們小民常情判斷，隨便指定一個繼承寶座就行啦，既名正、又言順，既合法、又合理。可是呂雉女士老奸巨猾，她倒是指定劉恭先生坐龍廷的，可是她卻把劉恭先生的親生母親殺掉，宣稱他是張嫣女士生的兒子。

——嗚呼，劉恭先生的親娘是誰，史書上連個姓名都沒有，宮闈是個黑暗的魔窟，一個宮女生不如一粒沙，死不如一條蟲。柏楊先生不能用較多的篇幅介紹她，十分遺憾。她是千千萬萬死於非命的無名美女之一，悲夫。

劉恭先生被稱為前少帝，他這個皇帝當然只是一個橡皮圖章，一則呂雉女士以「太皇太后」的地位，根本不教他沾邊。二則是他年紀太小，可能還不滿十歲，所以他還不知道危機四伏。母親被殺的事漸漸洩漏，他哀號曰：「太皇太后害死了俺娘，等我長大，一定要報此仇。」嗚呼，赤子一點孝心，卻招來殺身之禍。首先吃驚的是皇太后張嫣女士，繼而更吃驚的是太皇太后呂雉女士，因為針鋒直對着她這個凶手。劉恭先生的存在，顯然成為一個定時炸彈，於是呂雉女士下令把孩子皇帝囚禁在宮廷監獄（永巷——戚懿女士囚過的地方），然後宣稱皇帝政躬違和，不能主理國家大事，正在細心療養。

——政治上的鬼話連篇，不但可厭，而且可嘔。讀歷史讀到這種莊嚴的謊話，能不扼腕嘆息。

劉恭先生就死在監獄，這個只有幾歲的頑童，是被絞死？被毒死？或被虐待死？我們都不知道，但我們可以推想出這位小皇帝，恐怕到死都不明白他為什麼會受到這種待遇。

呂雉女士接着立劉恭先生的弟弟（也可能是哥哥）劉弘先生當皇帝，他被稱為後少帝。這位劉弘先生沒啥表演，但呂雉女士卻表演了不少。想當年，劉邦先生當了皇帝之後，大會群臣，殺了一匹白馬，跟大家盟誓曰：「不姓劉而當王的人，全國人民共擊之。」意思是，中國是姓劉的中國，不姓劉的外姓，頂多只可封侯爵，卻不能封王爵。蓋王爵跟皇帝只差一階，再往上跨一步，屁股就可以坐到寶座上啦。

劉邦先生的話是「放屁狗」說出的「放狗屁」的話，把國家當成他閣下口袋裏私有財產。不過「狗屁話」雖然是「狗屁話」，在當時劉家大小都雞犬升天的時代，卻成了金科玉律，至少它成爲當時政治鬥爭的重要武器。呂雉女士偏偏不信這個邪，她要把姓呂的家人，也都封王。她問宰相陳平先生意下如何，陳平先生是有名的智多星，他知道憑他那沒有軍隊支持的嘴巴，要想使呂雉女士改變主意，比登天都難。而且還可能送掉全家老命，就答曰：「姓劉的當權，姓劉的當然當王。姓呂的當權，姓呂的當然也可以當王，這還有啥問題。」

呂雉女士於是有了理論根據，就把姓劉的一些大傢伙，殺的殺、砍的砍。而自己的兄弟叔侄姊妹，一古腦兒出籠，封王的封王，封侯的封侯。

樹倒猢猻散

呂雉女士把呂姓戚族都封成王爵侯爵，又命他們掌握兵權，自以爲這下子可安如泰山。但政治的力量，是慢慢培植出來的，不能用直昇機的辦法往上飛。直昇機的速度固然很快，飛得也很高，但它沒有根。而沒有根的東西，生命一定短促；沒有根的高位，更是人生第一等冒險。首先是劉姓皇族反抗，接着是異姓大臣反抗。劉姓皇族反抗，因爲在他們心目中，政權是姓劉的私產，不容外人奪走，即令奪一點點都不行，何況看情形姓呂的家屬終有一天要把政權一口下肚。異姓大臣反抗，因爲他們跟劉邦先生，立下的血汗功勞和應得的報酬，都需要西漢政府存在，如果西漢政府不存在，不但他們的富貴榮華都落了空，甚至他們的老命也落了空。

這是一個排山倒海般的反抗力量，但對呂姓戚族最致命的傷害，還是在於呂姓戚族的自身，那些封王封侯的傢伙，一個比一個差勁。這一點很容易證明，在劉邦先生東征西討的艱苦歲月中，沒有一個姓呂的在政治上、經濟上，或軍事上，有過重大的貢獻。太平日子，最容易埋沒人才，戰亂卻最容易使英雄好漢出人頭地，這些姓呂的竟沒有一個出人頭地，正因爲他們不過一堆膿包。

現在，一堆膿包掌握政府大權，而身經百戰的將軍，和詭計多端的謀士，卻靠邊站。嗚呼，膿包即令做再大的官，仍是個膿包，他們認爲只要坐在要津的座位上，就等於控制了局勢。

呂雉女士是一位女梟雄，但她並沒有把劉姓政權推翻，建立呂姓政權的意思，她最大的願望是她的娘家人永遠當令，永遠掌握政權，這樣她才有安全感。可能她另有一種想法，必須她娘家人出面，西漢政府才能維持得住。然而，不管她腦筋裏的藍圖是啥，只不過十五年風光，卻把她的全體娘家人，一個個繩綑索綁，帶進屠場。

呂雉女士最要緊的一項措施，是把她侄兒呂產的女兒——可惜，我們不知道她的名字，嫁給劉弘先生，立爲皇后。她企圖用婚姻關係，鞏固長遠的政治利益。

紀元前一八〇年，呂雉女士逝世，大樹一倒，攀登在大樹上的猢猻，失去了依靠，下場可以預卜。三軍總司令（太尉）周勃先生和一些大臣，發動政變，把呂姓戚族，不分男女，全部屠戮，當然也包括那位小呂皇后。

——小呂皇后在歷史上只是一個小小泡沫，我們找不到再多的痕跡報導她。假使她是孤立的事件，一個皇后死於非命，史書上會留下幾筆。可是她之死只是因爲她是呂氏戚族的一員，在千萬個血流成河的屍體中，她不過只是屍體之一。我們可以想像到她從小所享受的富貴榮華，以及變生肘腋時的驚慌悲痛。

政變成功後，政變集團想到將來可能的後患。小皇帝劉弘先生是呂雉女士的嫡親孫兒，皇太后張嫣女士是呂雉女士的嫡親外孫女，這是一個長期埋伏，如果不當機立斷，等到情勢穩定之後，他們全力反撲，政變的頭目恐怕死無葬身之地。

於是，政變集團想到釜底抽薪的辦法，那就是，一口咬定劉弘先生不是劉盈先生的親生兒子。在專制時代，這一條罪狀就夠啦。大臣之一，封爲侯爵的夏侯嬰先生，帶兵闖進皇宮，逼迫劉弘先生登車。劉弘先生發抖曰：「教我到哪裏去呀？」夏侯嬰先生曰：「這不是你住的地方，送你到外面去。」然後一直送到宮廷供應部（少府）囚禁。

在選擇繼任皇帝方面，政變集團內部起了爭執，有人主張迎立劉邦先生的另一孫兒劉襄先生，他當時的封爵是齊王。可是另一派人反對曰：「呂雉女士用她的娘家人，幾乎把王朝搞垮。現在劉襄先生的舅舅在齊國的封土上，凶暴得像老虎一樣，將來到了中央政府，誰還能控制他？是剷除了一個呂姓戚族，又來了另一個呂姓戚族矣。」討論的結果，決定封爲代王的劉恒先生最爲合適，劉恒先生是劉邦先生的兒子之一，性情比較溫和，而主要的是，劉恒先生的娘，和劉恒先生的老婆，都是貧寒出身，娘家人無法作怪。

就在劉恒先生喜氣洋洋的坐上金鑾寶殿的那天，政府高級官員，興高采烈，歌舞昇平。而那位可憐的呂雉女士的後裔，已被罷黜的小皇帝劉弘先生，卻在供應部被一根繩索，活活勒死——也可能被灌下毒藥。不管怎麼吧，史書上記載的是，他在那裏「暴斃」。

現在輪到張嫣女士矣，她本是皇太后，即令劉恒先生坐龍廷，她也是皇嫂。可是政治既現實而又無情。劉恒先生有他自己的母親，那是當然的皇太后，張嫣女士已沒有立足之地，政變集團把她軟禁在北宮（未央宮北面的一個小院子裏）。貴閣下知道軟禁是啥？軟禁是一種只有吃喝而沒有自由的刑罰，僅比坐牢高一級。張嫣女士從此和世界隔絕。

她過的是什麼生活，以及如何消磨她的日子，沒有人知道，只知道十四年後——紀元前一四三年，她不明不白的死在囚禁她的床上。政變集團把她跟她的丈夫劉盈先生合葬，沒有碑，沒有墳墓。

薄皇后

時代／紀元前二世紀四〇年代
其夫／西漢王朝第六任皇帝劉啓
遭遇／無寵・囚死

坎坷的命運

現在，我們介紹兩位糾纏在一起的絕世美女：一位是薄皇后，一位是栗姬。她們的命運有很多相同之處，第一，她們都是西漢王朝第六任皇帝劉啓先生的妻子。第二，她們在世之日，都在劇烈的爭風吃醋中過日子。第三、她們在結局上，都是敗將，垮下來後，憂憤而死。但她們的命運也有很多不相同，被丈夫寵愛的程度不同，宮廷中的身份地位不同。

在敍述孝惠皇后張嫣女士的時候，我們提到劉恒先生。呂雉女士魂歸天國，呂姓戚族全體被屠。政變集團擁立劉恒先生當皇帝，他是西漢王朝第五任皇帝。

——對歷史事蹟的敍述，我們採取的是實質性的正名主義，這跟孔丘先生意淫性的正名主義，恰恰相反。這得舉個例子，從紀元前八世紀起，楚王國就已建立，但孔丘先生在他編的春秋中，卻仍咬定牙關，不稱他們的元首是國王，而稱他們是「楚子」。子，第四等封爵也，那是楚部落時代的產物，孔丘先生抹殺事實，仍活在過去的好日子裏。我們的態度是：「是什麼就是什麼」，是國王就是國王，是子爵就是子爵。西漢王朝皇帝的順序，一些史學家，包括我們最崇拜的司馬遷先生在內，在第二任皇帝劉盈先生死了之後，接着出現呂雉女士。呂雉女士死了之後，接着出現劉恒先生。把前少帝劉恭先生，和後少帝劉弘先生，一筆踢出歷史舞台。嗚呼，歷史學家跟科學家一樣，一定要根據事實。呂雉女士不過大權在握罷啦，而大權在握並不等於國家元首。曹操先生也大權在握，不能說他就是皇帝。如果說曹操先生只是宰相，呂雉女士是皇太后兼老娘，那麼，那拉蘭兒女士也是皇太后兼老娘，不能說載湉先生不算數。同樣道理，我們認爲劉恒先生應是第五任皇帝，他的寶座是上接第四任皇帝老弟劉弘先生的，不是接嫡母呂雉女士的也。

劉恒先生的親娘薄女士，有一段傳奇故事。紀元前三世紀九〇年代，秦王朝崩潰，野心家紛紛起事，又恢復七〇年代之前戰國時代，列國林立。薄女士是一位私生女，她爹（史書上沒有留下名字）是江蘇省蘇州市人，跟故魏王國的王族女兒私通，生下了薄女士。等到故魏王國的落魄王子魏豹先生，起兵光復國土，重新建立王國。那位王族的女兒，就把薄女士獻給國王。有一位星象家許負先生，未卜先知，遠近聞名，他給薄女士相面，大驚曰：「這老奶不得了，將來一定生一個天子。」天子者，皇帝國王的總稱，即一國之主也。魏豹先生心花怒放，她的兒子既然是天子，她的丈夫不是天子是啥？那時劉邦先生跟項羽先生，正在混戰，魏豹先生本來是向劉邦先生靠攏的，立刻向項羽靠攏，他計劃一俟劉項二人筋疲力盡的時候，他再一網打盡。這算盤固然是如意算盤，可是他的武裝部隊沒有力量支持這如意算盤。劉邦先生的大軍攻下魏王國的首都安邑（山西省夏縣），捉住魏豹先生，而且在稍後處決。薄女士被送到奴工營（織室）做工，一切都告絕望，不要說天子啦，能恢復自由就不容易。想不到有一天，劉邦先生到奴工營參觀，發現這個女奴還有幾分姿色，下令把她送到皇宮。可是皇帝老爺身旁美女如雲，把她弄到皇宮，不過一時興起，過一會早忘了個淨光。想不到又有一天，劉邦先生跟另外兩位美女在一塊調情，又出現奇蹟。這兩位美女，一位被稱爲管夫人，一位名曰趙子兒，她們小時候跟薄女士是最最要好的手帕交，曾互相盟誓曰，誰要是先富貴的話，絕不忘記貧賤的朋友。這時兩位美女陪伴淫棍皇帝，可謂富矣貴矣，而薄女士卻冷在角落，永無出頭之日。她們想起當初的盟誓，不禁笑起來。

——最後的兩句話，漢書上的原文是：「兩美人侍，相與笑薄姬初時約。」柏楊先生對她們的「笑」，如芒刺在背。從語氣及文章理路看，這個「笑」，沒有同情、沒有感慨、沒有惋惜，卻好像是一種譏嘲，譏嘲薄女士不自量力，妄圖高攀。我不敢肯定這種解釋是對的，但如果是對的話，這兩個老奶，固王八蛋也。

然而，不管是善意也好、惡意也好，反正後果是一樣的。劉邦先生問她們笑啥？她們據實以告。劉邦先生突然生出憐憫之心，當天就傳喚薄女士睡覺。薄女士聰明異常，馬上對曰：「親愛的老哥，我昨天才做了一夢，夢見一條龍爬到我胸脯上。」這話是不是眞的，只有薄女士一人知道，夢中的事，外人再大的本領，都無法證實，但劉邦先生聽啦，卻渾身舒服，喜曰：「這是大富大貴的徵兆，那龍就是俺老漢呀。」只睡了那麼一覺，薄女士就懷了孕，生了一個男娃，這男娃就是第五任皇帝劉恒先生。

——許負先生的預言應驗啦，可惜魏豹先生卻先墊了底。

劉恒先生八歲的那一年，被封爲代王。而薄女士自從生產之後，劉邦先生也就不再找她，她只好再恢復冷清生活。所以在婚姻上，她是不快活的，她始終沒有得寵過，但也正因爲如此，她不但保住了老命，也使她在三十四年之後，當了呂雉女士的角色，成爲權威無比的皇太后，和太皇太后。

權勢無補於愛情

薄女士因爲得不到劉邦先生的寵愛，所以雖然跟戚懿女士一樣，也生了一個男孩，但身爲皇后大老婆的呂雉女士，卻沒有把她當做敵人，而薄女士也有自知之明，不敢有奪嫡的野心。劉恒先生的封號是代王，封地是現在的山西省，首府是現在的山西省太原市。當時戚懿女士的兒子劉如意先生，封爲趙王，封地是現在的河北省南部，首府是現在的河北省邯鄲市。劉邦先生死後，呂雉女士大權在手，把戚懿女士留住不放，而且立即囚進監獄，發生「人豬」慘劇。但對薄女士，卻送她到太原，跟她的兒子骨肉團聚。於是，薄女士開始了她的好運，在代王的封地上，她是王太后，擁有最高權威和最高榮耀。她在太原過了八年的舒服日子——而以後到了長安，過的是更舒服的日子。

紀元前一八〇年，呂雉女士死掉，政變集團迎立劉恒先生當皇帝，這眞是天上掉下來的喜事，薄女士順理成章的，以娘親的身份，當了皇太后。如政變集團所了解的，她的娘家人都很孤寒，不能構成危害中央政府的力量。但是薄女士發現跟皇家結親眞是妙不可言，她開始在這方面動腦筋。

劉恒先生有四個兒子：劉啓、劉武、劉參、劉揖。劉恒先生登極後，封劉啓當皇太子，劉啓的娘親竇女士當皇后。薄女士以嫡親祖母兼皇太后的地位，爲孫兒選定了妻子——太子妃，那就是薄女士娘家的侄孫女。可是，千算萬算，不如天老爺一算，不知道什麼原因，劉啓先生卻不愛這位祖母娘家的女孩子。只不過，在那個時代，和他所處的皇太子兼孫兒的地位，他不敢，也無力反抗。

紀元前一五七年，劉恒先生逝世。劉啓先生坐上寶座，成爲西漢王朝第六任皇帝，老薄女士高升一級，由皇太后升爲太皇太后。小薄女士也高升一級，由太子妃升爲皇后。問題是，再崇高的地位，和再強大的背景，不能贏取愛情。小薄女士身挾祖母兼太皇太后的權威，也不能教劉啓先生愛她。所好的是，劉啓先生雖貴爲皇帝，對他所不愛的小薄女士，也無可奈何，泰山壓頂，動彈不得也。

——皇帝老爺也好，皇帝小爺也好，身旁的如花似玉，天姿國色，內三重，外三重，把他閣下圍得水洩不透，要想殺進去，比登天都難。即令靠着外力，一下子殺到床上，如果沒有兩手，也抓不住。而一旦抓不住，一切就完啦。

劉啓先生不能例外，他的姬妾比柏楊先生的銀子都多，姬妾中最美艷的一位嬌娃，就是栗姬。

栗姬女士是齊國（山東省）人，她在宮廷鬥爭出現之前的事蹟，也就是她的來龍去脈，史書上沒有記載，只知道她姓栗，跟戚懿女士是同鄉，如此而已。栗姬者，栗女士也，但我們還是稱她栗姬女士，爲的是多音節叫起來方便。

小薄女士最大的致命傷，固在於皇帝不愛她，但更重要的，還在於她「無子」——沒有生下娃兒，她如果生下一個男孩，依當時的宗法規矩，那男孩就是嫡子，就是鐵定的皇太子，母以子貴，小薄女士即令得不到丈夫的支持，也會得到禮教的支持，跟她的祖姑母老薄女士一樣，一旦兒子坐上龍墩，她一定水漲船高，當上皇太后，那就受用無窮矣。

可是，小薄女士卻沒有兒子。而美艷如花的栗姬女士，卻生了一個男孩，名曰劉榮。栗姬女士儼然戚懿第二，而她比戚懿女士更佔優勢，她雄心勃勃，不但要使她的兒子當皇太子，而且自己還要當皇后。使兒子當皇太子容易，因爲身爲皇后的小薄女士沒有兒子，而當時皇太子的位置，又空懸在那裏，只要皇帝劉啓先生一句話，就定了江山，誰都沒啥可說的。果然，紀元前一五五年三月，劉啓先生下令立劉榮當皇太子。

可是，把小薄女士擠下皇后寶座，就不那麼簡單啦，因爲小薄女士有極爲強大的靠山。想不到，到了四月，太皇太后老薄女士逝世，這對小薄女士是一個打擊，對栗姬女士是一個喜訊。她的攻勢更加凌厲，尤其這攻勢正配合劉啓先生對小薄女士的冷漠。四年後的紀元前一五一年，劉啓先生再下令撤消小薄女士的皇后封號。

——撤消皇后封號，就是把皇后逐下皇后寶座，皇后就不再是皇后矣。嗚呼，二十世紀五〇年代，伊朗國王巴勒維先生，因他的王后索娜亞女士不能生育，也是撤消她王后封號的。可是，巴勒維先生只能跟他的王后離婚，離婚之後，皇后老奶小行李一揹，去外國做富婆，想演電影就演電影，想寫小說就寫小說，想嫁王二麻子就嫁王二麻子，逍遙自在。但在中國的宮廷，這不叫離婚，而叫「廢后」，皇后一旦被廢，不當人子，只有繼續關在皇宮之中，淒淒涼涼，直到老死。

又是四年之後，紀元前一四七年，小薄女士就死在俗稱的「冷宮」之中。「冷宮」並不是一年四季都開着冷氣，也不是一年四季都堆滿冰塊。而是寞落寂淸，坐以待斃的墳墓，沒有溫情，沒有希望。

小薄女士是怎麼死的，猶如張嫣女士是怎麼死的一樣，沒有人知道。她在斷氣之際，可能看到另一位皇后——張嫣女士的幽靈，向她招手。

栗姬

時代／紀元前二世紀四〇—五〇年代
其夫／西漢王朝第六任皇帝劉啓
遭遇／氣死

一個傳奇人物的介入

小薄女士的罷黜，在栗姬女士來說，前途上重要障礙，已經掃除，皇后的宮門，爲她大開。

然而，煮熟了的鴨子，卻硬生生的飛掉。主要原因是栗姬女士的特殊個性，其次原因是另一個比傳奇小說還要傳奇的人物，悄悄介入。

我們且從頭說起。傳奇故事開始於紀元前三世紀九〇年代西漢王朝建立之初，大將臧荼先生，封爲燕王，封地是現在河北省北部，首府薊城（北京市）。他閣下不久就起兵叛變，被中央政府擊敗，封國沒啦，封王沒啦，老命也沒啦。

——人生眞是複雜而奧祕，五十年前這一場失敗了的叛變，竟影響到五十年後一位美女和一位皇太子的命運。

臧荼先生一死，家屬星散。他的一位孫女臧兒女士，鳳凰變成烏鴉，也流落成爲小民，嫁給槐里王仲先生。

——槐里，是首都長安（陝西省西安市）的一個衛星城鎮，跟台北市附近的新店、新莊；高雄市附近的楠梓、鳳山一樣。

臧兒女士生下一男二女，男名王信，女名王娡、王息姁。——王娡女士就是這個傳奇故事的女主角。後來王仲先生死掉，臧兒女士拖着油瓶，再嫁給長陵（長安的另一衛星城鎮）的一位田先生（史書上沒有留下他的名字），又生了兩個男孩，長曰田蚡、幼曰田勝（臧兒女士眞是一個尤物，猛嫁猛生，也不嫌累）。王娡女士長大後，嫁給了金王孫先生，而且生了一個女娃。

事情發展到此，一切平常。可是一個多嘴的星象家，使事情發生突變，這突變直接影響到栗姬女士母子的生命。那位奇異的星象家姚翁先生，給臧兒女士的子女相面，一看到王娡女士，立刻口呆目瞪，喘氣曰：「妳家大小姐，貴不可言，將來定生天子，身爲皇后。」又看其他弟妹，一個個前途都像鮮花，可是總比姊姊差一丁點。姚翁先生在當時極負盛名，說話一定有相當根據。臧兒女士聽啦，芳心大動，問題是，女兒既然已嫁給小民，如何能生天子？又如何能當皇后？偏偏事有巧合，正好劉啓先生被立爲皇太子，大肆挑選良家美女，送到太子宮服侍太子爺。臧兒女士一想，正是天賜良機，如果能把女兒送到太子宮，被太子爺看中，睡上一覺，生了一個男娃，將來就有可能如姚翁先生所言，那就榮華富貴，一併砸到頭上。王媸女士雖然已有了丈夫女兒，可是一想起來美麗的遠景，丈夫也不要啦，女兒也不要啦，聽從老母吩咐，假裝還是「十八歲姑娘一朵花」，就被獻進了太子宮。

——王媸這樣的女人，柏楊先生盼望朋友們千萬不要碰上，碰上的話，麻煩可就大矣。只要黃金美鈔往眼上一晃（現在則是只要綠卡一晃），恐怕馬上就能脫褲子。

臧兒女士接着代表女兒向金王孫先生，要求離婚，金王孫先生又氣又悲，氣的是天下竟有這種女人，悲的是天下竟有這種怪事。他閣下就來一個以不變應萬變，說啥都行，就是不離。老婆私奔，姘上太子爺，固然無可奈何，但我仍要保持這個名份。臧兒女士一瞧，好呀，從前俺看上你的金銀財寶，才把女兒許配給你，可是跟太子爺比起來，你那點家產算屁，不離就不離，你敢摸老虎的屁股乎哉。

——星象家眞是了不起，許負先生爲老薄女士算命「生天子」，斷送了魏豹先生的老頭皮。姚翁先生爲王媸女士算命「生天子」，斷送了金王孫先生的美滿良緣。可是，他們的預言都應驗啦，我們還有啥可說的。

王媸女士一進太子宮，劉啓先生正當壯年，而她又擁有對付臭男人的豐富經驗，於是立刻就上了床，而且以後天天上床，而且又推薦她的妹妹王息姁女士也上床。在一個臭男人立場，女人越多越不嫌多。因這一項推薦，王媸女士在劉啓先生印象中，認爲她眞是溫柔敦厚，十分賢淑。

——女人們爲了「賢淑」，就要作這麼多的付出，這種賢淑，不賢淑也罷。二十世紀的老奶，如果仍以這種類型的「賢淑」自居，那可是天作孽，猶可逭，自作孽，不可活。等到痛不欲生，可不能怨別人。

王娡女士生了兩個女兒：一位是平陽公主，一位是南宮公主（這兩位姓劉的女娃，史書上沒有名字，我們只好稱她們的綽號），又生了一個兒子。關於這個兒子，花樣可多啦。史書上說，他生於紀元前一五六年七月七日，俗稱七夕。老爹劉啓先生曾做了一夢，夢見他的祖父劉邦先生告訴他，這個兒子應名「劉豬」，所以生下來後，謹遵祖訓，就取名爲劉豬。可是過了些時，覺得劉豬名字，實在他媽的難聽，才改名爲劉徹。

——劉豬兼劉徹這小子，就是中國歷史上有名的漢武帝。

性格決定命運

劉啓先生不但有一位勢利眼的老婆，還有一位勢利眼的老姊——劉嫖女士，官封館陶公主。這兩個勢利眼女人，左右夾擊，我們的女主角栗姬女士，遂不得不死在她們之手。

劉嫖女士不僅是一位公主，而且是一位皮條專家，專爲她弟弟劉啓先生拉皮條。蓋皇宮中美女妖姬，比螞蟻都多，誰不希望陪皇帝老爺睡上一覺乎哉，可是誰又有機會睡上一覺乎哉？她們自不能厚着臉皮，親自跑到皇帝面前苦苦乞求，唯一的辦法是巴結姑奶奶劉嫖女士，求她大力引薦。劉嫖女士知道，她雖然貴爲公主，如果得不到皇帝的歡心，公主也不過是個空殼子。而她看準了臭男人都有喜新厭舊的毛病，見一個愛一個，見一對愛一雙，對如花似玉，猶如韓信先生將兵，多多益善。所以她博引旁徵，把一些望眼欲穿的美貌嬌娘，拚命介紹給老弟。劉啓先生夜夜新婚，既感謝又感激，把老姊視爲再生父母。

問題是，這種皮條功夫，嚴重的刺傷了栗姬女士。栗姬女士的美艷絕倫，在當時來說，恐怕坐第一把金交椅，她如果沒有兩下子，怎麼擊敗群女，擠掉可憐的薄皇后也。可惜，她沒有政治腦筋，她想獨佔皇帝老爺的愛情。嗚呼，每一個皇帝老爺都是天生的多妻主義，對他的政權（江山）是獨佔的，對愛情卻大公無私，作無窮無盡的付出，雨露均沾。有這種認識的美女——榮華富貴一生，沒有這種認識的美女，也就是企圖獨佔皇帝愛情的美女，她就要爲這種企圖付出代價。以栗姬女士的美貌，她應該有一顆玲瓏剔透般的心才對。可是，她卻其蠢無比，恨透了劉嫖女士。

好啦，栗姬女士的第一個敵人——薄皇后剛倒下去，當她暗暗高興，指日就可高升皇后的時候，她又製造了另一個更強大的敵人——劉嫖女士。劉嫖女士比栗姬女士聰明，她了解到，栗姬女士的兒子劉榮已立爲皇太子，正宮不能久虛，栗姬女士遲早會坐到皇后的寶座上，冤家宜解不宜結。她希望和解，打算把女兒陳嬌小姐許配給劉榮先生，不但可融化栗姬女士的憤怒，將來劉榮先生坐龍廷，她除了姑母的身份，還是丈母娘的身份，權威就更大啦。

前已言之，劉榮先生是紀元前一五五年立爲太子的，劉嫖女士立即派了一個媒婆（讀者老爺可別把此媒婆當成京戲法門寺裏的彼媒婆，皇家媒婆，如果不是親王夫人，也是大臣夫人，或將軍夫人，甚至也是一位公主），向栗姬女士提親。劉嫖女士以爲以她的地位，以及相當相對的門戶，準一提就成。而栗姬女士，假設她腦筋有她姿色的十分之一，她應該跪下來感謝上帝才對。可是，一個人的性格決定一個人的命運，她是一個驢子脾氣，她認爲這一下子復仇的機會來啦，妳這個皮條大王，平常日子左介紹一個，右介紹一個，害得老娘氣出砍殺爾，現在妳想教妳的女兒當太子妃，將來順理成章的當皇后呀，做妳媽的白日夢吧。於是，一口拒絕。拒絕時當然有一套說辭，史書上沒有記載這一套說辭是啥，可能她閣下抓住機會，一連串沖天炮脫口而出，這當然使劉嫖女士恨入骨髓。也或許她來一個外交詞令，說得天花亂墜，聲明俺那小子可配不上妳那千金之類酸溜溜的話。不管怎麼吧，她這一拒絕，等於她按下自己死亡的電鈕。

栗姬女士錯過了這場化敵爲友的千載良機，劉嫖女士不但沒有使女兒當上太子妃，反而灰頭土臉，當然既羞又憤。然而最重要的是，劉嫖女士警覺到栗姬的仇恨已不能化解，而她馬上就要當上皇后，一旦老弟劉啓先生死掉，她就是皇太后。到那時她大權在握，火山爆發，劉嫖呀劉嫖，妳這個姑奶奶可有罪受的。想到這裏，劉嫖女士決心先下手爲強，要把栗姬女士連根拔掉。

計謀既定，劉嫖女士開始在老弟劉啓先生的其他姬妾群中，尋找聯盟。而我們上文所述的那位拋夫棄女，獻身求榮的王娡女士，在一旁冷眼觀察，早看了個透。她自入宮以來，生子生女，又得劉啓先生寵愛，已心滿意足，本不敢再有其他奢望，可是運氣來啦誰都擋不住，幸運之門向她大開，她雄心再度勃勃，向劉嫖女士搭線。兩個工於心計的婆娘，幾乎一拍即合，成了最最要好的朋友，來往密切，如漆投膠。

最主要的節目發生在某一天，劉嫖女士提起結親被拒的往事，恨得咬碎銀牙。王娡女士可不簡單，她並不跟着咒罵，而只一味自嘆命薄，沒有福氣得到公主的女兒當媳婦。劉嫖女士靈機一動，想起來把女兒許配給劉豬小子也不錯呀。王娡女士聽了姑奶奶的話，正中下懷，恨不得馬上拉開嗓門唱山歌，可是她仍自恨劉豬小子不過是個親王，不是皇太子，將來不能當皇帝，怎麼配得上耶。劉嫖女士冷笑曰：「什麼親王太子，可不一定，天下事廢廢立立，太普通啦，人生禍福，更難意料。那姓栗的賤貨，自以爲她兒子已經是皇太子，她馬上就是皇后，將來就是皇太后，十拿九穩，啥都沒看到眼裏。哼，她忘了有老娘在，她的如意算盤恐怕打得太早。」王娡女士又激將曰：「皇太子是國家根本，怎麼能隨便更改？公主公主，妳可不能那麼辦。」劉嫖女士曰：「是姓栗的不識抬舉，怎能怪我。」

嫉妒是自殺的武器

劉嫖女士和王娡女士，從此做了親家，好不親密，她們就開始第二步，箭頭直指栗姬女士。

紀元前一五一年，薄皇后被廢，囚入冷宮。栗姬女士也知道兩個婆娘對她不利，但她希望早日當上皇后，名份一定，就有力量對抗。劉嫖女士當然不允許她的願望實現，她向老弟劉啓先生說，栗姬女士是一個心術壞透了的蛇蠍，崇信並且使用巫術，咒詛那些曾跟皇帝睡過覺的所有美女；她不但邪惡，而且心胸狹窄，常在美女背後唾口水。劉嫖女士向老弟警告曰：「她這麼陰狠惡毒，一旦你魂歸天國，她以皇太后之尊，大權不受限制，恐怕『人豬』的慘禍，再見於今世矣。」

劉啓先生要立栗姬女士當皇后，枕畔席上，不知道有多少次山盟海誓，任何挑撥的話，他都不可能聽進去。可是，「人豬」二字，卻使他汗流浹背，一想起來漂亮的栗姬，忽然大發獸威，把他寵愛的一些美女，修理成那種樣子，他簡直一百個不相信。他決定親自試探。

有一天，劉啓先生跟栗姬女士在一起，裝着漫不經心的模樣，拜託曰：「我死了之後，那些曾伺候過我的姬妾，還有她們所生的孩子，都要請妳好好的照顧她們。」栗姬女士一聽那些狐狸精，蠢血就開始沸騰，又聽說還要照顧她們和她們的兒女，臉色就更加鐵青，緊閉嘴唇，一句話都不說。劉啓先生看到眼裏，知道已觸到她的痛處，但他仍希望聽到她親口承諾，可是栗姬女士卻像吃了啞巴藥，硬是一語不發。劉啓先生最初只不過一陣失望，接着他驀的對栗姬女士感到厭惡。嗚呼，妳還沒有坐上寶座，就如此強硬，連句溫情的話都沒有，我如果眞的死啦，沒有人可以制妳，皇宮眞要成屠宰場矣。越想越興趣索然，再也坐不下去，站起來就走。栗姬女士瞧他連纏綿一下都沒有，神色又跟往常不一樣。受寵慣啦的人最不能忍耐冷落的突發，她憤憤然兼然然憤，就又哭又叫，又罵劉啓先生「老狗」。其實那一年劉啓先生才三十八歲，離老狗還十萬八千里，他如果是老狗，柏楊先生不但博士加三級，也老狗加三級矣。不過，這不是年齡問題，而是反應問題。栗姬女士口出髒言，偏偏劉啓先生耳朵奇尖，竟被他聽見，事情就大啦。

——嫉妒是人類最可怕的自殺武器，人一嫉妒，眼也花啦，耳也聾啦，人性也扭曲啦，智慧也阻塞啦。人不能不嫉妒，但必須使嫉妒對自己的傷害，減少到最低限度，那只有拚命撲滅嫉妒和克制嫉妒。嗚呼，嫉妒得越厲害，自己受的扭曲和傷害也越厲害，輕則事業失敗，重則老命送終。栗姬女士的美麗固無人可及，而她的粗魯愚蠢，更無人可及。劉嫖女士並沒有誣陷她，她確實可怕，她當權後，「人豬」的場面，恐怕確實不可倖免。

栗姬女士的固執，和王娡女士的柔順，成顯明的對照，栗姬女士越火爆，王娡女士越心平氣和。劉嫖女士更加強心戰，抓住機會就向老弟劉啓先生稱讚劉豬小子聰明伶俐、孝順厚道。而且想當年的某一天，劉啓先生跟王娡女士同床，他閣下做了一夢，夢見一位仙女捧着太陽，遞給王娡女士，王娡女士一口下肚。醒來後告訴王娡女士，王娡是何等頭腦，她緣竿而上，說她剛才也做了那個夢，也夢見呑下一個太陽。而生劉豬小子時，老祖父劉邦先生也在夢中顯形。現在經老姊一再提醒，劉啓先生回想起來，歷歷如繪，劉豬小子可能來頭不小。於是劉啓先生決定易儲——改換太子。

可是，馬屁精卻不曉得事情已有變化。薄皇后被廢後的次年（前一五〇），禮賓總監（大行）上奏章給劉啓先生。奏章上說，子以母貴，母以子貴，劉榮先生貴爲太子，親娘還是一個姬妾，理應請求栗姬即皇后之位。這奏章如果早上半年，馬屁精可能受到重賞，可是晚上了半年，拍馬屁遂拍到馬腿上，劉啓先生跳高曰：「這種事情，你怎麼能管？」下令逮捕禮賓總監，打入天牢，並於稍後處決。而且一不做二不休，用快刀斬亂蔴的手段，一併撤消劉榮先生的皇太子職位，改封爲親王。

劉啓先生所以一連串的嚴厲措施，因爲他認爲這是栗姬女士主使的。事實上，卻是王娡女士主使的。王娡女士知道劉啓先生對栗姬女士已經厭棄，唯恐怕他改變主意，或不忍心下手；那就仍是一個地雷。所以她示意禮賓總監幹這麼一票，爲的是要在老爹改變主意之前激怒他。劉啓先生果然跳進圈套，栗姬女士縱有一百張嘴，也無法辯解。

栗姬女士是個愚人，她沒有弄清楚皇家跟民間不同，皇帝跟小民不同，而她仍沉醉在小市民那種愛情的境界，連別的姬妾陪皇帝睡覺，都氣勢洶洶，不能忍受，又如何能承擔得住自己的皇后沒啦，兒子的皇太子也沒啦的打擊。只要兒子是皇太子，將來繼承皇位，還有翻身的機會。而今，兩大皆空。

而且，從此劉啓先生再不見她，她的好日子已經過去，也再見不到劉啓先生。深宮寂寂，長夜漫漫，往日恩情，都過眼雲煙，她病倒在床，奄奄一息。正在垂死掙扎時，宮女報告她消息，說劉豬那小子已立爲太子，王娡女士已立爲皇后。這更是致命的一擊，她大叫一聲，香消玉殞。一生爭強爭勝，現在全盤都輸，悲矣。

陳嬌

時代／紀元前二世紀六〇—七〇年代
其夫／西漢王朝第七任皇帝劉徹
際遇／被廢・囚死

金屋藏嬌

栗姬女士之死，使人百感交加，她的褊窄度量害了她。當時的社會制度既然允許甚至鼓勵皇帝老爺可以亂搞女人，身爲他的女人之一的女人，就必須忍耐。呂雉女士從不干預劉邦先生跟別的女人上床，王娡女士還「賢淑」到把自己的妹妹也雙手奉獻。不能忍耐，就不能在皇宮生存。

栗姬女士的慘敗，導使兩個皇后先後出籠，第一個是王娡女士，她的陰柔武功使她在冷戰中大獲全勝。——中國有個古老的「鷸蚌相爭，漁人得利」故事，栗姬是鷸，薄皇后是蚌，王娡女士則是捕魚的老漢。第二個是陳嬌女士，她正是我們要介紹的女主角。

紀元前三世紀九〇年代，劉邦先生與項羽先生同時崛起民間，推翻秦王朝統治的時候，東陽（安徽省天長市）的一些年輕人把縣長幹掉，要擁立在縣政府做事的小職員陳嬰先生當國王。陳嬰先生的母親是一位洞燭世情的老太太，她曰：「自從我跟你爹結婚，知道陳家的人，從沒有一個做過大官的。現在你小子忽然大貴大富，不是好現象。我的意思是，不要當國王，而只當一名將領。一旦成功，可能封侯；萬一失敗，既無大名，又無高位，也容易逃亡。」陳嬰先生接受了老娘的建議，就率領那群惡少，投奔項羽先生。後來項羽先生的敗象越來越重，他再投奔劉邦先生。等到西漢王朝建立，眞的如老娘所料，被封爲侯爵——堂邑侯。陳嬰死後，兒子陳祿繼承。陳祿死後，兒子陳午繼承。陳午先生的妻子就是第六任皇帝劉啓先生的姊姊劉嫖。而陳嬌，就是他們的女兒。

紀元前二世紀五〇年代，西漢王朝的宮廷局面是：栗姬女士翹了辮子，王娡女士當了皇后。皇太子劉榮廢掉，接着被誣陷入獄，在獄中自殺；劉豬當上皇太子。劉嫖女士千方百計要把女兒陳嬌許配給皇太子，自然不放鬆這個機會。王娡女士母子的榮華富貴，既靠這位姑奶奶栽培，更不會讓這機會溜走。——鑒於栗姬女士的覆轍，也不敢讓這機會溜走。

最著名的一次事件是，有一天，姑母劉嫖女士把侄兒劉豬小子抱在膝上哄他玩，問曰：「娃兒，要不要娶媳婦呀。」劉豬小子曰：「當然要。」姑母指着小女兒陳嬌曰：「阿嬌好不好？」劉豬小子高興得露出白牙，曰：「要是阿嬌給我做媳婦，我就蓋個黃金宮殿給她住。」

——這是中國成語「金屋藏嬌」的來源。不過當初的意思是指明媒正娶的大太太，千餘年流傳下來，變成小妻、情婦的專用名詞矣。

陳嬌女士啥時候跟劉豬小子成親的，史書上沒有記載，但我們可以確定在紀元前一四一年之間。因爲紀元前一四一年，劉啓老爹挺屍，劉豬小子繼承皇位。而陳嬌女士卻已經當了幾年太子妃啦。

紀元前一四一年，劉豬小子——此後我們改稱他爲劉徹先生，前已言之，原是老爹嫌劉豬不好聽，改爲劉徹的。那一年，劉徹十七歲，陳嬌可能是十五歲（這是推測之詞，不供抬槓之用），也就理所當然的成了皇后。

陳嬌女士的烜赫家世和烜赫地位，萬人稱羨。她從小到大，一帆風順。可是，兩件事情在她正當花樣年齡，青春鼎盛的時候，沉重的砸到她頭上。一是她不能生育，一是她企圖用愛情以外的手段去挽回愛情。

我們說陳嬌女士不能生育，太不周延，應該說她一直沒有生育。對一個皇族婦女而言——尤其是皇后，生男孩子，幾乎是她唯一的任務。沒有兒子，便萬事都休。歷史上凡是沒有兒子的皇后和姬妾，大多數結局都是淒涼的，甚至是悲慘的。蓋「皇嗣」關係着政權的維持和國家的興亡。貴閣下不見摩納哥王國乎，那個彈丸之地，以賭博聞名於世，成爲歐洲世外桃源的國度。根據它跟法國的協定，一旦它的國王沒有男性子嗣，就得歸併法國。所以，當王妃葛麗絲凱莉女士生第一個男孩時，全國若狂，蓋慶幸國不亡也。

薄皇后之被廢，主要因爲她沒有兒子，假使她有兒子，情況可能不一樣。陳嬌女士也一直沒有兒子，而且長達十餘年之久，大概她已二十五六歲，仍然如故。她和老娘劉嫖女士，都慌了手腳，千方百計，僅在醫生身上，就花了九千萬錢——九千萬錢是多少，依當時購買力推斷，五口之家，如果過普通的溫飽日子，一個月一千錢就差不多啦，一年不過一萬二千錢。九千萬錢，五口之家，可過八千五百年。屬於天文數字，但天文數字仍不能使她生育。這是第一個致命打擊，她的皇后地位開始發出警報。但無子尚可用愛情彌補，不過在皇宮的天地中，無子必然削弱愛情，尤其是當別的美女生了兒子之後，愛情就更跟着淡薄，陳嬌女士的皇后寶座咯吱咯吱，開始搖晃。

愛情的衰退，對陳嬌女士是第二個致命打擊，愛情衰退的意義是皇帝老爺不再陪她睡覺，不睡覺則子嗣就更絕望，而且她也受不了那種冷淡，於是她怨氣沖天，事情就更糟。

變成白癡

被父母寵壞了的孩子最大的危險是，他只想到自己，很少想到別人。只想到自己的想法，而很少考慮別人的想法。栗姬女士的遭遇並沒有給陳嬌女士多少教訓，她自以為她跟栗姬女士不同。第一，皇帝丈夫是她表哥，有先天的關係。第二，皇帝丈夫之所以能當上皇帝，都是她娘的功勞。所以，陳嬌女士看到劉徹先生跟別的女人鬼混，簡直火冒三丈，抓住機會就跟劉徹先生大鬧，把劉徹先生大鬧得也火冒三丈。好吧，俺陛下惹不起妳，總怕得起妳，就越發敬鬼神而遠之。大鬧既達不到目的，女人們最拿手的法寶祭出來，陳嬌女士跑回娘家向老娘劉嫖女士鼻涕一把淚一把的哭訴，老娘愛女心切，忍不住找到親家母——現在已身為皇太后的王娡女士，喋喋不休，抱怨個沒完。

王娡女士是個工於心計的老太婆，她告誡劉徹先生曰：「你年紀輕輕，剛登上寶座，大臣心裏多少有點輕視，可以說人心不服。你先蓋了明堂，太皇太后已大發脾氣。而今你又惹姑媽不高興，一旦發生什麼變化，可不得了。兒啊，老娘是女人，我告訴你，女人的弱點是，最喜歡聽好聽的話，很容易對付，小心小心。」劉徹先生謹遵娘訓，對陳嬌女士又好起來。

——太皇太后者，劉徹的祖母，劉嫖的娘，竇太后是也。紀元前三四〇年，宰相之一（御史大夫）趙綰先生，建議依照儒家學派的學說，建築「明堂」，用以朝見諸侯，劉徹先生同意。可是竇太后崇信道家學派，討厭儒家那一套，逼得趙綰先生自殺。

在強大的壓力下，劉徹先生的屈膝是暫時的。愛情要靠自己的爭取和培養，不能靠愛情以外的手段支持。不久，就發生衛子夫女士事件。

關於衛子夫女士，我們將在之後專題報導，現在只報導這位出身低微的美女，原是劉徹先生姊姊平陽公主家的女奴。紀元前一三九年，劉徹先生到姊姊家赴宴，看上了她，平陽公主就把她送進皇宮。想不到冤家路窄，偏偏被身為皇后的陳嬌女士碰見。女人特有的直覺，使陳嬌女士立刻發現這個新來的美女，是一個勁敵。劉徹先生向她解釋衛子夫女士不過姊姊家的女奴而已，這一解釋更使陳嬌女士渾身抽筋，好呀，皇宮裏美女千萬，還玩不夠，連最低賤的女奴都上床啦。一跺玉腳，扭頭便走。劉徹先生不願為一個女奴，公開決裂，只好假裝着她進宮來仍是女奴，把衛子夫女士放到一邊。

可是，陰錯陽差，劉徹先生又跟衛子夫女士打得火熱。這還不算糟，糟的是，衛子夫女士竟然懷了孕。陳嬌女士得到消息，更是暴跳如雷，認爲劉徹先生騙她，劉徹先生也反唇相稽，說她不會生育，他以王朝的子嗣爲重，不得不另闢別的出路。陳嬌女士這時已嫉妒得發狂，理性全失，跟老娘劉嫖女士聯合，要趕盡殺絕，首先把衛子夫女士除掉。劉徹先生也不是傻瓜，立刻知道這個陰謀，從此不再進陳嬌女士的房門，只跟衛子夫女士守在一起，設防設備，嚴加保護。皇帝跟女奴的感情，反而日增。

這更使陳嬌女士眼紅，她的謀殺念頭更加強烈。她最初的目的還在於挽救逆境，現在則只爲了報復。一個人是會被嫉妒搞得喪失平衡的，她既殺不了衛子夫本人，就決心殺衛子夫家人。嗚呼，縱是把衛子夫的家人殺光，只能使劉徹先生對衛子夫更加倍憐愛，不能使劉徹先生棄衛子夫如破鞋也。然而，嫉妒使人變成憤怒的白癡，陳嬌女士跟老娘已不能靜下心來分析思考。她們探聽出來，衛子夫的弟弟衛青，正在建章宮當一名工友之類的低級職員，於是下令逮捕衛青。

衛青先生是個可憐的少年，他跟姊姊衛子夫女士不同父親，卻同母親。衛子夫的母親衛老奶，也是平陽公主家的女奴（衛子夫則是女奴的女兒，陳嬌女士怎能不氣得吐血）。丈夫死後，跟一位名叫鄭季的男奴私通，生下來一個男孩，史書上記載他的名字是「青」。當時姓啥，卻沒有記載。

——中國傳統史書最大的特點之一是：嘴裏像含個鴿子蛋，說不淸楚。之二是往往只提名，不提姓。因他是私生子，所以可能一開始就叫衛青。但他後來又被鄭家領去撫養，在當時多妻制度的社會下，他一定會叫鄭青。反正史書說不清楚，我們也就打馬虎眼，統統稱他爲衛青，免得腦筋記得太多。

衛老奶本身不過一個女奴，既通姦、又生子，已鬧得不可開交，再要撫養這個孩子，眞是千辛萬苦。數年之後，只好送還給鄭季先生。鄭季先生已有幾個兒子啦，他太太對丈夫在外面胡搞，恨入骨髓。怨氣全出到孩子身上，不把他當兒子看待，而教他牧羊。衛青先生的那些同父異母的哥哥，也一個個勢利眼，不把他當作弟弟，叱呵打罵，比家奴都不如。

乞靈於巫術

衛青先生整天牧羊，再整天受嫡母和異母兄弟的拳打腳踢，十餘歲的孩子，已走入人生的絕境。可是，史書上說，有一天，他跟一群頑皮的孩子，遇到一個被剃光了頭的囚犯，那人大概是半仙之體，他在孩子群中發現了衛青，吃驚曰：「小娃，你今天雖然窮困，但看你的相貌，將來準大富大貴，定有侯爵之封。」衛青先生曰：「我只是一個家奴，你吃啥豆腐？」那傢伙曰：「我精於相法，自信不會走眼。」衛青先生天性厚道，也不爭辯，只嘆曰：「我只求不挨打挨罵，就心滿意足矣，要說立大功、封侯爵，老哥，別拿我窮開心。」

——嗚呼，太久的貧困和太久的屈辱，能使人志消氣散。

然而，衛青先生卻無法擺脫打罵。這樣過了幾年，大概二十歲左右，他終於逃離鄭家，投奔他的生母衛老奶。衛老奶只好稟報平陽公主，請平陽公主安置一個差事。平陽公主瞧衛青先生相貌堂堂，虎臂熊腰，滿心歡喜，就用他當她的騎奴。每逢她閣下出門，衛青跟其他衛士，一同騎馬護駕。對一個農奴來說，這已是一個很高的榮耀，此生此世，更不再有其他奢望矣。衛青先生在當了騎奴之後，結交了很多要好朋友，其中之一，就是後來當了將軍，而且也封爲侯爵的公孫敖先生。

衛青先生在平陽公主家到底當了幾年騎奴，史書上沒有記載，反正是稍後又被分派到建章宮當差。無論史記或漢書，對這個轉變，都說得不清不楚。我們認爲可能是他老娘的懇求，跟平陽公主的推薦，才到建章宮當一名低級職員。官位雖小，總比當騎奴要高多啦，應是一個不次的升遷。

就在衛青先生高興不迭之際，皇后陳嬌女士下令逮捕他，並下令於逮捕之後，立即處決。想不到當那些打手把衛青先生捉住帶走途中，公孫敖先生集結了他的那些狐群狗黨，發動攻擊，一場打鬥，又把衛青先生奪回，然後急急稟報皇帝劉徹先生。劉徹先生一聽，七竅生煙。他馬上傳見衛青，而且，立刻就擢升他當建章宮總管（建章監）兼皇帝的貼身衛士（侍中）。而且，妳陳嬌母女不是這麼恨女奴衛子夫乎，好吧，我偏偏封她閣下爲「夫人」，成爲正式姬妾。在當時宮廷編制上，夫人的地位，僅次於皇后。老子就是這麼幹啦，妳們母女最好活活氣死。

——衛青先生的地位，經過這次生死邊緣的一場逮捕，從此步步高升，直升到全國最高統帥（大將軍），威震海內外。他率領軍隊，曾向匈奴汗國發動七次致命的攻擊，使匈奴汗國一蹶不振，最後終於應驗了星象家的預言，被封侯爵。而尤其有趣的是，紀元前一三一年，平陽公主的丈夫曹時先生死掉，她打算再婚，跟她的親信商量，政府文武百官中，哪一位權力最大而人品又好。親信告訴她，只有衛青先生。平陽公主急曰：「那小子是我的家奴，常騎馬當我的隨從，怎麼能行。」親信曰：「那都是想當年的事啦，現在滿朝文武，沒有一個人比他更尊更貴，不嫁他這個頂尖的，難道嫁給一個二流的哉。」於是她竟嫁了他。

——衛青先生的遭遇，比傳奇小說還要傳奇。假使陳嬌女士不那麼恨他入骨，要置之死地，劉徹先生不可能興起強烈反感，對他們姊弟，更愛更護。嗚呼，命運之神的環節是連鎖的，無論是惡性連鎖或幸運連鎖，環節都密密相扣。當初砍下第一刀的人，都不知道這連鎖發展的方向。

身為皇后的陳嬌女士，最初在衛子夫女士身上栽了觔斗，現在又在衛青先生身上跌了個狗吃屎。我們不認為陳嬌女士不聰明，相反的，我們相信她有絕頂的聰明。問題是，一個絕頂聰明的人，一旦在某一件事上糊塗起來，也是絕頂的糊塗。陳嬌女士已犯了不少可能使皇帝丈夫翻臉無情的錯誤，在打擊衛青先生失敗後，她又犯了最後一個錯誤，這錯誤使她狼狽的被趕下皇后寶座。

那就是，她在百藥罔效後，再乞靈巫術，希望妖魔鬼怪幫助她生兒子，和扭轉丈夫的愛情。千挑百揀，她物色到當時最著名的巫婆楚服女士。楚服女士的巫蠱功力如何，在此二十世紀，我們不必再浪費時間去評估，不過她一定有她的兩套——嘴巴上一套，魔法上一套，把陳嬌女士搞得心服口服。楚服女士跟她的徒子徒孫，遂在皇宮之中，設壇請神，作法念咒，每天都要亂搞一次兩次，好不熱鬧。嗟夫，陳嬌女士雖然有無比的尊貴和無比的嬌艷，但她到底一直生長在順境之中，不知道人生的艱難。她忘了多少美女和美女的家屬，都在監視她的行動，盼望她犯錯——犯的錯越嚴重越好。這種鑼鼓喧天的幹法，消息豈有不外洩之理。

劉徹先生終於接到報告，這一次他不再容忍。蓋劉徹先生天不怕、地不怕，就是怕巫蠱。大概他自信對人的控制，絕無問題，而對那些看不見，摸不着的妖魔鬼怪，可是心膽都裂。所以爲了巫蠱，他殺人無算。包括宰相、將軍。——而在最後，還殺了親生之子。

長門賦

劉徹先生對巫蠱既如此敏感，陳嬌女士卻恰恰觸到他最敏感的禁忌。他的反應強烈而凶暴，那一年是紀元前二世紀七〇年代的第一年——紀元前一三〇年，劉徹先生下令查辦，一場可怕的宮廷大獄，於焉興起。可悲的是，如果這件事落到一個仁厚的法官之手，結局可能要緩和得多。偏偏劉徹先生把它交給張湯先生。張湯先生是西漢王朝著名的酷吏之一，遂一發不可收拾。

——我們常聽到辦案的朋友理直氣壯曰：「我跟你遠無仇、近無怨，我害你幹啥？」乍聽起來，無懈可擊。可是事實上，卻正在這節骨眼上，用「無仇無怨」，來烘托他是多麼公平。任何酷吏都六親不認，尤其不認法律，而只認權勢。他們要在倒楣份子身上，表現他的破案才幹，以博取當權老爺的歡心。張湯先生的殘酷手段：苦刑拷打和自動招認，對付巫婆和無依無靠的宮女宦官，游刃有餘。

結果是，包括楚服女士在內，三百餘人，全部砍頭。至於皇后陳嬌女士，「依照法律」，她橫肆咒詛，大逆不道，也應該砍頭。劉徹先生大概覺得老婆被執行死刑，太不像話，只下令廢掉陳嬌女士的皇后職位，囚禁在長門宮。

這是一個青天霹靂，陳嬌母親兼劉徹姑媽劉嫖女士，既羞慚又害怕，慌慌張張進宮，向劉徹先生叩頭請罪。嗚呼，時換星移，形勢大變，現在已是劉徹時代，不是劉豬時代矣，姑媽竟向侄兒下跪。想當年把侄兒抱到膝上「金屋藏嬌」的往事，已成雲煙。不過劉徹先生仍記得他之所以能坐上金鑾寶殿，全是這位姑媽之功，也多少有點尷尬。他承諾他會厚待陳嬌女士，而且一定常去探望。

陳嬌女士從最高峰忽然跌到深谷，她希望老娘能救她，但老娘已非當初老娘，當初的老娘有皇太后和哥哥皇帝作爲靠山，而今侄兒到底隔了一層，連自身的富貴都不見得能保。陳嬌女士還渴望劉徹先生「常來探望」，可是，事情已到這種地步，劉徹先生當時的承諾不過一句屁話。所以，不久，陳嬌女士就發現，她已再無機會。

但她仍在掙扎，她聽說文學家司馬相如先生的「賦」，深得劉徹先生的欣賞。於是，她於乞靈於巫術失敗後，再乞靈於文學。她希望司馬相如先生以她爲主題，寫一篇賦，敎由宮女們傳誦，希望萬一劉徹先生聽到，激起他的舊情。這篇賦的稿費是黃金三十五公斤，恐怕是世界上最高的稿費矣。司馬相如先生接受這個任務，寫出中國文學史上著名的長門賦。

賦曰：

「什麼地方的美麗女娃啊，玉步輕輕來臨。芳魂飄散而不再聚啊，憔悴獨自一身。曾許我常來看望啊，卻爲了新歡而忘了故人。從此絕跡不再見啊，跟別的美女相愛相親。我所做的是如何的愚蠢啊，只爲了博取郎君的歡心。願賜給我機會容我哭訴啊，願郎君頒下回音。明知是虛言而仍認爲是誠懇的啊，期待着相會長門。每天都把床舖整理好啊，郎君卻不肯幸臨。走廊寂寞而冷靜啊，風聲凜凜而晨寒相侵。登上蘭台遙望郎君啊，精神恍惚如夢如魂。浮雲從四方湧至啊，長空驟變，天氣驟陰。一連串沉重的雷聲啊，像郎君的車群。風颯颯而起啊，吹動床帳帷巾。樹林搖搖交接啊，傳來芳香陣陣。孔雀紛紛來朝啊，猿猴長嘯而哀吟。翡翠翅膀相連而降啊，鳳凰由北，南飛入林。千萬感傷不能安靜啊，沉重積壓在心。下蘭台更茫然啊，深宮徘徊，直到黃昏。雄偉的宮殿像上帝的神工啊，高聳着與天堂爲鄰。倚東廂倍加惆悵啊，傷心這繁華紅塵。

「玉雕的門戶和黃金裝飾的寢宮啊，回聲好像淸脆鐘響。木蘭木雕刻的椽啊，文杏木裝潢的樑。豪華的浮雕啊，密叢叢而堂皇。拱木的華麗啊，參差不齊的奮向上蒼。模糊中它們生動的聚在一起啊，彷彿都在吐露芬芳。彩色繽紛耀眼欲眩啊，燦爛爛發出奇光。寶石刻成的磚瓦啊，柔潤得像玳瑁背上的紋章。床上的帷幔常打開啊，玉帶始終鉤向兩旁。深情的撫摸着玉柱啊，曲台緊傍着未央（曲台，台名。未央，未央宮）。白鶴哀哀長鳴啊，孤單的鶴鳥困居在枯楊。又是絕望的長夜啊，千種憂鬱，都付與空堂。只有天上明月照着我啊，清清的夜，緊逼洞房。抱瑤琴想彈出別的曲調啊，這哀思難遣地久天長。琴聲由F而轉CD啊，從悽惻漸漸而飛揚。中含着愛和貞啊，意慷慨而高昂。宮女們聞聲垂淚啊，泣聲織成一片淒涼。含悲痛而唏噓啊，已起身卻再徬徨。舉衣袖遮住滿臉珠淚啊，萬分懊悔昔日的作殃。沒有面目再見人了啊，頹然上床。用香草作成枕頭啊，隱約約又躺在郎君身旁。驀地驚醒全都烏有啊，魂惶惶若所亡。雞已啼而仍午夜啊，掙扎起獨對月光。看那星辰密密排列啊，畢昂星已移在東方。庭院中一抹如水啊，像深秋降下嚴霜。夜深深如年啊，心懷鬱鬱，多少感傷。再不能成寢等待天曉啊，乍明復暗，是如此之長。我唯有自悲身世啊，年年歲歲，對郎君永不相忘。」

賞飯學的惡果

男女感情，一旦在基礎上破裂，一方如果有一種如釋重負的感覺，復合就不可能。讀者老爺似乎可參考霍光傳，霍光先生大權在握，威震天下。紀元前一世紀二〇年代，他閣下從小民群中，選拔了落魄皇孫劉詢先生，當西漢王朝第十任皇帝。有一天，劉詢先生跟霍光先生同乘一輛車，劉詢先生如芒刺在背，渾身不自在。無他，霍光先生的虎威，使這個暴發戶皇帝仍自顧形慚，於是霍光先生雖有天大的功勳，仍埋伏下被排斥的殺機。

我們可以想像得到，陳嬌女士的心理狀態恐怕不太正常，這不是說她瘋啦，而是可能常常想起她對劉徹先生恩重如山。咦，你小子這個皇帝，可是俺娘給你弄到手的，還不是為了俺嫁給你乎哉。千言萬語一句話，沒有俺，焉有你？這種「賞飯學」嘴臉一出籠，當男人的就罪惡沉重，殺身難報。既難報矣，就會產生反抗。普通小民，有骨氣的，離婚的離婚，出走的出走。沒骨氣的，因妻大人和她的娘家人財大氣粗，跳不出她的手心，只好以裙帶關係為滿足。可是身為專制帝王，一旦他不吃這一套，就驚天地而泣鬼神矣。

劉徹先生的掙扎，第一次就碰了釘子，在老娘王娡女士的警告下，不得不屈服，可是心固不甘也。以後經過逮捕衛青先生事件，他已經大大的不耐煩，摩拳擦掌，待機而發，但他仍然能夠克制。而最後出了巫蠱，才決定翻臉。翻臉之後，我們可猜想得出，劉徹先生可能有一種渾身輕鬆的感覺，他的目的不在殺她，而只求她閣下和她閣下那個炙手可熱的老娘，離他越遠越好。離他越遠，他越覺得他才真正是一家之主，才能恢復自信和自尊。

在這種情緒之下，靠一篇長門賦，不可能改變態度。陳嬌女士慘敗到乞靈於文學功能，已說明她黔驢技窮。嗚呼，劉徹先生是皇帝，不是小民。皇帝的特徵之一是，周圍的美女數都數不清。而被陳嬌女士逼得跟她誓不兩立的衛子夫女士，更正在得寵，她能允許她的死敵復活乎哉。酷吏張湯先生殺人如麻，他不過看眼色行事，事實上，都經過皇帝批准，那些哀哀冤魂，顯然的全是陳嬌女士的爪牙，或被認為是陳嬌女士的爪牙。這其中不可能沒有衛子夫女士的主意，她要把陳嬌女士的勢力，徹底清掃。

陳嬌女士最後的努力落空，長門賦只在文學史上留下佳話，在現實上沒有發生絲毫影響。更不幸的是，陳嬌女士被囚禁後的次年，紀元前一二九年，老爹陳午先生死掉，老娘劉嫖女士明目張膽的姘上家奴董偃先生。在侄兒劉徹面前，就更不敢說啥。這樣拖了十餘年，紀元前一一六年，劉嫖女士也死掉。兒子們為了財產，發生骨肉相殘。劉徹先生下令撤消陳家世襲的侯爵。陳嬌女士到此，更毫無希望。

大概是紀元前一一〇年，陳嬌女士只不過三十八、九歲，正是豐滿成熟的年齡，她終於死在長門宮。這個無期徒刑的美麗囚犯，臨死時的心情，永留我們遐思。

最後，我們把長門賦的原文附錄於後，要說明的是，第一、昭明文選・長門賦序上曰：「司馬相如為文以悟主上，陳皇后復得親幸。」完全歪曲事實，這謊說得太離譜，爬格子動物往往強調文字力量的偉大，可稱之為臉上貼金。第二、柏楊先生譯的白話文，乃是看一句譯一句，不了解的，沒有時間去查字典。囫圇吞棗，籠統而下，如有陰差陽錯，概不負責，一切以原文為憑。

原文曰：

「夫何一佳人兮，步逍遙以自虞。魂踰佚而不返兮，形枯槁而獨居。言我朝往而暮來兮，飲食樂而忘人。心慊移而不省故兮，交得意而相親。伊予志之慢愚兮，懷貞慤之歡心。願賜問而自進兮，得尚君之玉音。奉虛言而望誠兮，期城南之離宮。脩薄具而自設兮，君曾不肯乎幸臨。廓獨潛而專精兮，天漂漂而疾風。登蘭台而遙望兮，神怳怳而外淫。浮雲鬱而四塞兮，天窈窈而晝陰。雷隱隱而響起兮，聲象君之車音。飄風迴而起閨兮，舉帷幄之襜襜。桂樹交而相紛兮，芳酷烈之誾誾。孔雀集而相存兮，玄猿嘯而長吟。翡翠脅翼而來萃兮，鸞鳳翔而北南。心憑噫而不舒兮，邪氣壯而攻中。下蘭台而周覽兮，步從容於深宮。正殿塊以造天兮，鬱並起而穹崇。閒徙倚於東廂兮，觀夫靡靡而無窮。擠玉戶以撼金鋪兮，聲噌吰而似鐘音。刻木蘭以爲榱兮，飾文杏以爲梁。羅丰茸之遊樹兮，離樓梧而相撐。施瑰木之欂櫨兮，委參差以槺梁。時髣髴以物類兮，象積石之將將。五色炫以相曜兮，爛耀耀而成光。緻錯石之瓴甓兮，象瑇瑁之文章。張羅綺之幔帷兮，垂楚組之連綱。撫柱楣以從容兮，覽曲台之央央。白鶴噭以哀號兮，孤雌跱於枯楊。日黃昏而望絕兮，悵獨託於空堂。懸明月以自照兮，徂清夜於洞房。援雅琴以變調兮，奏愁思之不可長。案流徵以卻轉兮，聲幼妙而復揚。貫歷覽其中操兮，意慷慨而自卬。左右悲而垂淚兮，涕流離而縱橫。舒息悒而增欷兮，蹝履起而彷徨。揄長袂以自翳兮，數昔日之諐殃。無面目之可顯兮，遂頹思而就床。摶芬若以爲枕兮，席荃蘭而茝香。忽寢寐而夢想兮，魄若君之在旁。惕寤覺而無見兮，魂迋迋若有亡。眾雞鳴而愁予兮，起視月之精光。觀眾星之行列兮，畢昴出於東方。望中庭之藹藹兮，若季秋之降霜。夜曼曼其若歲兮，懷鬱鬱其不可再更。澹偃蹇而待曙兮，荒亭亭而復明。妾人竊自悲兮，究年歲而不敢忘。」

衛子夫

時代／紀元前二世紀七〇年代—紀元前一世紀一〇年代
其夫／西漢王朝第七任皇帝劉徹
遭遇／懸樑自盡

幸運之神

一個人在年輕時，膽大包天，毫無所懼，連老虎的尾巴都敢拉；一談到命運，立刻笑得牙齒全落。可是隨着年齡的增長，逐漸覺得人生艱難，幾乎時時都有命運之神的巨手，從中撥弄。看也看不見，摸也摸不着，逃也逃不掉，躲也躲不過。各式各樣的格言雋語，在實踐中總覺得有點「似乎好像不見得」，這巨手給人生帶來最大的困惑。

衛子夫女士在西漢王朝皇宮中崛起，是傳奇性的。而凡是傳奇性的，也就是命運性的。從一個女奴爬到皇后的寶座，沒有自己的努力當然不行，但純靠自己的努力，同樣也不行。必然有許多不能預料，又無法控制的因素介入。衛子夫女士溫柔敦厚，小心翼翼，無論性格和品德，都無懈可擊，可是正在她一帆風順，即將高升皇太后之際，卻又以意外的悲劇作爲結局，使人不得不想起命運的力量。嗚呼，大千世界，就像一座水泥拌攪器，而一個人（包括最尊貴的帝王皇后），不過水泥拌攪器中的一顆沙粒，身不由主的隨着環境轉動，不知道碰到些啥，也不知道終點是啥。

衛子夫女士的出場，在陳嬌女士的篇幅裏，已經敍述過，蓋陳嬌女士受到她嚴重的影響。不過，衛子夫女士和劉徹先生初見定情的那一段，卻是一幅中國宮廷荒唐勢利的片段畫面。

在專制政體中，皇帝擁有無限權力，除了生他的老爹老娘之外，任何人都必須拍他的馬屁，叔伯姑舅、兄弟姊妹，全都有志一同。拍得他舒服，就可錢權並至。拍得他不舒服，輕則沒錢沒權，重則腦袋搬家。

劉徹先生的老娘王娡女士，眞是一個多產的老奶，她在前夫金王孫先生家，已生了一女。後來姘上了西漢王朝第六任皇帝劉啓先生，又生了三女一男。三女是：平陽公主、南宮公主、隆慮公主，一男就是劉豬兼劉徹先生。

——從前，皇后也好、公主也好，都有名有姓。自從紀元前二世紀六〇年代之後，儒家學派藉政治力量，逐漸控制中國人的思想，女人地位遂一天比一天低落，低落到沒有獨立人格，成爲男人身上的一種零件。於是，就只有姓，而沒有名矣。偶爾有姓有名，倒成了奇蹟。柏楊先生只好跟進，曰「某公主」，曰「某皇后」。

三位公主都是姊姊，劉徹先生則是么弟。么弟當了皇帝，三個姊姊的氣勢當然非凡，但三位姊姊對這位么弟，可不敢端姊姊的架子，只敢端拍馬屁的架子。跟我們故事有關的大姊平陽公主，她生命的一部份就是對她的這位唯一的寶貝么弟，全神貫注，不久她就發現劉徹先生一直沒有兒子。在古老的社會中，認為不生兒子，責任全在老奶，而不在臭男人。這種跟科學恰恰相反的理論，似乎到現代二十世紀，有些別具心腸的朋友，仍堅持如此如此，造成千千萬萬家庭悲劇。

既然臭男人沒有責任，平陽公主理所當然的認為，宮廷裏雖然美女如海，仍不可靠。她就在她的公主府裏，特別選拔了十餘位嬌艷如花的良家處女，組成一個小隊——我們可稱之為「捕帝隊」，教她們琴棋書畫歌舞，以及灑掃應對進退。在嚴格的訓練下，無一不精。蓋么弟經常去大姊家閒逛，在閒逛時，平陽公主就把她們展覽出來，左蹦右跳，專等上鉤。這十餘位美女的前途不可限量，萬一被劉徹先生看上，就有「大熱特熱」的可能性，如果再蒙觀世音菩薩保祐，生了一個兒子，那更了不得兼不得了。一旦為皇帝生下了繼承人，連平陽公主都得倒轉過來看她的顏色。衛子夫女士的出身是女奴的女兒，還沒有資格進這個圈圈。她只是次一等的，平陽公主的歌女之一。

紀元前一三九年（罷黜百家，獨尊儒術的次年）三月的「上巳」日，劉徹先生去渭水之畔，祭奠鬼神，祈求去禍降福。

——「上巳」，三月上旬的「巳」日，是古代的節日之一。「巳」日是哪一天，沒有固定，蓋從前記年記日，流行的用天干地支，亂配的結果，配到哪一天算哪一天。猶如現在的母親節是五月份第二個星期的星期日一樣，只有肯定的排列，沒有肯定的日期也。「上巳」那天，大家都到河邊向上蒼磕頭如儀，然後跳到河裏洗一個大澡，把冬天的霉氣洗掉。這種動作，古人謂之「修禊」。嗚呼，在紀元前一世紀時，中國人對洗澡還不太習慣。北方天寒，冬天更是滴水不沾，即以劉徹先生皇帝之尊，恐怕身上髒得也頗為可觀。他固然不可能忽冬一聲跳到渭水裏，但去主持國家大典，並乘機熱鬧熱鬧，固也是一樂。

——「上巳」「修禊」，到了紀元後三世紀，才確定為三月三日。吾友杜甫先生詩曰：「三月三日天氣新，長安水邊多麗人。」那些麗人便是去幹這種勾當——是不是來一個脫衣下水，我們不知道，看情形脫衣的可能性不大，只是逛逛罷啦，實在遺憾得很。而王羲之先生的「蘭亭之會」，更是紀元後三五三年三月三日的盛事。一批當官的和幫閒政客，大做其詩，而由王羲之先生寫了一篇「序」，這篇「序」，因為寫得龍飛鳳舞、鐵劃銀鉤，成為書法家的珍品。不過這珍品已經遭劫，公元六四九年，唐王朝李世民大帝逝世，用它作為殉葬，與屍骨同朽，惜哉。

炙手可熱

紀元前一三九年三月巳日，劉徹先生去首都長安（陝西省西安市）北郊渭水河畔的壩上，祭奠鬼神。祭奠鬼神已畢，返回皇宮途中，順便到姊姊平陽公主家。皇帝御駕親臨，乃響雷般的大事，當然大開筵席。「捕帝隊」的美女如雲，也全部出動，圍繞着他又歌又舞、又挨又擠、又夾菜又勸酒，還可能有人坐到他大腿上。如果是柏楊先生，早就魂銷骨蝕，當場出醜。可是劉徹先生那一年雖然只不過才十九歲，正是兵強馬壯的年齡，竟然毫不動心，蓋他對脂粉陣可見得多啦。

平陽公主看到眼裏，急在心頭，只好退而求其次，再召次一級的娘子軍出場，於是衛子夫女士的機會來臨，歌舞到一半，劉徹先生的賊眼就在她身上骨碌碌的打轉。嗚呼，漂亮的老奶到處都有，而必須「光艷奪人」，才算第一等天姿國色。尤其當美女滿坑滿谷之際，大家都差不多，沒有突出的艷光，不能吸引見過場面的臭男人的注意。衛子夫女士顯然具備這個條件，而她也察覺到愛情開始在她耳膜上輕敲，也就用她的媚眼回報。平陽公主具有女人的細心和敏感，問老弟曰：「那個小妞，模樣如何。」劉徹先生恍恍惚惚曰：「她叫啥？啥地方人？」平陽公主告訴了他，他失聲曰：「好個漂亮的嬌娃。」說着，他站起來，說他有點熱，要換衣服，向換衣服的房間——尙衣軒走去。平陽公主使了一個眼色，衛子夫女士就追蹤而至。

尙衣軒裏發生了啥事，用不着細表。反正是事過景遷之後，他們終於出來，劉徹先生面有倦容，衛子夫女士鬢鬆髮亂。平陽公主心裏雪亮，表示願把衛子夫女士送進皇宮，劉徹先生大爲高興。

衛子夫女士臨入宮時，平陽公主摸着她的背曰：「此去定然受到寵愛，保重身體，將來尊貴，莫忘了我們。」看情形一帆風順，十拿九穩。可是人生道路總是曲折的，衛子夫女士入宮之後，首先遇到皇后陳嬌女士的打擊，而皇宮裏的老奶，一個個杏臉桃腮，當皇帝的臭男人，取之不盡，用之不竭，劉徹先生跟衛子夫女士一度春風，不過有錢有權的大爺一時興起。久不見面，早就忘了淨光。衛子夫女士的滿懷熱情，化作一腔悽涼，她才知道事情並不像她想像的簡單，誰都幫不上忙。

然而，幸運之神再度照顧她。一年後，皇宮裏因宮女過多——約略的估計，那時的宮女約有一萬餘人，劉徹先生要釋放一批出宮。一些陷於絕望的老奶，都盼望自己也在釋放之列。衛子夫女士想到未來，與其困在裏面，年華逐漸老去，不如仍回到平陽公主家，仍當一個歌女，還可能覓取夫婿，終身有靠。所以，當她隨着申請出宮的宮女群，晉見皇帝，聽候裁決的時候，她拜倒座前，忍不住流下眼淚。劉徹先生霎時間想起前景，就留住她，而且寵愛有加。

皇后陳嬌女士的反應十分強烈，把氣出到衛子夫女士弟弟衛青先生身上，經過情形，前已言之。想不到這場逮捕，反而引起劉徹先生對陳嬌女士的厭惡，和對衛子夫女士更深的愛憐。她閣下因禍得福，從此時來運轉，應驗了古人對專制政體的形容：「一人得道，雞犬升天」。於是——

衛子夫女士的大哥衛長君先生，稍後擔任宮廷侍從官（侍中）。

衛子夫女士的二哥衛青先生，稍後不但擔任最高統帥（大將軍），而且娶了他的主子平陽公主。

衛子夫女士的姊姊衛君孺女士，嫁給公孫賀先生。公孫賀先生稍後被封爲侯爵，擔任交通部部長（太僕），不久擢升爲宰相。

衛子夫女士的妹妹衛少兒女士，最初跟平陽公主的家人霍仲孺先生私通，生了一個兒子霍去病，霍去病先生稍後跟舅父衛青先生並居高位，擔任武裝部隊總指揮（驃騎將軍），把匈奴汗國打得七零八落。再稍後，衛少兒女士把霍仲孺先生一腳踢，看上了破落戶陳掌先生，硬嫁給他。劉徹先生就命陳掌先生擔任太子宮總管（詹事）。

而衛子夫女士自己，則生了三女一男。三女曰：衛長公主，陽石公主，諸邑公主。一男曰：劉據。紀元前二世紀七〇年代前一二八年，劉徹先生正式封衛子夫女士為皇后，立七歲的劉據先生為皇太子。衛氏家族，勢傾全國。任何人都不會想到一個女奴的女兒——也是一個女奴，竟手轉乾坤，在西漢王朝中，建立如此龐大廣泛，而炙手可熱的勢力。世界上如果有傳奇性事蹟的話，這正是典型的傳奇性事蹟。當時民間就有歌謠曰——

生男不必太歡喜
生女不必心悲慼
試看衛子夫
一家霸天下

萬箭俱發

當衛家勢力鼎盛，萬人稱羡之際，已埋伏下覆滅的種子。首先是衛子夫女士年齡漸老，

「老」對於漂亮女人是一種殘忍的酷刑，任何美女都無法不老，而老了之後，容顏凋謝。衛子夫女士當然美貌絕倫，不絕倫便抓不住老帝崽，但人無十年好，花無百日紅，年老則色衰，一天一天的不復當年。色衰則愛弛，劉徹先生自然不再顧念黃臉婆。所以到了後來，衛子夫女士雖貴為皇后，也很難見到皇帝一面。劉徹先生這時正沉醉在更年輕更漂亮的王夫人、李夫人、尹倢伃、趙鉤弋女士等等的溫香暖玉酥胸中。其次是，皇太子劉據先生，他遺傳了母親敦厚的性格，史書上說他「仁恕溫謹」，而老爹劉徹先生，卻聰明能幹，反應靈敏，多才多姿。他嫌他兒子不夠精悍，一點也不像自己。

這兩種危機使衛子夫女士母子產生恐懼，蓋千萬隻暗箭，正射向她，災禍可能一旦爆發。劉徹先生也察覺到他們的不安，特別告訴身為最高統帥的衛青先生曰：「皇太子敦厚好靜，一定可以安定天下，我還有啥可憂慮的。如果挑選守成的君主，沒有比皇太子更適合的人選。聽說皇后和皇太子惶惶終日，如果眞有這回事，請他們了解我的本心。」衛青先生除了感謝皇恩浩蕩外，也深自慶幸。

很多跡象說明劉徹先生也確實有這種心願，他閣下除了喜歡聲色犬馬外，跟秦王朝嬴政大帝一樣，也喜歡雲遊四方，到處亂逛。不過小民亂逛就叫亂逛，帝王亂逛，在官文書上則叫「出狩」「巡幸」——「出狩」還像人話，「巡幸」就是狗話。不管人話也好，狗話也好。劉徹先生每次離開首都時，就把政府交給兒子劉據主持，把皇宮交給衛子夫主持。母子們戰戰兢兢，誠惶誠恐，所作的決定，劉徹先生無不十分滿意。劉據先生性情寬厚，對於死刑案件最後裁決時，如果發現是場冤獄，就立即加以平反，引起人民的讚頌膜拜。然而，任何專制政府，無一不是只重視官權，不重視人權的。劉徹先生所用的酷吏群，那些位高權重的官崽，以逮捕和殺戮爲他們唯一的邀功和升遷途徑，而皇太子似乎偏偏跟他們作對，斷了他們的前程，自然怨聲載道；最初不過竊竊議論，後來開始在劉徹先生面前宛轉攻擊。衛子夫女士感覺事態嚴重，再英明的人都擋不住如火如荼的小報告，何況，她深知劉徹先生並不英明，只不過一個普通的酒色之徒而已。她告誡兒子曰：「遇到大事大獄，應該留待老爹決定，你可不要自作主張。」但是，劉徹先生卻每一次都支持兒子，認爲老妻太不坦誠。政府官員遂分成兩派，尊重人權的是一派，尊重官權的又是一派。酷吏群是一個龐大的勢力，他們對劉據先生的陷害，無所不用其極。

紀元前一〇六年，衛青先生逝世，官權派高興得跳起來，大開香檳慶祝。蓋老娘失寵，老舅又死，而宮廷中的父愛最不可恃，正是對劉據先生下手的時候。劉徹先生那年五十二歲，在古代的宮廷裏，已算老矣耄矣。大概感到來日無多，而更加荒淫，衛子夫女士更難見他一面，攻擊就更加猛烈卑鄙，這得舉個例子。

有一次，劉據先生進宮晉見老娘，大概逗留的時間稍久，宮門警衛官（小黃門）蘇文先生——官權派的小嘍囉之一，向劉徹先生告密曰：「皇太子跟宮女們亂搞起來啦。」劉徹先生倒還漂亮，好小子，你喜歡妞兒呀，立刻下令把太子宮的宮女，增加到二百人。蘇文先生抹了一鼻子灰，心還不甘，他和他的宮門警衛官同僚常融、王弼二位先生，就更加緊收集劉據先生的過失。如果劉據先生沒有過失，他們就捏造過失，並在捏造的過失上，加油加醋，使它不但變成眞實的，而且是嚴重的。衛子夫女士把他們恨入骨髓，曾跟兒子密商，要兒子稟報老爹，殺掉他們。劉據先生這時已二十九歲，危機四伏的環境，培養出他的政治警覺，他知道僅只殺掉幾個爪牙無補於事，反而更增加仇恨。而且，也未必能殺掉他們。他曰：「我們以後只有更加小心，只要不做錯事，老爹英明，向來不信姦邪，沒啥可憂愁的。」恰巧劉徹先生有小病躺床，教常融先生召喚劉據，常融先生回報曰：「皇太子聽說你病啦，臉上一團高興。」劉徹先生像挨了一記悶棍，一語不發。等了一會，兒子趕來，劉徹先生瞧他臉上有眼淚的痕跡，覺得不對勁，一再盤問，勃然大怒，把常融先生處決。

——嗚呼，宮廷鬥爭是最可怕的鬥爭，蓋任何鬥爭都有天倫的溫暖，只有宮廷鬥爭，骨肉之間都不免猜忌詐欺。劉據先生的淚痕顯然是僞裝的，再孝順的兒子，即令聽到老爹橫禍慘死，也不可能立即珠淚傾盆，而且一直持續到抵達現場。然而，我們不責怪劉據，鬥爭的殘酷使他不得不用詐術以自保。父子之情，在宮廷中淡薄如紙。

喪鐘——公孫事件

中國皇帝群中，在位五十年以上的，得一人焉，曰遼帝國第六任帝耶律隆緒先生。在位五十五年以上的，則有我們的男主角劉徹先生，以及清王朝第四任帝玄燁先生，和第六任帝弘曆先生。他十七歲登極，七十一歲才總算翹了辮子，未免活得太長。一個專制帝王活得越長，他的罪惡也越多。並不是他本人不好，而是制度使他身不由主。無限權力使人發瘋，長期的無限權力，不但使人發瘋，還使人像豬一樣的發瘋。

握有無限權力的人，不管嘴巴說得如何漂亮，內心無一不恐懼死亡——尤其是被人宰掉的死亡。劉徹先生可以說是天下最幸福的人（假設幸福的意義是權和錢，以及可以隨心所欲的話），如果他能夠一直這樣，那該多麼好兼多麼妙。可是他知道壽命有限，任何人最後都要挺屍。所以，他採取兩項措施，一是積極的，大肆招攬巫法師（方士）為他燒煉不死之藥，希望用小民的血汗錢，燒煉出一粒或兩粒仙丹，吞下尊肚，就可永遠活着，永遠享受他的榮華富貴。

——幸虧這仙丹沒有煉成，否則他閣下一直活到二十世紀的今天，而別的小民卻一代一代死亡，我們可不會買他的賬。老帝崽謀生乏術，在街上晃來晃去，憑他那兩下子，恐怕去妓院當大茶壺都沒人要。

另一項措施是消極的，那就是他嚴密的防範被人暗算，他不但恐懼人的暗算，更恐懼鬼神的暗算。在紀元前二世紀那個時代，人們堅信用巫術可以致人死亡，所以劉徹先生對巫術也特別敏感。皇后陳嬌女士之所以被廢，囚死長門宮，並屠殺三百餘人，就是起因於陳嬌女士玩弄巫蠱。

關於他閣下求不死藥部份，與我們無關，不必提它。關於防範巫蠱暗算，那正是事情的關鍵。

宰相公孫賀先生的妻子衛君孺女士，衛子夫女士的姊姊也，他們的兒子公孫敬聲，繼任老爹的交通部長（太僕）官職，荷花大少兼紈袴子弟，又兼哥兒公子。仗恃着老爹是宰相，姨媽是皇后，表弟是皇太子，舅父又是最高統帥，在長安城中，無惡不作。最後，紀元前一世紀〇〇年代前九一年，他閣下戳了一個大紕漏，貪汚軍餉一千九百萬錢（當時的購買力，大概值黃金五百公斤）。官權派乘機揭發，衛家再大的巴掌，也遮不住這麼大的犯罪。在法律上，那是唯一的死刑。公孫賀先生愛子心切，想出了一個自以爲奇妙之法，原來當時有俠客朱安世先生，劫富濟貧，殺贓官，救小民，鬧得大啦，連皇帝都大爲震怒。可是，朱安世先生行俠仗義，朋友密佈，雖然嚴令追緝，他仍逍遙首都。公孫賀先生向劉徹先生報告說，他願捕獲這個「劇盜」，來爲兒子贖罪。劉徹先生應允。

在宰相的嚴厲督促下，朱安世先生終於落網。當他聽到事情經過後，笑曰：「公孫賀想用我的性命去救他的兒子，我要教他滿門滅絕。」於是他揭發公孫敬聲的罪狀：如何跟陽石公主私通，如何用巫術咒詛劉徹先生趕快死掉，又如何在劉徹先生常走的御道旁，埋藏咒詛用的木偶。

劉徹先生七竅生煙是在意料中的，下令連同老爹公孫賀先生一併逮捕，交由司法部長（廷尉）杜周先生偵查。杜周先生也是西漢政府的酷吏之一，這下子生意上門，苦刑拷打兼軟欺硬騙，案情向四下蔓延，衛家親屬，幾乎牽連進去一半。包括劉徹先生跟衛子夫女士的兩位親生女兒陽石公主和諸邑公主，雙雙自殺；衛青先生的兒子衛伉，綁赴刑場，斬首。以及公孫賀、公孫敬聲，囚死監獄，公孫家所有男女，全部屠戮。

——爲了營救一個犯法的兒子，使全族數百口被殺，正是「因小失大」的註腳。而爲了保護自己的性命，殺掉當事人也就夠啦，卻交由酷吏去左陷右害，連親生女兒都殺，劉徹先生也太冷血。而酷吏是官權派的主流，他們怎麼能放過打擊人權派精神中樞的良機？嗚呼，法律在能夠獨立執行時，才是法律，法律在政治的或私心的使用下，便不是法律，而只是流氓報復時用的扁鑽矣。

在公孫事件中，衛子夫女士的女兒、姊姊、姊夫、侄兒，都死於非命。然而這只是一個開端，慘烈的劇變還在後面。官權派頭目之一的江充先生，緊接着對衛家再作一次最沉重的也是最後的一擊。

江充先生是趙國邯鄲（河北省邯鄲市）人。他的妹妹嫁給趙王劉彭祖先生的兒子劉丹，因妹妹的裙帶關係，成爲劉彭祖先生的重要賓客。可是到了後來，劉丹先生疑心這位舅哥把自己不可告人的一些罪行，向老爹打小報告，郎舅之間，遂翻了臉。劉丹先生仗着他是法定的王太子，大發獸威，派人逮捕江充先生。江充溜之乎也，於是把江充的老爹和老哥抓住，一律斬首。江充先生逃到首都長安，遂向劉徹先生控告劉丹先生不但跟親姊姊通姦，而且跟老爹的姬妾通姦，還交結土豪劣紳，搶劫小民。毫無疑問，他向劉丹的老爹打的小報告，大概也是這些。

殺手江充

劉徹先生看到江充先生的報告，立即逮捕劉丹先生下獄。調查的結果是，證據確鑿，理應判處死刑。可是，劉彭祖先生是劉徹先生的異母老哥，一再求情，甚至要求率領他封國的勇士，攻打匈奴汗國，來爲兒子贖罪。在法律之前，儒家學派是不主張平等的，而有「八議」之條：

一曰　議親之辟，親屬犯了法要商量。
二曰　議故之辟，朋友犯了法要商量。
三曰　議賢之辟，有道德的人犯了法要商量。
四曰　議能之辟，有才幹的人犯了法要商量。
五曰　議功之辟，有功勳的人犯了法要商量。
六曰　議貴之辟，有權勢的人犯了法要商量。
七曰　議勤之辟，工作努力的人犯了法要商量。
八曰　議賓之辟，幫閒拍馬的人犯了法要商量。

俗話云：「王子犯法，與庶民同罪。」醬蘿蔔常用這話證明中國自古就尊重人權。事實上，八議之下，當官的幾乎無一不可商量，官越大越不犯法，「刑不上大夫」是也。只有小民倒楣，一點也不可商量。古書上曰：「凡在這八議範圍之內。輕罪則原諒他，重罪則改爲輕罪。不過在表面上，他們是犯了法。」這正是傳統文化的渣滓，法律不是公正的，而是可大可小的「說不準學」。

——原文：周禮・秋官・小司寇孫貽讓先生正義：「凡入八議限者，輕罪則宥。重罪則改附輕比，仍有刑也。」

拉得遠啦，且歸正題。劉丹先生是「八議」中的第一議（他是皇帝劉徹先生的侄兒），所以弄來弄去，僅不過剝奪他閣下王太子的角色。然而，一個小民能把王太子告垮，在當時，已造成大大的震撼。

不但小民震撼，連劉徹先生也震撼。他召見江充先生，對他的談吐和態度，大爲滿意，任命他當繡衣監察長（直指繡衣使者），專門負責緝拿賊盜和維持社會秩序。他果然不避權貴，大大的露了若干手。有一次，某一位公主，僕從如雲，奔馳皇帝專用的御道（馳道）上，江充先生派人攔住，公主曰：「皇太后曾有命令，特准我使用御道。」江充先生曰：「既然特准公主使用，公主只能自己使用，別人不能使用。」把僕從和車馬，一律沒收。

這顯然是對皇太后的命令故意曲解，然而劉徹先生認爲他守法不阿，大爲獎賞。江充先生遂開始膨脹，走上挑剔苛察的路。成爲官權派酷吏群之一，不久就跟衛家衝突。

起因於皇太子劉據先生的信差在御道上奔馳，江充先生把信差囚禁起來。劉據先生嚇了一跳，派人向江充先生求情曰：「我不是愛護信差，只是不願老爹知道，這都是我的錯，平常失於教導。求江先生從寬處理，賜給我自新的機會。」江充先生不但拒絕，反而源源本本報告給劉徹先生，劉徹先生大喜曰：「當一個忠實幹部，固當如此。」對江充先生更加信任，江充先生從此成爲人人恐懼的人物，而他也以此沾沾自喜。

公孫事件發生於紀元前一世紀〇〇年代前九一年。公孫家族屠滅後不久，不知道是氣的，還是嚇的，劉徹先生在甘泉宮（甘泉，位於首都長安西北八十公里，今陝西省淳化縣北），臥病在床。那一年劉徹先生已六十七歲，正是隨時都可以四腳朝天的年齡。江充先生忽然感覺到事態嚴重，災禍正在他頭上盤旋，蓋萬一劉徹先生死掉，劉據先生坐上寶座，公仇私怨，一旦報復，老命不保。於是，他在精密的計劃下，走上偏鋒。

江充先生的計劃是把劉據先生陷進巫蠱巨案之中，連根拔除。他向劉徹先生一口咬定說，御體所以違和，完全是巫蠱作祟。前已言之，劉徹先生天不怕，地不怕，就怕巫蠱。他命江充先生負責偵查。一場可怕的屠殺，於焉展開。江充先生僱用了很多外國的巫術專家（胡巫），在戒嚴令下，長安入夜之後，街上如同鬼域，沒有別人。只有這些外國專家出動，四處尋找巫蠱，巫蠱事實上是不存在的，他們就把一些木偶之類，隨意埋到人家門口，再用髒東西（可能是豬血狗血）汚染，然後把那家的家人拘捕，拘捕後發生什麼事，可以推猜得到。史書上說，那些酷吏把鐵條燒紅，在「人犯」身上火烙，再用鐵鉗去拔「人犯」的頭髮、牙齒，甚至更敏感的地方。自然一個個「坦承不諱」「自動招認」。用句現代流行的話說，那就是「他自己承認啦」。這樣的，一個巫蠱接連一個巫蠱案，宣告破獲。被處決的可憐小民，前後有數萬人。那時，劉徹先生已經陷於歇斯底里狀態，總在疑心有人害他，所以，雖然無數高級官員知道小民冤苦，可是，沒有人敢說話。

「沒有人敢說話」，是專制政體的醜劇和小民的悲劇。專制帝王像一個喘氣咻咻的畜牲一樣，被一些不敢說逆耳之言的搖尾系統，團團困住，任憑他踢騰咆哮，總不能跳出這個人為的陷阱。

皇太子叛變

江充先生在民間的栽贓，只是為了向皇太子栽贓舖路。當劉徹先生對江充先生的殺人如蔴，表示滿意後，江充先生抓住機會，命他的助手檀何先生（洋大提人）出報告說，根據嚴密而慎重的調查，巫蠱的大本營，就在皇宮之內。劉徹先生遂溜到甘泉（陝西省淳化縣西北），命江充先生搜查皇宮。

江充先生率領以檀何先生和蘇文先生為首的特種部隊，在皇宮中忙碌得像眞的一樣，意料中的，別的宮中都沒啥，獨獨在皇后宮和皇太子宮，從地下掘出無數大大小小的木偶。尤其可怕的是，在皇太子的書房，還「順便」查出語詞悖逆的書信。這是大逆不道的眞贓實據，江充先生宣稱要奏報皇帝。而奏報皇帝的結局，皇后和皇太子只有死路一條。

最吃驚的是皇太子劉據先生，他對那些眞贓實據，根本不知道是哪裏來的。他向江充先生請求去甘泉拜見老爹，當面陳明，但江充先生堅持不允。劉據先生向他的老師（少傅）石德先生請教怎麼辦，石德先生曰：「公孫宰相和兩位公主，都因巫蠱被殺。如今江充如法炮製，目的在誣陷你們母子，你如何能爲自己辯解？爲了救命，不如逮捕江充，追究眞相，再作打算。」劉據先生緊張曰：「江充是奉老爹之命，怎能碰他？」石德先生曰：「老爹正在甘泉養病，不能問事，奸黨膽大妄爲，如果不迅速反應；嬴扶蘇覆轍，恐怕再演。」

——嬴扶蘇先生，是秦王朝第一任皇帝嬴政先生的長子，被立爲皇太子後，因爲跟老爹的意見不合，被派到北方邊疆。紀元前三世紀九〇年代前二一〇年，嬴政先生死在遊逛的歸途上，宦官趙高先生跟宰相李斯先生，發動一項陰謀，假傳嬴政先生的聖旨，把嬴扶蘇先生處決，而立嬴政次子嬴胡亥先生繼任帝位。

劉據先生現在的情緒是既悲又憤，既恐又慌。最後，他決定反擊，下令他的衛士，逮捕江充。江充先生雖有無比的聰明和無比的強大後台，料不到會出現這種場面。他被捉住後，立即砍下尊頭。而那位幫凶檀何先生，則被活活燒死。

只有蘇文先生漏網逃走，奔到甘泉向劉徹先生報告，劉徹先生驚疑不定，曰：「皇太子一定因爲在皇宮裏掘出木偶，遷怒江充，等我喚他來問個仔細。」當即派人前往，可是這位欽差大臣，跟蘇文先生一黨，蘇文先生向他使了一個眼色，他閣下立刻就明白他的任務。於是，在外面睡了一大覺，回來稟報曰：「皇太子已經起兵叛變，不肯前來，反而要殺我，我只好逃回。」

任是父子之情，也禁不起這種再三再四，再五再六，精密計劃下的重重離間，和節節挑撥。劉徹先生氣得鼻孔冒煙，下令宰相劉屈氂先生逮捕皇太子。正好宰相府的祕書長，奔向甘泉宮報告事變，劉徹先生曰：「宰相有啥行動？」祕書長曰：「宰相因事情重大，祕不敢發兵。」劉徹先生跳高曰：「事情已鬧得天下皆知，還祕個屁？教劉屈氂馬上逮捕叛徒，立即斬首，堅閉城門，不要讓一個逃走。」接着再下令，首都長安附近（三輔）部隊，由宰相全權調遣。本來張皇失措，怕得要死的劉屈氂先生，這時精神大震，率領大軍，向太子宮進發。劉據先生騎虎難下，他雖然不願跟老爹對抗，現在也不能不對抗。於是，他再假傳聖旨，宣稱老爹病危，奸臣作亂，奉命發兵討伐。把獄中囚犯全數赦出，與太子宮警衛軍聯合，雙方展開血戰。

劉徹先生擔心他的軍隊失敗，急從甘泉趕回長安，進駐城西另一個小皇宮——建章宮（就是衛青先生當過總管的地方）。這時雙方血戰正酣，劉據先生派人調發駐防在長水（今滻水，流經陝西省藍田縣西北）及宣曲（陝西省西安市西南）戰鬥力最強的外籍兵團（胡騎），副部長級官員（侍郎）馬通先生，是江充先生的黨羽，他把信差截住殺掉，告外籍兵團曰：「軍令有詐，不可接受。」反而率領外籍兵團向長安疾進，加入圍攻太子宮的宰相部隊。西漢政府一向使用「節」，作爲皇帝詔令的信符，「節」是一根製造精美的竹竿，上面繫的是紅纓，劉據先生就用它來徵調軍隊。老爹劉徹先生不得已，只好在紅纓之上，再加黃纓，以示區別。劉據先生用紅纓節徵調長安北部軍區司令官任安先生，要他發兵，任安先生還不知道眞假，但覺得有點不對勁，於是在接受了紅纓節之後，進入營房，下令戒備，拒絕出兵。劉據先生遂陷於缺少兵源的窘境，他只好突圍，數萬軍民聯合兵團，跟宰相劉屈氂先生的政府兵團，在長安城中，苦鬥五天五夜，伏屍如山，血流如河。劉徹先生在建章宮發號施令的消息逐漸傳出，民間開始知道皇太子叛變，追隨他的人遂逐漸逃散。石德先生以及其他得力助手，也全部戰死。劉據先生不久就不能支持，他帶着兩個兒子，向覆盎門（長安城的東門之一）逃亡，而覆盎門早已關閉，正在焦急萬狀。副宰相（司直）田仁先生，看到眼裏，於心不忍，開門放他逃走。劉屈氂先生一看事變主角被放出城，就要處決田仁先生。宰相之一的（御史大夫）暴勝之先生曰：「副宰相是政府高級官員，應該奏明皇帝才對，怎麼能隨便下手乎哉。」劉屈氂先生覺得也有道理，就把田仁先生釋放。

一片血腥

劉徹先生正把親生兒子劉據恨入骨髓，一聽說劉據先生逃走，可能後患無窮，就立刻血壓上升。又聽說是田仁先生放掉，又聽說暴勝之先生反對處決田仁，不由得兩眼發紅，暴跳如雷，喊曰：「副宰相放走叛徒，宰相處決他，這是法律。暴勝之是什麼東西，怎麼敢說情。」暴勝之先生只好自殺。暴勝之先生都逃不過，田仁先生更逃不過。而劉徹先生又認爲任安先生存心觀望，是個投機份子。於是，田仁、任安，一齊腰斬，悲夫。

緊接着，劉徹先生派皇族事務部長（宗正）劉長先生，和首都長安警備區司令（執金吾）劉敢先生，到皇宮收回皇后衛子夫女士的御璽。嗚呼，事情發展到這種天翻地覆的地步，已不是任何人力所能挽回，衛子夫女士聽到劉據失敗消息，就知道會有這種結局。她交出皇后御璽之後，拒絕再接受更屈辱的厄運。她是一個溫柔敦厚的女性，但也是一個勇敢的女性，她痛哭了一場，然後懸樑自盡。衛子夫女士自紀元前一二八年當皇后，到紀元前九一年自殺。當了三十八年，時間不能謂不長。她死時的年齡，不得而知，假定當皇后之年是二十歲的話，死時大概五十七歲。蘇文先生興高采烈的，把她的屍體塞進一個小小的薄棺裏，然後草草的埋葬在長安城南的桐柏亭。衛子夫女士一生，在香淋淋的傳奇中開始，在血淋淋的傳奇中結束。但她的死並不能使事情也跟着結束。她帶給衛姓家族三十八年之久的無比榮耀，也帶給衛姓家族一霎時無比的災禍。劉徹先生下令屠滅衛家三族，即令他兒子劉據的那些姬妾——一群可憐的美女，也一併逼她們自殺，凡是幫助劉據先生的那些太子宮的官員，都全族處決。劉徹先生已發了瘋，數十萬人在他盛怒之下喪生。

關於衛子夫女士，我們報導到這裏爲止。爲了故事的完整性，我們繼續報導她兒子跟她那些對頭的命運。

劉據先生逃出長安後，帶着兩個兒子，一直向東，逃到湖縣（河南省靈寶縣西），投奔一位住在泉鳩里（靈寶縣南七公里的小村落）的老部下，可是這位老部下太窮苦啦，全家日夜編織草鞋，用賣草鞋的錢供應他們。劉據先生難以爲情，忽然想起就在湖縣的另一位老部下，比較富有，如果能得到他的幫助，才有可能長久隱居。於是寫一封信，僱了一位鄉下人前往投遞。想不到，這一封信洩漏了祕密，是有錢的朋友出賣了他乎？或是霉運當頭，鄉下人被抓住了乎？反正是，這封信竟落到鄰縣的新安縣縣長李壽先生手中。他親自出馬，前往拘捕。劉據先生父子和老部下起而反抗，反抗當然失敗。劉據先生只好追隨他可憐的母親衛子夫女士之後，也懸樑自盡。兩個兒子和老部下，命喪刀口。惜哉，老部下的姓名事蹟，沒有流傳下來，我們爲他的俠義犧牲，流淚頂禮。

——衛子夫女士的骨肉，死得悽慘。然而，人生的變數太多，天下事往往難以一廂情願的預料。劉據先生的兒子之一劉進先生，生子劉詢。因祖父和父親都是叛徒，他那時雖然還在懷裏吃奶，照樣被囚進監獄，而且幾乎被對頭害死。想不到，十七年後的紀元前七四年，宰相霍光先生忽然看上了他，擁戴他坐上寶座，成爲西漢王朝第十任皇帝，此是後話。

衛子夫女士的全族屠戮，那些對頭正在大喜若狂，慶幸全勝的時候，厄運也開始罩到他們的尊頭之上。住在壺關（山西省長治市北）的小民令狐茂先生，冒着坐牢喪生的危險，上一份奏章給劉徹，爲皇太子申冤。劉徹先生在殺了千萬人之後，想起來到底是自己的親生骨肉，又看到奏章，氣已消了一半。劉邦陵墓管理員（高寢郎）車千秋先生接着再上奏章給他，這時，事過景遷，劉徹先生又查出劉據確實被江充逼反。車千秋先生在奏章中曰：「兒子玩老爹的軍隊，罪不過打一頓屁股罷啦。皇太子因過失誤殺了人，又有啥罪？（柏老按：這是狗屁，然而有效！）我本不敢說這種話，是我夢見一個白頭髮老頭，教我說這話的。」劉徹先生深深的感動，泣曰：「父子之間起了衝突，別人實難插嘴。你能爲皇太子申冤，定是俺祖宗劉邦先生，在冥冥中教你開導我也。」

劉徹先生遂即任命車千秋先生當藩屬事務部部長（大鴻臚），然後越想越氣，忽然間大發雷霆，作一百八十度的轉變，下令屠殺江充先生全家。又下令把蘇文先生綁到橋柱上，縱火活活燒死（檀何先生也是活活燒死的，我們痛恨任何酷刑，但我們對他們二人燒死時的慘叫，無動於衷）。再把劉據先生安葬在身死之處的泉鳩里，又在湖縣建思子宮，宮中再建歸來望思台，表示他的哀忱。後人有詩嘆曰：

骨肉乖離最可悲　宮成思子悔已遲
當年杖馬如猶在　應賦招魂續楚辭

——然而，奇怪的是，劉徹先生既殺奸佞之輩，使那些一臉忠貞學流出折騰的鮮血。又做思子之宮，懷念枉死的兒子和孫兒。卻對兒子和孫兒的後代，毫不顧惜。像懷抱中的劉詢小娃，固仍囚禁在獄也。我們認爲，老帝崽只不過爲了表示一下他的英明仁慈罷啦，非內心有啥眞正覺悟和眞正懊悔也，仍是一個混蛋。

最後，介紹宰相劉屈氂先生，他爲主子立下了汗馬功勞的次年（前九〇），宦官郭穰先生向劉徹先生打小報告，說劉屈氂先生跟貳師將軍李廣利先生祕密約定，準備擁立劉徹先生的另一位兒子劉髆先生當皇帝，而劉屈氂的妻子，也請了女巫登壇作法，詛咒劉徹早死。劉徹先生霎時間又跳進巫蠱的圈套，把劉屈氂先生腰斬，把劉太太拖到鬧市華陽街，砍頭示眾。

嗟夫，這一場空前龐大的宮廷鬥爭，爲人間帶來一片血腥。

溫柔鄉

皇后之死

第2集

《溫柔鄉》提要

李瑞騰

《皇后之死》第二集《溫柔鄉》，命名典出漢成帝劉驁的後宮，蓋劉驁視皇后趙飛燕之妹趙合德的胸部爲「溫柔鄉」，這個比喻充分顯示帝王之沉迷女色，但柏楊在〈趙飛燕・趙合德〉一章中用的一個小標，將「禍水」置於「溫柔鄉」之上，可知其間的微妙關聯。

這集有九位皇后，趙鉤弋（漢武帝劉徹夫人）、許平君（漢宣帝劉詢皇后）、霍成君（宣帝皇后）、馮媛（漢元帝劉奭昭儀）、趙飛燕（漢成帝劉驁皇后）、趙合德（成帝昭儀）、許皇后（成帝皇后）、傅孝哀（漢哀帝劉欣皇后）、王孝平（漢平帝劉箕子皇后，王莽女兒）。不論是由於在宮中翻雲覆雨，終於惹禍上身；抑或是別人手中的一粒棋子，任其擺放，一切的榮寵都是短暫的，帝王的好惡、進宮的過程、後宮的爭寵，乃至於牽扯上朝廷政治人物的惡鬥，一個女人，她再怎麼內外雙美，都難以自保，最終被毒死、被廢、被殺，乃至於自殺、自焚，慘絕人寰。

柏楊爲了說清楚皇后的死因，對於「宮廷」這個特定的空間及有關制度，做了不少說明，譬如介紹馮媛，爲了讓讀者知道她的身分「昭儀」，乾脆就把宮中后妃組織詳細說了一遍。有時爲了講清楚后妃之下場，不惜把宮廷鬥爭的來龍去脈告訴我們，像趙鉤弋之死與她之所生（漢昭帝劉弗陵）繼承帝位有關，因此也就交代了漢武帝身邊的衆美女，以及他的兒子們。

這是說書人的本事，柏楊牽動着我們的情緒，讀後彷彿也觀賞了一場又一場的宮廷大戲。

序

皇后之死第一集姑蘇響鞋出版後，我老人家就揚言萬家生佛，台北紙貴，堅持出版社出版第二集，老闆稍有難色，我就威脅他要在他家門口上吊，教他吃人命官司，他閣下只好假裝並不傷心，喟然嘆曰：「交友不愼，交友不愼。」這算啥話，欺負我年老色衰罷啦。

自從高雄台灣時報刊載敝大作以來，每周兩篇，最初感念地盤得來不易，無不準時繳稿，從未間斷。稍後日久生頑，故態復萌，也就偶爾停筆，以示「太忙」，惹得編輯老爺大怒，要顧打手對付。這才精神一振，蓋文章都是逼出來的，一逼之下，也就自以爲給該報寫稿，簡直是我皇恩浩蕩，忘記當初下跪哀求錄用的鏡頭矣，快哉。

皇后之死第一集姑蘇響鞋，收集了十三位皇后（從紀元前二十三世紀到紀元前二世紀），第二集溫柔鄉收集了九位皇后（從紀元前二世紀到紀元後一世紀），引經據典，文情並茂——這話本應由貴讀者老爺你閣下說才對，你既然咬定牙關，硬不肯說，我只好自己搶着說啦。

反正是，不可不讀，不可不讀。

是爲序。

柏楊一九八〇・八・可愛的諾瑞斯颱風之夜・於台北

《溫柔鄉》目錄

霍成君

馮媛

第2集

趙飛燕・趙合德

第2集

趙鉤弋

時代／紀元前一世紀一〇年代
其夫／西漢王朝第七任皇帝劉徹
遭遇／被夫謀殺

鬼話・謀略

衛子夫女士的遭遇，使我們初次見到專制帝王對妻子和親生兒女的冷血無情。這種場面，在歷史上不斷出現。繼衛子夫女士之後的這種悲劇主角，則是趙鉤弋女士。如果用法律的帽子亂罩的話，衛子夫女士可能還沾點有罪的邊，而趙鉤弋女士，卻像泉水一樣的清白無辜，她唯一的罪狀是，她太年輕和太漂亮。嗚呼，人生，幾乎每個人——包括帝王和皇后，面前都有深不可測的懸崖，一旦身不由己的陷下去，都要碎骨粉身。

趙鉤弋女士的生命太短，在史書上佔的篇幅太少，事蹟寥寥無幾，除了她傳奇性的奇遇和奇禍外，我們對她可以說一無所知。而只知道她是一個破落戶女子，純樸、快樂，沒有像王娡女士那種追求權勢的慾望。她對她的身份——當皇帝的小老婆，心滿意足。史書上只記載她姓趙，沒有記載名字，我們稱之爲趙鉤弋，是因爲她後來被封爲「鉤弋夫人」的緣故。

她是河間（河北省獻縣）人，史書上說她：「少好學，性沉靜。」這是史書亂開黃腔，大概形容聖人形容慣啦，順手牽羊，也用到美女身上。事實上，她的童年是悲慘的，至少是不快樂的，沉靜尙有可能，好學恐怕沒有那種環境。老爹的名字，已被湮沒，不知道犯了啥法，卻跟中國史學之父司馬遷先生同一命運，被判處「宮刑」，受刑後，充當寢殿侍奉宦官（中黃門）。而趙鉤弋女士，大約六歲的時候，得了小兒麻痹，以致右臂癱瘓，右手緊握，不能伸展。這是一個痛苦的家庭，父親處刑，女兒臥病。史書上沒有提到她娘，只提到她姑媽趙君姁女士，可能母親早逝，把女兒交給姑媽撫養。

不過上帝同時也賜給趙鉤弋女士美艷奪人的容貌和身材，她一直臥病在床，而身材竟仍能苗條，可謂天生尤物。有一年，大概是紀元前〇〇年代前九六年或前九五年，皇帝老爺劉徹先生，視察北部地方，走到河間，一個巫法師（望氣者）宣稱，天上祥雲裊繞，顯示有奇女出現。

——這是不是事先佈置好，或勾結好的，恐怕一言難盡。否則，黃腔既開，皇帝老爺一旦認起來眞，何以善其後乎哉。

既然有奇女子，劉徹先生就下令搜查，結果在趙家把趙鉤弋女士找到，一看她的花容月貌，老色迷的魂立刻就出了竅。唯一可惜的是，她的玉手是個殘廢。誰去掰都掰不開；劉徹先生親自去掰，咦，怪事發生，玉手竟輕鬆的伸展啦，跟一個健康的人一模一樣。更怪的是，史書上說，在她緊握的玉手裏，還藏着一個玉鉤。劉徹先生大吃一驚之後，對自己竟有這種「掰手」的無邊神力，高興得嘴巴都合不住，當時就把她收歸己有。跟當初寵愛陳嬌女士、衛子夫女士一樣，寵愛入骨，稱她為「拳夫人」。

——掰手伸展，又得玉鉤，假設不是事後加添的鬼話，則一定是一種事前佈置的預謀。對一個癱瘓在床的人，任何醫生，則令他是皇帝老爺，都不能手到病除。唯一的可能是，趙鉤弋女士童年臥過病是眞的，右手不能伸展過也是眞的，但她後來逐漸痊癒。於是搖尾系統安排下天羅地網，還弄了一個玉鉤放在她手裏，教她登台亮相。一方面用美色誘惑劉徹先生的心竅，一方面用奇蹟滿足劉徹先生的大頭症。只要劉徹先生龍心大悅，獻美女有功的朋友，就有官升的啦。

劉徹先生加倍寵愛趙鉤弋女士，特地在首都長安城南，建築巨廈，名鉤弋宮，改稱趙鉤弋女士為「鉤弋夫人」。那一年，劉徹先生已五十三歲，趙鉤弋女士大概十七八歲，老夫少妻，自然把趙鉤弋女士當成活寶。而趙鉤弋女士也眞爭氣，就在當年就懷了孕。而所有女人都是懷孕十月就生的，偏偏趙鉤弋卻懷了十四個月。

寫到這裏，柏楊先生建議婦產科醫生，請查考查考有沒有這種可能性，如果沒有這種可能性，恐怕又是搖尾系統的一項謀略。最初只不過希望因獻美女得到好處，現在則希望因懷孕的異象，得到更大的好處。

紀元前九四年，趙鉤弋女士生下一個男孩，命名劉弗陵。劉徹先生老年得子，樂不可支，曰：「聽說唐堯帝伊祁放勳的娘，懷孕十四個月才生。而今趙鉤弋的兒子，也是懷孕十四個月，簡直是太妙啦。」就命名趙鉤弋女士的宮門爲堯母門。

轉眼之間，劉弗陵小娃已經四歲，四歲那一年，是紀元前九一年，發生江充事件，皇后衛子夫女士和皇太子劉據先生，先後自殺。皇太子的寶座懸空，成爲劉徹先生兒子們爭奪的目標。

北方佳人的故事

劉徹先生共有六個兒子，長子劉據先生封皇太子，其他五個兒子都封王爵：齊王劉閎先生，燕王劉旦先生，昌邑王劉髆先生，廣陵王劉胥先生，最小的兒子就是劉弗陵小娃。現在，大哥劉據先生自殺，二哥劉閎先生夭折，身爲三哥的劉旦先生，如果依照當時的宗法制度，皇太子的寶座，非他莫屬。但劉徹先生有點不喜歡他，他曾在他的封國上書給老爹，要求回到首都長安，服侍老爹。很明顯的他是在試探老爹的意向，劉徹先生果然不答應。那麼，最有希的該輪到四哥劉髆先生矣。於是鬧出了一場血流成河的宮廷鬥爭。

劉髆先生的娘是西漢歷史上著名的美女李女士。李女士的名字失傳，蓋中國傳統文化中，女人不值錢也。她的出身一點也不烜赫，而是當時被認爲最下賤的歌女——嗟夫，現在台北的歌女，一個月的銀子比二十個大學堂教習都多，身價自有不同。她哥哥李延年先生則是一位宮廷音樂師，而且能歌善舞，每逢演唱自己譜的歌曲時，劉徹先生都大大的感動。有一次李延年先生在舞蹈時唱曰：

北方有佳人
絶世而獨立
一顧傾人城
再顧傾人國
即令她傾了城與傾了國
我還是愛她
只因佳人難再得

西方佳人海倫，傾了特類之城。東方佳人褒姒，傾了周王之國。但佳人如果實在美艷絕倫，縱然傾了城兼傾了國，只要能一親芳澤，也心甘情願，何況並不一定非「傾」不可耶乎。劉徹先生嘆曰：「世界上眞有這種美女哉？」老姊平陽公主（就是推薦衛子夫女士那一位），就透露消息，告訴老弟說，李延年先生的妹妹，就具備這種傾城傾國的條件。劉徹先生急忙教李延年先生把妹妹找來。他閣下見過的美女多啦，可是一見李女士，立刻發暈。

從此，劉徹先生就把衛子夫女士拋到腦後，沉迷在李女士的美妙懷抱之中，幾乎形影不離。而她閣下不但美艷絕倫，而且比哥哥還要能歌善舞，以致把劉徹先生搞得如醉如癡（這不能怪老傢伙，換了柏老，我可能瘋）。有一次，劉徹先生頭皮發癢，順手取過李女士的玉簪去搔。其他宮女們發現玉簪竟有如此妙用，就都改用玉簪，希望劉徹先生也去她臥房搔上一下。看情形這項目的似乎沒有達到，但卻有很大的後遺症，因爲宮廷大批採購玉簪的緣故，全中國玉的價格，竟告猛漲。

不斷纏綿的結果，李女士生下一個兒子，就是我們所敍述的引起血流成河的男主角劉髆。對李女士來說，正是鮮花般的日子。可是，不知道是幸或是不幸，李女士病倒在床。再寵愛的美女，一旦病倒在床，皇帝老爺絕不會跟小民夫妻一樣，在榻前噓寒問暖，侍奉湯藥，當然另找別的美女擁抱去啦，劉徹先生自不能例外。

然而，李女士的病情日益沉重，醫生束手無策，消息傳到劉徹先生耳朵裏，立即前來探望。李女士一聽御駕光臨，就用被子把頭蒙住，向劉徹先生泣曰：「我害病太久，憔悴不成人形，不能相見。只把孩子跟我哥哥託付給你，求你照顧。」劉徹先生曰：「親愛的，妳的病很重，可能不起，爲啥不當面託付孩子和哥哥耶。」李女士曰：「聖人說過，做妻子的容貌不修飾，不能面對丈夫，實不敢相見。」劉徹先生急曰：「只要妳教我見最後一面，我馬上就擢升妳哥哥當大官。」這是一個動人的甜言蜜語，性情老實的老奶，不被說服者幾希。可是李女士堅持不肯，曰：「升官不升官，只在你一念之間，不在我們見最後一面。」劉徹先生覺得不是滋味，李女士越是不要見，他越是想見。而李女士胸有成竹，老傢伙越是想見，她越不要見。後來，逼得緊啦，李女士轉身向裏，蒙着頭一味啼哭，索性不再說話。劉徹先生以皇帝之尊，又在他的皇宮之中，他想見誰就見誰，想玩誰就玩誰，想不到竟碰了李女士的釘子，勃然大怒，一跺御腳，回頭就走。

劉徹先生跺腳而走，在病榻旁伺候李女士的姊妹們，一齊花容失色，蓋得罪了專制帝王，比得罪一條瘋狗還要危險，不但孩子不管，不但哥哥升不了官，可能還有別的災難。就埋怨她曰：「妳這個傻子，皇帝對妳這麼好，怎的那麼倔強，使他傷心，見一面託付哥哥，豈不更爲可靠，難道妳恨他呀？」李女士嘆曰：「妳們不了解臭男人，我所以堅決拒絕跟他見面，正是爲了孩子哥哥着想。我因爲長得漂亮，才能從卑微的地位爬上來。夫以美色被人寵愛，一旦美色衰退，愛情也就消失。一旦愛情消失，恩情也就跟着消失。老傢伙所以一直愛我，不過是愛我的容貌，如今忽然發現我已成了一個黃臉婆，大非往昔，他絕對不會憐惜，而只會感到作嘔。還肯管我的孩子和哥哥乎耶？」

幽魂的相會

從李女士病危時拒不跟皇帝丈夫劉徹先生見面，以致使劉徹先生跺腳而去，可看出李女士的絕頂智慧，如果換了別的老奶，準推被而起，抱住劉徹先生鼻涕一把淚一把，那就糟啦。柏楊先生不得不向李女士遞佩服書，她只幾句話，就把臭男人的全部家當，都抖了出來，她那明艷如花的容貌之後，智商至少有四百二十（據老妻發表她的測驗，柏楊先生智商約在三十四至三十五之間）。嗚呼，特別在此告誡讀者老奶，如果臭男人既傾倒妳的「外在美」，又敬慕妳的「內在美」，用不着去跑卦攤，準前途如錦。如果臭男人只傾倒於妳的「外在美」，對「內在美」隻字不提，妳不過是個繡花枕頭，一旦色衰愛弛，只好靠着罵「臭男人都沒良心」過日子矣。如果臭男人只滿口奉承妳「內在美」，對「外在美」守口如瓶，那也就是一種警鐘，妳可得小心妳的外表，不要死心眼相信該臭男人的甜言蜜語，說他才高一等，跟別人不一樣，只在乎老奶的內在美，不在乎老奶的外在美。妳如果有此死心眼，妳就要付出死心眼的代價。

——柏楊先生所說的「外在美」可不是專指狹義的面如桃花，而是包括身材、衣着，尤其是由高貴氣質所發出來的高貴風度。沒事時或有事時，都請細細品味李女士的金言。

李女士不久就香消玉殞，劉徹先生跺腳之怒，早已忘光，大慟特慟，把她安葬在長安近郊，墳墓成三角形，高七公尺，周圍六十步，民間稱之為習仙台，也稱之為英陵。

果如李女士所料，劉徹先生腦筋裏仍是她健康如花似玉的印象，眷戀思念，不能自已。於是擢升她的大哥李廣利先生擔任陸軍元帥（貳師將軍），她的二哥李延年先生擔任音樂部部長（協律都尉）。這時有一位職業靈媒專家，看見劉徹先生失魂落魄，茶不思飯不想的模樣，向劉徹先生聲稱，他能召請李女士的亡魂跟他相見，劉徹先生興奮異常。

——這位職業靈媒專家，姓名不傳。漢書說是少翁先生，史記說召的不是李女士的魂，而是劉徹先生另一位小老婆王女士的魂，西漢紀年則只籠統的說某先生某女士。我們對此不作考據，蓋考據也無從下手。只能依常情推測，劉徹先生請靈媒專家召魂，當然有可能性，既召王女士之魂，也可能召李女士之魂，和其他任何一位紅顏薄命之魂。不可能只召一次，就洗手不幹。所以召李女士之魂是可以肯定的，如果不是少翁先生主持，當另有歸國學人或青年才俊主持也。

召魂的那天晚上，靈媒專家大忙特忙，把李女士生前睡的紗帳放下，燈火齊明，香煙繚繞，佈置下一個「萬徑人蹤滅」的神祕氣氛。然後請劉徹先生坐在另外一座紗帳裏，遙遙觀望。靈媒專家裝腔做勢，口中念念有詞之後，劉徹先生隱隱約約的看見李女士，在紗帳裏出現，然後下床，輕移蓮步。他閣下怦然心動，正想上去擁抱時，那美麗的幽靈卻冉冉消失。劉徹先生的傷感是可想而知的，爲了紀念這場相會，他作詩曰：

是耶

非耶

立而望之

偏何姍姍其來遲

「姍姍來遲」從此成爲中國的成語，但兩千年引用下來，變成了老奶們赴約時超過約會時間的形容詞。劉徹先生對李女士大概是深情的，那時，爲了遠征南越王國（現在廣東、廣西、海南三省，和越南共和國的北部），在長安城南開鑿了一個巨湖——昆明池，訓練海軍。他閣下時時泛舟湖上，自作悼歌，教宮女們歌唱。他的另一首悼亡歌曰：

衣襟啊，悄悄無聲

玉階啊，靜靜塵生

空房寂寞，是多麼寒冷

一片一片落葉，堆積在門前數層

情人啊

可知道我的心神不寧

——原文：羅袂兮無聲，重墀兮塵生，虛房冷而寂寞，落葉依於寧扃，望彼美之女兮，安得感余心之未寧。

兩首悼歌都充滿了感情，由宮女們分別歌唱，悽惋惆悵，更增加劉徹先生的傷懷。有一天，他閣下在一座名爲延涼室裏休息午睡，夢見李女士躺在身畔，送給他一種「蘅蕪香」，劉徹先生猛的驚醒，人雖已杳，但枕蓆上和衣服上，卻幽香撲鼻，好幾個月不散。爲了紀念這場春夢，乃改延涼室爲遺芳夢室。

——蘅蕪香，也名杜蘭香，也名木蘭香。跟現代的巴黎香水一樣，在紀元前一世紀時，固是貴重的香料也。

悼亡賦

劉徹先生除了爲李女士做了一首悼亡歌，還爲李女士做了一篇悼亡賦。賦是紀元前二世紀到紀元後一世紀間，中國文學最流行的文體。在陳嬌女士的篇幅裏出現的長門賦作者司馬相如先生，本是一個窮途潦倒的知識份子，稍後又因和富家女郎發生愛情私奔，而更名譽掃地。但他所寫的賦，在一個偶然的機會裏，被劉徹先生的御眼看到，佩服得五體投地，嚷嚷曰：「他一定是一個古聖先賢，我要是跟他做朋友，就不虛此生矣。」恰巧一位宦官老爺是司馬相如先生的同鄉——都是蜀郡（四川省成都市）人。於是，運氣來啦山都擋不住，司馬相如先生被召到首都長安，派到中央政府任職，窮措大從此飛黃騰達起來，連罷黜的皇后老奶都要找他。一向瞧不起他的那位岳父大人，當初咬牙切齒的說，他第一眼就看出司馬相如是一個文人無行的下三濫。而現在，他來了一個突變，到處大嗓門宣稱，他第一眼就看出司馬相如是一個才華橫溢，不拘小節的偉大人物。

這個故事顯示出賦的時代價值，劉徹先生悼念李女士的賦，在中國帝王文學中，居很高的地位。

賦曰：

悄悄的面龐，纖纖的胴體啊，命運是那麼短促不長。設帷帳盼望着等候着啊，爲什麼不回到妳的家鄉。那墳墓已荒蕪了啊，幽幽的黑暗，深鎖着我的悲傷。妳所乘坐的馬匹輿轎，都留棄在山陵外啊，卻去度漫漫長夜，不見陽光。秋風颯颯使人流淚啊，桂枝樣的玉姿霎時消亡。心神憔悴，遙遙思念啊，掙扎着振起，目眩口張。我把妳託付給那陰沉的墓穴啊，不到半年，已一片蕪荒。想到妳一去而不再回來啊，只剩下往事惆悵。像嬌艷的荷花在等待風吹啊，散佈出更多的芳香。雍容華貴的風度啊，卻艷若桃李，冷若冰霜。更想到當妳歡宴後斜扶欄杆啊，美目流盼，蛾眉微揚。多麼的愛妳，心隨着妳轉啊，可是妳卻姍姍來去，模糊徬徨。短短的歡樂化作永別啊，縱然夢中都不能相忘。妳不要去轉世投胎，永不回來啊，讓芳魂飄飄，再踏我們的門牆。然而芳魂卻終於散去了啊，回首往事，徒增悲涼。天垂暮而道路又遠啊，辭別妳重回皇宮椒房。那落日匆匆西墜，剎那間一抹蒼茫，沉湎懷思，意迷心僵。這份思潮像流水，永嵌在此心中央。難表我的情意，且聽我歌唱——

美女四射的艷光，把鮮花都遮蓋住啊。
那些心懷嫉妒的人，怎麼能跟妳相比啊。
正當妳小貓般的年齡，卻忽然夭折啊。
妳哥哥和妳兒子，他們都泣涕痛哭啊。
那是多麼悲痛，他們的聲音不能停止啊。
可是他們聽不到妳的應聲，往事已逝去啊。
憔悴嘆息，爲稚子灑下眼淚啊。
隱忍不言，相信我不會忘記恩情啊。
善心的人從不發誓，豈肯逼着我承諾啊。
妳既一去不返，我再告訴妳我的心啊。

去吧，幽途迢迢，勸妳安寢啊。

妳去的地方有新的住處，已不是故宮啊。

嗚呼哀哉，永懷念妳的芳魂啊。

現在，我們把該賦原文，抄在下面，以便讀者老爺查考：

美連娟以脩嫮兮，命樔絕而不長。飾新宮以延貯兮，泯不歸乎故鄉。慘鬱鬱其蕪穢兮，隱處幽而懷傷。釋輿馬於山椒兮，奄修夜之不陽。秋風憯以淒淚兮，桂枝落而銷亡。神煢煢以遙思兮，精浮游而出畺。託沉陰以壙久兮，惜蕃華之未央。念窮極之不還兮，惟幼眇之相羊。函菱荴以俟風兮，芳雜襲以彌章。的容與以猗靡兮，縹飄姚虖愈莊。燕淫衍而撫楹兮，連流視而娥揚。既激感而心逐兮，包紅顏而弗明。驩接狎以離別兮，宵寤夢之芒芒。忽遷化而不反兮，魄放逸以飛揚。何靈魂之紛紛兮，哀裴回以躊躇。執路日以遠兮，遂荒忽而辭去。超兮西征，屑兮不見。寖淫敞莌，寂兮無音。思若流波，怛兮在心。亂曰：佳俠函光，隕朱榮兮。嫉妒闒茸，將安程兮。方時隆盛，年夭傷兮。弟子增欷，洿沫悵兮。悲愁於邑，喧不可止兮。嚮不虛應，亦云已兮。嫶妍太息，嘆稚子兮。懰慄不言，倚所恃兮。仁者不誓，豈約親兮。既往不來，申以信兮。去彼昭昭，就冥冥兮。既下新宮，不復故庭兮。嗚呼哀哉，想魂靈兮。

後來，劉徹先生死後，西漢政府追封李女士爲孝武皇后，此是後話，不必管他。前已言之，劉徹先生不久就把李女士生的兒子劉髆，封爲王爵——昌邑王，封國在山東省金鄉縣西北昌邑鎭。

我們對李女士介紹得太多啦，事實上她是最幸運的皇后姬妾之一。既然劉徹先生哀悼已畢，我們也就到此爲止。所以介紹李女士，在於介紹她的兒子劉髆。現在，終於等到他閣下以王爵的身份出場。不過他本人並沒有現身，現身的是他的舅父和表姊的公公。

太子寶座空懸

在親戚關係上，貳師將軍李廣利先生是劉髆的舅父，而宰相劉屈氂先生跟李廣利先生，又是兒女親家——劉屈氂先生的兒子，娶了李廣利先生的女兒。他們最大的希望是，劉髆先生能立爲皇太子。

紀元前一世紀一〇年代第一年——前九〇年，也就是皇后衛子夫女士和皇太子劉據先生先後懸樑自盡的次年（他們母子死於前九一年）。皇太子寶座的爭奪戰進入高潮。恰好北方的匈奴汗國大軍分兵兩路，一路進攻五原（內蒙古包頭市），一路進攻酒泉（甘肅省酒泉市）。西漢政府派遣李廣利先生前往五原赴援（另外一位侯爵馬通先生，前往酒泉赴援）。當李廣利先生的大軍開拔時，宰相劉屈氂先生送行到渭河橋上。李廣利先生悄悄曰：「老哥，你以宰相的高位，如果能想出辦法使劉髆當上皇太子，就可以永享富貴，再沒有後患。」劉屈氂先生滿口承諾。

——從李廣利先生這段話，可看出他對政治行情，毫不了解。嗚呼，對小民而言，宰相當然是高位，可是對皇帝而言，宰相不過一粒芝麻。但我們應注意「再沒有後患」一語，劉徹先生在位五十年，殺起人來，六親不認。他所任用的宰相，幾乎都是被殺，甚至全族被殺，每一位宰相都心戰膽驚，不知道明天會發生啥事，劉屈氂先生之企圖教劉髆先生當皇太子，不過希望換外甥主人，保住老命。想不到，更加速他的災禍。

其實，即令擁戴成功，劉髆先生現在當了皇太子而將來當了皇帝，劉屈氂先生也不見得準能保住老命，縱是舅父老爺李廣利先生，也同樣不見得準能保住老命。專制帝王差不多都忘恩負義，有天良的不多。等到我們介紹七世紀五〇年代唐王朝王皇后的遭遇時，再加說明。

全國最高的文武首長，聯合起來擁戴劉髆先生當皇太子，本屬於「先焚後閱」的高度機密，不可能有第三者知道。然而，竟有第三者知道啦。一個名叫郭穰的宦官，把這件事和盤向劉徹先生端出。而且又說，宰相的夫人，還請了女巫祈神禱鬼，詛咒劉徹先生趕快死掉。前已言之，劉徹先生最怕的就是這玩藝，所以也很恨這玩藝，他聽了後七竅生煙，下令把劉屈氂先生縛到廚車上，拉到東市腰斬。尊貴的宰相夫人和膝下的公子哥兒，則一齊綁到華陽街，砍頭示眾。

親家母李廣利夫人自然也牽扯在內，劉徹先生下令逮捕她，囚禁監獄。李廣利先生這時正在五原前線，跟匈奴作戰，接到消息，嚇得手足失措。一位擔任參謀的胡亞夫先生建議曰：「你要是能立大功，還有資格向皇帝贖罪。如果單身回國接受審判，恐怕有去無回，要想再來此地，不可復得矣。」

這項分析十分中肯，李廣利先生就揮軍北進，向匈奴發動猛烈攻擊，匈奴軍團西路軍總司令（左大將）戰死，第一親王（左賢王）率軍向後撤退。李廣利先生追擊，想直搗匈奴汗國的首都（王庭）。可是，李廣利夫人被囚，他本人命運朝不保夕的消息，已在軍中傳開，他的參謀長（長史）了解他的心情，曰：「你是拿我們的生命，來挽救自己的厄運呀。」跟他的同黨們密謀，打算逮捕李廣利先生，打入囚車，送回長安。嗚呼，如果如此，那比自行回國投案還糟。李廣利先生遂來個措手不及，把參謀長捉住處決。他知道軍心已去，他的權威已不能有所作爲，而回去也是一死。左思右想，把心一橫，單身獨馬，竟向匈奴軍團投降。

——嗚呼，中國遠征軍總司令向敵人投降，在歷史上是一個笑柄，這是顢頇的政府和一意孤行的帝王所逼出來的，嗟夫。

劉徹先生決不會放過李廣利的，因爲巫蠱正踩了他的痛腳，但李廣利先生投降匈奴，使劉徹先生的行動更振振有詞，他的反應是，屠殺李氏全族。李女士千種風情和百般恩愛，這時候都付流水，連娘家一個孩童的性命，都不能保護，全被殺光。跟衛子夫女士一樣，李女士爲她的家屬帶來無比榮耀，也帶來滅門災難，而榮耀的時間，卻比衛子夫女士短得多。

劉髆先生是劉徹先生第四個兒子，一場大屠殺下來，他不像他大哥劉據先生那麼被牽連在內，已屬萬幸，更不要說坐皇太子的寶座矣。劉徹先生的第五個兒子劉胥先生，是個莽漢型的花花公子，他喜歡空手跟猛獸——狗熊之類的動物決鬥（西京雜記上說，他在後來的某一次搏鬥中，被抓破胸膛，一命歸陰）。而且，這不過其中一端，其他荒腔走板的怪事，層出不窮，無論老爹劉徹先生和所有大臣，從沒有考慮到他可以繼承帝位。

那麼，書歸正傳，現在只剩下趙鉤弋女士生的么兒劉弗陵啦，而當劉弗陵先生長到五六歲的時候，體型健壯，聲音洪亮，又十分聰明智慧。劉徹先生常誇奬他，說他長得跟老爹一模一樣，愛他奇緊。

冷血凶手

劉徹先生到現在別無選擇，不過事實上他已選擇定啦，他的皇帝寶座，要由劉弗陵去坐。然而，他考慮到一個問題，那就是他的嬌妻趙鉤弋女士太年輕，而且花容月貌；他一旦死後，她順理成章的就當上合法的皇太后，掌握全國最高權力。不但可能，簡直是可以確定的，她會弄一頂或很多頂綠帽子戴到死去丈夫的頭上，誰都無法干預。然而這還不是主要的，主要的是，孩子還小，不能治理國家，國家大權勢必滑到身爲皇太后——事實上不過一個大女孩的少婦之手。呂雉女士的影子在劉徹先生的腦海中不斷浮起，他認爲紀元前一〇年代西漢王朝初期的呂姓大批封王，幾乎篡奪了西漢王朝政權的局面，將要重現。

一想起他死後的混亂，劉徹先生便汗流浹背，唯一的預防措施，就是幹掉趙鉤弋女士。

紀元前一世紀一〇年代前八八年，劉徹先生七十歲，趙鉤弋女士不過二十五六歲。——史書上沒有記載趙鉤弋女士的芳齡，是我們推測如此。蓋今年她的兒子劉弗陵只有七歲，假定她閣下入宮後第二年第三年生產，而她入宮時假定是十七八歲，則今年正開始豐滿，逐漸成熟。她可能想到她的前途如錦，卻不知道宮廷有異民間，她的豐滿和成熟，正是使她橫死的種子。

俗不云乎：「伴君如伴虎」，老虎看起來溫順如羊，可是誰都不知道牠啥時候獸性大發，更不知道啥原因使牠獸性大發。專制帝王也是一樣，因爲他的權力使他超越於法律約束和道德規範之外。嗚呼，一個超越法律約束和道德規範之外的人，本身就是一場災禍，而且能把災禍蔓延到別人身上。

紀元前八八年那一年，心懷殺機的七十歲老漢劉徹先生，帶着天眞爛漫的二十五六歲的嬌妻趙鉤弋女士，前往甘泉宮（陝西省淳化縣西北）避暑。有一天，他抓住了趙鉤弋女士一個小小的錯處——那是什麼錯處，史書上沒有記載，我們也不必追究，一個有權的人要找一個沒有自衛能力人的碴，易如反掌。劉徹先生找到了趙鉤弋女士的碴之後，勃然大怒，而且一怒不可收拾。趙鉤弋女士嚇得渾身發抖，急忙拔下頭上的首飾，這是古時老奶們認罪乞憐的表示，向老漢丈夫下跪磕頭，請求寬恕。劉徹先生理都不理，只告訴身旁的宦官曰：「帶走她。」當宦官們押解着她要下去的時候，像被青天霹靂擊中了的趙鉤弋女士，霎時間明白她已面臨險境，她回頭向老漢丈夫乞求寬恕，嗚呼，只要他一句話，她就能活下去，她的性命就繫於他的一語。可是，老漢卻面色鐵青，一言不發。最後，只淡淡的曰：「快帶走，妳不能再活。」

趙鈎弋女士被送到皇宮的特別監獄（掖庭獄），班固先生的漢書，說她「有過見譴，憂死。」一個正在盛年的老奶，即令所遇的變故再大，一夜間憂死也絕不可能。而且在語氣上看，彷彿錯都在趙鈎弋女士身上，是她有了過失，受了責備，憂愁了一夜就死啦。這是儒家思想中最使人作嘔的「爲尊者諱」典型之一，因殺妻凶手是皇帝的緣故，竟企圖用文字魔術，抹殺眞相。

趙鈎弋女士是怎麼死的，毒死？絞死？扼死？用土袋悶死？我們不知道。我們只知道兩點：第一、她到臨死都不明白她的小小「過失」，怎麼會受到這麼嚴厲的死刑？她在被執行的刹那，恐怕還在盼望，甚至相信，對她萬般恩愛，百依百順的老漢丈夫，一定會回心轉意。第二、她是當天夜間就喪生的，這可以從劉徹先生翻臉的迅速和猛烈推測出來。這不是法律案件，需要調查紀錄。這是政治案件，權力魔杖的喜怒就是證據，而且必須迅速行動，才可以避免忽然間一念之慈，改變了主意。

在陳嬌女士和衛子夫女士的案件中，她們自己多少有點過失，或沾點過失的邊。可是，趙鈎弋女士這場冤獄，實在找不到她的過失，她純潔得像一株水仙花，天眞得像一個嬰兒。她的實質罪狀不過四項，第一、她太嬌美。第二、她太年輕。第三、她生了兒子。第四、她的兒子又將被立爲皇太子。劉徹先生再一次顯示專制帝王的冷血，對他愛入骨髓的年輕妻子，竟下得了毒手。但殘忍的還在於他所採取的手段，爲啥不能在趙鈎弋女士睡夢中使她無痛苦的死？而必須張牙舞爪，動用法律，說她犯法犯罪，投到天牢，交由劊子手凌辱？史書上說，趙鉤弋女士死的那天，長安城暴風大作，塵土蔽日，長安居民爲這位一代美女的下場，感傷哀悼。

劉徹先生也察覺到人們對他的心狠手辣不滿，有一天，他問左右的侍從官曰：「外面對這件事有啥反應？」如果是柏楊先生，準口吐眞言曰：「都說你是個禽獸。」然後喀嚓一聲，我的尊脖兩截。侍從官當然不會像我這樣冥頑不靈，婉轉答曰：「人們的困惑是，爲啥要立兒子當皇太子時，卻先殺了他娘？」劉徹先生曰：「你們這些蠢貨，懂得個屁？自古以來，國家所以大亂，往往由於君王年幼而他娘年輕（主少母壯），年輕的女主人寡居一室，驕橫淫亂，誰能制她？你不見呂雉女士露的那一手乎哉。」

趙鉤弋女士死後的明年——紀元前八六年，劉徹先生正式宣佈立八歲的劉弗陵先生當皇太子。第二天，劉徹先生的罪惡生命，告一結束，翹了辮子。劉弗陵先生接任西漢王朝第八任皇帝。追封老娘爲皇太后，發兵二萬人擴建老娘的墳墓雲陵——在甘泉宮（陝西省淳化縣西北）之南。然而，已無法使老娘起死回生矣。

許平君

時代／紀元前一世紀二〇年代
其夫／西漢王朝第十任皇帝劉詢
遭遇／毒死

坐過牢的帝王

趙鉤弋女士被殺十八年後，許平君女士被毒死。許平君女士是西漢王朝第十任皇帝劉詢先生的妻子，官式稱號「恭哀皇后」。劉詢先生是中國歷史上第一位坐過牢的帝王。

在報導衛子夫女士的篇幅裏，我們曾提到過劉詢小娃，他是衛子夫女士的嫡親骨肉——曾孫。衛子夫女士生劉據，劉據生劉進，劉進生劉詢。當紀元前九一年，衛子夫、劉據、劉進，祖孫三代先後斃命，造成人間最可怕的慘劇之時，劉詢小娃那時才生下來三個月，但仍被逮捕。首都長安（陝西省西安市）中央政府所屬的監獄，被巫蠱案的倒楣囚犯擠得滿坑滿谷，再也擠不進去。若干囚犯遂不得不送到郡縣所屬的地方監獄寄押，劉詢小娃也是其中之一。

——嗚呼，三月娃兒，又有何罪？身爲曾祖父的劉徹先生，竟毫不動心，實在難解。但他對自己的嫡親兒子孫兒都能冷血，曾孫又遠一層矣。

三個月大的娃兒勢不能單獨坐牢，他只有被扔到地下，啼哭而死。幸而當時的司法部副部長（廷尉監）丙吉先生，是負責處理巫蠱案的官員之一，也是西漢政府少數最寬厚的司法官員之一，他看到無辜娃兒，於心不忍，就敎女囚犯趙徵卿、胡組二位女士，輪番哺乳。——這兩位女囚犯，犯了啥「法」啥「罪」，史書上沒有交代。不過敢確定的，她們都是懷抱着自己嬰兒被抓進監獄的，否則不會有乳汁餵養別人的嬰兒也。衛子夫女士的骨肉，僅剩下這個嗷嗷待哺的孩子，可是，敵人仍不放過他。紀元前八七年，一位星象家（望氣者）忠心耿耿的向劉徹先生提出警告：「就在郡縣監獄裏，有一種人眼所不能洞察的天子光芒，上沖雲漢，不能不防。」劉徹先生又緊張起來，連夜下令凡是關在郡縣所屬監獄裏的囚犯，不管什麼罪，也不管大罪小罪，一律處決。宮廷侍衛郭穰先生——就是告發宰相劉屈氂先生的那傢伙，星夜抵達丙吉先生主持的監獄，丙吉先生大爲震驚。嗚呼，一個人在面臨抉擇的時候，才顯出他的品質。如果換了官場混混，反正奉令行事，也不是我下手，你想怎麼殺就怎麼殺。可是丙吉先生，這位正直不阿的法官，拒絕開門。他曰：「人命關天，小民尙且不能無辜而死，何況皇曾孫在內乎哉。」如此僵持到天亮，郭穰先生氣得鼻孔噴火，跳高而去，向劉徹先生控告丙吉先生抗命。在那個血雨腥風的巫蠱巨案中，長安城已成恐怖鬼域，順如羔羊的人都大批殺掉，而丙吉先生竟敢抗命，而且抗的是維護皇帝安全和國家安全的命，大家都爲丙吉先生發抖，埋怨他不識時務——恐怕有些朋友當天晚上就義正詞嚴的跟他絕交。

想不到劉徹先生想了一想，殺的也夠多啦，不殺也罷，嘆曰：「天意教丙吉提醒我也。」即行大赦天下。因丙吉先生一個人的道德勇氣，不僅救了劉詢小娃，也救了郡縣監獄裏都要斷送殘生的千萬囚犯。千秋萬世之後，我們仍祝福丙吉先生在天之靈。

劉詢小娃三個月入獄，出獄時已五歲矣，仍是一個不懂事的幼童，茫茫人海，何處投奔。丙吉先生就把他送到祖母史良娣女士的娘家——史良娣女士即衛子夫女士的兒媳，皇太子劉據先生的妻子，早已死於巫蠱之難，只娘家人幸而尚存。

就在這一年（前八七），劉徹先生死掉，劉弗陵先生繼任爲第八任皇帝，由全國最高統帥（大將軍）霍光先生，以託孤大臣的尊貴身份輔政。請讀者老爺注意霍光，他閣下，以及他閣下的妻子和女兒，在一連串兩個皇后的悲劇中，都擔任主要的角色。

劉詢小娃到了祖母家不久，因爲他總算具有皇家血統，所以他的生活和教育，都由宮廷（掖庭）負責，並且把他的名字正式列入皇族名册。

列入皇族名册，最初並沒啥意義，祖母娘家撫養一個小外孫，經濟負擔上也毫無問題。但不久就發現，這是最最重要的一步，如果沒有這一步，就不會有以後金碧輝煌的燦爛日子。蓋必須列入皇族名册，才能合法的顯示他是皇族，既顯示他是皇族矣，就不可避免的再顯示他在皇位繼承順序中的關係位置。

就在把名字列入皇族名册之時，劉詢小娃遇到兩位重要人物，一位是張賀先生，一位是許廣漢先生。這兩位各有一段辛酸的人生歷程。

張賀先生原是劉據先生太子宮的官員，在劉據先生起兵失敗，全家遇難後，太子宮的官員，全都被捕，殺的殺，砍的砍。只有張賀先生，幸運的沒有死，但他卻被判處「腐刑」，咦，腐刑，這是劉徹先生最拿手的好戲，司馬遷先生就是受的這種殘酷待遇。張賀先生受腐刑後，由一個正常人變成了宦官，被任命為皇宮總管（掖庭令），正好管住劉詢小娃。祖父的舊恩舊情，使他對五歲的娃兒，愛護照顧備至。

貧賤夫妻

張賀先生不但在生活上教育上對劉詢小娃愛護照顧備至，若干年後，等劉詢小娃年紀漸長，成了劉詢先生時，張賀先生還預備把孫女兒嫁給他。可是一個政治因素的介入，使這樁婚姻告吹——幸而告吹，否則柏楊先生今天就沒啥可寫的矣。蓋張賀先生的弟弟張安世先生，是全國武裝部隊副總司令（右將軍），正追隨霍光先生之後，擁戴現在皇帝劉弗陵少爺。一聽老哥的計劃，既吃驚而又害怕，向張賀先生吼曰：「你眞是瞎了眼啦，劉詢小子只不過在血統上是皇族罷啦，這種皇族比螞蟻還多，不值一根蔥。而且他又是叛徒劉據的孫兒，能有啥苗頭？即令鴻運高照，也不過當一個不愁吃、不愁穿的小民而已，又有啥出息？把孫女兒許配他的事，提都不要提。」這些理由，站在勢利眼立場，當然十分充份，人都為兒女幸福着想，不足病也。但張安世先生還有說不出口，或雖說出了口，而史書上不便記載的理由，那就是，劉詢小子在法統上是最接近寶座的人士之一，張安世先生不願被認為他們弟兄是死硬派，在悄悄的用婚姻手段燒冷灶。——如果被如此認定，他們張家就等於掉進屠場。

張賀先生只好打消這個念頭。

許廣漢先生的遭遇跟張賀先生類似，他是昌邑（山東省金鄉縣西北昌邑鎮）人，年輕時，在昌邑王的王府，當一個中級官員（那位姍姍來遲李女士的兒子劉髆），封爲昌邑王。劉髆先生死後，他的兒子劉賀，繼承親王的爵位，我們馬上就要談到他）。許廣漢先生正式官銜是王府的「郎」。不知道哪一年，老帝崽劉徹先生從首都長安到甘泉宮（陝西省淳化縣西北）。帝王上路，自然萬頭鑽動，翻江倒海，隨駕的文武大官和芝麻小官，構成一種威風凜凜的奇觀。許廣漢先生是隨駕的芝麻之一，不幸他神經過於緊張，手忙腳亂中，拿了別人的馬鞍，放到自己的馬背上。於是，他犯了「從駕而盜」的滔天大罪，那是唯一的死刑。劉徹先生特別免他一死，要他接受「腐刑」。

——劉徹先生這個冷血淫棍，幾乎玩遍了天下的美女。可是他卻偏偏跟別人的生殖器過不去，不但過不去，還仇深似海，千方百計的，能割就割。拜託精神科醫生老爺研究研究他閣下的變態心理，寫篇論文，以開我們眼界。

許廣漢先生既成了宦官，被任命擔任皇宮副總管（掖庭丞）。想不到，厄運緊抓住他不放。紀元前八〇年，另一位全國武裝部隊副總司令（左將軍）上官桀先生，發動一場未成功的宮廷政變。這場未成功的宮廷政變，跟我們沒有關係，不必理它。而是，當政變失敗，失敗的朋友被捉住，需要麻繩綑綁時，這些麻繩平時歸許廣漢先生保管，可是卻在這個節骨眼上，怎麼找都找不到，最後總算由別人找到。但許廣漢先生照例要倒楣，雖然已沒有生殖器可割啦，但仍被判處充當苦工（鬼薪），苦工做了些時，逐漸升遷，最後升遷到宮廷監獄（暴室）管理員（嗇夫）。而就在這個時候，劉詢先生已由祖母家搬到皇宮（掖庭）讀書，一老一少，二人同住在一間公家宿舍。

許廣漢先生有一位女兒，就是我們的女主角許平君女士，正當十四五歲芳齡。她本來許配給宮廷侍衛長（內謁者令）歐陽先生的兒子，就在結婚前夕，歐陽先生的兒子病故（險哉，如果結了婚他再病故，歷史就要更改矣）。

張賀先生雖然因老弟張安世先生的強烈反對，沒有達成婚姻的願望，但對劉詢先生，卻是一直當兒子一樣看待，其中當然還有對故皇太子劉據先生一種感恩之情。當他聽到歐陽先生的兒子病故的消息後，特地擺了一桌筵席，邀請許廣漢先生相聚，等到酒過三巡，菜過五味，他代劉詢先生向許廣漢先生求婚。這眞是難以開口，既然劉詢先生是那麼好那麼妙，你爲啥不把孫女嫁給他乎也。但他有他的說詞，除了強調劉詢先生是一個可愛的青年外，還曰：「無論如何，他跟當今皇帝是最近的親屬，即令他不成才，至少也有封爲侯爵的可能性。」以一個卑微的「暴室嗇夫」，能高攀上一個未來的侯爵，當然喜出望外，許廣漢先生一口應允。

然而許廣漢先生的母親卻大發雷霆，蓋老娘剛給孫女兒算過命，鐵嘴先生一口咬定許平君小姐將來要大富大貴，老娘正在暗自高興，一聽說未來的孫女婿是一個叛徒的後裔，和沒落的王孫，所謂侯爵之封，更在九霄雲外，連餵飽肚子都成問題，還大富大貴個屁呢。可是，許廣漢先生拗不過頂頭長司張賀先生的大媒，仍不得不履行承諾。小兩口結婚後，劉詢先生就搬到岳父家住。這是紀元前七五年的事。明年，紀元前七四年，生下兒子劉奭。

平地一聲雷

當我們敍述劉詢先生跟許平君女士結婚生子的同時，西漢王朝中央政府的統治階層，正發生驚天動地的劇變。

紀元前七四年，已當了十四年皇帝的劉弗陵先生逝世，才二十一歲，沒有兒子。不但趙鉤弋女士的後裔絕，主要的是皇位的繼承人絕。當時國家最高領導人有二位：宰相張敞先生，和全國最高統帥（大將軍）霍光先生，一文一武，實權都在霍光先生手上。他們商量的結果是：擁立姍姍來遲的李女士的孫兒劉賀先生入承大寶。劉賀是劉髆先生的兒子，讀者老爺一定還記得，當初劉屈氂先生和李廣利先生爲了他搞得全族屠滅，如今他已死掉，自己雖沒有當上皇帝，兒子能夠當上，也應該滿意啦。

想不到的是，李女士那麼美麗，那麼智慧，她的孫兒劉賀先生卻其蠢如豬。一旦坐上金鑾寶殿，認爲大權在握，就更如醉如狂，只二十七天工夫，政府官員們就受不了。「趙孟之所貴，趙孟能賤之」，仍由張敞先生跟霍光先生帶頭，把他罷黜。他閣下只過了二十七天的皇帝癮，就被踉蹌的趕出首都長安，而且，不但皇帝沒啦，王爵也沒啦，由政府撥給他二千戶人家，供給他生活費用。至於追隨他到長安的那些原來王府的馬屁精，約二百餘人，初以爲這下子可算結結實實的攀到了龍，附到了鳳，可以大享其福矣，也只有二十七天的榮華富貴，在劉賀先生罷黜之後，全被綁赴刑場處決。

——嗚呼，這才是偷雞不着反蝕一把米，連老本都賠了進去。關於劉賀先生的罪狀，史書上說的全是官方一面之詞，我們從不相信任何人的一面之詞——必須聽聽兩面之詞，經過自己的思考，才下判斷。但西漢政府對於劉賀先生的一面之詞，我們卻是相信的。因爲當時劉賀先生並沒有對霍光先生有不利的行動，而霍光先生在這場廢立大事中，也沒有取得任何利益。

劉賀先生的上台下台，跟我們無關，經過情形，也不必細表。但劉賀先生下台，卻又恢復了老問題，那就是帝位繼承人如何選擇。劉徹先生的子孫中，劉賀是唯一比較像人樣的，還是這種德行，其他的就更不必提啦。以霍光先生爲首的統治集團，一連召開幾天最高祕密會議，都不能決定。正在這時候，深被霍光先生信任，擔任高級國務官（光祿大夫）的丙吉先生——這位劉詢先生坐牢時的救命恩人，向霍光先生提出一份備忘錄，備忘錄上曰：

「你受劉徹先生託孤重任，全心全力，盡忠國家。不幸的是，劉弗陵先生英年早逝，接着迎立一個糊塗蛋。現在我們正面臨抉擇，西漢王朝政府的命脈，和中國人民的命運，都期待你來決定安危。據我聽到的一些私議，一致認爲，皇族的一些王爵侯爵，不是沒有品德，就是沒有聲望。而只有劉徹先生的嫡親曾孫劉詢先生，現年十八歲，曾在皇宮（掖庭）和他祖母娘家，接受教育，研究儒家學派的經典，很有心得，而且聰明厚重。建議你擴大調查各位高級官員的意見，再在神明面前，占卜吉凶。如果可以的話，不妨先把他召喚進宮，在皇太后左右伺候，使全國臣民，先有一個印象，然後再決定大計，你以為如何。」

丙吉先生眞是劉詢先生的再生父母，不但從小救了他的命，為他安排接受教育，而在最後，還把他抱上往往要血流成河才殺得到屁股底下的寶座。更重要的是，丙吉先生這樣成全劉詢，劉詢先生並不知道，就在他暈暈忽忽當上了皇帝之後，仍然不知道。蓋幼時的維護，劉詢年紀還小，根本不記得。立他當皇帝的建議，事情又屬絕對機密，更無從探悉內幕。如果把丙吉先生換成柏楊先生，不要說他閣下出這麼大的力啦，劉詢先生縱是向我借過一塊錢，我都會端出恩重如山的嘴臉，教他殺身難報。可是丙吉先生敦厚謹愼，始終不肯透露他的善行。一直等到若干年後，劉詢先生在無意中發現眞相，但丙吉先生仍誓不承認，逼得緊啦，他把「保護聖躬」的功勞，全歸給那兩位乳娘，和其他一些卑微的朋友，嗚呼，像丙吉先生，才是天下第一等人物。

霍光先生採納了丙吉先生的建議——從這一點看，霍光先生並沒有私心，不像劉屈氂和李廣利那樣，全神貫注跟自己有關係的人。霍光先生採納了丙吉先生的建議，等於全體官員採納了丙吉先生的建議。他們聯合奏報皇太后上官女士，上官女士當然批准。

於是，就在紀元前七四年七月——距劉弗陵先生去世五個月（劉弗陵是二月去世的），距劉賀先生被逐下寶座一個月（劉賀是六月被逐的），平地一聲雷，這位在情勢上永遠不能出頭的落魄王孫，獄吏的女婿劉詢先生，被前呼後擁的坐上龍墩，成爲西漢王朝第十任皇帝。

霍顯女士的憤怒

劉詢先生既當了皇帝，接着而來的便是誰當皇后？以現代人的頭腦，這簡直不是問題，他跟許平君女士是結髮夫妻，當然由許平君女士當皇后。可是皇帝的血液都是尊貴的，而許平君女士卻是一個卑賤的獄吏的女兒，豈能配得上天潢貴胄。

寫到這裏，柏老忍不住要掀掀底牌，劉邦先生是西漢王朝開山老祖第一任皇帝，他身上可沒有皇家血統，有的話只有流氓血統。不過，誰敢說劉邦先生的兒子是流氓血統乎哉。如有哪位醫生老爺或驗屍官，化驗出來流氓血統是啥時候起了變化的，眞是功德無量。其實用不着化驗，只要有權（小權不行，要有使人嚇一跳的大權），血統自然就尊貴不堪。

劉詢先生忽然成了天潢貴胄，許平君女士就沒有資格當皇后。霍光先生所屬的搖尾系統，一致主張應由霍光先生的小女兒霍成君女士當皇后。連皇太后上官女士，也如此主張。如果此議成功，許平君女士就由正配妻子，一下子淪落爲小老婆矣。這是一項來勢洶湧的運動，多少靠霍家吃飯的馬屁精，都希望這件婚事成功。蓋只要霍成君女士當皇后，她的兒子就是下一任皇帝，霍家的權勢就可永遠保持，馬屁精也可一直把持要津，大富大貴，永垂無疆之庥。

可是劉詢先生卻不肯忘記岳父和妻子的恩情，他是在絕望的貧困時被收爲東床的，而且又住在許家。但他不敢公然跟霍光先生對抗，他知道如果公然拒絕這樁婚姻，可能觸怒一大群有權力的傢伙。劉賀先生的前車之鑑，使他心驚。於是他改用一種迂迴戰略表達他的意見，下了一道聖旨，尋找他寒微時的一把寶劍。這篇「尋故劍」的詔書，史書上沒有刊出它的內容，但可以想像得到，它一定特別強調他的懷舊之情。馬屁精們知道皇帝的意思，如果再堅持排斥許平君女士，可能伏下後患，也就見風轉舵，聯合奏請立許平君女士當皇后。

這一連串事件——劉弗陵先生死，劉賀先生逐，劉詢先生當皇帝，許平君女士既生兒子又當皇后，都發生在紀元前七四年。那一年，劉詢先生十八歲，許平君女士十六歲，傳奇性的人生際遇，是如此的光輝燦爛，使我們爲這一對深情而幸福的年輕夫婦，歡喜祝福。

然而，許平君女士雖當上皇后，卻種下她大禍臨頭的種子。當劉詢先生依照西漢政府的慣例——皇后的父親一定封侯爵，要封岳父大人許廣漢先生侯爵的時候，霍光先生首先反對，認爲他曾經受過腐刑，不能擁有封邑。蓋侯爵在中央政府，不過一個爵位，但在侯爵的封邑（一個縣或兩個縣），他卻是侯國的國君，一個「刑餘之人」，不應有如此尊榮。

——在稍後不久，霍光先生才同意封許廣漢先生「昌成君」。「君」，是西漢王朝封爵系統的別支，地位次於侯爵，而且沒有封邑，只拿政府的薪俸。

但是最憤怒的卻是霍光先生的妻子霍顯女士，她一聽說許平君女士以一個獄吏的女兒當上皇后，而她的女兒霍成君女士，以託孤大臣兼全國最高統帥（大將軍）之尊的女兒，卻落了空，簡直氣得的天靈蓋都要開花，咬牙曰：「那個賤貨，怎敢奪我女兒的位置，我要她瞧瞧老娘的手段。」

事實上，霍顯女士的出身也高不到那裏去，假如獄吏的女兒是卑賤的話，霍顯女士比獄吏女兒還不如，獄吏的女兒還是一個自由人，而霍顯女士卻是霍光先生前妻東閭女士的貼身丫頭，屬於奴僕階層。東閭女士只生了一個女兒，嫁給上官安先生，跟上官安先生生了一個女兒，後來嫁給劉弗陵先生，就是本篇所稱的皇太后上官女士。霍顯女士既漂亮，又聰明，而且鬼主意層出不窮，有時候連霍光先生都心服口服，就把她收做小老婆。後來，東閭女士逝世，依當時宗法社會習慣，霍光先生本可以另娶正妻的，以他的位尊而多金，恐怕是想娶什麼樣高貴出身的如花似玉，都會有什麼樣高貴出身的如花似玉。可是，他卻把霍顯女士擢升爲正妻。從這一點可看出霍顯女士絕不簡單，她有她的一套，這一套絕對不是花拳繡腿，一定有結實的內容，才使霍光先生對她又敬又愛，言聽計從。而她也把霍光先生套牢，開始插手政治，她以爲政治像她想像中那麼簡單。

問題是，聰明不是智慧，不顧大體的小聰明更絕對不是智慧，甚至不顧大體的小聰明反而證明根本沒有智慧。霍顯女士太聰明啦，聰明到八年後的紀元前六六年，她竟想靠她霍家的力量，發動政變。結果引起一場屠殺，霍家全族，無論少長老幼，全部處決。

可是，現在正是紀元前七四年，霍顯女士跟她的丈夫霍光先生一樣，權力正達到巔峰。她下定決心，一定要爲女兒爭到皇后的寶座。雖然第一回合失敗，但她並不罷手。在她這一生中，她只要想得到的，就一定能夠得到。她既然想要女兒當皇后，女兒就非當皇后不可。

女凶手淳于衍

霍顯女士既決心爲她的女兒霍成君奪取皇后寶座，就像一頭餓狼一樣，目不轉睛的注視着皇宮，尋找機會，而機會來啦。紀元前七二年，許平君女士第二次懷了身孕，身體感到有點不舒服，劉詢先生召請御醫診治，再召請一些有醫學常識的婦女之輩，進宮擔任特別護士。於是，女殺手淳于衍女士，應運而入。

這位女殺手是皇宮警衛（掖庭戶衛）淳于賞先生的妻子。

——淳于衍女士姓啥，跟霍顯女士姓啥一樣，史書上沒有記載，眞不明白那些老古董史學家，對人們的姓，何以輕視如此？或重視如此？我們只好學現代的洋太太（包括西洋太太和東洋太太），讓她們從夫姓矣。蓋洋老奶一旦結了婚，自己的姓便被取消。我們中國卻恰恰相反，老奶嫁了人，只名字被取消，而姓獨存。若「顯」「衍」之類只有名而無姓的現象，恐怕僅此二見，以後就沒有啦。

淳于衍女士如果不是三姑六婆，一定是個馬屁精，以她的卑微地位，卻跟最高統帥的夫人霍顯女士，攀上交情，常到霍府走動。現在，她閣下被請到皇宮侍奉皇后，她的老公淳于賞先生靈機一動，拜託曰：「打鈴，妳這次進宮，說不定一月兩月，甚至更久，不能出來。是不是可以先到霍府，藉口向霍夫人辭行，一則展示妳的能力，一則看眼色行事，求她調我一個好一點的工作。聽說安池管理主任（安池監）出缺，如果霍夫人肯拜託大將軍（霍光）

說一句話，那可比現在當一個苦兮兮的警衛（戶衛）好得多矣。」

——安池，位於山西省運城市東北，是一個龐大的鹽池。安池管理主任，肥差事也，不僅官升七八級，銀子也升七八級。

淳于衍女士覺得這也是一個可行的門路，就去拜見霍顯女士。霍顯女士一聽，喜上心頭，樂上眉梢，感謝無所不能，無所不在的上帝，這可是天賜良機，此時不下毒手，更待何時。立刻把淳于衍女士領到密室，作生死之交狀，摟着肩膀，親密曰：「少夫呀，好妹子，妳教我代謀的那個差事，都包在我身上。可是我也有一件小事麻煩妳，少夫呀，妳可答應我？」

少夫者，淳于衍女士的表字。以堂堂大將軍夫人之尊，叫一個卑微的警衛妻子的表字，那種親熱之情，使淳于衍女士受寵若驚。蓋它顯示的是，已把淳于衍女士納入自己的體系，成了「圈裏人」啦。而「圈裏人」的意義是：有福共享。

於是，淳于衍女士大爲感動，而霍顯女士正是要她大爲感動的。嗚呼，任何突如其來的好事——例如：突如其來的寵愛有加，都有其不可測的原因，而且往往是一種惡兆。淳于衍女士似乎一時還不能適應，她誠惶誠恐曰：「夫人呀，妳有啥命令，只管吩咐，敢不聽妳的話。」霍顯女士笑曰：「妳是知道的，大將軍最愛他的小女兒，想使她大富大貴，有勞少夫成全。」大將軍的女兒已經夠大富大貴啦，還有啥更大富大貴的玩藝，要一個警衛的妻子成全乎哉。淳于衍女士當時就呆在那裏，像一個木瓜。霍顯女士更柔情蜜意，把她拉到身旁，咬耳朵曰：「女人生產，跟死亡只一紙之隔。現在皇后許平君懷孕而又有病，正是下手的機會，使她看起來像自然死亡一樣。她死了之後，皇帝一定再娶皇后，小女兒就十拿九穩。少夫啊，妳如果肯爲我們霍家出力，將來共享榮華，千萬不要推辭。」

嗟夫，凡是可怕的陰謀，一旦圖窮匕見，便成定局。倒楣的淳于衍女士，只不過爲了替丈夫謀一個較好的差事，現在卻一下子跌進謀殺的陷阱，而對象又是皇后。她嚇了一跳之後，勢不能推辭。我們可以確定，她如果推辭的話，絕不可能活着走出大門。在大將軍府撲殺一個卑微的女人，跟撲殺一個老鼠一樣簡單。而她如果假裝答應，等回家後反悔，那後果也沒有差別，霍顯女士會殺之滅口。即令她不顧一切講了出來，誰敢相信這種可以招來殺身滅族之禍的信息？

一個人無意中闖進祕密的血腥陰謀，是最大的不幸。而現在，不幸正抓住淳于衍女士，她無法擺脫。

毒死產房

淳于衍女士不得不接受殺手的任務，可是她仍有疑慮，曰：「問題是，皇后吃藥，防範嚴密。藥是在很多醫生注視下配成的。吃藥之前，又有人負責先行嚐飲，恐怕無隙可乘？」霍顯女士冷笑曰：「細節方面，要靠妳相機行事，只要肯用心，一定會有辦法。而且，即令露出馬腳，也沒關係。大將軍管轄天下，誰敢多嘴？多嘴的都教他吃不了兜着走。明哲保身，古有明訓，誰不知道保身？萬一有不妥當之處，大將軍也會出面，絕對不使妳受到連累。

妳肯不肯幫忙，才是重要關鍵。」嗟夫，萬一出了事情，淳于衍女士只有一身承當，說不牽累她，完全一派屁話。可是，淳于衍女士除了答應外，已沒有選擇餘地。

淳于衍女士回到家裏，也沒有告訴丈夫。當然這種謀殺皇后的大事，知道的人越少越好，而且即令告訴丈夫，也不可能改變主意。她閣下祕密的把「附子」——毒藥的一種，搗成粉末，縫在衣袋裏，帶進皇宮。

紀元前七一年正月，許平君女士分娩，生了一個女兒，病也逐漸痊癒，不過生產之後，身體虛弱，仍需要繼續服藥調養。御醫們共同製出一種丸藥，大概不外維他命之類，而就在搓捏成丸時，淳于衍女士乘人不備，——嗚呼，家賊難防，許平君女士豈能料到貼身服侍的特別護士，竟是女殺手耶？淳于衍女士遂神不知鬼不覺的把附子粉末，羼到藥丸裏。附子並不是強烈的毒藥，不過它的藥性火燥，產婦們絕對不能下肚，下肚後雖不會七竅流血而死，但它會使血管急劇硬化。許平君女士吃了之後，藥性發作，感到氣喘，因而問淳于衍女士曰：「我覺得頭部沉重，是不是藥丸裏有什麼？」淳于衍女士曰：「藥丸裏有啥，妳可千萬別多心。」

可是等到御醫駕到，再爲皇后診脈時，許平君女士脈已散亂——不規則的跳動，額上冷汗淋淋，霎時間，兩眼一翻，一命歸天。嗚呼，許平君女士於紀元前七四年，十六歲時當皇后。只當了三年，於紀元前七一年被毒死，才十九歲，正是大學堂一二年級女學生的年齡。她是如此的善良、純潔，竟不明不白，死於宮廷鬥爭。後人有詩嘆曰——

贏得三年國母尊　傷心被毒埋冤魂
杜南若有遺靈在　好看仇家滅滿門

杜南，在杜陵之南。杜陵在陝西省西安市南二十公里，劉詢先生死後，埋葬在此。杜陵之南約五公里，有一較小的陵墓，就是可憐的許平君女士安葬之所，也稱之爲少陵。稍西有杜甫先生的舊宅，杜甫先生自稱爲「杜陵布衣」「少陵野老」，正是這幕悲劇的見證。

淳于衍女士毒死了皇后之後，向霍顯女士報命，霍顯女士大喜若狂。漢書上說，霍顯女士不敢馬上給她重謝，恐怕別人起疑心也。可是，西京雜記上卻說，霍顯女士給了她當時最名貴的「葡萄錦」二十四匹，「散花續」二十五匹，「走珠」一串（大概是鑽石項鍊），現款一百萬元（大概能買到一百棟公寓房子），黃金五十公斤（——原文是黃金一百兩，早有人指出「兩」是「斤」之誤矣）。然後，霍顯女士又給淳于衍女士蓋了一棟位於首都長安郊區高級住宅區的花園洋房（如果淳于衍女士喜歡熱鬧，可能就在市區買一棟使用電梯而又有中央冷暖氣設備的大廈）。然後，自然而然的「奴婢成群，成了暴發戶。不過，淳于衍女士仍不滿意，常抱怨曰：「我有什麼樣的功勞，卻這樣待我？」

——淳于衍女士說了這話沒有，我們不知道。但她有可能這麼炫耀她對霍家的貢獻。不過，假使她夠聰明的話，她應該弄點路費，遠走高飛。蓋結局是可以預見的，霍家垮台，她免不了一死。霍家一直當權，也絕不會把刀柄交給一個女殺手。史書上對她閣下的下場沒有交代，我們認爲她絕逃不脫，連她那個庸碌平凡的丈夫，以及她的兒女，都逃不脫。在下篇霍成君女士的篇幅裏，下毒案發，劉詢先生對霍家反擊時，屠殺了數千家，淳于衍女士一家能單獨無恙乎哉。

——許平君女士被毒死的那一年，是紀元前一世紀二〇年代最後一年——紀元前七一年。就在這一年，西方的羅馬帝國，奴隸戰爭結束。奴隸軍潰敗，斯巴達卡斯先生跟他的部屬六千餘人，全部釘死十字架，自羅馬城到阿西安道上，懸屍數十公里。東西世界，都有悲劇，而西方世界的悲劇，更慘絕人寰。

沉冤難伸

毒死皇后的陰謀再隱祕，消息仍然洩漏。洩漏的來源，可能出自霍顯女士之口，爲了展示她的法力無邊。也可能出自淳于衍女士之口，她一味的以「功臣」嘴臉出現，用不着哇啦哇啦宣傳，明眼人一瞧就可瞧出她閣下立的是啥功，效的是啥勞。然而，事關殺頭，二人不見得敢亂開黃腔，最可能的是許平君女士死時的悲慘景象。附子，多年生草本，莖葉有毒，許平君女士的口渴和頭痛，以及死後屍體的變化，都顯示重重疑問。皇帝丈夫劉詢雖不在身旁，但侍奉皇后的不僅僅淳于衍女士一人，還有其他的宮女和其他的特別護士，還有聞召而來，在一旁目瞪口呆的御醫群——他們可是內行。

於是劉詢先生下令調查，凡有關人員，包括淳于衍女士在內，統統逮捕，投入監獄，當然沒有一個人承認謀殺。消息傳到霍顯女士耳朵，她開始發慌，萬一淳于衍女士和盤托出她的主使人，那可眞是滅門的大禍。而事到如此，殺人滅口已來不及，即令來得及，反而更啓人疑竇，可能把亂子鬧得更大，就更遮蓋不住矣。走投無路之餘，她只好把全盤內幕，告訴霍光先生。霍光先生立刻汗流浹背，質問她爲啥不先跟他商量。霍顯女士一枝梨花春帶雨，泣曰：「生米已煮成熟飯，懊悔又有啥用。你大權在握，只有趕快想辦法挽救危局，第一件事就是馬上釋放淳于衍。她如果被囚得太久，認爲我們不照顧她，抱着同歸於盡的決心，我們霍家就完啦。」

霍光先生即令再正直無私，也別無他途。假如他自己主動的揭發這場罪行，他的妻子就要首先被處決，而且，恐怕僅死一個妻子還不夠，他的政敵正多，再加上許平君女士的家屬，他沒有把握自己不被牽連在內。他的政敵只要一口咬定他也知情，那就無論如何都分辯不清矣。於是，他晉見劉詢先生，一臉正經兼一臉老實，誠惶誠恐陳詞曰：

「皇后駕崩，普天之下，同放悲聲。有人造謠說她是被毒死的，顯然別有居心。蓋許平君女士賢德淑慧，誰個不知，怎會有仇家結怨？一定要說她中毒而死，那就等於證實皇后不仁不義，招致橫禍。陛下呀陛下，這豈不是傷害了皇后乎哉。而且那些御醫，又有啥膽量，敢暗下毒手?如今把他們硬生生定罪，也絕非你的忠厚本心。」

劉詢先生問他的意見，霍光先生乘勢建議曰：「事情既沒有明確的證據，先鬧得天下皆知，不是上策。不如把他們一律釋放，顯示皇恩浩蕩。」

震於霍光先生的權勢，和一時也找不到跡象——中央政府的官員，還沒有一個人敢跟霍光先生作對。而且，劉詢先生到底年輕，他才二十一歲，剛從卑微的地位爬上高座，不敢十分堅持。所以，只好答應。唯一的行動是，在許平君女士的頭銜上，尊稱爲「恭哀皇后」，哀，哀她年輕夭折也。

——許平君女士雖貴爲皇后，也有冤難伸。這要等到霍氏全族被殺的時候，才附帶着使凶手伏法。

霍成君

時代／紀元前一世紀三〇—四〇年代
其夫／西漢王朝第十任皇帝劉詢
遭遇／被逼自殺

妻屍未寒

許平君女士既死，霍顯女士的阻礙終於消除，她的下一步就是把女兒霍成君小姐送入皇宮，繼任皇后。這件事由霍光先生親自出馬，自然水到渠成。站在皇帝的地位，娶誰就是誰的榮耀，可是站在三年前尚是一個落魄小民的地位，能夠得到全國最高統帥（大將軍）的女兒，簡直癩蝦蟆吃到了天鵝肉，所以劉詢先生立刻同意。

許平君女士是紀元前七一年逝世的，就在當年，霍光先生把女兒送進皇宮。請讀者老爺注意，並不是皇帝娶皇后，而是皇帝納小老婆。等到第二年（前七〇——紀元前一世紀三〇年代第一年），才正式封爲皇后。劉詢先生二十二歲，霍成君女士十七歲，如果不是介入一場血淋淋的謀殺，倒也是一對佳偶。

——在以男人爲中心的時代，當一個臭男人，眞是一種神仙享受。妻子剛被毒死，屍骨未寒，丈夫就又娶了美貌嬌娘。如果調換調換，丈夫剛被毒死，妻子迫不及待的投到另一位年輕小子懷抱，既喊打鈴，又喊杭泥，恐怕大怒之聲，把她的耳朵都能震聾。

福禍相倚

霍成君女士既當了皇后，老娘霍顯女士以丈母娘之尊，在政府中的權威，如虎添翼。而且更增加她的自信，自信凡是她想要的，都可要到，凡是她所追求的，也都可以追求到。

霍成君女士跟她的前任許平君女士最大的不同是，雖然她們同是皇后，但許平君女士出身寒微，性情溫柔忠厚，侍奉她的宮女，不過幾個人（所以當她臥病時，才向宮外聘請特別護士），自己的衣飾起居，也非常儉樸。而且以侄孫媳的身份，每隔五天，都要去長樂宮朝見太皇太后上官女士。上官女士是第八任皇帝劉弗陵先生的妻子。劉弗陵先生的哥哥就是死於江充巫蠱案的劉據先生，劉據生劉進，劉進生第十任皇帝劉詢（當中夾了個被罷黜的第九任皇帝劉賀）。在輩份上，劉弗陵先生是劉詢先生的叔祖父，上官太皇太后是劉詢先生的叔祖母。所以許平君女士每去朝見，都親自捧茶端飯，十分恭謹。

霍成君女士的出身卻十分烜赫。咦，不要說她是威震朝綱，可以撤換皇帝的霍光先生「大將軍」的女兒啦，讀者老爺不妨舉目四顧，有些老奶，她爹不過是個部長、局長、董事長、總經理之流，距大將軍還十萬八千里，可是她已鼻孔朝天，教人渾身發麻。霍成君女士生在絕頂富貴的家庭，又有一位不識大體的囂張老娘。目睹耳染，她就很難像許平君女士那麼平實，她的左右侍從如雲，在大將軍府時，已經前呼後擁。當了皇后後，更加隆重盛大，每一賞賜，就是幾千幾萬。跟平易近人的許平君女士，成一強烈的對比。但她仍盡力效法許平君女士的做法，其中一項是，每隔五天，也以侄孫媳的身份，去長樂宮朝拜太皇太后上官女士。

問題是，在夫家的親屬體系上，上官女士是霍成君女士的叔祖母。但在更親密的娘家親屬體系上，霍成君女士卻是上官女士的嫡親姨媽。這就十分複雜啦，霍光先生大女兒嫁給上官桀先生的兒子上官安先生，現在身爲太皇太后的上官女士，就是上官安先生的女兒，在輩份上說，身爲侄孫媳婦的霍成君女士，恰恰是叔祖母上官女士的嫡親姨媽，而且是小時候在一起的玩伴。讀者老爺千萬不要被「叔祖母」「太皇太后」這類老氣橫秋的字句唬住，認爲上官女士已是個阿巴桑啦。事實上，當紀元前七〇年，霍成君女士十七歲的時候，上官女士才十九歲。十年前紀元前八〇年，她的祖父上官桀先生曾發動過一次宮廷政變，政變失敗後，全家處斬。那時劉弗陵先生還在位，上官女士正坐皇后寶座，本來也應該罷黜的，因她是霍光先生外孫女的緣故，總算保住性命，但上官一家，也只剩下這麼一個孤苦伶仃的小女孩（前八〇年，她這位皇后，不過九歲，還是玩家家酒的年齡），全靠霍家照顧。

在這種複雜的內外關係下，霍成君女士效法許平君女士，向上官女士捧茶端飯，上官女士怎麼承當得起歟？所以，每逢霍成君女士去表演孝道，上官女士就緊張萬狀，趕緊肅立辭謝，累得筋疲力盡。

然而，劉詢先生和霍成君女士的感情卻很燕好。一對年輕夫妻，如漆投膠。老娘霍顯女士，看到眼裏，喜在心頭。只要等女兒生下兒子，就是正式的皇太子。一旦女婿劉詢先生死掉，外孫登極，女兒就是皇太后，而她就是皇太后的娘。皇天在上，這就好啦，榮華富貴，有得享啦。這個如意算盤可以說太過於如意，李耳先生道德經曰：「禍兮福所倚，福兮禍所伏。」小福小禍，無關痛癢；而大禍大福，往往只一紙之隔。在不可測的專制政府下去搞政治，尤其如此。

霍成君女士當皇后的第三年，紀元前六八年，霍光先生去世。在國家講，是巨星殞落，在霍氏家族講，是冰山倒塌。始終在霍光先生火熱般的權威籠罩下的劉詢先生，開始喘口氣，掙扎而起。前已言之，他最初預備封許平君女士老爹許廣漢先生侯爵的，霍光先生認為他是「刑餘之人」，不配此高位。霍光先生死後第二年（前六七），劉詢先生即下令封許廣漢先生平恩侯，這已使霍家大吃一驚，表示皇帝有一種待機而動，隱藏在內心的反抗意識。接着，劉詢先生再立許平君女士生的兒子劉奭先生當皇太子。霍顯女士得到消息後，史書上形容她：「恚怒下食，嘔血。」那就是說她閣下怒火沖天，氣得大口吐血，並拒絕吃飯——她絕食並不是決心餓死，而是展示她痛心的程度，以爭取家人對她的同情和再下毒手的支持。

霍家權勢，如日中天

霍顯女士所以「嘔血」，甚至「不食」的原因，是她考慮到將來皇位繼承問題，她咬牙曰：「劉奭那小子，是微賤出身的許平君生的，有啥資格當皇太子？我女兒將來生了兒子，難道反而只當親王，出居外藩乎哉。」當親王自然不如當皇帝。外孫是皇帝，外祖母高高在上，就可控制全國。外孫如果僅只一個親王，而皇帝又是被霍家毒死的許平君的兒子，那就大勢不好。一個親王一旦發現他親娘是被毒死的，可能毫無辦法。一個皇帝一旦發現他親娘是被毒死的，追根究柢，大禍就要發作。想起來這種可能性，霍顯女士不由得毛骨悚然。索性一不做、二不休，爲了斬草除根，她再要女兒去毒死劉奭。

劉奭小子被立爲皇太子那一年，是霍光先生死後的第二年，即紀元前六七年，他才八歲。毒死一個八歲的娃娃，本來易如探囊取物。可是，兩件事情使這件謀殺案不能成功，一是，霍成君女士那一年才不過二十歲，還不是一個擔任殺手的成熟年齡。一是，劉奭小子的保母忠心耿耿，保護她所養的娃兒無微不至，一方面警告劉奭小子不可吃任何人的東西，一方面，在非吃不可的時候，好比皇后霍成君女士賞賜的食物，就不能不吃，那麼，保母就先吃下肚，試驗試驗是否有毒。

結果，霍成君女士幾次下手，都歸失敗。但陰謀一經發動，即令是輕微的發動，也會洩漏出去。最後終於傳到老爹劉詢先生的耳朵，劉詢先生察言觀色，也看出霍成君女士對劉奭小子，完全一副晚娘嘴臉（這是霍成君女士太年輕、太嫩之故，她如果是個老奸巨猾，忍下心頭怒火，表面上做得熱絡一點，就不露痕跡矣）。劉詢先生開始起疑，於是他回想前妻許平君女士的暴斃，又不斷聽到宮廷內外的傳語流言。他幾乎可以確定其中必有可怕的內幕，雖然還不敢公開的跟霍家作對，但他已決心採取行動。

現在，我們報告一下紀元前一世紀三〇年代，霍光先生死後，霍氏家族在西漢王朝中央政府的權力位置——

霍成君女士　霍光先生的小女兒，皇后。

上官女士　霍光先生的外孫女，太皇太后。

霍禹先生　霍光先生的長子，封博陵侯，全國武裝部隊副總司令（右將軍）。

霍山先生　霍光先生的侄孫，封樂平侯，皇宮機要祕書長（守奉車都尉領尚書事）。

霍雲先生　霍光先生的侄孫，封冠陽侯，首都衛戍部隊副司令官（中郎將）。

鄧光漢先生　霍光先生的長女婿，長樂宮防衛司令官（長樂衛尉）。

任勝先生　霍光先生的次女婿，首都衛戍部隊司令官（諸吏中郎將羽林監）。

趙平先生　霍光先生的三女婿，武裝部隊訓練司令（散騎常侍將屯兵）。

范明友先生　霍光先生的四女婿，封平陵侯，北方軍區司令官兼未央宮防衛司令官（度遼將軍未央衛尉）。

張朔先生　霍光先生的侄女婿，皇宮機要祕書（給事中光祿大夫）。

王漢先生　霍光先生的孫女婿，首都衛戍部隊副司令官（中郎將）。

以上這些人，都是史書上列名的人物，其他沒有列名的大小嘍囉，更千千萬萬。但僅就

這些列名的人物，就可看出霍家的力量，已深入政府每一個重要角落。尤其是，第一，他們掌握了軍權，從野戰軍到衛戍部隊，根深柢固。第二：他們掌握了「領尚書事」。這是一個關鍵角色，凡是呈送給皇帝的奏章，必須有一個副本先行送到「領尚書事」，如果認爲它可以，才把正本拿給皇帝看。如果認爲它不可以，就把正本退回或扣留。皇帝好像瞎子一樣，「領尚書事」教他看啥，他才能看啥。教他知道啥，他才能知道啥。霍氏家族掌握了軍權和機要，天下就沒有一個人能夠動搖他們。

二十年之久的長期富貴和權勢，使霍氏家族徹底腐化。首先是老太婆霍顯女士，她不久就姘上她的家奴馮子都先生，馮子都先生的權威也立刻大震。老娘跟她的那些荷花大少兒子們，更大肆建築家宅——在市區是電梯大廈，在郊區是花園別墅。唯一遺憾的是，那時候還沒有直昇飛機和汽車供他們奔馳炫耀，但他們的馬車卻連英國女王的御輦都自嘆命薄。霍家所用的馬車，都用黃金作爲裝飾，輪子用絲棉包裹，坐在上面，毫不顚簸。

劉詢的架空戰術

我們說霍家的車是馬車，事實上，它們不是用馬拉的，而是美麗的侍女用五采絲帶拉的。車身既很龐大，內外又全是綢緞，霍顯女士和馮子都先生，就在車裏顚鸞倒鳳。嗚呼，霍光先生死而有知，對這頂綠帽子，一定大不滿意。

僅只生活豪華，還不是致命傷，致命傷的是他們的自信——前已言之，霍顯女士自信她

的法力無邊，而霍家的子女和女婿，也自信他們的權勢是鋼鐵鑄成的，小民固不值一理，連皇帝也不過一屁。他們對皇宮，好像對戲院一樣，隨時隨地出出進進。而霍雲先生尤其自負，好幾次輪他到皇宮值班（朝請）守衛時，他都假裝有病——肚子痛之類，悄悄溜掉。這在當時是一種嚴重的罪行，可是他不在乎。而霍家的奴僕，也狗仗人勢，一個比一個凶猛。他們眼珠生到額角上，除了主子，其他任何人都瞧不起。有一次，霍家的奴僕跟監察部部長（御史大夫）魏相先生的奴僕，為了在路上爭道，起了衝突，霍家的奴僕火冒三丈，認為簡直是奇恥大辱，乃大發神威，一直打到監察部（御史府），要拆掉大門，誰勸都不行。那些可憐的監察部委員（御史）們，只好跪在地上，向他們叩頭求饒，才算罷休。

權力跟許平君女士服下的「附子」一樣，莖葉都是有毒的，中附子的毒是口渴頭痛，中權力的毒是瘋狂——瘋狂得自信自己萬能，瘋狂得腐爛墮落。當霍氏家族的權勢正無畏無懼，氣吞山河之際。跟六十年前，紀元前二世紀七〇年代，皇后衛子夫女士的家族一樣，衛氏家族是一個自律很嚴，待人忠厚，對權力小心翼翼的家族，但仍埋伏下覆滅的炸藥。霍氏家族則是一個魔鬼集團，對權力能濫用就濫用，它屁股底下的炸藥，就更越積越多。霍氏家族顯然的已跟所有非霍氏系統的人為敵，最主要的是皇帝劉詢先生，其次是許平君女士的許氏家族，再其次是劉詢先生祖母史良娣女士的史氏家族，和稍後興起的，劉詢先生親娘王女士的王氏家族。

劉詢先生的手段是，擢升被霍家侮辱過的魏相先生當宰相，跟他密謀，開始採取架空戰

術。第一件事就是剝奪霍山先生皇宮機要祕書長（領尚書事）的權力，規定所有奏章，不必再用副本，可以直接呈送到皇帝那裏。第二件事是，剝奪霍氏家族們的軍權，先調北方軍區司令官兼未央宮防衛司令官范明友先生當宮廷禁衛官司令（光祿勳）。再調首都衛戍部隊司令官任勝先生當安定郡（寧夏省固原縣）郡長（太守），再調皇宮機要祕書張朔先生當蜀郡（四川省成都市）郡長，再調首都衛戍部隊副司令官王漢先生當武威郡（甘肅省武威市）郡長，把他們調到距首都長安遙遠的邊陲。再調長樂宮防衛司令官鄧廣漢先生當宮廷供應部長（少府），免掉霍禹先生全國武裝部隊副總司令（右將軍）的職務，升他爲架空的國防部長（大司馬），再免掉武裝部隊訓練司令趙平先生的兼差，專任特級國務官（光祿大夫）。

經過大調動之後，軍權全部落到許氏家族和史氏家族之手，霍氏家族一個個成了地位崇高，但沒有實力的光棍。

這是一記喪鐘，如果霍氏家族夠警覺的話，他們應該發現形勢的嚴重，用壯士斷腕的手段，加強收斂，還有苟延殘喘的可能。可是教一個驕蠻任性的人自我檢討，那比拉痢疾都難。而且恰恰相反的，他們想到的唯一反應是報復，是重新獲得權力。當魏相先生當宰相時，老太婆霍顯女士就召集她的子弟女婿，憤憤曰：「你們不知道繼承老爹的雄功偉業，日夜花天酒地。而今魏相當了宰相，一旦有人進了讒言，怎麼能夠挽救？」霍禹先生一些紈袴子弟，還顢顢頇頇，不以爲意。等到機要權和軍權一一被奪，霍禹先生才發現果然不妙，就害起了政治病，說他病啦，不再參加早朝。向一個前來探病的部下任宣先生發牢騷曰：「劉詢如果不是我家老爹，他怎麼能當皇帝？而今我家老爹的墳土還沒有乾，就把俺家的人統統排斥，反而信任許家史家的子弟，天乎天乎，究竟我們霍家有什麼過錯？」

——霍顯女士自己日夜花天酒地，卻責備別人日夜花天酒地。霍禹先生自己橫行霸道，卻認爲自己沒有過錯。他們的聰明都用來責備別人，沒有用來反省自己，當然也就越想越生氣。

霍家的失去權勢，人們都看得一清二楚。於是，一些彈劾的奏章，和一些揭發霍家不法行爲的報告，一天比一天增加。而「領尙書事」的霍山先生既沒有副本，對於這些奏章和報告，攔也攔不住，阻也無法阻，霍氏家族遂大起恐慌。

第一次陰謀敗露

當霍氏家族走下坡路的時候，霍雲先生的舅父李竟先生，有一個朋友，名叫張赦。此公向李竟先生祕密建議曰：「現在宰相魏相先生，跟平恩侯許廣漢先生，大權在握，恐怕終有一天會罩到霍家頭上。但你們仍有一條生路，那就是，請霍顯老奶出面，說服她外孫女上官太后，由上官太后下令，先把魏相許廣漢幹掉，然後一不做，二不休，再把劉詢先生驅下寶座，另換上一個皇帝，才是釜底抽薪的上策。」問題是，當霍氏家族掌握兵權的時候，這主意是好主意，因爲它有成功的可能性。如今，兵權既去，等於丟了刀子再去打老虎，這主意便是餿主意，而且是可怕的餿主意矣。尤其糟的是，這種可怕的餿主意，卻不能保密，竟被霍家的馬夫聽了去。恰巧長安的一個小市民張章先生，跟馬夫是朋友，前來投靠馬夫，馬夫好心腸，留他在宿舍住下。落魄的人心神不寧，一時難以入夢。馬夫們卻以爲他睡啦，對這件事竊竊私語，兼紛紛議論，張章先生一一聽到耳朵裏，暗喜曰：「富貴榮華，在此一舉。」第二天，他就寫了一份檢舉函，向皇帝直接告密。

前已言之，從前任何奏章，都要經過「領尚書事」（主管宮廷機要）一關，現在則不再經過啦，所以，這份檢舉函直接就送到劉詢先生那裏。司法部（廷尉）立即採取行動，把李竟先生捉住，並下令首都警備區司令（執金吾），逮捕聞風逃走的張赦先生。可是，稍後不久，劉詢先生吩咐不再追究，並且把李竟先生釋放。

罷黜皇帝，是一個非同小可，足以引起千萬人頭落地的陰謀，忽然稀鬆平常的消滅於無形，反而使霍氏家族更爲恐慌，他們了解，是因爲事情牽連到當太皇太后的上官女士，只不過暫時的按兵不動，暴風雨仍在醞釀。偏偏李竟先生在司法部（廷尉）留下不利於霍家的口供——這應該在意料之中。於是，劉詢先生認爲，機要祕書長霍山先生，首都衛戍部隊司令官霍雲先生，已不適合繼續擔任高級官員，勅令他們退休，但仍保持他們的侯爵。

至此，霍氏家族中，除了霍禹先生仍當一個架空了的最高指揮官（大司馬）外，其他的全都被逐出權力中樞。而劉詢先生對唯一尚留在政府中的霍禹先生，也不再維持昔日的禮遇，不時的露出使霍禹先生難堪的嘴臉。霍顯女士的一些女兒們，都是上官太后的姨媽，不但輩份高，年齡也比較長，平常每次進宮，跟上官太后擠在一起，嘰嘰喳喳，骨肉情深，現在也成了罪狀。有一天，劉詢先生聲色俱厲的質問霍禹先生，霍家婦女晉見上官太后時，爲啥不遵守皇家禮節？所謂皇家禮節，就是磕頭跪拜的奴才禮節。劉詢先生又順便質問，馮子都是誰？仗着誰的權勢，竟敢在長安欺善凌弱？問得霍禹先生啞口無言，渾身大汗。嗚呼，霍家從來沒有受過這種面對面的侮辱，而侮辱是更大災禍的前兆。膽小的開始魂不附體，膽大的則一肚子憤怒——一種惡人受挫後所產生的憤怒，誓言霍家決不再繼續接受這種侮辱啦，必須採取緊急反應。老太婆霍顯女士，身爲一家之主，更忐忑不安，她曾夢見霍光先生警告她：「妳知道不知道，就要逮捕兒輩乎？」霍禹先生也夢見成隊的騎兵和囚車，前來執行逮捕。而且，怪異的事，層出不窮，漢書記載曰：「家裏的老鼠忽然增多，竄來竄去，有時竟撞到人身上。鴞鳥就在庭院樹上築巢，發出毛骨悚然的叫聲。大門無故塌掉，有人彷彿看見鬼魂就坐在霍雲先生的房子上，掀起屋瓦，扔到地下。」

——老鼠忽然增多，顯然是因爲霍家已陷於重大危險，家人上下，朝不保夕，已沒人再去整理環境。大門塌掉，屋瓦自落，更說明缺乏照料，任它頹壞。鴞鳥，Strixuralersis也，俗稱貓頭鷹，是生長在幽靜林叢裏的動物。牠閣下的眼睛，在陽光下看不見東西，所以白天只好睡大覺，晚上才出來上班。事實上牠根本不可能進入有人居住的人家，無論這人家是不是有深宅大院。而牠竟然進入啦，再一次說明霍家的人精神恍惚，眾心渙散，不要說貓頭鷹在樹上築巢沒人去管，恐怕就是老虎闖到廚房，都沒人管矣。任何烜赫的官宦世家，一旦失去權勢，第一個現象就是住宅的荒蕪。嗟夫，不僅霍家如此，古今中外，從無例外。

第二次陰謀敗露

紀元前一世紀三〇年代前六六年，劉詢先生登極了八年之後，終於找到他的外祖母王女士，跟他的舅父王無故、王武。當即封王女士爲博平君，兩位舅父也都封侯爵，先生王無故先生是平昌侯、王武先生是樂昌侯。於是，在西漢王朝中央政府當權的家族，除了許家史家之外，又多出了一個王家。相形之下，霍家更被擠了下去。不過，霍顯女士卻認爲這是一個反攻的良機，就在那一年（前六六）的二月，她召集了一個霍家高階層祕密會議，出席的包括霍家的子侄，和霍家的女婿。霍顯女士義憤塡膺曰：「依照法律，臣民們隨便議論宗廟，就要殺頭。而今身爲宰相的魏相，竟然主張減少宗廟的祭祀。開國皇帝劉邦先生，曾有遺令，凡是沒有戰功的，不能封侯，史家、許家，已封了侯，現在又多了王家，魏相卻不說一句話，我們應該抓住這個小辮子，把魏相打倒。」霍顯女士的初意，只不過針對魏相。可是霍禹、霍雲兩人，卻認爲僅只搞垮魏相先生，仍不能保證霍家安全，更不要說再掌權啦。霍山先生曰：「外邊對我們霍家的抨擊，太不合理，霍家子弟固然也有不成器的。可是，像傳言我們毒死皇后許平君女士，簡直血口噴人，怎會有這種事？」霍顯女士不得已，只好承認確有這回事。霍山、霍禹面無人色，嘆曰：「完啦，完啦。」爲了徹底解決，舊事重提，一不做，二不休，決心發動宮廷政變，先由上官太后出面，請劉詢先生的外祖母封爲博平君的王女士吃春酒，就在皇宮埋伏死士，把倒楣的陪客宰相魏相先生，跟劉詢的岳父許廣漢先生，當場處決。乘着混亂，罷黜劉詢先生，即由霍禹先生當皇帝。

——這些罪狀，都是案發後官方的一面之詞，依我們對政治形勢的了解，殺魏相、許廣漢的陰謀會有的。至於把劉詢先生驅下寶座，而由霍禹先生的屁股去坐的陰謀，依當時的局面和意識形態，不可能產生。不過是霍家的仇敵認爲只有如此，才能把霍家套牢。

然而，這個第二次大陰謀，再度被上次告密的張章先生探知——他的消息可能仍來自他的馬夫朋友。咦，霍家子弟簡直一窩豬玀，竟一而再的洩漏機密。張章先生這次不再直接向皇帝檢舉啦，他報告給禁衛軍的禁衛官（期門）董忠先生，董忠先生魂飛天外，急跟禁衛軍參謀官（左曹）楊惲先生商量，楊惲先生立刻通知宮廷侍從官（侍中）金安上先生，金安上先生是劉詢先生最親信的貼身侍從之一，他隨即向劉詢先生提出報告。他跟另一位宮廷侍從官（侍中）史高先生，共同建議採取緊急措施，先行嚴禁霍氏家族出入宮廷。而另一位宮廷侍從官（侍中）金賞先生，也是霍光先生的女婿，可能他因平常跟霍家不和，沒有被邀參加這次陰謀，也可能發現事情敗露，陰謀不能成功。不論怎麼吧，反正是，他得到消息，即行晉見劉詢先生，要求批准他跟妻子離婚。

嗚呼，到了這種地步，劉詢先生已被逼到必須反擊的角落。他的反擊是全面的恐怖，下令把霍家一網打盡。衛戍部隊立刻出動，宮廷禁衛官司令（光祿勳）范明友先生，首先得到消息，飛騎奔向霍家告警。霍山、霍雲平常大言不慚，渾身都是解數，現在面臨突變，卻六神無主，手足失措。而家奴又適時的倉卒報告：「太夫人（霍顯女士）第宅，已被人馬團團圍住啦。」霍山、霍雲、范明友三人，面面相覷，只好服毒自殺。

這一次霍家子弟和女婿——除了那位在緊急關頭把妻子遺棄的金賞先生外，全部逮捕。結局是，霍禹先生腰斬（腰斬，酷刑之一，在腰部用刀砍斷，要哀號幾個小時才死）。霍顯女士以下，無論老幼男女，遠親近戚；輾轉牽累，包括那些不可一世的家奴兼姘頭馮子都先生，和毒死許平君女士的淳于衍女士，全數綁赴刑場，砍下尊頭。史書上記載，這次屠殺了一千餘家。中國一向是大家庭制度，富貴之家，人口更多，每家以一百人計算，就屠殺了十餘萬人，長安幾乎成爲空城矣。兩千年之後的現代，我們仍可隱約的看到懷抱中的嬰兒也被拖出，承受鋼刀。震天的哭聲，告訴人們，當權四十年，威震全國二十年的一個巨族，全部覆滅。

——霍姓家族有自取滅亡之道，紈袴子弟去玩弄政治，比玩弄毒蛇還要危險，蓋在專制時代，政治和血腥是不可分的。滅族的酷刑，是中國傳統文化中最殘忍最不人道的一面，感謝西洋文明的東漸，使這種野蠻的刑法，在中國消失。不過，無論如何，霍光先生對劉詢先生，應是恩重如山。沒有霍光，劉詢不但當不上皇帝，恐怕以一個叛逆之子的身份，誠如張安世先生所言，有碗飯吃就了不起啦。劉詢先生滿可以赦免霍氏家族的一個人——甚至一個孩童，使霍光先生的後代不至斷絕。可是，劉詢先生卻要斬草除根，也夠狠的矣。

昭台宮・雲林館

在西漢王朝，和稍後的東漢王朝，政府官員是由三種人包辦的，一是戚族、一是皇族、一是士大夫——平民出身的高級知識份子集團。戚族是皇帝的姻親：皇帝母親的娘家人，和皇帝妻子的娘家人。在紀元前二世紀到紀元後一世紀之間，封建的專制政體，正穩定發展。平民而取得高位，很難篡奪政權。但皇族不然，任何人只要有權，他就有坐龍廷的可能。所以，在此期間，也就是西漢和東漢王朝，皇族在政治權力上沒有份量，蓋皇帝老爺對他們防得奇緊也。只有來自平民的士大夫，卻可猛竄直升。不過，士大夫如果不能夠跟皇帝攀點親，沒有內線，皇帝就不會長期的對他信任，人死官滅，權勢也就落花流水。必須跟皇帝攀點親，才能建立長期不墜的權力世家。霍顯女士不惜冒滅族的危險謀殺皇后，硬把女兒嫁給劉詢先生，不僅僅是爲了女兒的利益，也是爲了自己和家族的利益，她的目的在於化家族爲戚族，永享榮華富貴。

霍光先生是紀元前二世紀八〇年代，大破匈奴汗國的民族英雄霍去病先生的同父異母弟弟。在介紹皇后衛子夫女士的篇幅裏，讀者老爺一定還記得衛氏家族的烜赫，衛子夫女士的姊姊衛少兒女士，跟一位小職員霍仲孺先生私通，生下霍去病。後來霍仲孺先生回到河東（山西省）平陽（臨汾市）故鄉，再結了婚，生了一個兒子，就是霍光。靠着哥哥的關係，踏進宮闈，伺候老皇帝劉徹。霍光先生雖然來頭不凡，但他天性小心謹愼，從沒有普通紈袴子弟那種傲慢疏闊兼不可一世的惡劣習氣，二十年間，沒有出過差錯。因之衛氏家族全族被屠殺流血時，卻沒有牽連到他。劉徹先生看到眼裏，記在心頭，所以臨死時，付以託孤重任。一切情形，前已言之矣。

無論從哪方面說，霍光先生對西漢王朝和姓劉的皇族，忠心耿耿，一片赤心，僅就他立劉詢先生繼承被罷黜的劉賀先生，使劉詢先生旱地拔蔥，忽然間直升到九霄雲外，至少他對劉詢先生恩情不薄。可是，霍光先生才去世兩年，墳墓上的青草可能還沒有長滿，卻全族死於行刑隊的刀口之下。固然由於他的妻子和兒女膽大包天，闖下滔天大禍，但殺得雞犬不留，卻使義人沮喪。有人指責劉詢先生故意慫恿他們惡貫滿盈，以便一網打盡，這也有可能性。蓋劉詢先生尙是小民，跟一些地痞流氓，一塊鬥雞偷狗的時候，霍光先生以全國最高統帥（大將軍）之尊，巍巍在上，高不可攀。而且也正因爲他是小民，對霍氏家族和狗腿子們的凶惡嘴臉，印象也最深刻。當他被選爲皇帝，到西漢王朝開山老祖劉邦先生的祠堂（太廟）進香時，他坐在輦車當中，霍光先生則站在他的身旁（驂乘），十八歲的劉詢先生雖然已貴爲皇帝，但仍殘存着小民對大將軍畏懼的感情，所以好像芒刺在背，渾身緊張。俗云：「威震主子的人，不祥。」不祥，漢書上曰：「不畜。」就是說勢必要滾，或者活着滾，或者死着滾。霍光先生是活着滾的，而他的家族則是死着滾的也。

不過，霍氏家族事實上已不能自拔，權力中毒之後，離開權力就簡直活不下去。四十年之久叱咤風雲的家族，要他們自己放棄權力，甘心過一個普通侯爵的平凡生活，根本不可能。所以，一定說劉詢先生一開始就存心不良，也不見得。霍氏家族已陷進權力的泥沼，他們只有兩個結局，一個是眞的自己當上皇帝，一個就是全族「無少長皆斬」。只有民主政治才可避免這種悲劇，然而，那時候卻沒有民主政治。

霍氏家族覆滅的那一年，是紀元前六六年七月。唯一不死的，只剩下皇后霍成君女士一人，才二十一歲。我們可以想像，她聽到全族被殺，老娘和哥哥姊姊們都綁赴法場處決時，她的驚恐和悲痛。這不是一個普通女孩所能承受的打擊，突然落到她頭上，跟當初衛子夫女士聽到兒子失敗消息的情形一樣，雄心壯志，剎那間化爲一縷雲煙。衛子夫女士拒絕接受更進一步的侮辱，懸樑自盡。霍成君女士到底年事還小，她可能仍希望奇蹟，但奇蹟不是常出現的。到了八月，使臣闖進皇后宮，向霍成君女士宣讀劉詢先生的詔書，詔書曰：「妳心懷惡毒，跟母親霍顯，合謀危害皇太子，沒有做母親的恩情，不適合當皇后。自即日起，逐出皇后宮，繳出皇后印信。」

——原文：皇后熒惑失道，懷不德，挾毒與母博陸宣城侯夫人顯謀，欲危太子，無人母之恩，不宜奉宗廟衣服，以承天命。嗚呼傷哉，其退避宮，上璽綬有司。

霍成君女士只當了五年皇后，到此悽悽涼涼，被送到長安郊區上林苑中昭台宮。從此，一朵正在盛開的美麗花朵，被活活與世隔絕。昔日驕傲高貴，不可一世，於今只孤苦一身，任人擺佈。像鋼鐵一般結實，千年不倒的後台，已成幻境。然而，厄運仍抓住她不放。十二年後的紀元前五四年，劉詢先生忽然想起了她，再把她送到一個名叫雲林館小屋中，加強禁錮。然而僅只禁錮似乎仍不能消他心頭之恨，於是下令教她自殺。事情到此，還有什麼話可說，霍成君女士只好慟哭一場，是服毒？或是上吊？或是被行刑隊勒斃？史書上沒有交代。交代的是，霍成君女士終於慘死，死年才三十三歲。老娘如果不千方百計教她當皇后，可能不至於引起這一串連鎖性的惡性循環，她會跟一個侯爵結婚，仍在過恩愛夫妻的日子。然而，富貴耀眼欲眩，身不由主，人生誰又不如此耶。

霍成君女士埋葬在長安的衛星城市藍田縣的昆吾亭東，而今已不再有痕跡矣。

馮媛

時代／紀元前一世紀六〇—七〇年代
其夫／西漢王朝第十一任皇帝劉奭
遭遇／被逼自殺

小老婆群編制

霍成君女士的悲劇，發生於紀元前一世紀二〇—三〇年代。到了六〇年代，西漢王朝宮廷中，悲劇再現。這場悲劇的女主角馮媛女士，是一位「昭儀」，史書上稱她「馮昭儀」，有時也稱她「馮婕妤」。

在沒有介紹馮媛女士之前，我們應先了解啥是「昭儀」？啥是「婕妤」？因爲這不僅和馮媛女士有關。在以後的史書中，老奶的名字往往被一筆勾銷，而只留下她的姓和她的位號頭銜，如果不弄明白，就大霧瀰漫，迷糊到底矣。

夫皇宮之中，美女如雲，少者幾千人，多者幾萬人。總得有個組織，才能指揮若定，有條不紊。否則大家擠成一團，東奔西跑，誰也管不住誰，豈不亂糟糟的成了馬蜂窩乎哉。這組織包括后妃的編制，就是把皇帝的老婆群分爲若干等級，等級比照政府的官制，除了大老婆正配妻子稱爲「皇后」外，其他的小老婆——台灣話謂之「細姨」，以皇帝老爺對她寵愛的程度，封她一個位號頭銜，名號頭銜有高有低，待遇隨之也有差別。一級的薪俸最高，手下服侍的宮女也最多，派頭比較大。最末級的薪俸也最低，手下服侍的宮女也最少，派頭也比較小。人人都希望往高枝上爬，皇宮裏千千萬萬如花似玉，因爲只有一個臭男人是獵物的緣故，自然競爭得極爲激烈。

關於后妃的位號頭銜，可追溯到紀元前十一世紀周王朝褒姒女士的時代，周王朝，國王可以合法的擁有一百零一個妻子——一個大老婆和一百個小老婆群。她們的編制是這樣的焉：

超級：「王后」，一人。地位跟國王相等。

第一級：「夫人」，三人。啥事也不幹，只陪伴國王（坐論婦禮）。

第二級：「嬪」，九人。負責處理皇宮事務（掌教四德）。

第三級：「世婦」，二十七人，主持祭典和招待入宮朝覲的貴婦。

第四級：「女御」，八十一人。專門供國王床上娛樂。

一個國王就有一百零一個老婆，一年三百六十五天，國王老爺縱是每天都不休息，三天才輪到一次。而假如國王老爺每天都不休息的話，那老命就要休息矣。爲了力不從心，或爲了掙扎着活下去，國王老爺只好抱頭鼠竄，努力提倡「獨睡主義」。膽小的老奶自怨自艾，膽大的老奶，如翟叔隗女士，就紅杏出牆，另找戶頭，鬧得兵荒馬亂。

到了紀元前二世紀秦王朝，花樣翻新，曰：

超級：「皇后」
第一級：「夫人」
第二級：「美人」
第三級：「良人」
第四級：「八子」
第五級：「七子」
第六級：「長使」
第七級：「少使」

史書上沒有記載她們的職務是啥，其實記載不記載，都是一樣，反正是供皇帝老爺一個人龍心大悅罷啦。即令記載，諸如「坐論婦禮」，好像三位如花似玉的「夫人」，主要的工作是坐在那裏，跟國王整天交換有關女人行爲規範的意見。又諸如「掌教四德」，好像九位如花似玉的「嬪」，主要的工作是講道德說仁義。這種職務，說了等於白說。不過，秦王朝的后妃編制，不但在位號頭銜上跟周王朝不同，在人數上也跟周王朝不同。周王朝國王的老婆人數，還有個法定的限制，不得超過一百零一人。而秦王朝，和秦王朝之後的一些王朝，只有一定的等級，而沒有一定的名額。跟官場中的情形一樣，只要皇帝老爺一高興，或一不高興，他教誰當「夫人」，誰就當「夫人」，想教誰當「八子」，誰就當「八子」，多多益善，沒一個人敢插嘴。

到了紀元前二世紀七〇年代，西漢王朝第七任皇帝劉徹先生，對女人的興趣遠超過他的那些祖宗，再度的進行改組。反正他是龍頭老大，想幹啥就可幹啥，關於小老婆群的名號，就更隨心所欲。於是，大批美麗的詞藻洋溢紙上，他把皇宮裏排山倒海的美女，分為十級

超級：「皇后」，位比皇帝，爵也比皇帝。
第一級：「婕妤」，位比宰相，爵比親王。
第二級：「娙娥」，位比上卿，爵比列侯。
第三級：「容華」，位比中二千石（副宰相），爵比關中侯。
第四級：「充衣」，位比眞二千石（部長），爵比大上造（文官最高級——一品）。
第五級：「美人」，位比二千石（州長），爵比少上造（文官第二級——二品）。
第六級：「良人」，位比千石（州長級），爵比中更（文官第三級——三品）。
第七級：「八子」，位比千石（州長級），爵比左更（文官第四級——四品）。
第八級：「七子」，位比八百石（副州長），爵比右庶長（文官第五級——五品）。

第九級：「長使」，位比八百石（副州長級），爵比左庶長（文官第六級——六品）。

第十級：「少使」，位比六百石（縣長），爵比五大夫（文官第七級——七品）。

十五級・八等

上述的十級編制，維持了七十年，到了紀元前一世紀五〇年代，第十一任皇帝劉奭先生在位，西漢王朝皇宮裏的老奶，包括高高在上的皇后和命賤如紙的宮女，已有兩萬餘人。——寫到這裏，柏楊夫人看見，忍不住哎呀一聲，要翻白眼。阿巴桑眞是不開竅，她如果看見七〇年代的情形，恐怕就要哎呀兩聲，要翻白眼兩次矣。蓋到了七〇年代，西漢王朝皇宮裏的老奶，已達四萬餘人。不但瞧一瞧能累出癱瘓，縱是想一想也都能累得身死魂滅。劉奭先生最大的樂趣是玩女人，身爲帝崽，玩女人跟玩螞蟻一樣，可以隨心所欲。他覺得十級編制，還不夠顯示他的愛色如命，於是乃擴大爲十五級，而在最末兩級之內，再分爲若干等——

超級：「皇后」，跟老祖宗時代一樣，位比皇帝，爵比皇帝。

第一級：「昭儀」，位比宰相，爵比親王。（新設的最高位號頭銜，原「夫人」取消。）

第二級：「婕妤」，位比上卿，爵比列侯。（原是第一級，在新編制中，降爲第二級。）

第三級：「娙娥」，位比中二千石，爵比關內侯。（原是第二級，在新編制中，降爲第三級。)

第四級：「容華」，位比眞二千石，爵比大上造。(原是第三級，新編制中，降爲第四級。)

第五級：「充衣」，位比二千石，爵比少上造。(原是第四級，在新編制中降爲第五級。)

第六級：「美人」，位比千石，爵比中更。(原是第五級，在新編制中，降爲第六級。)

第七級：「良人」，位比千石，爵比左更。(原是第六級，在新編制中，降爲第七級。)

第八級：「八子」，位比八百石，爵比右庶長。(原是第七級，在新編制中，降爲第八級。)

第九級：「七子」，位比八百石，爵比左庶長。(原是第八級，在新編制中，降爲第九級。)

第十級：「長使」，位比六百石，爵比五大夫。(原是第九級，在新編制中，降爲第十級。)

第十一級：「少使」，位比四百石，爵比公乘。(原是第十級，在新編制中，降爲第十一級。「公乘」，文官制度最末一級。)

第十二級：「五官」，位比三百石。(十二級以下，是劉奭先生所發明的，但只算僱員階層，已沒有爵位可比。好像少尉以下，便不能算軍官，只能算士官矣。「

第十三級：「順常」，位比二百石。（僱員階層第二級，更微不足道。）五官」，僱員階層最高一級，年薪只三百石，微不足道。）

第十四級：這一級的名堂可多啦，級內再分六等，曰：「舞涓」「共和」「娛靈」「保林」「良娣」「夜香」。位比百石。（難爲劉奭先生的腦筋，不用到國家上，卻用到女人上，苦苦的想出這麼多可愛的稱謂。這一級是僱員階層第三級，卻分出這麼多的花樣，大家都是一樣待遇，只不過妳是「委員」，她是「顧問」，俺是「參議」。花樣雖然不同，地位卻一般高。）

第十五級：這一級也有兩等，曰：「上家人子」「中家人子」，位比斗食。（這是小老婆群最低一級，只不過比普通宮女稍有不同。像紅樓夢裏的平小姐，說她是丫頭吧，她卻有小老婆名份，有丫頭服侍她，還可管丫頭。說她是正式小老婆吧，她卻是個丫頭，跟丫頭拿一樣的錢。蓋「見官矮一段，見民高半截」者也。）

從老奶們的俸祿上，可看出她們之間的權威和貧富等差。皇后的俸祿，能使人舌頭伸出三天都縮不回，僅「湯沐邑」就有「三十縣」。湯，菜湯。沐，洗澡。皇后一個人喝湯、洗澡所需的費用，就要用掉三十縣的全部稅收。這三十縣的土地人民，等於是皇后老奶口袋裏的私產。嗚呼，台灣省不過二十二個縣，該有多少銀子？皇后老奶恐怕是中國第一富婆。古時工商業不發達，三十縣的稅收固然沒有現代的多，但正因古時工商業不發達，她的消費額也跟着降低。

小老婆群的待遇，是以「石」「斗」爲標準的，當然跟皇后差十萬八千里，不但跟皇后差十萬八千里，她們互相間也差十萬八千里。像第一級「昭儀」，位比宰相。宰相是三公之一，俸祿是「一萬石」，而第十五級的「上家人子」「中家人子」的俸祿，只不過「一斗」，十斗才是一石。只及「昭儀」的萬分之一。

「斗」是中國傳統的容器，北中國的斗是圓的，像個水桶，南中國的斗是方的，像現代廚房用的抽煙機。一斗的容量是一〇・四公升。讀者老爺到加油站爲你的破車加油時，就可知道一〇・四公升的體積。依此類推，一石是一百零四公升，十石是一千四十公升，四石是一萬四百公升，千石是十萬四千公升，兩千石是二十萬八千公升，一萬石是一百零四萬公升。如果是高級汽油，眞能樂得嘴巴都歪。

女無美惡・入宮見妒

可惜的是，紀元前一世紀還沒有汽油，西漢王朝的俸祿只好用穀子。北中國盛產黍米，像黃金一樣的顆粒，北方佬稱之爲「小米」，而稱南中國白銀般的稻米爲大米。黍米有一個外殼，在剝去外殼之前，稱爲「穀子」，西漢王朝的俸祿就是用這種「穀子」計算的，這比銀子要結實可靠得多，身歷二十世紀對日本八年大戰的朋友都知道，銀子會貶值，而且遇到饑荒之年，有銀子也買不到糧食。在歷史上，很多富翁老爺，身穿綺羅，手戴珠寶，卻活活餓死在彈簧床上。所以，用「穀子」作爲俸祿，最頂尖穩妥。

現代的俸祿以月爲單元，古代的俸祿以年爲單元。「石」「斗」也者，是每年的俸祿。小老婆群的俸祿，只是供她們零用。所以第十五級的細姨，雖只有「一斗」（斗食），但總比宮女強，宮女的零用錢更寥寥無幾。讀者老爺不妨參考紅樓夢中丫頭的等級，佳蕙之流的小丫頭，每月只五百錢，晴雯之流的大丫頭，每月只有一千錢，花襲人之流準小老婆或超級丫頭，每月銀子一兩，趙姨娘之流的正式小老婆，每月銀子二兩。若王夫人之流大老婆，每月銀子二十兩。劉奭先生搞出十五級，以及級內八等。一個如花似玉從第十五級「中家人子」爬起，即令每年升一級，也要十五年後才能升到第一級「昭儀」，何況不可能每年都升一級哉。而同級的如花似玉，又有幾位或十位之多，如果不能出奇制勝，殺開血路，就只好永遠屈居下位。而屈居下位的意義是：沒有太多機會陪皇帝上床，因之也就沒有太多機會生「王子」「公主」，比掉到萬丈深淵，還要絕望。

往上爬的過程中，如花似玉間的鬥爭，十分慘烈。鄒陽先生曾曰：「士無賢不肖，入朝見嫉。女無美惡，入宮見妒。」非她們都是小心眼窄肚腸，而是不得不妳擠我，我擠妳。如果不把對手擠垮，自己就會反過來被對方擠垮。所以，宮廷之中，每一位嬌娃都生活在不穩定的情緒之中（瞧瞧小老婆編制表，縱是一塊木頭，都會急得燃燒），互相間勾心鬥角，沒有友情，沒有愛心，只有拚命的向那個唯一的臭男人，降志屈身的百般諂媚。

我們的女主角馮媛女士，就在這種宮廷鬥爭中，全軍覆沒。她跟過去那些全軍覆沒的女士不同，她並沒有戚懿女士那種奪嫡的野心，也沒有衛子夫女士那種樹大招風的聲勢，更沒有霍成君女士那種謀取皇后寶座的陰謀。她只是偶爾流露了她對皇帝丈夫的一縷關愛，卻招來殺身大禍。

馮媛女士，上黨潞縣（山西省潞城市）人，父親馮奉世先生，是劉奭的爹劉詢先生手下的重要王牌，當他當首都警備區司令（執金吾）時，劉奭先生是當時的皇太子。馮媛女士被老爹送到太子宮，做皇太子的姬妾，生下兒子劉興。紀元前四九年，劉詢先生魂歸地府，劉奭先生繼承寶座，立祖母娘家的女兒王政君女士當皇后。

——拜託讀者老爺，千萬記住這位王政君女士，她是傾覆西漢王朝的關鍵人物，這位亡國妖孽，她的家世就是一個謎樣的傳奇。在衛子夫女士的篇幅裏，讀者老爺一定還記得她的兒子劉據先生（皇太子），和劉據先生的兒子劉進先生（史皇孫）。劉進先生跟他的姬妾（家人子）王翁須女士，生下了後來當西漢王朝第十任皇帝的劉詢先生。在紀元前一世紀〇〇年代最後一年（前九一），江充先生的巫蠱事件中，劉進先生跟他的父親劉據先生，雙雙懸樑自盡，他們的姬妾跟着全被處決，王翁須女士也逃不了一刀。二〇年代末期，劉詢先生坐上寶座，下令尋找祖母家和母親家的人。前已言之矣，最後，終於找到了外祖母王老太婆（王媼），和兩位舅父大人王無故先生、王武先生。於是王姓家族在西漢王朝的政權中，開始插上一腳。王武先生生兒子王禁，王禁先生生女兒王政君，又生兒子王曼，王曼先生生兒子王莽先生。提起王莽先生，人人皆知。他閣下靠着姑母王政君女士的裙帶關係，進入西漢政府，然後奪取政權，自己當上皇帝，建立自己的新王朝。嗚呼，當劉奭先生宣佈這位年僅十八歲，不過大學堂一年級新生的漂亮女孩當皇后時，她是那麼美麗、端莊、純潔；誰都想不到，日轉星移，劉邦先生身經百戰建立起來的龐大的西漢王朝，竟這麼陰差陽錯，斷送在這個天眞可愛的小姑娘之手。

劉奭先生除了封王政君女士當皇后外，他的小老婆群中，有兩位和我們有關係的人物，一位是女主角馮媛女士，另一位是女配角傅女士（不知她的名字），她們開始出場時，都是「婕妤」（第二級），位比上卿，爵比列侯。我們直稱馮媛女士的名字；但因傅女士沒有名字之故，我們只好稱她的位號頭銜。

馮媛女士就死在傅婕妤女士之手。

身擋野熊

在馮媛女士和傅婕妤女士競爭激烈的時候，紀元前三八年，出現一項驚險場面。宮廷中有特設的動物園，豢養由各地搜括到，和外國進貢來的奇禽怪獸。有一天，身爲皇帝的劉奭先生，前去參觀猛獸撕打，他去的地方曰「虎園」，由以後發生的事，可推測出這次參觀的是老虎和野熊的搏鬥。皇帝行動，不同小民，即令在自己家裏，聲勢也非同小可，皇后妃妾（也就是大老婆和小老婆群），一律依編制的高下，排列在後座。正看到興高采烈，不知道怎麼搞的，那位野熊先生忽然撞破栅欄，咆哮着就要衝上來。劉奭先生因坐在最前排的緣故，正是第一個目標。野熊可不管你是不是皇帝，照樣一撲一抓，老命報銷。那些千嬌百媚的老奶，哪裏見過這種鏡頭，大家一聲尖叫，髻鬆釵墮，一哄而散，只留下劉奭先生一個人，兩腿發抖，跑也跑不動，喊也喊不出，眼看就要落在野熊之手。說時遲，那時快，馮媛女士一個箭步跳上去，奮不顧身的站在劉奭面前，逕自面對野熊的張牙舞爪。正當千鈞一髮之際，衛士雲集，把野熊擊斃，劉奭先生跟馮媛女士才算死裏逃生。

對這救命之恩，劉奭先生問曰：「親愛的，當時大家都怕得要命，怎麼妳有那種勇氣，去擋野熊？」馮媛女士曰：「聽說野熊吃人，只要抓住一個，就會自動停止，不會再去抓第二個，我恐怕你受到傷害，希望能代替你受牠襲擊。」劉奭先生萬分感動。嗚呼，通過災難的考驗，愛情的眞假和濃淡，便昭然若揭。這不是說那些一哄而散的老奶，都沒有愛心，那種遇到驚恐便溜之乎的，是人類的一種本能，說不定等心神穩定，仍會回頭救援。但至少在反應上略遲了一點，這使她們變得黯然無光，於是由慚愧而內咎，由內咎轉變爲強烈的嫉妒。尤其是居於同等地位的傅婕妤女士，眼睛都冒出火來，她的座位和馮媛女士同樣的靠近劉奭先生，可是她卻拔腿跑啦，所以她痛恨馮媛女士的勇敢，痛恨馮媛女士的智慧。很顯然的，馮媛女士比自己更多了一件被皇帝寵愛敬重的條件。

第二年（前三七），劉奭先生同時把馮媛女士和傅婕妤女士，晉升爲「昭儀」（第一級），僅次於皇后，並封馮媛女士的兒子劉興當信都王，傅昭儀女士的兒子劉康當定陶王。這表示劉奭先生對傅女士並沒有什麼介意。然而，傅女士卻不能忘懷，她要報復。

傅昭儀女士不但要報復，還密謀奪嫡。當時的皇太子劉驁先生，是皇后王政君女士所生，而且祖父劉詢先生在世時，又特別喜歡這個孫兒，應該是名正言順，固若金湯。但劉奭先生偏偏喜歡傅昭儀女士生的劉康，蓋劉奭先生是個花花公子型的酒色之徒，對治理國家固是外行，對聲色犬馬卻內行得很，他是一個很有素養的音樂家，會自製樂譜，創出新調，曾經在金鑾殿上排出鼙鼓，用銅丸搖擲，叮噹之聲，清潤入耳，跟在旁邊擊鼓的鼓聲，密切配合。以現代眼光看來，他是走錯了路，如果他專研音樂，可能比他在政治上的成就要大。在他的兒女群中，只有劉康小子也精於這一套，老爹高興得讚不絕口。傅昭儀女士抓住這個機會，希望出現奇蹟，而這奇蹟也有出現的可能性。蓋換不換皇太子，只在老爹一念之間，而老爹一提起劉康小子，就從心裏嘉許。然而，好事多磨，像當初劉邦先生要換掉皇太子劉盈時，平空殺出一個救星周昌先生一樣，現在平空殺出拯救劉驁小子的，是史丹先生（回顧前文，就知道他是聲勢烜赫的史氏家族的一員）。他因爲侍衛皇帝左右，隨時可以進宮的緣故，隱約的察覺到這個密謀正在進行。有一天，劉奭老爹又在對劉康小子誇獎個沒完，史丹先生插嘴曰：「陛下大人聽稟，你天天說劉康有才幹，我的看法不一樣，眞正有才幹的還是聰明而又好學的皇太子劉驁。如果說唱唱歌、彈彈琴，就是才幹的話，那麼，皇家樂隊的幾位音樂大師，像陳惠先生、李微先生，爲啥你不請他們當宰相？」劉奭先生一聽，楞了半天，自己也啞然失笑。

但傅昭儀女士的努力並不稍懈，而劉驁小子也確實是個混蛋，有一年，劉奭先生的弟弟劉竟死啦，這位小弟跟劉奭先生的感情最篤，而且又跟劉驁小子同窗讀書。死了之後，劉奭帶着兒子劉驁，前去弔喪，撫着棺木，傷心痛哭，可是劉驁小子在旁好像沒事人一樣，一副無心無肝的冥頑不靈，把老爹氣得渾身發抖，就向站在身旁的史丹先生吼曰：「你總是說劉驁小子有才幹，好啦，這才幹今天可眞露出來啦。面臨喪葬，沒有一點悲哀之情，這種人怎麼可以當國家的元首？怎麼可以供奉祖宗的靈位？」史丹先生如果啞口無言就糟啦，如果辯護兩句也同樣的糟。然而他的急智立刻把惡劣的形勢扭轉，他曰：「這不能怪罪劉驁小子，應該怪罪我。我因見你悲哀過度，特別囑咐他不要落淚，免得再增加你的傷感。」一段話不但解了劉驁小子的圍，也順手牽羊的表達了自己的忠。

王昭君的故事

然而，劉奭先生對更換皇太子一事，仍念念不忘。紀元前三三年，劉奭先生臥病，皇后王政君女士和皇太子劉驁，都不能見面。只有傅昭儀女士跟她的兒子劉康，日夜留在寢宮侍奉。傅女士用她的美貌和比蜜還甜的言語，百般誘惑劉奭先生作最後裁決，劉奭老爹他覺得應該作最後裁決啦，於是他想起了前例：紀元前二世紀五〇年代，第六任皇帝劉啓先生，就曾換掉皇太子劉榮，而立劉豬小子——也就是劉徹先生。讀者老爺對栗姬那一章，如果還記得的話，一定仍有印象。當劉奭先生想起來有前例可援的時候，就暗示大臣發動一項請願的輿論攻勢，以便他順水推舟。

史丹先生得到消息，他做了一次特別冒險。當他佈置的眼線密告他傅昭儀母子恰恰同時都不在時，他悄悄進入寢宮，跪到青色的地毯（青蒲）上，磕頭如搗蒜。青色地毯是寢宮中最尊貴的地方，它緊傍着皇帝老爺睡覺的御床——其實那時還沒有床，而只有現在日本民間仍使用的榻榻米，雖然豪華蓋世，但躺在地上的形狀，卻是不變。只有皇后之尊，才可以踏上青色地毯，連宦官宮女都不能挨。現在史丹先生膽大包天，如果皇帝老爺一翻臉，僅只「偷入禁中」的罪名，就砍頭有餘。劉奭先生正昏昏沉沉，被磕頭如搗蒜的聲音驚醒，看見史丹先生，吃了一驚，問他幹啥，史丹先生曰：「劉驁當皇太子很多年矣，天下臣民，莫不歸心。而今傳言紛紛，說他可能受到貶謫，如果陛下你眞有這個意思，滿朝文武百官，勢必以死阻止，我願先他們死在你的面前。」劉奭先生一向很尊重史丹先生，看到這種反應，知道難以順利成功，只好嘆曰：「我並沒有這個意思，而且俺爹很喜歡這個孫兒，皇后王政君也謹慎小心，怎會改變？我已不久於世，還拜託你們輔導太子。」

傅昭儀女士的希望，到此落空。劉奭先生不久病故，才活了四十三歲，據說他是害相思病死的，中國歷史上四大美女之一的王昭君女士，正是他的宮女，他當然不認識她，可是當匈奴汗國元首呼韓邪單于，前來中國作官式的朝覲時，劉奭先生挑選了一些宮女，當作禮物賞賜給他。這在專制時代，本是一件稀鬆平常的事，可是，等到那批宮女隨着呼韓邪單于返國，向劉奭先生辭行的時候，事情就不稀鬆平常啦。劉奭先生忽然發現王昭君女士天仙化人，美艷奪目。相比之下，本章中的女主角馮媛女士、傅昭儀女士，一個個黯然失色。但生米已做成熟飯，以中國皇帝之尊，實在不好意思出爾反爾，跟呼韓邪單于商量商量，再換一個。只好眼巴巴望着她裊婷動人的玉體，冉冉而去。於是越想越生氣，終於勃然大怒，下令把宮廷畫師毛延壽先生，斬首示眾，以報復他沒有把王昭君女士的花容玉貌，早早畫給他。他自己也從此神魂顛倒，一病不起。

——王昭君女士的故事，在中國流傳迄今。無數文學的、藝術的作品，都以她閣下做爲主角。而且往往站在大男人沙文主義立場，認爲對於像毛延壽先生這種「奸臣」——京戲上就有「罵一聲毛延壽賣國奸臣」唱詞，還平空污衊他「你不該投番邦喪盡了良心」，當然是殺得恰到好處。只不過耽誤了一個有權大爺的淫慾，就成了賣國賊，刀下喪生。咦，有權的大爺有福啦，黃馬褂文人再在一旁幫拳，遂時時處處，都是沉冤。

——大家不僅僅站在大男人沙文主義立場，認爲殺毛延壽先生是正當的，而且還把劉奭先生當成一個多情種子，這就更扭曲到阿比西尼亞矣，歷史上爲性慾而發狂發瘋的帝王，車載斗量；爲愛情而如醉如癡的，似乎沒有。這不能怪他，換了別的男人，甚至換了一個女帝女王，愛情也都不能專一，蓋投懷送抱的太多，而愛情的變數也太多故也。劉奭先生對王昭君女士，根本沒有相處過，既不相識，也不了解，卻剎那間頭昏腦脹，只不過老色狼發現了新獵物的動物性反應。恐怕沒有「情」，而只有「慾」，他能「愛」她到底耶？宮女數萬，已知的馮媛女士和傅昭儀女士，全是標致的美女，都會擺在一旁，王昭君女士又有啥特別本領，能永遠抓住他，誰敢保證沒有第二個第三個王昭君接着崛起？

——騷人墨客幾乎一口咬定王昭君女士在塞外受苦受難，所以跟着也傷心同情。問題是，中國固然繁華，但與王昭君女士何干？她只能困在宮庭的小小天地。而宮廷的小小天地，在匈奴汗國也是一樣，擁有頂尖的享受。並且，就在王昭君女士辭行之後，劉奭先生就死翹翹，如果把她留下，不過一個被皇帝老爺偶爾玩過的普通小宮女而已，她將守着靈柩，老死墳園。事實上，王昭君女士嫁給呼韓邪單于，她的幸福才眞正開始，她成為匈奴汗國元首最寵愛的妃妾，因她的花容美貌和她所來自中國的強大背景，在匈奴汗國宮廷中有極為尊貴的地位。家庭婚姻，更是圓滿，她生下一個兒子名伊屠牙斯，被封為親王。紀元後三一年，呼韓邪單于逝世，嫡子雕提莫臯先生繼位，依照匈奴汗國的風俗和律法，嫡子有跟庶母結婚的義務，於是王昭君女士再生了兩個女兒。相形之下，她留在長安，只能囚在墳園；塞外卻有廣闊的蒼穹，使她擁有豐富的愛情和人生溫暖。

第一次挫敗

劉奭先生死於紀元前一世紀前三五年，正是盛綻花朵年齡的三十七歲的皇后王政君女士，當了皇太后，她兒子劉驁繼任西漢王朝第十三任皇帝，所有封為親王的皇兄皇弟，都被遣送到他們的封國。劉興先生的封國在信都（河北省冀州市），不久改封到中山（河北省定州市），娘親馮媛女士跟着前往，稱「中山太后」。劉康先生的封國在定陶（山東省定陶縣

——戚懿女士的故鄉），娘親傅昭儀女士也跟着前往，稱「定陶太后」。

——十年後，劉康先生病死，兒子劉欣先生，繼任定陶王，傅女士升格爲祖母，已是老太婆矣。

劉驁先生坐上寶座後，對女人的貪婪，比老爹更厲害，大老婆趙飛燕女士，小老婆趙合德女士，都是千古風流人物，我們在下一章，將專文介紹她們。然而，劉驁先生卻沒有兒子（事實上不是沒有兒子，而是兒子們都被他謀殺啦），這是一個嚴重的場面，劉驁先生在位二十七年，到了二十四五年的時候，迫使他自己和他娘王政君女士，都不得不接受這個沮喪的事實。

紀元前九年，王政君女士把劉興、劉欣，叔侄二人，從封國召到首都長安（陝西省西安市），兩位親王的母親，當然跟着同行。本來已是冤家，經過二十餘年的分離，現在同時面對着另一場鬥爭——爲子孫爭取寶座，也爲自己爭取寶座的鬥爭，再度短兵相接。

兩位親王入朝，而且很明顯的都有可能成爲國家元首，當然是屬從如雲，騾馬成群。但最主要的隨從人員中，劉興先生只帶了「國傅」（親王的教習）。可是劉欣先生除了「國傅」外，還帶了「國相」（封國政府的宰相），「中尉」（封國政府武裝部隊司令官）。劉驁問劉欣曰：「老侄，你把他們都帶來幹啥？」劉欣曰：「國家法令這麼規定的呀。」蓋親王入朝，封國政府俸祿二千石以上的高級官員，都要跟班，以便對封國的任何問題，隨時提出報告。好比說，皇帝老爺問封國有多少軍隊呀，親王總不能瞪着眼說不知道吧，有司令官在側，就答對如流矣。劉驁先生又問老弟劉興，為啥只帶「國傳」？劉興先生呆了半天，回答不出。劉驁先生又教他背誦尙書，劉興也背不出。有一次，劉驁先生設宴款待這對叔侄，劉欣先生謹謹愼愼，規規矩矩，劉興先生卻大而化之，他沒有弄清楚「皇帝賜宴」，跟普通的筵席，有所不同，尤其是他面臨的不僅是吃一頓御飯，而且還是一場考試。也可能他的聰明才智確實差一截，不管怎麼吧，當大家（包括皇帝在內）都已酒醉飯飽之後，只有他閣下似乎肚子仍然很空，繼續猛吃。好容易吃罷，起身告辭的時候，襪帶鬆啦，又在那裏慢慢的把它結住。劉驁先生一一看到眼裏，認為這位老弟屬於飯桶之類，不如老侄多矣。

然而，決定劉欣先生為繼承人的，還有別的力量，他的祖母傅老太婆，從封國帶來大批金銀財寶，分別送給皇太后王政君女士，和劉驁先生的妻子趙飛燕女士跟最寵愛的小老婆趙合德女士，更送給劉驁先生的舅父（皇太后王政君女士的哥哥）王根先生（他是一位侯爵，官銜是「驃騎將軍」，正主宰着西漢王朝的中央政府）。得人錢財，為人出力，對劉欣先生的稱讚，大家簡直異口同聲。尤其是趙飛燕和趙合德姊妹，她們知道生兒子已經無望，帝位終於要落到別人之手，為了將來打算，也需要早日鋪路，所以不久她們就跟傅老太婆成為密友。傅老太婆希望借着趙家姊妹的力量，使孫兒登上金殿，趙家姊妹則希望以幫助傅老太婆孫兒登上金殿的功勞，交換自己將來的安全保障。內外夾攻，遂成為定局。

成為定局後，兩位親王仍分別被遣返他們的封國。第二年，紀元前八年，劉驁先生正式封十八歲的劉欣先生當皇太子。到目前為止，同等身價的馮媛女士，第一次受到挫敗，一方面是她的兒子劉興先生不爭氣，一方面也是她的紅包攻勢不夠凌厲。從她「當熊而立」的行爲上，可看出她是一個方正剛毅的女性，她可以爲她所愛的人犧牲，但她缺少對手傅老太婆那種狐媚的迷湯工夫。

劉欣先生被封皇太子的明年，紀元前七年，劉驁先生病重，擔任星象的官員，發現火星光芒暗淡（熒惑守心），一個名叫賁麗的傢伙，上了一份奏章，向劉驁先生提出警告說，天象發生變化，必須把這災禍轉嫁到大臣身上，才能平安，否則就不得了啦。

這是中國專制政體下特有的泛政治思想，第一、把超級淫棍的帝王，當成天上的星宿，不同於被他騎到脖子上的小民。第二、帝王的災難，認爲靠着政治力量，可以由小民代替他受罪。於是，劉驁先生選定了他的宰相翟方進先生，蓋宰相位尊而多金，才夠身價，普通人豈能承當得住乎哉。劉驁先生召見翟方進，板起官式面孔，責備他身爲宰相，卻不能調和陰陽（這頂帽子扣得玄），以致連天老爺都不高興，發生種種變異，你瞧着辦吧。翟方進先生被搞得一頭霧水，到了第二天，劉驁先生聽說翟方進先生仍沒有自殺，氣就更大，這不是存心跟皇帝過不去是啥。立刻派了一位欽差大臣（可能是一個心狠嘴潑的小宦官），去把翟方進先生臭罵了一頓，然後賞賜他酒十石，牛一頭。——西漢王朝的慣例，對誰賞賜酒牛，就是表示要誰自行處決。翟方進先生只好服毒，霎時倒斃。

孫兒的怪病絕症

劉驁先生毒死了翟方進先生，希望宰相之死可以代替帝王之死。可惜，閻羅王似乎不買陽世上政治權力的賬，所以毒死翟方進先生後不久，劉驁先生仍然翹了辮子。

劉驁先生既死，二十歲的老侄劉欣先生，繼任西漢王朝第十三任皇帝。宮廷中的局勢，也跟着改變。王政君女士由皇太后升為太皇太后，趙飛燕女士由皇后升為皇太后，而千方百計跟新皇帝劉欣的祖母傅老太婆拉上關係的趙合德女士，在劉驁先生死後，一瞧大勢不好，跟翟方進先生一樣，也服毒自盡，沒有趕得上新的熱鬧場面。

依照儒家的宗法制度，也就是依照政治上的慣例。傅老太婆雖是皇帝的祖母，而劉欣先生的母親丁姬女士雖然是皇帝的親娘，但劉欣先生既已入繼大統——是劉欣先生由小宗入繼大宗，而不是他祖母他娘入繼大統和入繼大宗，所以她們仍是封國的小宗身份。

——「大宗」「小宗」，是宗法制度的主幹，這種入繼大統和入繼大宗問題，一直在古老的中國政府中，被迂腐的儒家門徒，和雄心勃勃的野心家所利用，每次都鬧個天翻地覆。紀元後十一世紀，宋王朝政府有「濮議」之爭；十六世紀，明王朝政府又有「大禮議」之爭，不僅天翻地覆，而且流血的流血，放逐的放逐，使政府陷於分裂。用現代人的眼光，看起來眞是無聊，可是，當時的知識份子卻認為有聊得很。

所以，傅老太婆和丁姬女士在中央政府的地位，成了問題，傅老太婆雄心勃勃，她當然不甘心居於下風。於是，不久就發生火爆場面。有一天，太皇太后王政君女士，在未央宮（西漢王朝最早的冤獄之一——陷害名將韓信先生的地方），大擺筵席，首位當然是王政君，辦事人員就在王政君女士身旁，設下傅老太婆的座位，其次是皇太后趙飛燕女士；至於皇帝劉欣先生的娘丁姬女士，則坐第四把交椅。座位剛剛擺好，身爲王政君女士的侄兒，宰相兼最高指揮官（大司馬）的王莽先生，前來察看，忽然間大發雷霆，問宮廷筵席總管（內省令）曰：「上面怎麼有兩個座位呀？」宮廷筵席總管曰：「正中的太皇太后，旁邊的是定陶傅太后。」王莽先生跳高曰：「定陶傅太后，只不過一個封國的太后，怎敢跟太皇太后平起平坐？還不把椅子搬開！」宮廷筵席總管只好把椅子搬開，擺到次席的位置。傅老太婆得到消息，氣得渾身發抖。等到大家都已到齊，一再派人前去催請，傅老太婆一概拒絕。宴會不能不進行，但因最重要的角色——皇帝的嫡親祖母沒有出席，這是一個不祥的預兆，所以每人心裏都蒙着一層陰影，雖然強顏裝歡，但仍草草結束。

這一場席位爭執，導致王莽先生的滾蛋，蓋在祖孫的盛怒下，他不得不提出辭呈。主要的阻礙既去，傅老太婆的尊號和她兒媳丁姬女士的尊號，活像一個變色蜥蜴，隨着權力的變，而跟着也變。最初，傅老太婆被尊爲封國的「定陶恭皇太后」，丁姬女士被尊爲「定陶恭皇后」。接着去掉「定陶」二字，傅老太婆被尊爲中央的「帝太太后」，丁姬女士被尊爲「帝太后」。再接着，傅老太婆被尊爲「皇太太后」，丁姬女士仍維持原狀。所以紀元前一世紀最後十年——九〇年代後的西漢王朝宮廷，四位太后並立，每位太后盤踞一個皇宮，侍女僕從如雲。

當然，最當權的是帝太太后傅老太婆。

這位身爲祖母的老太婆，仍把三十年前（前三八）年輕時因「當熊而立」含恨在心的往事，牢牢記住，她要復仇。而就在劉欣先生當皇帝的次年（前六），機會來啦。

原來劉興先生於劉欣當皇帝的那年（前七），忽然死掉（嗚呼，幸好沒有選上他當皇太子，否則兄弟同時斃命，西漢中央政府的權力陷於眞空，不知道會發生啥怪事）。只留下一個患有「肝厥症」的小侄兒劉箕子。他的肝厥症不時的發作，發作時手脚痙攣，指甲趾甲，連嘴唇在內，都呈現鐵青顏色。馮媛女士在爭奪皇太子的鬥爭中，吃了敗仗，已受到嚴重的一擊。接着兒子去世，更痛不欲生，想不到唯一尙在襁褓的孫兒，又是這種模樣，既憐又愛，唯恐怕做母親的衛姬女士，沒有育兒經驗，就親自撫養，延攬群醫。可是，即令這小娃是一個親王，該治不好仍治不好，等到群醫束手，老祖母只好乞靈巫術。這不能怪她迷信，不要說她是紀元前一世紀的人，即令二十世紀的今天，人們到了無可奈何之時，照樣哀求上蒼——佛教徒哀求菩薩觀音，基督教徒則哀求耶穌上帝。那時候既沒有菩薩觀音，而耶穌先生還沒有降生，所以馮媛女士只好向天上各種鬼神，禱告獻祭。

在輩份上，劉箕子是劉欣的堂弟，當劉欣先生得到堂弟患病的消息，他下令一位官員（中郎謁者）張由先生，帶着御醫，前往診治。

派出殺手

新皇帝劉欣先生派御醫去給老弟看病，本是善意的，而且充份表現他的手足情深。卻想不到他所派的這位官員張由先生，卻是個問題人物。這問題不是政治上的，而是生理上的，他閣下患着一種精神恍惚症——大概是這種症吧，讀者老爺中如有精神病科大夫，務請從以下發生的怪事上，告訴我們他到底毛病何在？嗚呼，人生的旅途中，一旦被厄運抓住，就會鬼斧神工的陰差陽錯，西漢王朝中央政府的官員，多如恒河細沙，偏偏選中了精神病患者的張由先生，以致引起可怕的冤獄，悲夫。

張由先生帶着幾位御醫，到了中山（河北省定州市），身爲中山太后的馮媛女士，當然盛大招待，醫生遂着手診治。可是，前已言之，劉箕子小娃的痼疾不是短期可以痊癒的，甚至這種痼疾永遠不能痊癒。現代醫學昌明，不知道有沒有辦法，但在紀元前一世紀那個時代，靠着傳統的草藥往肚子裏灌，尤其是劉箕子還是一個嬰兒，用不着請教算命先生，就可知道不會立即見效。

御醫診治不能立即見效，對馮媛女士而言，倒沒有啥，她了解他們是全國最好的醫生。最好的醫生千里迢迢，而又盡了全力，仍治不了病，她不能抱怨什麼。可是，對張由先生，卻是大失所望，早一點把小娃醫好，他才可以早一天返回首都長安（陝西省西安市），或許長安有非常緊要的事等着他，或許他過不慣中山的生活，反正是，不管什麼原因吧，當他發現不能馬上回去，御醫們勢將留下來長期診治的時候，他忽然煩躁起來。情緒上的改變，引起他的瘋病復發，就在旅館裏大叫大鬧，誰也制止不住。然後，他拋下御醫，把舖蓋一捲，打道返回長安。

返回長安後，當然要向皇帝覆命，劉欣先生問他小親王的病好了沒有，張由先生回答說還是老樣子。劉欣先生大叫一聲，喝令他滾。張由先生剛滾了出來，劉欣先生派的使臣已尾隨而至，責問他：既然小親王的病沒有痊癒，你爲啥先行回來？這一問，把張由先生的瘋病嚇得無影無蹤，他立刻發現，如果他不能把他的行爲，解釋得使皇帝老爺滿意，尊頭就要落地。嗚呼，事到如今，爲了保護自己，只有昧下天良，犧牲別人矣。於是，他告訴使臣曰：「我本應該等到小親王病情穩定後再回來的，可是我發現可怕的陰謀，中山太后馮媛女士，假借着給小親王看病的名義，請了些巫師巫婆，設壇設祭，向上天咒詛皇帝跟傅太后，要他們早死。我身爲臣子，怎能忍受這種惡毒的陷害？所以才匆匆趕回，爲的是早日向政府報告。嗚呼，蒼天蒼天，天下竟有這種亂臣賊子。」

劉欣先生並不在意誰在弄神弄鬼，但傅老太婆卻大喜過望，咦，馮媛馮媛，今天妳總算栽到我手裏啦。於是指派監察部委員（御史）丁玄先生前往調查，丁玄先生是帝太后丁姬女士的侄兒，屬於新當權派。在丁玄先生出發前，傅老太婆特別面授機宜，用不着竊聽器，我們就可知道這機宜的內容。

丁玄先生一到中山（河北省定州市），馬上把馮媛女士的娘家人——馮氏子弟和王宮裏的重要宦官和宮女，一百餘人之多，統統逮捕，關入監牢。每天審訊，十餘天下來，事實證明根本沒有詛咒之事，以致丁玄先生雖奉有密令，卻無法下手。

傅老太婆等了十餘天沒有消息，她的復仇之心像火燒一樣，不能再等。於是再派宮廷侍從（中謁者）史立先生前往。史立先生是一位殺手，他趕到中山，看見丁玄先生正在愁眉苦臉，不由啞然失笑，暗喜曰：「這是一個美差，只要辦得合傅太后的心，稱傅太后的意，就有封侯爵的可能。你這個傢伙，卻這般愚不可及。犯罪還要證據？笑話，看我的手段。眞是富貴逼人，推都推不掉。」

史立先生的手段是苦刑拷打，可是，一連拷死了幾個人，仍得不到口供。（嗚呼，慘死的是誰家兒女？）他改變戰略，找到被告群中意志最弱的一位——男巫劉吾先生，甜言蜜語兼威迫利誘，告訴他只要他合作，他就可以光光彩彩的出獄回家。史立先生義正詞嚴曰：「你何必把別人的罪行，硬攬到自己頭上？」劉吾先生相信了史立先生的承諾，他開始自誣，而且誣人。史立先生教他承認咒詛皇帝和傅老太婆，而且把責任全部推到馮媛女士身上，劉吾先生一一照辦。

史立先生一旦掌握劉吾先生的自白書和口供筆錄，就如虎添翼，立於不敗之地，血手開始伸向馮媛女士。第一步，他逮捕馮媛女士的妹妹馮習女士和馮媛女士已寡居的弟媳馮君之女士。

死於三十年前的愛心

司法審判，古中國的傳統是口供主義，那就是以自白書和口供筆錄作爲主要證據和重要證據，甚至作爲唯一證據。蓋中國帝王是太仁慈啦，任何一個人，除非他親口承認犯罪，決不處罰。所以，如何使被告親口承認犯罪，是法官的主要任務。而被告是不可能親口承認犯罪的，尤其是千千萬萬冤獄的被告，縱然想親口承認犯罪，都無法承認。要想被告親口承認犯罪——古謂之「坦承不諱」，今謂之「自動招認」唯一的辦法是苦刑拷打。弄到後來，有些英雄好漢，上了法庭，對犯罪行爲一口承當時，法官老爺還左右爲難哩。蓋凡是沒有經過苦刑拷打而「坦承不諱」「自動招認」的口供，都被疑心不是眞的。必須被打得血肉橫飛，哭叫連天，那口供才可憑信。

中國傳統的學術和政治思想中，沒有人權思想，更沒有民主思想，只有帝王的權威和官吏的尊嚴。司法審判，遂充滿了黑暗和鮮血淋淋。小民像豬羊一樣被拷打被宰殺，以致民間有「屈死不告狀」的格言。其實，豈止小民也哉，失勢的皇親國戚和高官貴爵，一旦落到「獄吏」之手，遭遇同樣悲慘。讀者老爺必須有這項基本了解，然後才能了解我們在歷史上所面對的一些血腥場面。

殺手史立先生，根據劉吾先生的口供，逮捕了馮媛女士妹妹馮習女士和馮媛女士寡居的弟婦馮君之女士。然後教她們「坦承不諱」「自動招認」她們夥同馮媛女士咒詛皇帝和傅老太婆的陰謀。馮習女士被這種指控激起怒火，就在公堂之上，她痛罵史立先生喪盡天良。史立先生一瞧，好呀，妳死到臨頭，不哀哀求告，反而咆哮法庭，置法律尊嚴於何地？於是，下令動刑。嗚呼，馮習女士身爲封國太后的妹妹，也是金枝玉葉，而今輾轉哀號，死在皮鞭之下。

史立先生已拷死了幾個人，可是那些人都是小民，他不在乎，如今竟把封國太后的妹妹拷死，這禍可就闖大啦。他不敢再對付馮君之女士，把她還押，然後再施展他的聰明。前已言之，當初隨着張由先生到中山的幾位御醫，並沒有隨着張由先生返回長安。於是，史立先生選出其中一位徐遂成先生，在經過一番密談之後，徐遂成先生答應合作，出席法庭，正式作證。請讀者老爺聽聽他的證詞。他閣下曰：「馮習女士跟馮君之女士，曾祕密的拜託我，她們說：『第七任皇帝劉徹老爺有個名醫修先生，醫好皇帝的病，賞賜不過兩千萬。而現在，聽說皇帝劉欣老爺身體不好，你曾經自告奮勇，去給他醫治，即令把病治癒，不過多賞賜幾個錢而已，總不能封侯吧。不如把他毒死，中山王劉箕子就可當皇帝，包管封你一個侯爵。』」

這一段證詞，繪影繪聲，跟眞的一樣。而最惡毒的是，在事理上，也確實有這種可能。當徐遂成先生一口咬定有這樁事時，沒有人敢肯定絕對沒有這樁事，咦，你怎麼知道她們沒說這話呀？口供主義而非證據主義下的刑事案件，賊咬一口，入骨十分。然後最叫座的還是史立先生的表演，他假裝着大吃一驚，表示一萬個不相信。然後，像舞台上演戲一樣，徐遂成先生指天誓日，搥胸疾首，再加上痛哭流涕，一舉一動，完全競選奧斯卡金像獎姿態，他發誓他說的沒有一個字虛假。

現在是套牢啦，史立先生堅持「法律之前，人人平等」的精神，派人到王宮傳訊馮媛女士當面對質。馮媛女士侃侃而談，悲痛的指斥徐遂成先生的攀誣，把徐遂成先生盤問得有點招架不住。史立先生豈容把證人的偽證拆穿，他施出撒手鐧，冷笑曰：「迷死馮，想當初妳身擋野熊，置生死於度外，是何等的英勇，怎麼今天反而怕起死來啦。」

這一段話像青天霹靂，使馮媛女士大夢初醒，到這時候，她才明白這不是法律案件，而是政治案件。隱約的，她已看見隱藏在史立先生背後的復仇血手，這不是靠無罪的證據就可以無罪的，法律性的掙扎已無濟於事。於是，她不再作答，站起來立刻返宮（如果法庭不是設在她勢力範圍的中山封國，恐怕當時就扣押矣）。回到王宮後，告訴她左右的人曰：「擋熊救夫，是前任皇帝的事，到現在已三十年矣，怎麼還有人記起？而宮廷祕密，史立又如何在三十年後知道？很顯然的，宮中有人陷害，無人可救。我不死，她不會罷休。」當天晚上，她服下毒藥，拋棄了害病的幼孫，死在御床之上。

馮媛女士悲憤自殺，在殺手看起來，又是另一樁罪狀：「畏罪自盡」，更證明她的罪行確鑿。馮媛女士的父親馮參先生，已經很老，這時僅擔任西漢政府的高級顧問（奉朝請）。劉欣先生命他去司法部報到（入詣廷尉），而報到的結果是可預見的。他拒絕接受侮辱，嘆曰：「我們兄弟都做到高官，而且身封侯爵，如今竟成了叛逆，死何足惜，只恨地下無顏面對祖先。」舉劍自刎。接着馮君之女士，以及馮習女士的丈夫、兒子，共十七人，有的自殺，有的被綁赴刑場斬首。

然而，正當傅老太婆和她的搖尾系統，普天同慶之餘，兩位英雄人物仗義挺身，呼喊冤枉。一位是京畿總衛戍司令（司隸校尉）孫寶先生，要求公開重審。傅老太婆火冒三丈，教劉欣先生下令逮捕孫寶——罪狀是爲叛逆張目。另一位是皇宮祕書長（尚書令）唐林先生，繼起據理力爭。傅老太婆簡直不相信天下竟有這麼多白癡，她把唐林先生貶到距長安西方一千公里外的邊陲，當敦煌（甘肅省敦煌市）邊界一個名爲魚澤地方碉堡的堡長。而張由先生發奸有功，封爲最低級的準侯爵（關內侯），史立先生審判有功，擢升爲交通部副部長（中太僕）（他連最低級的準侯爵都沒撈到手，一定大失所望）。

五年後，劉欣先生死掉。冰山既倒，張由先生和史立先生被充軍到首都長安南方一千五百公里外，蠻荒煙瘴的濱海地區合浦（廣西省合浦縣），就死在那裏。然而，馮媛女士和十七位家族，已不能復生矣。悲夫。

趙飛燕·趙合德

時代／紀元前一世紀八〇—九〇年代
其夫／西漢王朝第十二任皇帝劉驁
遭遇／被逼自殺

克麗奧佩特拉

紀元前十二世紀，東西方曾同時出現兩大美女：中國皇后蘇妲己女士和希臘皇后海倫女士。一千年後的紀元前一世紀，東西方再度同時出現兩大美女：東方美女就是前已言之的王昭君女士，她幸運的沒有嫁給當時中國西漢王朝十一任皇帝劉奭先生，而嫁給匈奴汗國十四任單于——呼韓邪單于欒提稽侯珊先生，惹得妒火中燒的中國同胞，咳聲嘆氣，搥胸跺腳。不過王昭君女士純是一椿愛情故事，除了畫家毛延壽先生據說因她而被砍頭外，沒有屠殺和流血的併發症，並且在政治上奠立了中匈兩大帝國間的長期和平，也是她對中匈兩大帝國最偉大的貢獻。

王昭君女士於紀元前一世紀六〇年代前三三年結婚，當即隨着夫婿呼韓邪單于北返瀚海沙漠群的匈奴王庭（王庭，匈奴汗國中央政府和皇宮所在地）。我們大膽的推測，那年王昭君女士大概二十歲左右，超過二十五歲的可能性很小。而西方美女克麗奧佩特拉女士，那年已三十四歲矣，正是比王昭君女士更美麗、更成熟、更具有魅力的年齡。然而王昭君女士是那麼的單純，克麗奧佩特拉女士卻在鬥爭中長大，心狠手辣。

克麗奧佩特拉女士，另一個譯名曰姑婁巴，她的故事經好來塢拍成埃及艷后，已家喻戶曉。事實上她是埃及王國貨真價實，如假包換的國王，也確實是埃及王國貨真價實，如假包換的皇后。如果精密的說，她的王國應是托勒密王國。蓋紀元前四世紀七〇年代前三二三年，亞歷山大大帝於大醉後不明不白的死掉，馬其頓帝國瓦解，部將之一的托勒密先生，於九〇年代前三〇六年，在埃及宣佈獨立。因之我們也可以說它是埃及王國的托勒密王朝，猶如愛新覺羅政權是中國的清王朝一樣，那就更一目了然。

所以她不是埃及人，而是希臘北部馬其頓人，跟亞歷山大大帝是同鄉。托勒密王朝的國王一向只會說馬其頓話，只有她，這位美麗的天才，不但會說馬其頓話，還會說流利的埃及話。紀元前五〇年，她十七歲時，老爹魂歸天國，她就跟她年僅九歲的弟弟布托雷麥歐斯十三世結婚。

——用現代的眼光看，簡直是亂倫。但在當時，卻是托勒密皇家的傳統。這傳統的創始人準是一個深謀遠慮的傢伙。蓋無論如何，政權都不會滑到外姓人手裏，中國宮廷那種外戚篡奪的場面，永不會出現。

——問題是，專制政體下的政治鬥爭是無情的，一旦利害衝突，對骨肉同樣的殘忍。

婚禮使克麗奧佩特拉女士跟她的弟弟，成爲埃及王國共同的統治者。可是，九歲的弟弟兼丈夫，還是一個上樹捉雀，下河抓魚的頑童，當然不會治理國家；對夫婦之愛，更弄不清楚。但他們卻各有各的搖尾系統，那些搖尾系統爲了自己的利益，拚命的挑撥女王和國王之間的感情，克麗奧佩特拉女士已經很懂事啦，每天抱着一個娃娃丈夫，也實在一百個煩惱。這種內外夾攻的形勢，使他們不斷的發生爭吵打鬧。最後，布托雷麥歐斯十三世跟他的擁護者得勢。婚後的第二年（前四九），就把她閣下趕出皇宮，放逐到敍利亞。

沒有人能忍受這種打擊，克麗奧佩特拉女士決心報復，而機會也閃電般的降臨。原來就在她閣下放逐的那年（前四九），西方已知世界裏超級強權羅馬帝國，發生政變。執政官龐培先生下令把高盧（法國）總督愷撒先生免職，愷撒先生老實不客氣的回軍攻陷羅馬城。龐培先生抵擋不住，只好率領一部還效忠他的軍隊，向東逃亡。愷撒先生統領大軍窮追不捨，龐培先生逃到那裏，愷撒先生就追到那裏。龐培先生的軍隊不久潰散，紀元前四八年，他隻身逃到埃及王國，愷撒先生也就追到埃及王國。龐培先生只好自殺，而就在這時候，愷撒先生掉進克麗奧佩特拉女士的圈套。

克麗奧佩特拉女士跟愷撒先生相會場面，是人生一項傳奇。她閣下決心用她美麗的胴體作爲賭注，但她無法接近炙手可熱的羅馬遠征軍總司令，於是教人用華貴的毛毯把她包住，作爲貢禮呈獻。當愷撒先生下令打開蠕動着而又香氣撲鼻的貢禮時，她赤條條一絲不掛的一躍而起，然後展示她的舞藝，立刻就把那位身經百戰的羅馬主宰，搞得兩眼發直，熱血沸騰。愷撒先生見過的美女多啦，玩過的美女也多啦。如果是柏楊先生，暈頭轉向之餘，忽冬一聲，栽倒在地，一點也不稀奇。而能使愷撒先生如此那般，說明克麗奥佩特拉女士，恐怕不單單靠她迷人的胴體，一定還有更高級的天縱武功。

接着的節目不必細表，反正是克麗奥佩特拉女士立刻就把愷撒先生征服，上了象牙之床，愷撒先生下令進攻埃及王國首都開羅城。埃及軍隊怎能是羅馬軍團的對手，布托雷麥歐斯十三世先生兵敗。克麗奥佩特拉女士在她的搖尾系統歡呼聲中復位，坐上寶座。

那一年（前四八），克麗奥佩特拉女士才十九歲，已顯出她陰騭殘忍的性格。對於愷撒先生，她是一個最可愛的小妻子，柔情蜜意，百般憐媚。可是，對她的大臣和她統治下的埃及小民，卻是另一副嘴臉，她處決他們像處決蟑螂一樣，連眉頭都不皺。

特有的魅力

就在當年（前四八），愷撒先生大軍凱旋。克麗奥佩特拉女士也跟着他回去，她的美貌在羅馬造成轟動，不久，生下一個男孩。可是，人生是坎坷的，好景往往短暫。紀元前四四年，愷撒先生被他的好友刺死，歷時四年之久的溫柔鄉破滅，克麗奥佩特拉女士失去了主宰，在羅馬城不但不能立足，而且也沒有意義，只好收拾行李，回到埃及。這時她二十三歲，滿可以再行結婚，但她找不到對象，在埃及王國內，任何人的身份都比她低。同時，爲了政治利益，她要保持未婚的假象，等到捕捉第二個靠山。

機會再度閃電般的降臨。

愷撒先生被刺之後，他的乾兒子安東尼先生，侄兒屋大維先生，和另一位稍後即行病故的大將雷比達斯先生，掃平群雄，共同執政，史學家稱之爲「後三傑」。紀元前三九年，安東尼先生率領羅馬軍團到了埃及王國，進入開羅。當他的俘虜，儀態萬千，光艷逼人，二十八歲的克麗奧佩特拉女士被帶到他面前時，安東尼先生跟他的乾爹愷撒先生一樣，也立刻如雷轟頂。嗚呼，克麗奧佩特拉女士大概是世界上的超級尤物，能使像愷撒、安東尼這樣見多識廣，擁有美女如雲的英雄人物，對她五體投地。前已言之，她不僅僅靠她的花容月貌，更靠她的智慧，包括高貴的教養，豐富的知識，銳利的眼光和判斷，以及使男人最容易軟化的溫柔性格。

——就在台北，前些日子，柏楊先生聽到一位老奶向人炫耀曰：「天下男人，我只要一招手，他都會暈倒。」嗚呼，她竟然在大庭廣眾中說出這樣的話，就夠證明她的段數不高，蓋這話只能傷害男人的自尊心，不能幫助她招徠資本雄厚的戶頭也。本來要暈倒的朋友，等於餵了他定心丸，恐怕會一直保持清醒。而且，要男人暈倒一時容易，要男人長久的暈倒，就得有克麗奧佩特拉女士的道行，那不是一個普通老奶所能想像的，蓋高貴的氣質在風塵中培養不出來。所以，即令有男人長久的暈倒，恐怕也要看一下那是什麼樣的男人。更主要的是，一個女人一旦到了企圖顛倒眾生階段，就不值錢啦，克麗奧佩特拉女士卻只求顛倒一人。愷撒先生是一位政治家兼軍事天才，而安東尼先生不過一員戰將，勇敢、豪放、戆直、粗線條，並不像乾爹那樣胸懷大志。克麗奧佩特拉女士用她的機智教育他，他們常到尼羅河上釣魚，由於克麗奧佩特拉女士在一旁含情脈脈的望着他，安東尼先生就急着更要展示他的本領，偏偏魚朋友不肯合作，拒絕上鈎，使他滿頭大汗，覺得隔牆扔孩子，可丟了人啦。所以下次再去時，他暗中派遣潛水夫到水底把魚朋友活生生的掛到鈎子上。

然而，第三次再去時，克麗奧佩特拉女士也暗中派遣潛水夫，悄悄的把魚朋友拿掉，而掛上埃及所沒有，只有黑海才有的鹹魚乾。安東尼先生正在手舞足蹈的喊叫，卻當場出醜。克麗奧佩特拉女士抱住他、吻他，然後正色告訴他曰：「打鈴，親愛的。人，有所能，有所不能。你不應該跟一個漁夫較量身手。你釣的不是魚，而是城市、王國，和廣袤的大地。」

美貌可以迷惑人，智慧可以控制人，安東尼先生完全被克麗奧佩特拉女士控制。克麗奧佩特拉女士爲安東尼先生生下一對雙胞胎，一男一女，他們過着神仙般的日子。然而，好日子仍是短暫的，安東尼先生的元配妻子弗爾薇亞女士，在羅馬跟另一位執政官屋大維鬧翻。她向他挑戰，而且雙方的部下發生流血事件。弗爾薇亞女士以驕悍聞名於世，她厭惡家事，唯一的願望是統治她的丈夫，安東尼先生在她那裏受到強大的壓力，所以他一直巴不得離開她越遠越好。據說她之所以向屋大維先生挑戰，是她認爲只有戰爭，才能使安東尼先生返回羅馬。她最後失敗，在投奔安東尼的中途，含恨而終，她的性格造成她的悲劇。

安東尼先生沒有來得及救援他的妻子，因她失敗得太快。但他仍趕回羅馬，跟屋大維先生和解，但屋大維先生提出條件，要安東尼跟他的姊姊屋大維亞女士結婚。史書上記載，屋大維亞女士比克麗奧佩特拉女士更年輕、更漂亮、更雍容華貴。問題是，婚姻的美滿不美滿，完全是主觀的，跟各人的鞋子一樣，合腳不合腳，只有自己心裏有數。安東尼先生維持這種心裏有數的婚姻，前後三年。最後，他實在無法忘掉克麗奧佩特拉，這說明克麗奧佩特拉女士有她特有的魅力，致使本世紀（前一）西方世界最偉大的兩個人物——乾爹愷撒和乾兒子安東尼，都在她愛情裏團團打轉，雖然英明蓋世，也無法自拔。安東尼先生毅然決然跟屋大維亞女士異離，跑到埃及，和克麗奧佩特拉女士結婚。這當然掀起狂風暴雨。

鼻子的祕密

安東尼先生這項行動，使屋大維先生和羅馬市民們怒火沖天。尤其是屋大維先生，他不僅爲了姊姊，而是安東尼先生前往埃及，不是單身去的，他還帶了他所統率的一支精銳部隊，那將造成帝國的分裂。於是，兩位親密朋友，爲了一個美女的攪局，掀起一場大戰。史學家可以找出一百個理由，振振有詞兼引經據典，說這場大戰是因爲這個，或因爲那個才發生的。事實上卻只是爲了一個漂亮迷人的美女。嗟乎，「一顧傾人城，再顧傾人國」，無論傾城與傾國，都要血流漂杵。最後，雙方龐大的海軍在東地中海開火，短兵交接，殺聲震天，壯觀激烈的場面，讀者老爺在埃及艷后影片上已看過矣。大戰進行到第二天，形勢對安東尼先生稍稍有點不利——勝敗乃兵家常事，形勢稍稍不利更是兵家常事。可是，克麗奧佩特拉女士，就在這個重要關頭，顯露出來她狡猾的蛇蠍性格。任何人都認爲，她會跟她丈夫並肩作戰到底，共存共亡的。然而，狡猾的蛇蠍性格特徵是，只能共安樂，不能共患難，即令親如夫妻，也是一樣。嗚呼，夫妻本是同林鳥，大難來時各自飛。就在這一刹那，克麗奧佩特拉女士把一分鐘前還一再重複的海誓山盟，一筆勾銷。她追求的不是愛情，而是榮耀和權力，她不能跟安東尼先生同歸於盡，她還年輕，這一年，紀元前三一年，她三十六歲，正是美麗的顚峰。她決心拋棄安東尼，保留實力，用她的美色，另去找一個靠山——當然是勝利者屋大維先生。

——寫到這裏，祝福讀者老爺一生一世，都不要遇到克麗奧佩特拉型的女人，否則的話，你就必須一直是強者。一旦失敗，就剃頭的拍巴掌，完了蛋矣。不過教人爲難的是，克麗奧佩特拉型的女人，無不美如天仙兼才華絕代，再兼柔情蜜意，信誓旦旦，教人怎能分辨出來乎耶。

——眞正的愛情是，愛對方跟愛自己一樣，甚至愛對方比愛自己更深。克麗奧佩特拉型女人，她固然愛對方，但事實上她只愛自己，愛自己遠超過愛對方。該傢伙能爲她帶來榮耀、權力、金錢時，她愛他愛得要命。該傢伙不能爲她帶來這些，而且還成了她得到這些的絆腳石時，愛就風消雲散，甚至恨他入骨，頓生殺機。

——讀者老奶千萬別多心，認爲我老人家說老奶，臭男人也多得是克麗奧佩特拉型，他愛自己也遠超過愛他的妻子。

克麗奧佩特拉女士既然另有打算，就在她的座艦上，下令埃及艦隊脫離戰場，向尼羅河撤退。正在前方指揮作戰的安東尼先生，縱是一個霹靂打到他頭上也不能使他這般震撼，霎時間，這個身經百戰的老將，六神無主，以致做出了出人意表的決定。他如果奮勇的繼續作戰，至少還有勝利的可能性，可是，他卻下令他的座艦掉轉艦頭，追趕克麗奧佩特拉。座艦既然撤退，全軍失去統帥，天經地義的跟着崩潰。

安東尼先生爲什麼如此，大多數史學家，尤其是深具文學修養的史學家，都解釋說他太愛克麗奧佩特拉女士，她已成爲他的主宰，他不能失去她。然而柏楊先生認爲還另有一種可能性，那就是他要她下令埃及艦隊回航，重新加入戰鬥。更有一種可能性，她的陣前叛變已造成不可挽救的厄運，他要面對面對她報復。

反正是，不管怎麼吧，安東尼先生沒有追上他的嬌妻，於海軍失敗後，在埃及重組他的陸軍，而陸軍也跟着崩潰，安東尼先生自殺。這位爲義父愷撒先生報仇的英雄人物，他在羅馬廣場上那篇扭轉乾坤的講話，迄今仍是「群眾心理學」主要教材。即令上帝親自出馬，也不過造成那種奇蹟。然而，他卻爲一個只愛自己的爛女人，犧牲自己的生命。我們說他癡情也好，說克麗奧佩特拉女士惡毒也好，都無補這個悲涼的結局。

現在克麗奧佩特拉女士開始捕捉屋大維先生，她更熟練的使出她征服愷撒和控制安東尼的渾身解數，她那賴以成功的美麗胴體和高度智慧，再加上她女王高貴身份，屋大維先生果然再度跳進她的圈套，並且答應她，把她帶回羅馬，共同享受世界上頂尖的榮華富貴。克麗奧佩特拉女士心裏暗自慶幸，而且還可能嘲笑天下的臭男人都是破窯裏燒出來的賤貨，像台北某老奶自負的，只要招招手就暈倒啦。可是，就在興興頭頭，動身前往羅馬之前，她忽然發現，屋大維先生不但沒有暈倒，他之所以如此這般，並不是愛她，而是想把她騙到羅馬，教她裸體遊街，讓羅馬人瞧瞧這個尤物的長相。

於是，輪到克麗奧佩特拉女士震撼啦，她終於遇到一個比她更厲害的對手，自信完全喪失。她只有哭泣，希望屋大維先生不要那麼無情——她忘了她對安東尼先生是如何無情的矣。再最後，她教侍女把一條毒蛇放到她酥胸上，讓毒蛇咬她一口，輾轉哀號，死在她的御榻之上。

克麗奧佩特拉女士戲劇性的悲慘下場，性心理學家歸咎於她的鼻子太高，否則的話，世界歷史可能重寫。臭男人各有所好，屋大維先生偏偏不喜歡太高的鼻子，所以才能保持清醒。

克麗奧佩特拉女士死，立國二百七十六年之久的托勒密王國也亡。

雙胞胎姊妹花

克麗奧佩特拉女士和王昭君女士，同時出現紀元前一世紀，而且同時出現該世紀的六〇年代。只不過，克麗奧佩特拉女士引起一場大戰，千萬人被她所造成的情勢帶入死亡。而王昭君女士卻加強中匈兩大帝國之間的和平，使兩國千萬人民，都安居樂業。

就在克麗奧佩特拉女士喪生於毒蛇巨牙下的十年之後，也就是埃及艷后電影 The End 十年之後。該世紀八〇年代，一對雙胞胎的姊妹花，在中國西漢王朝的宮廷崛起。

這對姊妹花是：姊姊趙飛燕女士，妹妹趙合德女士。妹妹趙合德比姊姊更爲嬌艷，心智更爲成長，對臭男人也更有深刻的認識，因而把她的帝崽丈夫劉驁先生吃得死脫，在宮廷鬥爭中，佔更重要的角色。幸好趙飛燕女士是姊姊的緣故（這位姊姊不過比妹妹大一分鐘），又是她幸運的先遇到劉驁，稍後她又當了皇后，所以她比妹妹更爲家喻戶曉。尤其她的身材苗條，正合乎二十世紀美女們標準，在歷史上留下「環肥燕瘦」的成語，以形容美女的百態。「環」，指紀元後八世紀的楊玉環女士，我們以後再介紹她。「燕」，就是趙飛燕，她以恰到好處的三圍，流芳史册。

趙飛燕女士自幼十分貧苦，但她卻具有西漢王朝的皇家血液，同時她也不姓趙，而姓馮。蓋她娘是姑蘇郡主——江都（江蘇省揚州市）親王劉建先生的孫女，姑蘇郡主嫁給江都國首府警備區司令（江都中尉）趙曼先生。趙曼先生有一位音樂家朋友馮萬金先生，馮萬金先生的爹馮大力先生，也是一位音樂家，在劉建先生的王宮，擔任樂隊指揮（協律舍人）。馮萬金先生家學淵源，他所作的曲譜，包括對前人殘缺不全曲譜的整理，演奏出來，無不動人心弦。史書上形容趙曼先生跟他的友誼說，進餐時如果沒有馮萬金先生在座，就吃不飽。這種情形之下，馮公跟趙曼的妻子姑蘇郡主，自然也關係密切。古時候社會封閉，男女間沒有社交，官員富貴之家，女人更是連大門都不出，根本沒有任何機會接觸臭男人，而馮萬金先生得以出現，既青年才俊，又多才多藝，當然使姑蘇郡主漂亮的大眼睛閃出光芒。尤其糟的是，不知道什麼緣故，趙曼先生害了性無能的毛病，姑蘇郡主漂亮大眼睛閃出的光芒，遂成爲濃烈的慾火。郎有心，妾有意，下文不用問啦，他們上了床啦。

——對於一個男人而言，馮萬金先生這種朋友，千萬別交。朋友妻，不可欺，這是最低的道德標準。不過趙曼先生旣然害上了性無能，也眞他媽的不能怪誰。

那個時代還沒有避孕之藥，通姦的結果是姑蘇郡主懷了身孕，這問題就大矣哉，按照一般常情，往老公身上一賴，就天衣無縫，偏偏趙曼先生很久很久沒有跟她同過房，而他閣下又性情凶暴，一旦發現綠帽從天而降，雖不能把人壓死，恐怕也得壓出血流五步。姑蘇郡主急得團團轉了一陣，然後想出妙法，假裝有病，回娘家調理。咦，她閣下的娘家可不像柏楊先生小門小戶，任何人都可把門敲開，尤其是討債精，一聽老頭不在，馬上搜了個遍，看看躲到床底下沒有。姑蘇郡主的娘家可是親王王宮，警衛森嚴，連個蚊子都飛不進去，即令趙曼先生是女婿，也束手無策，何況太太回娘家又是常事，醫藥周到，也用不着擔心。於是，姑蘇郡主就在王宮之內，生下一對雙胞胎女娃，姊姊命名趙宜主，妹妹命名趙合德。

——我們旣不知道趙曼先生和馮萬金先生的籍貫，所以也不知道趙飛燕女士姊妹的籍貫。如果依柏楊先生的主張，趙飛燕女士姊妹身份證上只要寫出生地江都（江蘇省揚州市）就行矣。

兩個女娃生下後，因無法帶回丈夫趙曼先生家，又不能留在王宮撫養，只好悄悄派人，把兩個可憐的孩子，丟到荒郊野外，希望被別人抱走，甚至希望豺狼把她們吃掉，或她們自己餓死，這是私生子的悲慘下場，嗟夫。然而，母女到底連心，過了三天，姑蘇郡主自己親往視探，兩個女娃竟仍然活着，只是已啼哭得奄奄將斃，實在於心不忍，就又把她們抱回來，送到情夫馮萬金先生家。就在生父家，姊妹二人一天一天長大。可是，當她們快要成年的時候，馮萬金先生壽終正寢，馮家家道中落，一對姊妹花在馮家住不下去，輾轉流落到首都長安（陝西省西安市），在一條巷子裏租屋住下，大概是命運之神的安排，就在隔鄰，住着一位趙臨先生，趙臨先生是陽阿公主（她閣下是哪個皇帝的女兒，柏老還弄不清楚）公主府的總管（家令），看兩個女娃孤苦伶仃，十分同情，就收她們作爲義女。兩個女娃在茫茫人海中，無依無靠，也就拜他作爲義父，常常刺繡一些綢緞，送給乾爹，倒也情同父女，外人不知內情，也都這樣認定。大概就在這時，她們改姓趙的也。

初入皇宮

趙宜主女士姊妹，既成了趙臨先生的女兒，則順理成章的，不久老爹就把女兒介紹到陽阿公主家，充當歌女。姊姊不但花容月貌，而且身材纖弱，三圍迷人——隆隆的乳房和細細的柳腰，步履輕盈，小鳥依人，好像飛燕一樣可愛，人們就稱她「飛燕」，她也順水推舟，改名飛燕（有些書上說，她仍保留宜主的本名，只別號飛燕）。妹妹比姊姊更爲嬌媚，她閣下肌膚雪白，細膩得像剛凝煉出來的豬油，光滑如緞，當她沐浴後從浴盆裏站起來時，身上連一滴水都不沾。而且從以後發展的事實來看，她比姊姊確實更具有智慧。不過有一點卻是相同的，她們都苦心的學習歌舞，而終於出奇入化。

讀者老爺一定還記得，一百二十年前，紀元前二世紀的前一三九年，老帝崽劉徹先生，在她姊姊平陽公主家，和衛子夫女士相遇的往事。而現在，歷史重演，劉徹先生第六代孫兒小帝崽劉驁先生，原模原樣的遵古炮製。紀元前一八年，年才三十八歲的劉驁先生，到陽阿公主家中瞎泡，在招待他的盛大宴會上，由公主家的歌女邊舞邊唱，在旁助興。在那些迴轉金蓮步的美女群中，劉驁先生第一眼就盯住趙飛燕女士。嗚呼，美女必須美到「光艷照人」，才是眞正的美女，只有容光煥發，才能先聲奪人，使臭男人眼睛一亮。趙飛燕女士身上就好像有吸盤似的，吸得劉驁先生目不轉睛。

下一步是啥，就用不着找算卦攤子矣。宴會之後，劉驁先生自然把趙飛燕女士帶走。就在御床之上，她閣下展示出她的工夫，書上曰：「飛燕瞑目牢握，泣交頤下，戰栗不迎。」（柏老按：這一段可不能翻譯成白話），以致劉驁先生一連三夜抱着她，無法顚鸞倒鳳。而他愛她愛得奇緊，又不忍霸王硬上弓。其他姬妾們憤憤不平，問劉驁先生爲啥這麼體貼，劉驁先生曰：「她看起來好像很豐滿，可是抱到懷裏卻柔弱得像沒有骨骼，對男人謹愼畏懼，不即不離，具有高貴的教養。妳們這些脅肩諂笑，投懷送抱的女人，怎麼能跟她比？」把一些老奶說得面紅耳赤，咬碎銀牙。然而，趙飛燕女士所以如此，不過是她欲迎故拒的戰略，爲的就是要劉驁先生對她留下深刻的印象。最後一次，血染錦被，證明她是處女。

書上說，趙飛燕女士事實上並不是處女，就在長安的陋巷中，鄰居有一位靠獵鳥爲生的青年，一表人才，二人早就暗渡陳倉，而且恩恩愛愛，難捨難分。如果那青年家境不是那麼貧苦的話，趙飛燕女士早成了獵鳥婆矣。可是，他沒有力量娶她，她才輾轉到了皇宮。皇宮中有一位女官樊嫕女士知道這回事，當趙飛燕女士入宮時，暗暗爲她擔心。蓋中國傳統的大男人沙文主義，特別重視處女，尤其是身爲帝王的淫棍，更把處女當作自己的尊嚴。如果劉驁先生發現趙飛燕女士曾經跟別的臭男人睡過覺，那就完啦。依當時的情形，輕則亂棒打出，重則囚禁冷宮，甚至喀嚓一聲，玉頭搬家。然而，趙飛燕女士竟然用事實證明她是處女，樊嫕女士不禁大吃一驚。覷個機會，悄悄的問曰：「到底怎麼回事，獵鳥的那小子，沒有挨過妳呀。」趙飛燕女士曰：「我小時候看過不少彭祖祕方，也練過氣功，只要悉心調養三天，就還我原身矣。不過劉驁太壯，眞有點吃他不消。」

——柏楊先生認爲，趙飛燕女士有男朋友，甚至發生肉體關係，是可能的，也是可以理解的，但並不是必然的也。祕方氣功，屬於屁話。即令是眞的，樊嫕女士也決不敢問，她不是傻瓜，嗚呼，「知人陰私者不祥」，她知道趙飛燕女士的陰私，已種下禍根，再去亂問，結局一定是殺人滅口，她難道不想活啦。

好的開始，就是成功的一半，趙飛燕女士從此把劉驁先生掌握在手心，在皇宮中坐第二把交椅。而樊嫕女士又趁機向劉驁先生推薦趙合德女士，臭男人的心理是，女人越多越好，而皇帝更擁有隨心所欲的特權，一聽說趙合德美不勝收，立刻魂不守舍，急忙派宮廷祕書（舍人）呂延福先生，用只有皇后才可能坐的御轎（百寶鳳輿），前去迎接。如果換了其他老奶，一瞧富貴臨頭，早就一屁股坐上去。可是趙合德女士卻婉轉拒絕，她告訴呂延福先生說，必須有姊姊的命令，她才進宮。劉驁先生得到報告，一方面欣賞她的莊重，一方面更急得抓耳搔腮，跟樊嫕女士計議。開始在趙飛燕女士身上下工夫，先賞賜給趙飛燕女士價值連城的珠寶，一個窮措大出身的女娃，哪見過那些玩藝，早已眼花撩亂。接着把趙飛燕女士遷到豪華蓋世的遠條宮（館），她就更對劉驁先生感激零涕。

禍水・溫柔鄉

劉驁先生正是要趙飛燕女士產生感激之情，這樣樊嫕女士才能向她提出祕密建議，要她把妹妹趙合德女士推薦給劉驁。理由十分充份，第一，劉驁先生還沒有兒子，姊妹二人如果像包男妓一樣的把他包啦，恁憑誰生下一個，就是皇太子，前途就安如泰山矣。第二，親妹妹總比外人好，外人生了娃兒，就是一顆炸彈。而手足骨肉，是先天的聯合陣線，如果發生事端，可以互相援助。第三，主要的是，沒有一個帝王不是色迷；如不將趙合德獻出來，把劉驁抓住，萬一有別的美女脫穎而出，榮華富貴，就成雲煙了也。

趙飛燕女士絕頂聰明，立刻接受樊嫕女士的建議，派人去迎接趙合德。一會工夫，趙合德女士嬝嬝婷婷，走下御轎，劉驁先生睜開龍眼一瞧，只見她鬢如烏雲，眉若細柳，臉蛋兒紅潤欲滴，而肌膚簡直是一堆白雪。他玩的女人多啦，從來沒有見過這樣的美艷嬌娃，一霎時他疑心他的龍眼一定有了毛病，這不是仙女下凡是啥？靈魂就從後腦勺出了竅，張口結舌，一句話也說不出。不但他閣下一人如此，就是左右伺候的那些宦官宮女，也一個個張嘴翹舌。只有一位老奶，被稱爲「披香博士」（宮廷教習）淖方成女士，正站在劉驁先生身後，妒火中燒，吐了一口唾沫，悄悄曰：「這是禍水，要滅火了矣。」

——在中國，漂亮的女人往往被詈爲「禍水」，典故就出在這裏。淖方成女士所以說這話，是因爲星象家認爲西漢王朝受火神保護（火德），現在禍水要把火星淹沒啦。

淖方成女士的話，既小又低，劉驁先生當然沒有聽到。其實即令聽到，也沒有用，蓋慾火攻心，天塌啦都不在乎，何況禍水。當天晚上，趙合德女士人間少有的胴體，發出千軍萬馬的魅力，含苞漸潤，媚態百生，劉驁先生如灌頂醍醐，比跟姊姊趙飛燕女士尋歡時，更教他欲仙欲死。劉驁先生自恨枉活了三十八年，今天總算享受到人生的眞正滋味。於是，他把趙合德女士的酥胸，稱之爲「溫柔鄉」。嘆曰：「我當終老是鄉，不願效法老祖宗劉徹先生追求的白雲鄉矣。」想起樊嫕女士的皮條功勞，就賞賜給她名貴的「鮫文萬金錦」二十四匹。

於是，趙飛燕女士和趙合德女士，同時被封爲「婕妤」——小老婆群的第二級。前已言之，婕妤位比上卿，爵比列侯。姊妹二人，輪流陪劉驁先生上床。皇宮裏千萬粉黛，到此都成糞土。她們了解她們所受的嫉妒和自身強大的優勢，在皇宮裏，皇帝是頭目，他支持誰，誰就威不可當。爲了鞏固自己的地位，和掃蕩潛在的敵人。就在她們掌握了劉驁先生這個權力魔杖之後，也就是她們入宮幾個月之後，即行對坐在皇后寶座上的許女士，發動瘋狂攻擊，並且大獲全勝。許皇后罷黜，並於稍後被毒死。關於這幕悲劇，我們將在次一章報導。

許皇后既倒，依劉驁先生之意，立刻就要擢升趙飛燕女士當皇后。可是劉驁的娘，皇太后王政君女士，卻嫌趙飛燕女士出身微賤，不肯答應（嗚呼，王政君這婆娘，忘記她丈夫的老祖宗劉邦先生，出身是流氓無賴啦）。劉驁先生既不敢違抗老娘，只好憋一肚子氣，見人就找碴。如果是柏楊先生這種小民，見人找碴，結果準挨揍。可是，劉驁先生是個帝崽，見人找碴，挨臭揍的就是別人矣。幸虧有位淳于長先生，擔任皇城保安司令（衛尉），是王政君女士姊姊的兒子——王政君女士是他的姨媽，而劉驁先生是他的表弟。劉驁先生千拜託萬拜託他出面疏通，憑他的三寸不爛之舌，才終於把姨媽說得點了御頭。

紀元前一六年，距趙家姊妹入宮不過兩年，劉驁先生下令封趙臨先生侯爵（成陽侯），爲的是堵別人的嘴，你們不是附和俺娘皇太后，說趙家姊妹出身貧賤乎，好吧，侯爵可夠得上富貴吧。這是爲趙飛燕女士當皇后舖路，趙臨先生一念之慈，從一個小職員（陽阿公主的管家），一下子高封侯爵，眞是福從天降。

然而，西漢王朝開山老祖劉邦先生，曾有過嚴格的遺令，任何一個人，必須對國家有絕大的功勳，才能晉封侯爵。專制時代，皇帝的命令，就是法律。而祖宗的命令，當兒孫的皇帝，也不能違反。沒沒無聞的趙臨先生，忽然平地一聲雷，西漢政府的大小官員，也跟着平地一聲雷。不過趙臨先生平地一聲雷是直上青雲，而大小官員的平地一聲雷是對皇帝老爺的亂搞，嚇了一跳。劉驁先生平常總是義正詞嚴教他的部下，一定要身體力行，遵守法紀的，如今他自己卻領先破壞法紀。不過大家嚇了一跳之後，罵罵大街，發發牢騷，也就到此爲止。順調份子還藉此千載良機，歡欣鼓舞，認爲劉驁先生深謀遠慮，封得好，封得妙哩。只有一位擔任監察部委員（諫大夫）的劉輔先生，向劉驁先生上了一道奏章規勸。不過在專制政治下，任何天經地義，都難以阻擋當權人物不可告人的私欲。不但不能阻擋，反而使當權人物老羞成怒，更火上加油。

美女的特權

劉輔先生曰：

「我聽說天老爺要興旺誰，一定先賜給吉祥。天老爺要教誰倒楣，一定先降下禍殃。這是從古到今，屢試不爽的事。周王朝國王姬發先生，和宰相姬旦先生，要建立大業之時，就有魚烏之瑞，而君臣們仍戒愼恐懼，互相勉勵。何況到了現在，上天旣沒有降福給你，使你生兒子，又屢屢的降禍，發生天災。即令日夜自我責備，改過向善，挑選正正派派女子，求子求孫，恐怕爲時都已太遲。想不到你陛下縱情縱慾，還弄了一個卑賤的老奶，教她去當皇后，人們就怎麼想都想不通矣。俗曰：『腐爛了的木頭不可以當柱子，出身寒微的婢女不可以當主婦。』（柏老按，諺語的上一句是對的，下一句就是狗屁），上天和小民都憤憤不平，必然產生禍事，連菜市場上的小販都知道，偏偏沒有一個政府官員敢說一句話。」

原文是這樣的焉——

「臣聞天之所與，必先賜以符瑞。天之所違，必先降以災變，此自古之占驗也。昔武王周公，承順天地，以饗魚烏之瑞，然猶君臣祇懼，動色相戒。況於季世，不蒙繼嗣之福，屢受威怒之異者乎。雖夙夜自責，改過易行。妙選有德之世，考卜窈窕之女，以承宗廟，順神祇，子孫之祥，猶恐晚暮，今乃觸情縱慾，傾於卑賤之女，欲以母天下，惑莫大焉。俚曰：『腐木不可以爲柱，人婢不可以爲主。』天下之所不平，必有禍而無福，市途皆共知之，朝廷乃莫敢一言。臣竊傷心，不敢不冒死上聞。」

——「魚烏之瑞」，一千年前，紀元前十二世紀的故事矣，殷王朝所屬的周部落酋長姬發先生叛變，率領大軍進攻殷王朝政府時，行到中途，有一條白色鯉魚跳到他所乘的船上；稍後，又有紅顏色的烏鴉向他亂叫，當時認爲是一種勝利預兆。可是柏楊先生想，白魚常見，赤烏還沒有聽說過，大概精神緊張，看走了眼啦。

這一個奏章，到了劉驁先生面前，把他氣得七竅生煙。蓋一個人一旦私慾橫心，就不是理智可以說服，何況這個奏章的說服力也太弱。劉驁先生的反應既迅速而又強烈，他把劉輔先生抓起來，押到宮廷特種監獄（掖庭祕獄）。宮廷特種監獄比民間普通監獄還要黑暗殘忍，毆打箠擊，甚至用火燒的鐵條在犯人身上炮烙，不但慘絕人寰，而且滅絕人性。劉驁先生的意思正是這樣，他要劉輔先生慘死在那裏。然而，一個高級官員忽然神祕的被逮捕到宮庭特種監獄，不知道他犯了啥罪，當然使政府大爲震動。皇家禁衛軍司令官（中朝左將軍）辛慶忌先生，全國武裝部隊副總司令（右將軍）廉褒先生，宮廷禁衛官司令（光祿勳）師丹先生，和政府高級顧問（太中大夫）谷永先生，聯名保救。劉驁先生鬧了一陣，大概氣也消啦，看了奏章，就把劉輔先生移送到勞工營（考工獄），後來可能覺得殺了他也太不像話，索性饒他一死。可是死罪難免，活罪難逃，仍把劉輔先生送到勞動營做苦工（鬼薪）。

——嗚呼，古之時也，到底還有淳厚之風。所以劉輔先生一被捕，有些高官貴爵還敢聯名上書。如果換了現代，天顏既然震怒，恐怕大家都心膽俱裂，一面高叫做人要有道德勇氣，一面腳底抹油，唯恐怕牽連到自己身上。這種鏡頭，柏老可看得多啦，嗟夫。

劉輔先生的遭遇，果然發生阻嚇作用，政府官員一個個都成了沒嘴葫蘆，無人敢再勸阻（其實，勸阻也沒有用，徒增加黑獄冤魂）。道路既舖平，紀元前一世紀八〇年代前一六年，劉驁先生正式宣佈册立趙飛燕女士爲皇后，擢升趙合德女士爲姬妾第一級的「昭儀」。距她們在陽阿公主家當地位低微的歌女，不過兩年工夫，連舊主人陽阿公主，都得倒轉過來，下跪磕頭，巴結奉承。人生的際遇，很少如此傳奇。嗚呼，這正是年輕貌美女子的特權，她一下子就可以爬到頂峰，理直氣壯的，分享臭男人的榮華富貴。把一些奮鬥終生，而仍赤手空拳的臭男人，能活活氣死。

現在，劉驁先生左擁右抱，享盡風流，躊躇滿志，請他去天上當神仙他都不幹。爲了取悅趙飛燕女士，特地在皇宮太掖池，建造一艘華麗的御船，帶着她泛湖賞景，由副部長級官員（侍郎）馮無方先生吹笙伴奏——笙，似乎是世界上最美妙的樂器之一。由趙飛燕女士邊歌邊舞，劉驁先生則用犀牛角做的簪子，輕敲着白玉酒盃。有一次，正在興頭上，忽然一陣風，把趙飛燕女士穿的寬裙吹起，像探弋舞時打圈圈老奶們的寬裙一樣，凌風飄揚（不知道露出使人喘息的三角褲沒有，書上沒有交代，實在遺憾）。趙飛燕女士被寬裙帶動，幾乎像小鳥一樣的乘風而去。乘風而去的結果當然不會直升雲霄，而準是忽冬一聲，掉到水裏，淹個半死。劉驁先生大驚失色，急叫救命。馮無方先生立刻撲上去，兩手正好握住趙飛燕女士的兩隻玉足。她閣下也樂於被青年才俊握住，就在那強有力的緊握中，她繼續她的舞姿。爲了這一段熱鬧，宮中傳出消息說，趙飛燕女士不但身輕似燕，而且還可以在掌上起舞，顯示出她的纖細和弱不禁風。劉驁先生就更色授魂與，神魂顛倒。

衣櫥裏的咳嗽聲

趙飛燕女士靠着她的美色，榮冠三宮六院。然而她知道，要想這種寵愛固如磐石，必須得爲皇帝老爺生個兒子才行，如果生不了兒子，皇后寶座就像建在沙灘上，隨時有垮台的可能。可是，她卻一直無法懷孕。不但她一直無法懷孕，連妹妹趙合德女士也一直無法懷孕。讀者老爺回憶霍成君女士的故事，就可知道她們內心的焦急和痛苦。霍成君女士之不能懷孕，原因是啥，我們不知道，但趙飛燕女士姊妹不能懷孕，原因是啥，史書上卻有記載。這就說來話長，封國在江都（江蘇省揚州市）的親王劉非先生有一位寵姬李陽華女士，她的姑媽嫁給馮大力先生，而馮大力先生正是趙飛燕女士的嫡親祖父，該姑媽則正是趙飛燕女士的嫡親祖母。後來劉非先生死掉，李陽華女士沒有兒子（又是無子），而又人老珠黃，被遣出王宮，舉目無親，只好投靠馮大力先生的妻子，趙家姊妹把她當作母親一樣親近。這位李陽華女士在王宮中久啦，對美容術有特別心得，她有一種「息肌丸」，塞到肚臍眼裏，融化到體內，能更增加艷麗。可是它卻含有麝香成份，而麝香強烈的傷害到生殖機能。所以趙家姊妹美是夠美啦，卻月經不調，不是來期不準，就是若有若無。趙飛燕女士偶爾向皇宮藥劑師（承光司劑者）上官嫵女士談到這回事，上官嫵女士嘆曰：「這種情形，怎麼能生孩子乎哉。」教她用羊花煮湯洗滌，可是已無法挽救。

趙飛燕女士仍不絕望，她的目的是生孩子，不管是誰的孩子。僅只皇帝劉驁先生顯然不夠用，尤其是劉驁先生又經常在妹妹趙合德女士那裏，而且她想到劉驁先生本身可能也有問題。於是，她就使用皇后的權力，廣爲物色健壯的男人，祕密載進她的寢宮，一方面尋歡取樂，一方面希望健壯的精液，能使她生下娃兒。最初，她還小心謹愼，後來越來越膽大。終於有一天，她正在騰雲駕霧，翻江倒海之際，劉驁先生忽然跑來，事先埋伏的暗探向趙飛燕女士飛奔報告，她這一驚，非同小可，急忙收兵出迎。雖然她很鎭靜，但頭髮散亂，言語支支吾吾，無法解釋她爲啥這般神色慌張。劉驁先生不禁起了疑心，不過他閣下怎麼也料不到綠帽子會壓到他的御頭之上，但不久他就聽到衣櫥裏有人咳嗽的聲音，使他的御頭嗡的一聲大了起來，不過他太愛趙合德女士啦，只好對她姊姊勉強忍耐。

於是有一天，劉驁先生正跟趙合德女士飲酒歡聚，想起來趙飛燕女士的態度，和衣櫥裏那聲咳嗽，忽然氣沖牛斗，捲起袖子，虎視眈眈的看着趙合德女士，眼看就要爆炸。趙合德女士知道其中一定有什麼過節，大事就要不好，如果不能當場挽回危局，一旦撕破了臉，就再難挽回矣。剎那間她決定採取低姿勢行動，跪下來，撲到他懷裏，委屈萬狀的嗲曰：「皇帝哥啊，請聽一言，我們姊妹出身寒微，人單勢孤，連一個心疼我們的近親都沒有。而今萬分榮幸的當你的大小老婆，供你驅使，又蒙你這麼寵愛，提拔我們姊妹在萬人之上。有的時候，也難免仗恃你的寵愛，得罪了人，大家已把我們姊妹恨入骨髓，又加上我們少不懂事，不知道宮廷中的規矩，使你皇帝老哥生氣。教我們死吧，只要你不再煩惱，我們死也心甘情願。」說罷此話，立刻一枝梨花春帶雨，鼻涕眼淚一齊流出，更楚楚動人，惹人生憐（柏老按：哭也是一種藝術，讀者老奶，特別注意）。劉驁先生一瞧，氣也沒啦，怒也沒啦，把她抱起來，柔言安慰曰：「親愛的，這件事跟妳無關，我恨的是你姊姊，我打算砍掉她的頭，剁下她的腳，扔到茅坑裏，心裏才舒服。」趙合德女士大驚曰：「這是為啥？」劉驁先生把那天的鏡頭重述一遍，趙合德女士曰：「我因姊姊的緣故，才有機會伺候你陛下，姊姊如果被你殺掉，我一個人怎麼能活下去耶？何況忽然間把皇后宰啦，天下人會說你啥？我願意身當這場災難，打鈴，你把我殺了吧。」越說越難過，最後大放悲聲，昏倒在地，劉驁先生急忙把她抱起來曰：「我正因為妳的緣故，所以當時不去搜查衣櫥，剛才不過忽然想起來，順口說說罷啦，妳當成眞的呀。」百般哀求，才使趙合德女士轉悲為喜。事後，劉驁先生祕密追查，終於發現衣櫥裏那位咳嗽的小子，是禁衛軍官（宿衛）陳崇先生的兒子，劉驁先生再度大發脾氣，派人到陳家把他殺掉，把陳崇先生免職，逐出宮廷。

——西洋有句諺語曰：「只有愛情和咳嗽是隱藏不住的」，陳小子兼而有之，雖然享受到皇后如花似玉般胴體的滋味，卻也慘死刀斧之下。在此敬告後生小子，當你有幸或不幸去偷情幽會時，千萬別咳嗽。最好是等醫生把你的咳嗽治痊癒了再去，切記切記。

醋海興波

然而，趙飛燕女士的情夫不只陳小子一人，她手下雖不能說壯男如雲，但壯男至少有一大群，取之不盡，用之不竭。其中一位燕赤鳳先生，是在宮廷擔任粗工的宮奴，一表人才，虎背熊腰，胸脯結實得像軍艦上的鍋爐。趙飛燕女士看上了他，趙合德女士也看上了他，他閣下以最卑微的身份，忽然一對尊貴的姊妹花，縱體入懷，感激零涕之餘，自然捨命報效（這小子，他媽的艷福不淺）。最初姊妹們尙且互相隱瞞，可是色膽包天，不久就逐漸透露風聲，醋海興波。有一天，燕赤鳳先生剛剛離開趙合德女士的寢宮——少嬪館，趙飛燕女士闖了進來，那天正是紀元前一四年十月五日，依宮廷慣例，每年十月五日，都要遙祭皇帝祖先的在天之靈，宮女和女官們在祭祀典禮上，像台灣高山族的土風舞一樣，大家臂攣着臂，手牽着手，圍成一個圈圈，載歌載舞。今天歌舞中有「赤鳳來」一曲，趙飛燕女士酸溜溜的問曰：「赤鳳剛才爲誰來？」趙合德女士曰：「赤鳳當然爲姊姊來，他肯爲別人來呀。」一句話把趙飛燕女士頂撞得老羞成怒，抓起酒盃（大概是燕赤鳳先生跟趙合德女士對飲時用的），摔向趙合德女士，趙合德女士一閃，酒盃擊中她的裙邊，做姊姊的狠狠曰：「老鼠想咬人呀。」趙合德女士也生了氣，反唇相稽曰：「老鼠不想咬人，只不過想在衣服上咬個洞，看看裏面是啥貨色。」

趙合德女士性情柔順，對姊姊一向百依百從，忽然凶猛的反擊，趙飛燕女士立刻眼如銅鈴，嘴唇發青，呆在那裏，說不出一句話。在一旁服侍的樊嫕女士大吃一驚，知道再鬧下去，一定兩敗俱傷。她趕忙打圓場，史書上說她「脫舊簪，叩頭出血」，強拉着趙合德女士向姊姊道歉。趙合德女士是一個極端聰明的女孩，她剎那間恢復冷靜，知道姊妹的命運是不可分的，而且後悔自己的尖銳詞令，她向姊姊哭曰：「姊姊啊，我們貧苦時，共蓋一條棉被，天冷夜長，凍得不能入睡，妳教我抱着妳的背取暖，難道忘記這些往事？如今幸而榮華富貴，高人一等，卻家門孤單，沒有外援，全靠姊妹互相照顧，我們能忍心再自相殘殺乎耶？」趙飛燕女士也感到自己過份，抱着妹妹垂淚，親手摘下頭上的「紫玉九雛釵」，給妹妹梳妝秀髮。

宮廷是個複雜的地方，趙家姊妹這場原因曖昧的爭吵，仍傳到皇帝老爺劉驁先生耳朵裏，就向趙合德女士打聽爭吵些啥，他當然得不到實情，趙合德女士嘴裏能滴出蜜來，她信口開河曰：「姊姊忌妒我罷啦，你知道，西漢王朝是以『火』作爲標幟的，所以我們暗地裏都叫你『赤鳳』，就是爲了爭你這個活寶呀。」一頭戴綠帽的劉驁先生一聽，「赤鳳」竟是我，我竟是「赤鳳」，別看我其貌不揚，兩位絕色美女卻愛我愛得緊哩，於是神魂飄盪，龍心大悅。

——在一連串的事件上，我們可以分出趙家姊妹的優劣。用「優」「劣」太嚴格啦，她們只有「非常優秀」和「更非常優秀」之別，趙飛燕女士是一位正常的絕世美女，趙合德女士卻有較姊姊更高的機心。

趙飛燕女士目的只在早日生孩子，而劉驁先生可能表現得不堪勝任，所以她對他死了心，只在別的男人身上打主意。在她情夫群中官階最高的是一位副長（侍郎）慶安世。慶安世先生不但長相跟柏楊先生一樣，堂堂一表，而且對手提琴、手風琴、鋼琴、古琴，等等之琴（史書上只說「琴」，沒說啥琴，大概不外乎這些吧），也跟柏楊先生一樣，無一不精（編者按：柏老對任何樂器都不懂，他既有地盤亂蓋，我們只好亂聽）。趙飛燕女士揚言她也要學琴，請劉驁先生特別准許他出入。於是，不久慶安世先生不但出入皇后之宮，更上了皇后之床。趙飛燕女士還嚴密調查，把宮廷中孩子最多的一些年輕父親，列了一個名單，逐一的教他們供獻體力。爲了藏匿這些危險男人，特別騰出一間房子，裏面佈置神龕神像（大概還有一張神床），對外宣稱那是她參拜天地，進德修業的聖地，任何人任何情形之下，都不准進去，包括本夫劉驁先生在內。蓋她正在虔誠的向上蒼祈禱，如果闖斷了她跟耶穌基督的心靈交通，耶穌基督心裏一煩，就不准她生兒子矣。嗚呼「滅絕皇嗣」的責任，誰敢承擔乎哉？劉驁先生心裏本來有點偏愛趙合德女士，趙飛燕女士又不希望劉驁先生常常接近自己。結果是，劉驁先生幾乎被趙合德女士包啦，這正中趙飛燕女士，也正中趙合德女士的下懷。

劉驁先生對趙合德女士確實已經入迷，他在當時首都長安昭陽宮中，特地爲趙合德女士另行建立一座富麗堂皇的寢宮，中庭一片朱紅，殿柱上都施用油漆（中國傳統中，朱紅是一種尊貴的顏色；而在紀元前一世紀，油漆還是一種珍品）。門限都是銅做的（當時銅尙是稀有金屬，幾乎跟現在的黃金等值，如果換「門限都是黃金做的」，印象就更深刻矣），而銅之上更鍍黃金（那時黃金跟現代的鎢鈾之類一樣，價值連城）。用雪白玉石砌成台階，牆上掛着完全用黃金做的精緻壁燈。處處都裝飾着藍田（陝西省藍田縣）璧玉，和翡翠珠寶。這些蓋世豪華，不但趙合德女士貧窮出身，沒有見過。史書上說，自從中國有皇宮以來，也從沒有見過。

女教習懷孕

趙合德女士的寵愛與日俱增，她知道姊姊玩的花招太多，偷情通姦的事，除非上帝特別保佑，很難天衣無縫，何況趙家姊妹只幾個月工夫，就從平地直上雲霄，有多少同樣美麗的老奶，或過去陪劉驁先生睡過覺，或將來有睡覺的可能，都充滿怒火，張開大眼，希望趙家姊妹出錯。而身爲皇后的趙飛燕女士大張艷幟的幹法，跟一桶點了火捻的炸藥一樣，隨時隨地，都會爆炸，使趙家姊妹粉身碎骨，屍肉無存。趙飛燕女士已被淫慾和對生孩子的渴望，搞得神志不清——從她竟向妹妹發脾氣的事上可看得出來。但趙合德女士卻清楚的察覺到四伏的危機，她除了廣爲收買宮裏的大小男女外，還更加強控制權力魔杖，蓋控制權力魔杖才是最基本的。有一天，劉驁先生趙合德女士在一起時，談談張家長，道道李家短，不知不覺說到趙飛燕女士，劉驁先生表示他確實聽到一些關於野男人的傳聞，臉色變得鐵青，但趙合德女士卻不動聲色，淡淡的曰：「我姊姊性情太過剛直，剛直一定招來怨恨，宮廷之中，到處都是仇敵，那些因得不到你老哥寵幸的人，遷怒到姊姊身上，就千方百計，誣陷讒構。我們姊妹的性命都握在你手，只要你聽她們一句話，趙家就滅門絕種矣。」說到這裏，想一想她們的命運也眞是這樣，忍不住嗚咽流涕，悲痛失聲。劉驁先生憐香惜玉，急忙摟到懷裏，爲她拭去眼淚，發誓絕不受任何人的挑撥，絕不上任何人的當。爲了表示對趙家姊妹的信任，他採取殘酷手段，凡是向他打小報告透露皇后姦情的人，一律處決。這是自絕聰明的有效高招，他的綠帽子遂變成鐵做的，趙飛燕女士也安如泰山。

然而，千算萬算，不如天老爺一算，趙家姊妹雖然竭盡所能，仍然不能懷孕。劉驁先生也暗自着急，而且臭男人差不多都是感情的走私動物，即令情婦不比正式妻子高明，但爲了新鮮，也往往喜歡換換口味（讀者老爺容稟，只有你閣下德配天地，道冠古今，愛情專一，早已膾炙人口矣，當然例外）。何況皇帝老爺，只要他願意，如花似玉就會自動送上。所以即以趙家姊妹的天仙化人，也擋不住劉驁先生向外侵略。當時擔任皇宮女教習（學事史）的一位曹宮女士，不但其貌如花，而且學識極好，教授趙飛燕女士詩經。夫宮廷之中，乃絕對的陰盛陽衰之地，臭男人只有一個，而老奶浩如煙海。讀者老爺必須記住，紀元前一世紀時的中國宮廷，也就是劉驁先生在位之際，宮女已有四萬餘人，趙家姊妹能在四萬餘位美女中扶搖直上，自然有她們的絕世武功。其他老奶既然沾不到男人的邊，唯一的辦法只有同性戀，一位仍以女性自居，而另一位則在心理上成爲她的丈夫，這種同性戀的結合，術語稱之爲「對食」，雖實際上同是女性，但表現在外的，則儼然夫妻。曹宮女士的「對食」是另一位宮女道房女士。

現在，劉鶩先生看上了曹宮女士。這件事發生在紀元前一二年正月，趙飛燕女士立刻就發覺祕密，向曹宮女士詢問，曹宮女士不敢承認，再向道房女士探聽曰：「皇帝是不是跟曹宮上過床？」道房女士急忙回答不知道。她可能眞的不知道，但即令她知道，也不敢說知道，跟皇后爭寵，那將引起殺機。可是幾個月後，曹宮女士的娘曹曉女士（她的出身也是宮女）進宮看她女兒時，發現女兒肚子已經膨脹，盤問怎麼回事，曹宮女士告訴老娘說，是劉鶩先生打了她的主意。當年十月，曹宮女士在宮廷家畜管理處處長的官舍（牛官令舍），生下一個男孩。基於同情，和顧念及劉鶩先生終於有了皇嗣，可能出於自願，可能出於老娘曹曉女士的請求拜託，也可能是家畜管理處處長的命令，有六位宮女在旁服侍她臨盆（我們可推想，道房女士一定在內）。

無論如何，對年已四十一歲的劉鶩先生，孩子的降生，是一件喜事。按照當時封建制度的架構，有了皇位繼承人，更是一件大事。如果是趙家姊妹生了娃兒，恐怕熱鬧得天都會翻過來。可是，生兒子卻是另外一個卑微的女性，人性遂行泯滅。

趙家姊妹馬上得到情報，她們暴跳如雷兼義憤塡膺。在生產後不久，眾宮女的祝賀聲還沒有說完，一個手續完備的皇帝正式詔書——那是全國最高無上權威，上面蓋着宰相（御史中丞）副署的大印，由宮廷侍衛官（中黃門）田客先生親自送給宮廷監獄監獄長（掖廷獄丞）籍武先生，詔書上曰：「立即逮捕家畜管理處處長官舍那個產婦，和新生的嬰兒，以及在旁伺候的六名宮女，扣押特別宮廷禁獄（暴室獄）。切記，不可問該新生嬰兒是男是女，或是誰的孩子。」籍武先生迅速行動，把她們一網打盡，曹宮女士向籍武先生呼籲曰：「請你好好看顧孩子，你知道他是誰的骨肉耶。」嗚呼，籍武先生當然知道孩子是誰的骨肉，可是，中國宮廷是世界上最黑暗的地方，有權的不但有理，而且他本身更是法律，誰有膽量抗衡？事實上，即令有膽對抗，也沒有力量對抗。

曹宮母子慘死

曹宮女士母子入獄的第三天，宮廷侍衛官（中黃門）田客先生，再度駕臨，拿着劉驁先生的詔書，問籍武先生曰：「孩子死了沒有？」籍武先生曰：「仍然健在。」田客先生回去向劉驁先生稟報，一會工夫，他閣下踉蹌出來，喘氣曰：「皇帝老爺（主上）和趙合德女士（昭儀）火冒三丈，你要完啦，爲啥不早一點把孩子殺掉？」籍武先生悲不自勝，流下眼淚，曰：「孩子是皇帝的骨肉，不殺他我知道我會被處決，可是殺了他我同樣也會被處決。反正結局已定，就請你去再見皇帝，代我奏明：他陛下到如今還沒有後裔，不管是誰生的，兒子就是兒子，豈有貴賤之別？怎能忍心把唯一的骨肉處死，請他三思。」

田客先生總算有擔當，他再回去報告。顯然的，趙合德女士起了疑心，認爲籍武先生不是理想的奴才，他可能拒絕執行命令，而仍留得孩子活口。所以，當田客先生再來時，他手上拿的皇帝詔書，已不要籍武先生殺孩子，而是要籍武先生：「今夜漏上五刻（天將亮時）

，把孩子交給宮廷侍衛官（中黃門）王舜。」

事情到此，已無法挽回，籍武先生問曰：「皇帝老爺聽了我的意見，怎麼反應？」田客先生曰：「瞠也。」瞠，兩眼發直。嗚呼，皇帝老爺對自己親生兒子下毒手，歷史上多得是，但皇帝老爺本不願下毒手，卻被一個女人逼得兩眼發直，只好下毒手，實在是最奇特的變異。不知道趙合德女士有啥本領，能把該帝崽治得如此服貼。籍武先生沒有辦法，只好在指定的時間，把孩子交給王舜先生，由王舜先生抱回寢宮。

把孩子抱走之後，厄運砸向那位年輕的母親曹宮女士頭上。田客先生再度出現宮廷監獄（掖庭獄），交給籍武先生一個綠色小箱，小箱上有劉鶩先生的筆跡，曰：「籍武，把小箱裏的東西交給在押的那個女人，你要親自監督，看她下嚥。」籍武先生打開小箱，有藥兩包（用不着多說，就知道那是啥藥矣），另外還有劉鶩先生在一張小薄紙上，親筆寫給「在押的那個女人」的一封可怕的情書，曰：「偉能：努力飲此藥，不可復入宮，汝自知之。」

偉能，是曹宮女士的別號，劉鶩先生稱呼得如此親熱，卻要把她毒死，而且勉勵她「努力」吃下。人生到此，夫復何言。曹宮女士看到了劉鶩先生的便條，哭曰：「趙家姊妹果然企圖獨霸大權，掌握天下矣。我兒前額上長有壯髮，跟他爺爺劉奭先生長得一樣。孩子在哪裏？恐怕難逃一死，求求你，想辦法稟報皇太后（王政君女士），救孩子一命。」在獄吏強迫下，她服下毒藥，毒發身死。嗚呼，曹宮女士，她有何辜？然而，更慘的還是服侍她生產的六位宮女，她們被召入寢宮，出來後一個個面無人色，向籍武先生哭曰：「昭儀（趙合德女士）向我們說：『我知道妳們沒有罪，但妳們非死不可。現在由妳們選擇，是自己了斷？還是送到政府處斬？』我們自願自殺。」自殺方法是上吊，六條繩子懸在樑間，她們遙向家鄉的父母哭拜長辭，父母們仍在盼望她們的女兒在皇宮中，或許有一天能出人頭地，如今一切結束。沒有人能救她們，只有一個人——劉鰲先生有這個力量，但有這個力量的人卻正是凶手。另外還有一個人，那就是曹宮女士乞求稟報的皇太后王政君女士，可是宮闈重重，殺機四伏，誰能去？誰又敢去？

——「壯髮」是啥，辭海、辭源上都查不出，擁有五千年悠久文化的中國，迄今爲止，仍沒有一部夠水準的辭典，使人嘆氣。我們只好瞎猜矣，漢書顏師古先生註曰：「髮當額前，侵下而生，今俗呼爲『圭額』是也。」顏師古先生的「今」指的是七世紀，距現在一千三百年，已無法從「圭額」上去了解。「侵下而生」，可能是頭髮生得太低，也就是前額——髮眉之間的距離太窄。從相書上說，前額不廣，主少運不佳。不過這種解釋，有點勉強，孩子初生下來，胎髮若有若無，很難顯示出明確的界限。可能是嬰兒的頭髮本都稀疏柔軟，只曹宮女士的嬰兒，跟他祖父劉奭先生一樣，前額上有幾根較爲粗硬的頭髮。

孩子被王舜先生抱回寢宮，並沒有馬上殺掉。而且還爲他選擇了一位名張棄女士的宮女，做他的乳母。王舜先生還吩咐張棄女士曰：「好好養育這娃兒，妳會得到重賞，千萬不要洩漏。」

——看情形這是劉鰲先生臨時改變主意，否則王舜先生不可能有這種承擔。

一哭二鬧三上吊

然而，趙家姊妹的密探無孔不入，已控制整個宮廷，所以事情仍然洩漏。張棄女士餵養孩子只十一天，忽然，女官（宮長）李南女士，拿着皇帝老爺的詔書，向她索取孩子，張棄女士於法既不敢拒絕（拒絕也沒有用，徒賠上自己性命），於情也不能拒絕（老爹看看親生兒子，總可以吧）。李南女士把孩子抱了去，從此，世界上再沒有聽到孩子的消息。一般人看來，這孩子屬於「天潢貴胄」，照正史上的程式，一定有六丁六甲，謁者功曹，以及天上地下各種神靈，保護呵佑。可是現在他卻孤苦伶仃，距他降生不過二十天，眼睛剛剛睜開，小面頰上剛剛露出可愛的笑容。——讀者老爺老奶，如果懷中有二十天的娃兒，可知孩子是怎麼脆弱純眞，每一安詳的呼吸，都引起爹娘的擔心和喜悅。想不到這麼一個無識的小兒，一生下來，兩位美女死敵已等在世界上，決心把他剷除。我們不知道孩子是怎麼死的，可能被活活餓死，幾日幾夜的哇哇啼聲，使我們心碎。也可能被人雙手扼殺，連掙扎的力量都沒有。

不管怎麼吧，小生命從此消失。一具小小屍體，夜半被人抱出皇宮，扔到荒郊野外。趙家姊妹謀殺了曹宮女士母子之後不久，又掀起第二場血腥。

第二場血腥女主角是許美人。「美人」，小老婆群第六級，跟趙合德女士第一級的「昭儀」，相差五級。她跟我們不久就要談到的許皇后，都是劉驁先生祖母許平君女士娘家侄孫女，出身高貴，而且擁有雄厚的姻親關係，娘家很多人擔任高級官員和高級爵位。這已使趙家姊妹在心理上產生自卑，因自卑而恐懼，所以一旦反擊，也更爲強烈。許美人也是一位美貌嬌娘（讀者老爺切記：宮廷中哪有醜八怪？便是七八九十流角色，小民看啦都會驚爲天人，血壓立刻升到三百度——那就是說，頭嗡的一聲暈啦，說不定還會栽倒在地）。老嫖客劉驁先生，雖在趙家姊妹嚴密管制之下，仍然覷空「召」她上床，一年之中，大概「召」她兩三次。紀元前一一年二月，她懷了身孕。十一月，生下一個白胖兒子。曹宮女士生子是紀元前一二年，一年之後，許美人又生子，這對趙家姊妹又是一個青天霹靂，曹宮女士母子的慘劇，再度上演。

當許美人剛分娩時，劉驁先生竊竊心喜，但他長久的被趙家姊妹，尤其是被趙合德女士降伏，不敢公開表示什麼，只暗中派宮廷侍衛官（中黃門）靳嚴先生，陪同御醫前去探望，又送給許美人三粒保養身體的名貴藥丸。劉驁先生最初的意思，可能希望一直隱瞞下去。但不知道什麼原因，或許他了解趙家姊妹暗探密佈，恐怕隱瞞不住。或許他受制於趙家姊妹太久，總覺得不對勁，將來萬一戳穿，恐怕後果堪虞，他承受不了那時的風暴。或許他忽然福至心靈，認爲「自首投案」，要比「緝捕追拿」，容易得到諒解，趙合德女士會因此承認這件既成事實，也說不定。不管什麼原因吧，反正是劉驁先生找了一個黃道吉日，趁趙合德女士興高采烈之際，結結巴巴向她招認他的罪行。好啦！這可不得了啦，剛剛費了吃奶的勁斷送了一個孩子，現在又出現另一個孩子。趙合德女士對付曹宮女士，是怎麼踢騰的，史書上沒有提到細節，而對付許美人母子，她閣下踢騰的細節，史書上卻有生動的記載，歷歷如繪。趙合德女士立刻柳眉倒豎，杏眼圓瞪，問劉驁先生曰：「你不在我這裏睡覺時，總一口咬定住我姊姊那裏，好吧，許美人的兒子是怎麼生出來的吧。」忽然間她想到事態嚴重，號曰：「難道你存心要姓許的再當皇后呀。」劉驁先生張口結舌，無言以對。咦！如果換了柏楊先生，只要一句話就堵住她的嘴，我的本領是反唇相譏曰：「是妳們姊妹不會生兒子呀。」可是劉驁先生已心膽俱裂，無法招架，他肚子裏一定也會這麼喊的，只是不敢說出而已，他只敢用贖罪的表情，乞求憐憫。而趙合德女士表演得確實轟轟烈烈。她早已涙涕交流，痛不欲生，拚命擂自己的酥胸（那兩個豐滿的乳房，是否也挨了幾拳，不得而知），擂胸還不算，爲了加強戲劇性效果，她還用頭撞牆，當然不是眞撞，所以在被宮女們抱住之後，她就向較小的目標撞——撞柱子，撞床欄杆。十八般武藝亮相已畢，然後哭倒在御床之上，哭着哭着，又從床上栽下來，誓言不再活啦。劉驁先生說了兩火車柔情蜜意的話，好容易才把她安頓住。可是，因爲劉驁先生沒有提出對孩子的處置辦法，大鬧一場等於白鬧，爲了取得明確勝利，她就絕食，哭曰：「現在怎麼安頓我呀！我要回娘家了呀。」——又是老比喩，換了柏楊先生，早答曰：「打鈴，那太好啦，鼓得白。」然而，絕頂聰明之士，則是善於看人端菜碟的，你吃啥，她端啥，劉驁先生吃緊箍咒，趙合德女士就唸緊箍咒。此謂之貓叼耗子，吃定啦。

——一個人必須有看人端菜碟的段數，才能青雲直上，故聰明才智之士，恒「見人說人話，見鬼說鬼話」。柏楊先生雖然也非常聰明才智，卻是見人固說人話，見鬼也說人話，反正是王二傻子買柿子，對誰都照本實發，結果賠了個淨光。假設當時是柏楊先生，趙合德女士準另有一套，同樣也難逃她的手心。

連殺二子

趙合德女士演出的節目：「一哭，二鬧，三上吊。」是中國女人征服臭男人的傳統法寶。最初嚶嚶嗡嗡，跟你哭個沒完，哭得臭男人肝腸寸斷，兼眼冒金星。如果哭不能達到目的，則就來一個天翻地覆，山搖地動，有文鬧焉：或捲舖蓋回娘家，或跑到辦公室鼻涕一把淚一把，或向朋友們宣傳丈夫不是人，或在門口指桑罵槐，口沫四濺；有武鬧焉，完全戲台上王媒婆的幹法，摔桌椅摔板凳，砸家具砸玻璃窗，跑到大街上跳高，甚至一狀告到法院。如果仍然不能取勝，則老娘不活啦，跟你這個忘恩負義的王八蛋同歸於盡，教你吃人命官司。

「絕食」，屬於「鬧」的一種。對付權勢，是一種抗議，若甘地先生是也。對付愛人，是一種撒嬌，就是現在趙合德女士露的一手。她閣下一拒絕吃飯，劉驁先生就慌了手腳，求告曰：「我這麼愛妳，才不隱瞞，什麼事都告訴妳。我以為妳會知道我的心，想不到反而使妳氣成這個樣子，妳不原諒我，我只有陪妳一塊死。」於是，他閣下也拒絕吃飯。這反擊異常的凌厲，趙合德女士承擔不起，蓋如果僵持下去，只要一頓不下肚，皇太后得知，一翻御臉，趙合德女士可要全盤輸掉。而且他既徹底屈服，也就回心轉意，反過來勸他，曰：「我不吃是爲了我旣傷心又害怕，你不吃是爲了啥呀。你一再保證說：海枯石爛，決不辜負妳。而今許美人有了孩子，不是辜負我是啥呀。」劉驁先生重新發誓曰：「皇天在上，永不使許家女兒當皇后，而且天下任何人家的女兒，都不能超過趙家女兒，親愛的，請妳千萬放心。」

一場軒然大波之後的幾天，劉驁先生派靳嚴先生拿着他閣下以皇帝身份寫的詔書，送給許美人，吩咐靳嚴先生曰：「許美人會把一件東西交給你，你取來後，逕到梳妝房（飾室）。」請讀者老爺注意：劉驁先生毒死曹宮女士時，還寫了一封親筆私函，而今給許美人，卻動用起官文書。嗚呼，官腔官調一旦出籠，就更顯示大事不好。詔書中說的啥，從許美人順服的接受上，可推測不外是向她說明孩子在她那裏不安全，唯一的保護方法，是交給老爹自己隱祕撫養。許美人跟曹宮女士一樣，她沒有理由，也沒有權力不信任她最親愛的男人。於是，許美人看了詔書後，立即把孩子裝到一個小箱裏，交給靳嚴先生。可憐的孩子，他還不知道正走向屠場。

劉驁先生和蛇蝎般的趙合德女士，在化妝房裏嚴陣以待。靳嚴先生把小箱捧進來，孩子睡得正甜，所以沒有啼聲。劉驁先生命田客先生的兒子田偏先生，打開小箱。正打開一半，劉驁先生忽然改變主意，揮手教靳嚴先生和田偏先生出去。

現在，化妝房裏，只剩下劉驁先生和趙合德女士兩個狗男女矣，是誰下手把孩子扼死的，我們不知道，而且也永遠不會知道。這是一段萬籟俱寂的時間，也是一段血腥的時間，大家在戶外恐怖焦急的等待，眼看着一個嬰兒被謀殺，誰都無能爲力。一會工夫，房門開啦，劉驁先生吩咐田偏先生把小箱加以包紮，派宮廷侍衛（中黃門）吳恭先生，拿着臨時所寫的詔書，送給籍武先生，詔書上曰：「小箱裏有嬰兒屍體，祕密把他埋葬，不可讓任何人知道。」籍武先生嘆息徘徊，只好在獄牆下挖的小洞，埋到裏面。

宮廷總管（掖廷令）吾丘遵先生，是籍武先生的頂頭上司，多少暗無天日的事，他都一一看到眼裏，他告籍武先生曰：「宮廷裏大小官員，都被趙合德女士收買，不是共商大計的對象，我一直想找你談談。我沒有兒子，無所顧忌，而你有兒有女，怕連累了你，所以一直隱忍到今天。宮裏宮女們，凡是生孩子的，都被殺害。宮女們怕死，一旦懷孕，吃藥墮胎，一個個身受重傷。我想跟你一同找大臣們共同研究對策，可是身爲三軍統帥（驃騎將軍）的王根先生，是個貪污之輩，只認識錢，這種人只能壞事，不能成事。不知道我們有沒有辦法使皇太后（長信宮）知道？」他們希望劉驁先生的娘王政君女士出面制止慘劇，可是，沒有人敢冒這種風險。

——不久，吾丘遵先生逝世，斷氣時，告籍武先生曰：「我快要死啦，從前我們談到的事，你自己不能單獨行動，只有小心小心。」所以向皇太后告狀這條路又告絕望，趙家姊妹更把劉驁先生吃得死脫，凡是被劉驁先生性慾蹂躪過的宮女姬妾，都要再遭受到趙家姊妹死亡蹂躪。

趙家姊妹——事實上到了後來，姊姊趙飛燕女士已不重要，卻是妹妹趙合德女士，始終把劉驁先生置於完全控制之下。從上述的那些情節，她能逼着劉驁先生兩年之內，連殺二子，可看出她的魅力和惡毒。趙飛燕女士眞得慶幸是她嫡親的同胞姊姊，否則的話，即令對趙合德女士有引薦之恩，也得死在趙合德女士之手。在我們敍述到紀元後七世紀的唐王朝時，將報導中國唯一的女皇帝武照女士，她閣下就是用最可怕的手段，來報答引薦她的恩主。

一項空前騙局

俗云：「虎毒不食子」，畜牲尙愛自己的兒女，而劉驁先生卻一連殺掉自己的兩個親生骨肉，連畜牲都不如矣，這是宮廷特有的悲劇。尤其嚴重的是，劉驁先生並沒有其他兒子，中國人古老的傳統觀念中，沒有兒子是一件不可寬恕的罪行，因爲那將使祖先的香火斷絕，故聖人云：「不孝有三，無後爲大。」尤其是皇家，尤其是皇帝，沒有子嗣，中央政府權力的轉移，可能帶來不可測的政治危機。劉驁先生寧願冒一切的不韙，一意孤行，只有一個理由可以解釋，這理由再明顯不過，他迷上趙合德女士的美色。雖然仍到處打野食，今天跟曹宮女士上床，明天跟許美人睡覺，但這並不能說明他不愛趙合德女士。嗚呼，男人的愛情永久而不易專一，女人的愛情專一而不易永久。男人愛某一個女人，能愛一輩子，永不放棄。可是，有了機會，仍會跟別的如花似玉鬼混。女人當愛某一個男人時，就專心愛某一個男人，視別的男人不值一文。可是，一旦變了心，那可比男人變了心，還發瘋得多。

劉驁先生被趙合德女士迷惑得已到了傷害心智健全的程度，所以，他不惜殺子。京戲裏有殺子報，演的是一個寡婦戀姦情熱的故事，她唯一的孩子干預母親的通姦，她就殺了孩子。她除了受到法律的懲處外，還受到輿論的懲處。咦，她之所以如此下場，只因她是一介小民。劉驁先生戀姦情熱，連殺了兩個孩子，誰又敢動他一根毫毛耶歟？有權勢的傢伙有福啦，在衛道人士眼裏，不但法律是雙重標準的，道德也是雙重標準的也。

然而，趙合德女士恐怕更超過跟她同時代的埃及艷后克麗奧佩特拉女士，舉一個例就可說明她的絕倫美艷。按說，劉驁先生對趙合德女士赤裸的胴體，早已仔仔細細的看了幾百遍幾千遍矣。換一個平凡的老奶，早失去了誘惑，至少誘惑力也會大大的減低。可是，趙合德女士有她特有的魅力，劉驁先生不但沒有看膩，反而越看越愛。一天晚上，她閣下正在沐浴，劉驁先生悄悄溜過去，從門縫（或者是牆上小洞）往裏偷瞧，被侍女發覺，告訴趙合德女士，趙合德女士急忙躲到燭影後面陰暗地方，劉驁先生僅只一瞥，但玉體如雪，已使他神魂飄蕩。過了幾天，趙合德女士再沐浴時（古人認為天天洗澡有傷元氣，所以都是隔幾天或十幾天才沐浴一次的。幸虧當時中國的首都在長安，冷的時候多，熱的時候少，否則美人兒也會一身汗腥），劉驁先生買通了侍女，教她們不要通報，自己躡腳躡手前往，偷瞧了個夠，只見玉體橫陳，好像出水芙蓉，眉目之間，嬌不自勝，簡直要消蝕了似的。他閣下情不自禁，嘆曰：「可惜不能有兩個皇后，如果有的話，我非封趙合德也當皇后不可。」

當姊姊的趙飛燕女士，立刻得到消息，好帝崽，你喜歡這個調調呀。乃如法炮製，在沐浴的時候，也請劉驁先生在旁參觀，並撩起水珠挑逗他，劉驁先生卻覺得索然無味，看了一半就腳底抹油。趙飛燕女士泣曰：「愛在一身，無可奈何。」不久，趙飛燕女士生日，作妹妹的趙合德女士前往祝賀，劉驁也跟着前往，酒過三巡，菜過五味，趙飛燕女士認爲這個機會如不抓住，以後可能再無機會，於是，她流下急來的眼淚。劉驁先生曰：「別人都是對酒而樂，妳卻對酒而悲，難道有啥不高興的事呀？」說這種話如果不是白癡，就是故意打馬虎眼。趙飛燕女士曰：「回想起來，我在陽阿公主家當歌女時，你到公主家去，那時我站在公主背後，你目不轉睛的看着我。公主知道你的意思，教我伺候你，蒙你把我帶到更衣室上床，『下體嘗汚御服』（柏老按，這句話可不能譯成白話），我要你洗掉，你說，不要洗，留着它作爲紀念。果然，不幾天就把我接到皇宮。你咬的牙痕，仍在我的脖子上。今日憶及，好像一場夢寐，不由得悲從中來。」

往事引起舊情，劉驁先生也覺得有點內咎，禁不住四顧嘆息。趙合德女士知趣，先行告辭，劉驁先生果然留下來，重敍往日情意。而趙飛燕女士就利用這次留宿的紀錄，發動一項空前的騙局。三個月後，她宣稱懷了孕啦，而且寫了一封正式備忘錄（牋奏）給她的帝崽丈夫，曰：

「我自來到皇宮，蒙你的寵愛，賜給皇后的尊號，已爲時很久。最近因過生日的緣故，你念及一向待我的恩情，再度駕臨我這裏，重新上床。數月以來，月經未至，雖然飲食仍能照常，但我知道你的遺體已在我腹，天神已投我懷。彩虹橫貫太陽，應是好的朕兆，黃龍盤據我的酥胸，更是一種祥瑞。希望能蕃延後嗣，抱着皇子趨庭晉見。仰望有一天，你高坐堂上，接受天下祝賀，滿心歡樂。」

爲免擾亂視聽，特錄原文於後——

「臣妾久備掖庭，先承幸御。遺賜大號，積有歲時。近因始生之日，須加善視之私，特屈乘輿，親臨東掖。久侍宴私，再承幸御。臣妾數月來，內宮盈實，月脈不流，飲食甘美，不異常日。知聖躬之在體，夢天日之入懷。虹初貫日，總是珍符。龍据妾胸，茲爲佳瑞。再期蕃育神嗣，抱日趨庭。瞻望聖明，踴躍臨賀。僅此以聞。」

一首童謠

趙飛燕女士所以向老公劉驁先生提出一份正式備忘錄（牋奏），一則是，宮廷中規矩如此，對於至尊的帝王，雖親如夫妻，也不能寫情書，只能寫官樣文章。二則是，趙飛燕女士故意如此，要宮廷的行政部門，把她懷孕的日期，列入簿册。三則是，她希望劉驁先生在她十月懷胎期間，不再接近她，使她有足夠的時間實施她的陰謀。

這一着果然使劉驁先生龍心大悅，他立刻回覆一張便條，曰：「看到妳的備忘錄，喜慶交集，夫妻之間像一個人一樣，王朝政權最重要的事是，皇嗣第一。妳剛剛受姙，千萬保重，再有什麼請求，不要寫備忘錄啦，告訴宮女一聲就行。」並馬上下令對趙飛燕女士加倍服侍。問題是，趙飛燕女士事實上卻沒有懷孕。嗚呼，生孩子這樁事，是上帝的特別旨意，有些女人，臭男人一碰就生，有些女人，臭男人前仆後繼，她不生就是不生。尤其怪的是，越是需要孩子的人，偏偏越是不生。趙家姊妹顯然已盡了全力，使出了當時所可以使出的花招，仍是不生。趙合德女士已經認命，趙飛燕女士則打出「懷孕」的王牌，乞靈於詭計，她決心從宮外民間抱個小娃冒充。

——民間抱別人的小娃，僅涉及財產繼承和祖宗祭祀，麻煩不大。皇家抱別人的小娃，卻涉及到政權的轉移，將引起千萬人死亡。即令發覺得早，參與其事的人，包括皇后自己，也要人頭落地。趙飛燕女士寧冒這種覆家殺身的危險，說明她已迫不及待，利令智昏矣。

十月期滿，趙飛燕女士的爪牙——宦官（宮使）王盛先生，在首都長安郊外，用一百兩銀子，向剛生產的窮苦婦人，買下她的嬰兒。裝在小箱裏，當作包裹，悄悄運進皇宮，趙飛燕女士大喜過望，可是打開一瞧，嬰兒已死。原來箱蓋太密，被活活窒息。王盛先生二度到郊外，又買了一個嬰兒，把箱蓋上鑽了幾個小洞，再運回皇宮。中國四千餘年的宮廷，一向門禁森嚴，任何人出入，都要經過嚴密搜查，不單單爲了防範類似趙飛燕女士這種偷龍轉鳳的情事發生，也爲了防範流入武器，傷害皇帝的老命。當王盛先生走到宮門口時，嬰兒忽然哭起來，嚇得他渾身冒汗，趕忙止步。在宮外等了一陣，等到好容易不哭，再要進去，走到宮門，嬰兒又哭啦。這樣搞了三四次之後，王盛先生忽然起了警覺，豈非是冥冥中的神仙爲了保護皇家血統，不教俺這麼做乎哉？一定要闖關的話，恐怕大禍就要臨頭。於是，他決定放棄。

這對趙飛燕女士是一個致命打擊，好在她已有善後的準備，那就是，她向劉鶩先生寫出第二份備忘錄（牋奏），告訴他，她流產啦。（原文：「臣妾晚夢龍臥，不幸聖嗣不育。」

）劉鷔先生垂頭喪氣，只好怨天尤人。然而，知姊莫若妹，趙合德女士早就知道姊姊耍的啥把戲，她警告趙飛燕女士曰：「孩子不生，難道眞是流產？三尺童子，都騙不住，何況他是一個皇帝？一旦拆穿西洋鏡，恐無葬身之地矣。」趙飛燕女士這時才冷靜下來，回想這場危機四伏的故弄玄虛，實在愚不可及。慚愧與恐懼交加，從此死了芳心。

在歷史上，趙飛燕女士佔相當重要位置，但趙合德女士卻湮沒不彰。事實上當時的宮廷中，趙合德女士唯我獨尊，權勢榮耀，以及對皇帝掌握的程度，和愛寵之深，愛寵之久，趙飛燕女士都遙遙落後，趙合德女士如果居心奪取皇宮寶座，早奪到手矣。

趙家姊妹不能生子，而其他小老婆生子的又全被謀殺——曹宮女士和許美人幸而青史留名，從吾丘遵先生口中，我們知道還有更多的美女母子，都慘死在趙家姊妹的迫害血手。當時就有童謠曰：

燕燕飛涎涎
張公子，總是時常見
銅鐶亮亮守宮門
燕子飛來啄皇孫
皇孫死
燕啄屎

——張公子，劉驁先生的密友富平侯張放先生，他們兩個傢伙，常冒充小民，去民間亂搞。

童謠是民間的兒歌，宮廷固是密不通風的禁地，但是，殺了那麼多人，又使皇帝絕後。即令是皇帝皇后的權力，都擋不住小民的眼睛，一層陰雲包圍着西漢王朝的神經中樞，天下人都知道趙家姊妹將有什麼下場，只有趙家姊妹不知道。

男人是性的奴隸

劉驁先生已注定的斷子絕孫，趙家姊妹也不得不接受這個事實。

——在這裏，我們發現，即令是絕頂聰明和絕頂智慧的人，也都有所蔽。在所蔽的某一點上，比糊塗人還要糊塗。也就是說，在某一點上，就偏偏想不通，趙家姊妹實在不需要殺那麼多可憐的母子。蓋宗法制度下，皇后是嫡母，嫡母高於一切，不管丈夫跟誰生的孩子，都是她的兒子。對孩子而言，嫡母才是「娘」，才是「母親」。生母既不是「娘」，也不是「母親」，而只是「庶母」「姨娘」。貴閣下如果參考紅樓夢，就弄清楚二者的嚴重分別矣。那位勢利眼賈探春女士有一段話，可代爲說明。當她的生母趙姨娘爲已死了的弟弟爭取幾兩銀子的喪葬費時，賈探春女士大義凜然曰：「誰是我的舅舅？我舅舅早陞了『九省檢點』（九省巡迴法官）了，哪裏又跑出一個舅舅來？我倒素昔按禮尊敬，怎麼敬出這些親戚來？既然這麼說，每日環兒出去，爲什麼趙國基又站起來，又跟他上學？爲什麼不拿出舅舅的款來？」

——那位「陞了九省檢點」的舅舅，是賈探春女士嫡母王夫人的哥哥，跟賈探春女士八棒都打不上關係，可是，宗法制度下，那傢伙卻確實是她的舅舅。而她的眞正的嫡親舅舅，卻成了外人。蓋小老婆只是生育機器，在家庭中沒有地位，以致另一位嫡親舅舅趙國基先生，仍然是個奴才，見了嫡親外甥賈環先生（環兒），都得立正鞠躬當跟班。當一個小老婆，連親生女兒都瞧她不起，蓋宗法制度下，家庭中沒有親情，只有勢利眼。

——我們不是研究宗法制度，而只是指出宗法制度下嫡母的尊嚴地位，除非有特殊情形，不能動搖。所以，曹宮女士的兒子也好，許美人的兒子也好，他們將來繼承了皇位，趙飛燕女士照樣是皇太后，八面威風，生母們仍得屈居她的座下，聽她吆喝。即令新皇帝尊崇生母，也不會影響到嫡母的榮華富貴。

——如果再對孩子能愛護備至，形勢就更明顯。嫡母（尤其是皇后嫡母），她有權把孩子抱過來自己撫養。日久天長，雖是嫡母庶子，同樣可產生親情，反而跟生母疏遠。這可不是柏楊先生一廂情願，味着良心編織美麗的遠景，歷史上固例證斑斑者也。紀元後一世紀東漢王朝第二任皇帝劉陽先生，小老婆（賈人）賈女士生了娃兒劉炟先生，大老婆馬皇后（嫡母）就抱來自己餵奶。結果劉炟先生只認馬皇后是他的娘，而生母賈女士生前，一直委屈下位，很難跟兒子見一面，死後也草草埋葬。

——我們並不讚揚大老婆用謀略把別人母子，生生拆散。但是，與其把別人母子謀殺，還不如拆散。我們主要的意思是，趙家姊妹在這一點上，變成瘋狂的和不必要的殺手。

劉驁先生和趙家姊妹，既然承認不可能再有兒子，則只好用別的方法，解決皇位繼承問題。在馮媛女士的篇幅裏，我們已敍述過解決的經過，劉驁先生有兩位弟弟，一位劉康先生，早已死掉，留下一子劉欣，劉康先生的娘就是傅女士。一位是劉興先生，她娘則是「當熊而立」的女主角，被傅女士陷害而死的馮媛女士。趙家姊妹接受了傅女士的甜言蜜語和金銀財寶，同時，趙家姊妹爲了將來的安全，也傾身結納。——以輩份論，傅女士是劉驁先生的庶母，趙家姊妹叫她「姨娘」的也。所以，劉驁先生擇定了侄兒劉欣先生作爲皇儲，奠定了傅女士的基礎。

劉驁先生跟任何皇帝一樣，有生之年，都沉醉在漂亮女人的酥胸上，而趙合德女士又是美女中的美女，劉驁先生更在她身上付出全部精力。嗚呼，男人最大的悲哀正在這上。女人性行爲過度，也就是縱慾過度，影響非常小，蓋上帝造人，就使男人擔任主動的衝擊角色，所以男人一旦性行爲過度——縱慾過度，立刻就現出原形。劉驁先生的身體逐漸的不能支持。有一天，去長信宮朝見他娘皇太后王政君女士時，老娘看他彎腰駝背，骨瘦如豺，一副「癆病鬼」模樣，痛徹心腑，垂淚曰：「你怎麼成了這個樣子，聽說侍衛官班伯先生總是規勸你，你要好好的待他。」

——這句話的原文是：「帝顏色瘦黑，班侍中能諫，宜寵異之。」讀起來有點怪，老娘應該勸兒子少近女色，保重身體才對，卻忽然拉出一個「班侍中」，要封班侍中的官，晉班侍中的爵。好像只要有人勸勸，老娘就滿意啦，兒子做了沒有，卻不聞不問。

然而，事關人類最原始的獸性衝動，不要說班伯先生勸沒有用，就是老娘勸同樣也沒有用。嗚呼，大多數男人都是性的奴隸，爲了性的發洩和滿足，赴湯蹈火，在所不辭。笑林廣記上則有一個故事，一個老頭娶了一個少婦，旦旦而伐之，終於一病不起，醫生診脈已畢，嘆曰：「你閣下骨髓已盡，只剩下腦髓啦。」老頭大喜曰：「腦髓還可供戰幾回的？」咦。

西門慶式之死

男人之所以稱爲男人，某種意義上，主要表現在性行爲的能力強度。一個男人最大的羞辱莫過於被女人指爲性無能，這比當眾照他雪白的屁股上打五十大板，還要面目掃地。而縱慾過度，卻一定帶來性能力衰弱，爲了維持男人的尊嚴，和繼續性的享受，只好乞靈於藥物。這種藥物，俗謂之「春藥」，學院派謂之「催情劑」。讀者老爺閒下無事，請翻閱一下報紙上的分類廣告，這類廣告多啦，「陽痿不舉」「舉而不堅」「堅而不久」，都有神醫奇藥，供君選擇。今固如此，古更激烈，尤其是皇帝老爺，美女如過江之鯽，前已言之，每人看一眼都能累出白內障，更別說每人上一次床矣。因之皇宮之中，「春藥」更爲發達。蓋臭男人爲了討女人的歡心，和維持男性的威風——試想一想，如花似玉已經一絲不掛的躺到床上，靜候並且渴望着大戰爆發，臭男人卻在旁邊心有餘而力不足的乾着急，縱是蓋世英雄，都會無地自容。而藥物既是唯一的希望，當然拚命猛吃。

問題是，任何春藥都嚴重的傷害身體。舉世聞名的西門慶先生，就是喪生在春藥之下。金瓶梅上關於這一段，有詳細的描寫，摘錄幾行，請讀者老爺跟劉鶚先生之死，互相對照，書上曰：——

「（潘金蓮）（拿了三粒藥丸）用燒酒都送到西門慶口內，醉了的人，懂得什麼，合着眼只顧吃下去，那消一盞熱茶時，藥性發作……勒勾約一頓飯時，西門慶那管中之精，猛然一股邈將出來，猶水銀之瀉筒中相似。忙用口接嚥不及，只顧流將起來。初時還是精液，往後盡是血水出來，再無個收救。西門慶已昏迷過去，四肢不收。潘金蓮也慌了，急取紅棗與他吃下去（可能紅棗能消解他閣下所服的那種春藥），精盡，繼之以血，血盡，出其冷氣而已，良久方止。潘金蓮慌做一團；西門慶甦醒了一會，方言：『我頭目森森然，莫知所以。』」

這是一個開端，接着——

「比及到晚夕，西門慶吃了劉橘齋第二帖藥，遍身疼痛，叫喚了一夜。到了五更時分，那腎囊（睪丸）腫脹破了，流了一灘血。龜頭上又生出疳瘡來，流黃水不止，不覺昏迷過去。」

最後——

「過了兩日，吳月娘癡心只指望西門慶還好，誰知道天數造定，到了正月二十一日，如火燒身，變出風來，聲若牛吼一般，喘息了半夜。捱到早晨，巳牌時分，斷氣身亡。」

劉鶩先生正是西門慶先生的翻版，他閣下到了後來，連走路都有點遲鈍，面對着嬌艷欲滴的趙合德女士，束手無策，只有握着趙合德女士的玉足，才能勃起。於是，史書曰：「有方士獻大丹，其丹養於火，百日乃成。先以大甕貯水滿，即置丹於水中，水即沸騰（柏老曰：好傢伙），乃易去，復以新水，如是十日不沸，方行服用。」一種投到水裏，水都沸騰的藥物，以皇帝之尊的千金之體，竟敢吞下肚子，以博一歡，可謂「牡丹花下死，做鬼也風流」矣。劉鶩先生每次和趙合德女士上床，就吃一粒，果然其效如神，劉鶩先生的龍心，跟趙合德女士的芳心，同時大悅。而不久就異想天開，認爲吃一粒如果是一個大悅，如果吃十粒，豈不是十倍大悅乎哉，恐怕要舒服到九霄雲外矣。

服十粒大丹的日期是紀元前七年三月丙戌日（丙戌日是幾日，一時查不出，古人最大的毛病之一，是好弄玄虛，索性寫出某日，豈不簡單明瞭）。那天晚上，趙合德女士已有點微醉——微醉的美女更勾人魂魄，她要享受男人在性上給她的十倍快樂，就一次把十粒大丹塞到劉鶩先生的嘴裏（這是根據趙飛燕別傳，而趙飛燕別傳說是只敎他吃了七粒，不管多少吧，反正都要了他的老命）。劉鶩先生吃了之後，跟西門慶先生一樣威不可當，初夜時分，他跟趙合德女士在錦繡帳裏，顚鸞倒鳳，花樣百出，不斷的發出淫褻的笑聲。可是到了午夜，他閣下卻陷於昏迷，不能再擴大戰果。一會坐起來，一會趴下去，大概已開始痛苦，好容易天色稍明（注意，已折騰了一夜），劉鶩先生勉強爬下床，穿褲子的時候，忽然精液湧出，不能停止，一個斛斗栽倒，趙合德女士大吃一驚，急忙扶起，精液仍往外猛流，弄得褲子上被子上全是，一塌糊塗。正恐慌間，他閣下已斷了御氣。

這一段原文如下：

「後，帝（劉驁）行步遲澀，頗爲氣憊，不能御昭儀（趙合德）。有方士獻大丹……帝（劉驁）日服一粒，頗能幸昭儀（趙合德）。一夕，在大慶殿，昭儀（趙合德）醉，連進十粒，是夜絳帳中擁昭儀（趙合德），帝（劉驁）笑聲吃吃不止。及中夜，帝（劉驁）昏昏，知不可將。抵明，帝（劉驁）起御衣，陰精流輸不禁，有頃絕倒，褰衣視帝（劉驁），餘精出湧，沾汚被內，須臾帝（劉驁）崩。」

西門慶先生死時三十二歲，劉驁先生死時四十六歲。他還算幸運的。第一，他比西門慶先生多活了十五年，第二，他沒有像西門慶先生受那麼多罪。但他們同是西門慶式之死——死於春藥。

打落水狗

劉驁先生暴斃後，趙合德女士還沒有來得及流下眼淚，已有宮女分別向皇太后王政君女士、皇后趙飛燕女士，飛奔報告。一老一少，趕到現場，撫屍痛哭。雖然召來了一大群御醫，已無力挽救矣。

劉驁先生之死，等於趙家姊妹勢力的瓦解，積十餘年的怨毒，開始爆發。最初大家僅只造謠說可能是趙合德女士把皇帝謀殺的，後來則言之確鑿，一口咬定非是她謀殺的不可。王政君女士既悲且怒，下令宮廷總管（掖廷令）、宰相（丞相）、最高法院院長（廷尉），組織聯合法庭，審問趙合德女士，調查劉驁先生致死的當時情形。趙合德女士現在第一次遇到靠美貌不能克服的困難，她已想像到她出席法庭時所遭遇到的可怕場面，泣曰：「我一向把劉驁看成孩子一樣，玩弄在股掌之上，寵愛和榮耀，冠於天下。怎能夠在公堂之上，跟皇宮總管之類的芝麻小官，爭辯床上男女間的事乎哉？」玉手捶自己的酥胸曰：「劉驁哥啊，你去哪裏啦。」哭了一陣，自殺而死。

——趙合德女士到底是用啥方法自殺的，書上沒有明白交代，或曰「嘔血而死」，或曰「自絕」，都太抽象，看情形可能是服毒。然而，不管是服毒也好，上吊也好，反正是她的結局使我們既稱心快意，又感慨系之。稱心快意的是她的殘忍和對宮中母子們一連串的謀殺，終於得到報應。感慨系之的是，一代美女，成了臭男人縱慾的犧牲品，她是該死的，但她該爲謀殺宮女和孩子而死，不應該爲謀殺皇帝而死。但她終於死啦，史書上沒有記載她的年齡，我們只好推測，紀元前一八年她們姊妹在陽阿公主家當歌女的時候，假定是二十歲，現在紀元前七年，恰恰三十一歲，正是一位剛剛成熟豐備的美麗少婦。

富貴榮華來得突然，去得也突然。霎時間，天崩地裂，十一年權傾天下，化成一具中毒後醜陋的殭屍。

——埃及艷后克利奧佩特拉女士於紀元前三一年自殺，二十四年後的紀元前七年，趙合德女士自殺。嗟夫。

趙合德女士死後，只剩下趙飛燕女士矣。她雖然沒有直接涉及到劉驁先生之死的官司，但宮廷中的權力，已開始變化。劉驁先生的侄兒劉欣先生，繼承伯父遺留下來的寶座，成爲西漢王朝第十三任皇帝。劉欣先生的娘丁姬女士，成了皇太后，祖母傅老太婆（謀殺馮媛女士的主凶），成了太皇太后。王政君女士雖然也被尊稱爲太皇太后，趙飛燕女士也被尊稱爲皇太后，可是她們沒有兒子，已失去了權力魔杖。王政君女士還可倚靠政府中那些擁有實力的她的娘家子弟，而趙飛燕女士只好倚靠劉欣先生祖孫們對她的感恩矣——劉欣先生得以排除叔父劉興先生，當上皇帝，趙家姊妹盡了全力。事實上，劉欣先生對這份恩情，馬上就加以回報。

趙合德女士雖死，但太皇太后王政君女士徹查劉驁之死和趙合德女士責任的命令，仍然有效。劉驁和趙合德是紀元前七年三月死的，到了這年冬天，調查告一段落，京畿總衛戍司令（司隸校尉）解光先生，提出正式報告。我們在本文中所引述的關於曹宮女士母子和許美人兒子之死，都取材於這份官文書，不再抄錄矣。在報告結尾，解光先生要求：

「這些事雖然都發生在今年四月大赦令之前（劉欣先生四月登極，依例大赦天下）。但我們查考，紀元前一三二年，有個男人曾挖掘本朝開國皇帝劉邦墓旁傅夫人的塚，也是在大赦之後，當時皇帝劉奭先生曾下令曰：『這件事情，不應該赦免。』天下人都以爲立場嚴正。而今，趙合德女士傾亂宮廷，滅絕皇嗣。趙氏家屬，應依法全族斬首。敬請再予深入徹查，命宰相（丞相）以下，有關單位，共同會商罪刑。」

嗚呼，依當時的法律，「滅絕皇嗣」，是一項滔天大罪，恁憑誰都要付出血流成河的代價。可是，也幸虧「皇嗣滅絕」，劉欣小子才爬上龍墩，他不能不在內心私處，深幸他的伯父劉驁先生愚不可及。而且，仍是老話，他之所以能爬上龍墩，也仰仗趙家姊妹大力支持，可以說恩重如山。現在僅只半年，實在不好馬上翻臉，把趙飛燕女士從皇太后寶座拉下馬來，交給法庭審判。他的祖母傅老太婆和老娘丁姬女士，對趙家姊妹感激之情尤在，雖然救不了妹妹趙合德，但一定要救姊姊趙飛燕。但這個罪名實在太嚴重，又無法大事化小，小事化無。於是，劉欣先生宣稱，趙飛燕女士服侍劉驁先生，沒有功勞，也有苦勞，而且事情都是趙合德女士一個人幹的，她已經自殺，等於伏誅，趙飛燕女士並不知情，不必再牽連她。而只下令把趙氏家屬，那些靠裙帶關係而富貴的一群男男女女，哥兒公子，一古腦發配充軍到首都東北一千公里外的瀕海荒涼地帶遼西郡（遼寧省義縣西）。

結局——自殺北宮

趙合德女士已死，趙家舉族被放逐到邊陲濱海地區，宮廷之中，只剩下皇太后趙飛燕女士孤單一個人矣。對趙家的處罰，以當時的法律標準——應屬滅族之罪，可以說輕而又輕，史書上雖沒有記載，但我們可以想像得到，趙飛燕女士哭訴求情，已流盡了眼淚。

然而，太輕的處罰，引起強烈的反感，幾乎是全國譁然，事情可能再行擴大，於是，政府高級顧問（議郎）耿育先生，上了一個報告給皇帝劉欣先生。曰：

「世界上有非常的變化，然後有非常的謀略去因應。劉驁陛下自知早年沒有生下繼承人，因而想到，如果晚年再有兒子，萬一自己死掉，兒子還小，不能當家作主，政府權柄，可能會滑到老娘之手。一旦老娘驕縱亂搞，無所不爲，小皇帝又幼又弱，政府官員們恐怕毫無辦法，那將是一個危險的局面，將傷害到王朝的安全。所以，他高瞻遠矚，不准妃妾宮女們，再生兒子，目的就在於斷絕禍亂的根苗，而把皇位傳授給你，以求鞏固領導中心。解光先生既沒有安邦定國的能力，又不知道發揚劉驁先生大公無私的品格和德行，反而鑽到皇宮禁地，挑剔搜索，連床笫之間男女私情，都揭發出來。簡直對劉驁陛下是一項莫大侮辱，誣陷他殺親生兒子，給人們一種不正確的印象，認爲劉驁陛下因寵愛某人而大肆誅戮。失去了公平的判斷，更辜負了劉驁先生爲國家所做的犧牲。要知道，偉大的道德範疇，往往不受世俗的拘束，建立蓋世的功業，往往跟多數人的意見不同。這乃是劉驁陛下的深謀遠慮，比大家高明萬倍以上。你陛下道德巍偉，正符合上蒼的要求，豈是現在那些庸庸碌碌，目光如豆的官員，所能有的？而且，當事情發生時，不敢據理力爭，防患於未然，等到劉驁陛下死了之後，一切都告結束，卻去翻老賬，追究已不能挽救的往事，認定死人錯誤百出，我就怎麼想都想不通。因此建議你把這件事交給有關單位，把我這段話，向天下宣佈。使小民都知道劉驁陛下的偉大見識。如果不這樣，勢將使這種誹謗，傷害到劉驁陛下，還要流傳後世，造成永遠的傷害，恐怕決不是劉驁陛下的本意。」

且抄原文於後，以便讀者老爺對照，原文曰：

「世必有非常之變，然後乃有非常之謀。孝成皇帝（劉驁）自知繼嗣不能早立，念雖晚年有子，萬歲之後，未能主持國政，權柄之重，授於太后，太后驕盛，則嗜欲無極，少主幼弱，則大臣不便，恐危社稷。故廢後宮產子之漸，絕幼主亂禍之根，乃欲致位陛下，以安宗廟。愚臣既不能有深援安危之計，又不知推廣聖德，乃反覆按驗宮內，暴露衽席之私，誣汚先帝（劉驁）傾惑之過，期成寵妾妒媢之誅，甚失聖賢遠見之明，逆負先帝憂國之意。夫論大德不拘俗，立大功不合眾。此乃孝成帝（劉驁）至思，所以萬倍於群臣。陛下（劉欣）聖德盛茂，所以符合於皇天也。豈當世庸庸斗升之臣，所能及哉。且事不當時固爭，防禍於未然，晏駕之後，萬事已訖，乃探追不及之事，訐揚幽昧之過，此臣所深惑也。願下有司議，即如臣言，宜宣佈天下，使咸知先帝（劉驁）聖意所起。不然，空使謗議上及山陵（劉驁），下流後世，甚非先帝（劉驁）託後之意也。」

嗚呼，看了這個報告不翻白眼的，準是一個天生的保鏢護院型的黃馬褂。耿育先生可謂千古文妖，身懷絕技，是非黑白，在他手裏，徹底的顚而倒之。西門慶型的淫棍成了「大德」「聖賢」，謀殺親子的畜牲成了「遠見」「至思」。如果耿育先生是受了趙飛燕女士的賄賂而出此，固然罪不可逭，但不過利令智昏罷啦，沒錢可拿時，良心固仍在也。如果他是主動的幹這麼一票，就問題大矣，蓋從根到梢都壞啦。耿育先生是中國文化中無恥敗類的標竿——爲有權有錢的惡棍，杜撰誰都不相信的大謊，企圖一手遮天，掩盡人的耳目。

然而，也正因爲這一個報告，劉欣先生有了藉口，事情遂告一結束，不再擴大。不過，法律上政治上的表面平靜，不等於人心的實質平靜，太皇太后王政君女士和王家在政府中的高級官員，都在咬牙切齒。偏偏的，劉欣先生是個短命鬼，他比伯父劉驁先生還荒腔走板，他除了玩女人外，還搞同性戀，身爲宰相（大司馬）的美男子董賢先生，就是他的枕上密友。劉欣先生是紀元前七年登極的，而於紀元前一年，才二十六歲時，就一命歸陰。他在歸陰之前，祖母傅老太婆提前死掉，趙飛燕女士第二度失去了靠山。繼董賢先生擔任宰相（大司馬）的王莽先生，說服了姑母王政君女士，乃以太皇太后的名義，頒佈詔書曰：「皇太后（趙飛燕）與昭儀（趙合德），俱侍帷幄，姊妹專寵，殘滅繼嗣，悖天犯祖，無爲母之義。貶皇太后（趙飛燕）爲孝成皇后，徙居北宮。」這是一個淒涼結局的開始，趙飛燕女士像被趕鴨子一樣的趕到北宮，趕到北宮後的一個月，王政君女士第二道詔書又到。曰：

「趙飛燕自知罪惡重大，很少進宮向我請安（朝請稀疏），有失子婦之道。雖無供養之禮，卻懷着狼虎般的惡毒，皇家無不怨恨，人民也都仇視。教她繼續盤據皇后寶座，決非上帝的本心。現在貶謫她當一介平民，前去看守她丈夫劉驁的墳墓。」

趙飛燕女士看到詔書上的官腔，知道她已走到絕境。成了平民之後，她就跟最卑微的宮女一樣，雜在奴婢群中，勞動操作，受無窮無盡的侮辱。大勢已去，魔杖早失，她已成爲牽進屠場的羔羊，再沒有人可以投靠矣。在一場徹夜痛哭之後，自殺身亡。是服毒？抑是上吊？抑是像埃及艷后一樣，弄條毒蛇咬一下，我們不知道。她比妹妹趙合德女士多活了六年，大概三十七歲，正是魅力如火的年齡，當她自殺前的剎那，回首往事，恐怕會悵然人生如夢，懊悔不如仍在陽阿公主家做一個歌女矣。

趙家姊妹的美色沒有在政治上引起風暴，但在床第上引起的風暴，卻是空前的——趙合德女士是用床第工夫把皇帝老爺活活搞死的第一位后妃。而趙飛燕女士不過普通的蠱惑，在這場公案中，只是配角而已。以她們姊妹為題材的文學作品很多，明王朝詩人袁凱先生曾有詠白燕詩云：「趙家姊妹應相妒，莫向昭陽殿裏飛。」一時傳誦，被人稱為袁白燕，作為趙家姊妹在人間的最後遺響。

許皇后

時代／紀元前一世紀八〇—九〇年代
其夫／西漢王朝第十二任皇帝劉鶩
遭遇／丈夫毒死

控制奇緊的反抗

趙家姊妹自從進入皇宮，第一個遭到毒手的是當時的皇后許女士，許女士的名字，史書上沒有記載，我們只好稱呼她的頭銜。

——在以後的中國社會，儒家學派男尊女卑的觀念，大肆發作，大多數女人的名字，不爲外人所知，有頭銜的稱她們的頭銜，無頭銜的稱她爲張氏王氏，我們也只好如此。

許皇后是昌邑（山東省金鄉縣西北昌邑鎮）人，她跟趙家姊妹恰恰相反，有一個顯赫的家世，她是紀元前一世紀二〇年代被毒死的皇后許平君女士的侄女。許平君女士的爹許廣漢先生，只有一個女兒——就是許平君。許廣漢先生死後，他的侯爵因無人繼承的緣故，自然消滅。但許廣漢先生有兩個弟弟：許舜，許延壽，也都是侯爵。西漢政府特別下令，把許延壽先生的兒子許嘉先生，過繼給許廣漢先生，繼承許廣漢先生的爵位，並主持許廣漢先生的祭祀。所以說，許平君女士跟許嘉先生，是姊弟關係，本文的女主角許女士，是許嘉先生的女兒，叫許平君女士姑媽的也。

許平君女士的獨子劉奭先生，於紀元前四九年登極，成爲西漢王朝第十一任皇帝。他一直哀悼自己娘親在位的時間太短，不滿四年，就被霍家毒死，所以在替兒子劉驁先生選妻的時候，就指定許嘉先生的女兒。在婚姻關係中，許女士是劉驁的長輩，劉驁是許女士的晚輩，如果是普通小民，這婚姻將受到衛道之士猛烈的抨擊，可能被拳打腳踢，趕出村子。可是，皇帝有亂倫的特權，衛道之士只敢向小民衛道，對大權在握的朋友，連碰都不敢碰。

劉奭先生對這樁親事十分重視，特別派遣宮廷高級侍衛官（中常侍），和最親近的侍衛官（黃門），護送許女士到太子宮。他們回來後，向劉奭先生報告，形容劉驁先生高興的模樣，老爹大喜，喊曰：「快拿酒來，祝賀我有這麼好的孩子和這麼好的媳婦。」左右馬屁精一瞧老傢伙這麼興奮，一齊高呼萬歲。一年之後，許女士生下一個男孩，可是竟然早夭。嗚呼，如果這男孩不死，整個形勢都會變化，趙飛燕、趙合德姊妹的陰謀就不可能成功。紀元前三三年，劉奭先生死掉，劉驁先生繼位當西漢王朝第十二任皇帝，許女士水漲船高，也成爲皇后，不久，又生了一個女兒，而又早夭。當皇后而沒有兒女，上天就注定是一個悲劇。

許皇后絕頂的聰明、智慧、漂亮非凡，見多識廣，讀了不少史書，從當太子妃到當皇后，多少年來，一直把劉驁先生控制得奇緊，其他小老婆群，很難跟劉驁先生見面，更別說上床啦。可是沒有兒子是她的致命傷，劉驁先生已經即位四年，而子嗣仍無消息，身爲老娘的皇太后王政君女士，和身爲舅父的最高統帥（大將軍）王鳳先生，恐怕劉驁先生眞的斷子絕孫，整天咳聲嘆氣。正在這時候，忽然接二連三的發生變異，諸如日蝕、地震等等，人心驚慌。這些事跟女人孩子根本扯不上，但搖尾系統教它扯上它就扯上。最高統帥部兵工署署長（大將軍武庫令）杜欽先生，要求劉驁先生，不應只守着許皇后一個女人，而應該多選美女。祭祀部主任祕書（太常丞）谷陰先生，也抓住機會，向劉驁先生建議，應擴大向民間搜求小民的女兒。高級國務官（光祿大夫）劉向先生，這位著名的星象家，用他的占卜，提醒劉驁先生可能有絕嗣的危險。

劉驁先生本來就喜歡女人，被許皇后獨佔了那麼多年，早就膩啦，躍躍欲試的想換換滋味。想不到天賜良機，這麼多人緣竿而上。世間只有勸人不要討小老婆的，或勸人少討小老婆的，從沒有勸人多討小老婆，或勸人拚命討小老婆，而且越多越不嫌多的。只有宮廷才出現這種離奇的節目，官員們爲了自己的政治利益，不惜把皇帝的身體當做破鑼猛敲。而該破鑼卻不覺得自己是個破鑼，反而龍心大悅。劉驁先生發現，既然上自老娘，下至各種馬屁官崽，一致堅持，非有大量的美女陪着睡覺，西漢王朝就有危機。色膽包天兼理直氣壯，他第一個就是對控制他太緊的許皇后女士反叛，下令大大裁減皇后宮的用費，包括宮廷經費，衣服車馬，以及各種開支，和對許皇后娘家的賞賜贈與，一律緊縮。——緊縮到六〇年代老爹劉奭先生在位時的標準。

許皇后被這一棒打昏了頭，她提出書面抗議，摘要曰：

「時代不同，長短相補，凡增凡刪，都沒有破壞王朝的制度。前後古今，有大有小，有多有寡，不可能完全一樣。六〇年代老爹（劉奭）在位，對五〇年代祖父（劉詢）在位時的措施，並沒有事事倣效。宮廷官員不知道史事斑斑，只說皇帝如此規定，使我連手都不能伸。假設我想在某地作一個屏風，『從前沒有這個呀。』他們就可以用你的命令壓我。宮廷官員，既嫉妒，又狠毒，個個逞強爭勝。當我尚得到你寵愛時，還咄咄逼人。而現在情形，他們就一天比一天更為凶悍，再加上你的這種命令，我往何處傾訴？我在皇后宮，你沒有多給一分一文。宮廷開支，我不動用公庫，教我向誰討取？你的命令恐怕難以執行，唯請明鑒。」

巫蠱大獄

許皇后書面抗議的原文摘要是：

「時世異制，長短相補，不出漢制而已。巨細之間，未必可同。若竟寧前與黃龍前，奢儉不同，豈相倣哉。家吏不曉，以受詔如此，使妾搖手不得。設妾欲作某屏風於某所，曰故事無有，則必繩妾以詔書矣。宦吏忌狠，必欲自勝。幸妾尚蒙寵幸時，猶以不急事操人。況今日日益侵，又獲此詔，其所持劫，豈有投訴。妾在椒房，陛下未肯給妾纖微，宮內所需，若不公庫小取，將安所仰乎。詔書誠不可行，唯陛下省察。」

這件事在見面之時，或在枕頭之上，本來可以輕易解決的，而竟動用起來文書，已可預卜它的結果。劉鰲先生把谷永、劉向幾位先生強調「災異咎驗，皆在後宮」的報告，給許皇后看。蓋不僅僅要她看所以忽然「節約救國」之故，也要她看他不得不大嫖特嫖，即將廣爲推行「美女救國」之故，希望她心理上先有一個準備。

許皇后的好運，到此已盡，經濟上的抑制，只是一個悲劇即將開始的信號。劉驁先生最初還偶爾到她那裏住一宿，敷衍敷衍。後來，索性不再理她，而就在這時候，宮廷中的美女數目，擴張到四萬有餘。創造中國歷史上宮女人數最多的紀錄，不但空前，而且絕後。

紀元前一八年，趙飛燕女士進宮，緊接着趙合德女士進宮，形勢更趨惡劣，四萬餘美女，全軍覆沒，許皇后更恩斷情絕。趙家姊妹看準機會——這可不是我們把妳搞垮的，而是妳早已經垮啦，我們不過落井下石，順水推舟。於是，散佈謠言兼打小報告，一口咬定許皇后和姊姊侯爵夫人許謁女士，還有另一位姬妾班婕妤女士，結合在一起，用巫蠱詛咒宮廷懷孕的宮女，和最高統帥（大將軍）王鳳先生，而且還詛咒劉驁本人。

——原文曰：趙飛燕譖告許皇后，后姊安平剛侯夫人謁，班婕妤挾媚道，祝詛後宮有身者王美人及鳳等，詈及主上。

皇太后王政君女士像丟了崽子的狗熊一樣，暴怒起來，下令逮捕許皇后、許謁，和班婕妤。

——班婕妤，安陵（陝西省咸陽市東）人，她的一位侄兒是有名的史學家漢書的作者班固先生，另一位侄兒則是中國的拓荒英雄，西域（新疆省）萬王之王的班超先生。班婕妤女士於劉驁先生繼承帝位後，被選進宮，最初是「少使」（姬妾十一級），後來升「婕娥」（

姬妾三級），而最後升「婕妤」（姬妾二級，僅比趙合德女士的「昭儀」低一級）。曾生一個男孩，卻不久夭亡。班婕妤女士出身於高級知識份子的家庭，所以她有當時一般老奶們很少有的禮義修養和文學功力。劉驁先生一度愛她得很，有一次，劉驁先生在御花園遊逛，邀請她上車跟他坐在一起，這是宮廷中一項殊榮，但她委婉拒絕曰：「老哥，歷史上顯示，凡是聖賢君王，總有德高望重的大臣奉陪在側；只有昏亂的君王，才特別喜歡他心愛的美女。」劉驁先生雖是西門慶型的淫棍，但仍願聽別人說他天縱英明，於是龍心大悅。而皇太后王政君女士聽啦，龍心也大悅，讚曰：「古有樊姬，今有班婕妤。」

——樊姬女士是紀元前六世紀，楚王國第六任國王芈侶先生的姬妾，芈侶先生喜愛打獵，不但殘忍，而且荒怠政府公務，樊姬女士勸他不聽，就拒絕吃肉，芈侶先生只好停止去外邊亂跑。有一天，芈侶先生主持御前會議，回來得比較晚，樊姬女士問他啥事耽誤，芈侶先生曰：「跟賢明的宰相虞丘子先生談話，不知不覺談了很久。」樊姬女士不由得掩住櫻桃小口笑起來，芈侶先生曰：「妳笑啥？」樊姬女士曰：「虞丘子先生當了十年宰相，從沒有聽說他推薦過一個人才，也從沒有聽說他把一個壞蛋免職，他似乎不是賢明，而只是一個八面玲瓏的老奸巨猾，不但蒙蔽他的長官，也佔着茅坑不拉屎，阻擋眞正有才幹的人進入政府，你還欣賞他哩。」虞丘子先生輾轉聽到這番話，知道混不下去，就推薦孫叔敖先生當宰相，楚王國在孫叔敖先生的治理下，稱霸當時的世界。

——皇太后王政君女士雖然誇獎過班婕妤女士，但一聽說她追隨許皇后之後，用巫蠱詛咒，立刻翻臉。當宮廷法官審問班婕妤女士時，她對曰：「我聽說過，死生有命，富貴在天。努力做善事，還不見得追求到幸福。難道做惡事，反而可以追求乎哉？假使鬼神有知，不會接受我的詛咒。假使鬼神無知，我詛咒又有什麼用處？」劉鰲先生深受感動，把她釋放，不再追究。班婕妤總算逃了一死，但趙家姊妹的聲勢正迅速膨脹，她知道一定會受到更嚴厲的排斥，於是要求搬到長信宮，侍奉皇太后王政君女士。離開假想敵的地位，是保護自己唯一的途徑。

——劉鰲先生死後，班婕妤女士去陵園守墓，就病故在那裏。一代才女，寂寞而終。

癡癡的等

班婕妤女士雖然逃生，但許皇后和姊姊許謁女士，卻逃不掉。這種巫蠱案件，在衛子夫女士的篇幅裏，讀者老爺恐怕太熟習啦。許皇后姊妹極可能眞的有這種勾當，希望丈夫回心轉意。但也可能並沒有這種勾當，而被栽贓。嗚呼，每個時代都有每個時代的「撒手鐧」，西漢王朝的「撒手鐧」是巫蠱，只要把這個撒手鐧砸到頭上，縱然是孫悟空先生，都擺不脫，何況一個皇后，何況一個侯爵夫人——更何況一個小民乎哉，悲天。

結果，許謁女士處斬，許皇后貶謫爲平民，囚禁昭台宮，許氏家族全體逐出首都長安，遣返到他們的故鄉山陽（山東省金鄉縣西北昌邑鎭）。許皇后前後當了十六年皇后，垮了個徹底。可是，悲劇還在後面，許皇后的聰明才智應是無庸置疑的，尤其可貴的是她不肯屈服，始終奮鬥掙扎。可是，聰明的人不是每一時刻都聰明，再聰明的人都有糊塗的時候，而且，她的命運不濟。

許皇后另一位姊姊許孊女士，也是一位侯爵夫人，她的丈夫韓寶先生去世後，她在家寡居。而就在這時候，一個膽大包天兼荒腔走板的荷花大少淳于長先生，出現在她生命裏。淳于長先生是皇太后王政君女士姊姊的兒子，有這麼結實的親戚，所以他也是一位侯爵，當時的職位是皇城保安司令（衛尉），和皇宮特別貴賓（侍中），皇太后王政君女士是他的姨媽，皇帝劉驁先生則跟他是表兄弟，而且感情很好，前已言之，連趙飛燕女士的皇后，都要靠他疏通，才能成功。這使他不可一世，權震公卿。他閣下看上了漂亮的小寡婦許孊女士，先是跟她祕密幽會，之後，索性把她娶過來當小老婆。這是一樁駭人視聽的醜聞，一個侯爵把另一位侯爵的正配妻子，收作姬妾。

淳于長先生過度的揮霍，使他的經濟情況，總是拮据。於是，他的腦筋動到許皇后的頭上。那時，趙飛燕女士已當上了皇后，淳于長先生透過許孊女士向許皇后表示：只要有足夠的金銀財寶，他有辦法可以使她復出當「左皇后」。許皇后深信他有這種力量，大喜過望，全權拜託。不過，許皇后也有自知之明，她想，恢復皇后的地位，恐怕不可能，所以她只希望能當一個「婕妤」，願即足矣。

——許皇后以正配之尊，只求再當小妻，降志辱身，說明她的可憐心境。我們不能想像，如果一旦成功，將會出現什麼場面。趙飛燕女士姊妹當初進宮時，是先朝見她，向她下跪磕頭的。如今形勢倒轉，她反而要向趙飛燕女士姊妹下跪磕頭（趙合德女士的「昭儀」，比「婕妤」還高一級），情何以堪？而許皇后寧願如此，是她胸懷大志，先求復出，再求反擊？抑或只求逃出冷宮，一切屈辱，都在所不惜？

淳于長先生從許皇后那裏拿到的銀子，史書上說，前後有千餘萬兩，是一個使人咋舌的數目。他宣稱一有機會，一定會向他的姨媽皇太后王政君女士說情。但實際上，他根本沒有打算開口，他當然願意促成這件事，不過他知道這是不可能的，「左皇后」不可能出現，如果可能，也輪不到許皇后，趙合德女士早坐上寶座矣。「婕妤」更不可能，即令許皇后願意也不可能，自從開天闢地以來，只有大官貶爲小官，還沒有皇后貶爲小老婆的。淳于長先生的目的，只在騙一個可憐棄婦的銀子罷啦。但最悲哀的還是，淳于長先生不但不爲許皇后盡心，反而嘲笑她異想天開，不自量力。每當許孊女士去冷宮探望妹妹時，這對狗男女來往的信件中，對許皇后更是嬉笑怒罵，百般嘲弄。嗚呼，淳于長先生輕佻無賴，還可理解，而許孊女士竟不念姊妹之情，由她肯當小老婆這件事上，可看出她早已無心肝矣。

紀元前八年，許皇后囚禁冷宮，已有十載，而仍在癡癡的等。王鳳先生早已下台，由他弟弟王根先生繼續當權，這一年王根先生病體日重，也要退休。淳于長先生認爲他最有資格接替舅父王根先生的職位，而王根先生的侄兒王莽先生，也認爲自己最有資格。權力鬥爭不久就白熱化，就在王根先生病榻旁，王莽先生用一套極具有刺激性的話，去挑撥王根先生，曰：「淳于長看見你久病在床，高興得不得了，自以爲他就要掌握大權，已經開始封官拜爵，內定某人當某官，某人當某爵。」當王根先生蠢血沸騰時，王莽先生適時的揭發淳于長先生跟許孊女士和許皇后之間的事。王根先生冒火曰：「你爲啥不早說？」王莽先生曰：「不知道你的意思，所以一直不敢稟報。」王根先生曰：「還等什麼，快去報告皇太后。」

王政君女士聽了侄兒王莽先生的報告，大怒曰：「這個孩子竟這麼亂搞，那還得了，快去報告皇帝處理。」於是，王莽先生再求見劉驁先生。劉驁先生倒不覺得有啥罪大惡極，同時又礙於老娘的親情，只從輕發落，僅下令把淳于長先生免職，遣送他回到他侯爵的封邑——他的侯爵名定陵侯，定陵，現在的河南省郾城縣西北。

厄運像魔繩

事情到此爲止，應該全部結束。可是厄運一旦開始，往往是一連串的，像一根縛到身上的魔繩一樣，越掙扎，縛得越緊，而終於被它勒死。

厄運的使者王融先生，他是王立先生的兒子，而淳于長先生則是王立先生的表弟。王立先生也是一位侯爵，不過侯爵雖是侯爵，卻是一個光棍侯爵，在政府權力中樞沒有地位，也就是沒有實權。在資格上及能力上，他自以爲應該當宰相或當全國最高統帥，可是偏偏被王根先生奪了去，他認爲全是淳于長搗的鬼。到底淳于長先生搗了鬼沒有，我們不知道，反正王立先生既經這麼認定，那就足夠暴跳如雷，恨之入骨矣。表兄弟間不共戴天之仇的狗咬狗局面，人人皆知，連身爲皇帝的劉驁先生也都清清楚楚。

當淳于長先生收拾行裝之際，王融先生去問淳于長先生，能不能把「車騎」送給他。——「車騎」，顧名思義，有車有馬，馬背上當然還騎着裝備精良、威風凜凜的衛士群。三世紀後，「車騎」改稱「鹵簿」，名目雖異，結構一樣，都是用來展示官威的一種衛隊者也。讀者老爺看京戲時，無論什麼大官，出場亮相之前，總有幾個呆頭鵝傢伙，先出來排列兩旁，那就是「車騎」「鹵簿」矣。俗不云乎：「大軍未動，糧草先行。」在官場上，則是「官崽未動，車騎鹵簿先行」，他們如虎如狼，奔馳街上，爲官老爺開道，把小民趕得抱頭鼠竄，四散逃生。用現代「開道警車」比喻，就更容易了解。外國元首光臨訪問，從飛機場到他閣下住的行宮行館，警車一列，嗚嗚前導，連紅綠燈都喪失作用，十分過癮。

淳于長先生既然被貶回他的封邑定陵，定陵是小地方，而且已無政府官職，這種吆五喝六的擺闊玩藝，當然再用不着。當王融先生把這個請求向淳于長先生提出後，淳于長先生是個伶俐鬼，靈機一動，不但滿口答應，雙手奉送，還另外奉送一批稀世的珠寶，拜託幫忙。王融先生大喜過望，回去後說服老爹，要老爹代淳于長先生向皇帝說情。王立先生是個老糊塗，而且也可能這「車騎」根本就是他想要的。於是他向劉驁先生上了一份奏章，建議免除淳于長先生的放逐。奏章上曰：「對於淳于長，你既然顧念到你娘皇太后的親情，不加處罰。如果仍趕他回到封邑，同樣的使你娘皇太后傷心，不如准他留在長安，戴罪立功。」

劉驁先生看到奏章，龍心一動，這可怪啦，他們本來仇深似海的，不落井下石，已經很正人君子矣，怎麼竟然爲他說話乎哉。這裏面必有毛病，或許王立先生眞的「外舉不避仇」

，爲國家珍惜棟樑，也或許有什麼其他不可告人的內幕。於是，他教有關單位深入調查。

任何內幕都禁不住調查的，不久眞相大白，劉驁先生大生其氣，下令逮捕王融先生。王立先生得到消息，魂飛天外，專制時代的官司是可大可小的，他本來堅持他之所以請留淳于長先生，是爲國惜才。如果王融先生在公堂之上，公開供出原是只爲了「車騎」和稀世珠寶，一發不可收拾，誰都不能預料有什麼後果。爲了保護自己，他逼着兒子自殺，王融先生只好服毒。

王融先生不死，如果皇太后王政君女士從中干預，事情可能——也只是可能，可能不致擴大。而王融先生一死，使劉驁先生大爲震驚，認爲殺人滅口，其中一定有更可怕的陰謀，於是下令逮捕淳于長。淳于長先生在案發之時，就知道大勢不好，不但難留長安，恐怕還有更大危險，立即束裝就道，奔向他的封邑。這時剛走到洛陽，就在洛陽被捕，囚入洛陽監獄。洛陽司法官員得到的命令是「窮治」，窮治也者，就是挖根刨底，上窮碧落下黃泉，一定要查出來龍去脈，而來龍去脈就是我們上面所敍述的。劉驁先生可以忍受官場賄賂，但不能忍受他的妻子被人戲弄。淳于長先生就在洛陽監獄中絞死，家屬放逐到兩千公里外南方蠻荒地區的合浦（廣西省合浦縣）。

——不知道那位許孊女士在不在放逐之列？既然她是正式的小老婆，而又成爲笑柄，恐怕免不了也去合浦海邊，捉魚爲生。

現在，輪到我們的女主角許皇后矣，在一切都變成泡影之後，就在紀元前八年，劉驁先生死的前一年，在趙飛燕、趙合德姊妹的溫柔鄉裏，向可憐的仍癡心等待他回心轉意的原配妻子，作無情的裁定。他派司法部長（廷尉）孔光先生，拿着他的詔書，前往行刑。

許皇后面對着宮廷特有的烈性毒藥，往事一一浮上眼簾，不禁痛哭失聲。然後，在監刑人虎視眈眈的注視下吞下去，毒發身死。史書上沒有記載她的年齡，如果她二十歲當皇后的話，死時不過三十餘歲。

傅孝哀

其時／紀元前一世紀九〇年代
其夫／西漢王朝第十三任皇帝劉欣
遭遇／夫死・被迫自殺

親上加親

中國傳統文化中，女人不是人，所以女人往往沒有名字——不是眞的沒有名字，而是名字被視爲毫不重要，越是到了後來，女人的名字越銷聲匿跡。在許皇后篇幅裏，我們曾被迫追隨傳統史學家之後，稱她的頭銜，可是問題就出來啦，在她當皇后之前，和在皇后職位被褫奪了之後，只好仍稱她皇后，而事實上那時她根本不是皇后。而且如果大家都姓張，則「張皇后」就有七八個，教我們如何下筆？如何辨識乎哉？所以，柏楊先生改變主意，索性把她們的謚號或尊號，當作她們的名字，爲的是使讀者老爺腦筋休息休息，眼睛省省力氣。

依照這個原則，我們現在介紹一位在歷史上沒沒無聞，事蹟寥寥無幾的傅孝哀女士。

——傅孝哀女士，姓傅，史書直接稱她爲「傅皇后」。因她的丈夫劉欣先生是西漢王朝第十三任皇帝，他閣下死了之後，被尊稱爲「孝哀皇帝」，老婆傅女士，也跟着被尊稱爲「

孝哀皇后」，我們就稱她爲傅孝哀女士，以醒眉目。反正誰也不知道她的眞實名字是啥，爲了研究她而給她起上一個，自問也可強詞奪理。貴閣下不見從地下挖出一個骷髏，學人專家就叫他是「北京人」乎，事實上他的眞姓眞名可能叫王二麻子，如果有知，該骷髏忽然開金口、吐玉音，提出抗議，誰也抵擋不住。

我們已介紹過劉欣先生從一個親王，怎麼登上了皇帝寶座的經過。他的祖母是傅老太婆，他娘是丁姬女士，他伯父是第十二任皇帝劉驁先生。現在列出一表，才能搞得更清楚：

第十一任皇帝
劉奭
- 大老婆皇后 許女士——劉驁（第十二任皇帝）
- 小老婆婕妤 傅女士——劉康——劉欣（第十三任皇帝）
- 小老婆婕妤 馮媛——劉興——劉箕子（第十四任皇帝）

當劉驁先生發現他終不能再有兒子時，他和趙飛燕、趙合德女士，決定把政權轉移給侄兒劉欣，經過情形，不再費唾沫矣。傅老太婆幸而保住老命，壽終正寢，但從她爲孫兒爭取寶座，和對三十年前的宿怨，毫不放鬆的加倍報復，可看出她的陰狠和心機。當她爲她兒子劉康先生娶妻時，她還不能完全自主，等到劉康先生的兒子劉欣先生娶妻時，老太婆就決定爲孫兒娶一個她娘家的女兒。娶娘家的女兒是一種老謀深算，謂之「親上加親」，使娘家的勢力跟權勢結合，永不外溢。這位配給劉欣先生的娘家女兒，就是我們的女主角傅孝哀女士。她爹傅晏先生，正是傅老太婆的侄兒。

劉欣先生最初被迎接到首都長安，先封成皇太子。皇帝劉驁先生派師丹先生擔任皇太子的師傅（太傅），下令祖母傅老太婆和親娘丁姬女士，仍留在封國所在地定陶（山東省定陶縣），不准隨劉欣先生走馬上任。蓋儒家系統的宗法制度中，「爲人後者，不得顧私親」。政府有關單位還特別成立一個小組，研究「皇太子能不能跟他的祖母和母親見面？」研究的結論是不能見面。

傅老太婆千方百計把自己的獨生孫兒掇弄成皇位的繼承人，就是希望到長安作威作福，如今不但不能作威作福，反而又失去了孫子，當然氣沖斗牛。在當時的法律上和倫理上，她無從施展，但她有她的左道旁門，大量的金銀財寶再度滾進了皇后趙飛燕女士，和宰相王根先生的腰包（傅老太婆很清楚，只要允許她到長安，她有的是本領囤積更多的金銀財寶）。於是，皇太后王政君女士特別允許傅老太婆和丁姬女士，每隔十天，可以到太子宮探望劉欣先生一次，那就是說，她們婆媳可以到長安啦。劉驁先生反對，老娘王政君女士曰：「劉欣年齡還小，傅老太婆是把他抱大的，准她去看望劉欣，不因爲她是祖母，而是把她當成奶媽。」但仍作小小讓步，傅老太婆可去，丁姬女士卻不可去，因丁姬女士只生劉欣，沒有養劉欣也。——事實上丁姬女士無法養劉欣，生下劉欣後，祖母就把娃兒抱走啦。傅老太婆不在乎奶媽不奶媽，只要她能去長安就行，皇帝就是權力魔杖，現在不得不姑且委屈，只等劉驁先生一死，劉欣登極，大權會立即在握，想怎麼搞就怎麼搞。

紀元前七年，劉驁先生終於死掉。傅老太婆高興得屁都放出來，劉欣先生剛坐上金鑾殿，死皇帝劉驁先生的棺柩還停在殿前，沒有安葬。傅老太婆就教劉欣先生下令封岳父大人傅晏先生侯爵。師丹先生嘆曰：「整個國家都是皇帝的，親戚何患不富貴？卻這樣急吼吼的迫不及待，豈能長久乎？」在傅晏先生封爲侯爵的一個月後，女兒傅孝哀女士，晉升爲皇后。

傅王兩家激烈鬥爭

傅孝哀女士雖然順理成章的當了皇后——她這一年大概十七、八歲。但劉欣先生的祖母傅老太婆，和親娘丁姬女士，卻遇到困難。傅老太婆天天逼着孫兒公開尊崇她當太皇太后，尊崇丁姬女士當皇太后，可是根據宗法制度的理論，劉欣先生繼承帝位，是他個人的事，不能「一人得道，雞犬升天」，把全家人都搞到「大宗」系統裏去。傅老太婆和丁姬女士，仍是「小宗」，傅老太婆仍是定陶國的太王太后，丁姬女士仍是定陶國的王太后。而劉欣先生才二十歲，又剛剛坐上寶座，屁股還沒有暖熱，政府大權仍在太皇太后王政君女士娘家人王姓家族的手裏，他不敢直接頒發命令。所以，傅老太婆越催得緊，劉欣先生也越爲難。

這情形被絕頂聰明的侯爵董宏先生看到眼裏，他認爲機會到啦，於是向劉欣先生上了一個條陳，引用紀元前三世紀五〇年代的故事，蓋秦王國第五任國王嬴異人先生的親娘是夏姬女士，後來過繼給華陽夫人，等到嬴異人先生坐上王位，夏姬女士和華陽夫人，同時都稱王太后。所以董宏先生建議，應該援引這個前例。

傅老太婆當然大喜過望，劉欣先生也感謝董宏先生爲他解圍。可是，卻觸怒了王姓家族，以全國武裝部隊最高指揮官（大司馬）王莽先生爲首，副總司令（左將軍）師丹先生爲次，聯名彈劾董宏先生。在彈劾書中指出，「皇太后」的名號至尊至貴，有一無二。秦王國是一個沒有文化的野蠻之邦，董宏先生竟然引用它們的故事，顯然瞧不起天子英明，應該依「大逆不道」的法律條款，治他的罪。那就是說，董宏先生應該滿門處斬。

劉欣先生一肚子不高興，但他抵抗不住王姓家族的壓力，雖對董宏先生沒有滿門處斬，卻仍不得不撤銷他的侯爵，貶成一個平民。

董宏先生賭輸啦，但他也點爆了傅王二家激烈鬥爭的火藥庫。傅老太婆氣沖沖的找到劉欣，罵他小子沒有用，連親娘和親祖母的尊號都束手無策。劉欣先生一想，這也對呀。於是他轉向太皇太后王政君女士，要求支持。王政君女士不好意思拒絕，就以她閣下太皇太后的身份下令，追贈定陶親王劉康先生（劉欣的爹）爲共皇，尊稱傅老太婆「定陶共皇太后」，丁姬女士「定陶共皇后」。

傅老太婆當然不滿意，但她是能忍的，她等待着下一個契機。而王姓家族，摩拳擦掌，也在等待下一個契機，而下一個契機來啦。那就是在馮媛女士篇幅裏介紹過的宴會席次之事。在王莽先生的堅持下，把居於首席的傅老太婆的椅子，搬到次席。

剛把椅子搬開，王政君女士、丁姬女士、趙飛燕女士，以及劉欣先生帶着傅孝哀女士，陸續到齊，只有傅老太婆拒絕參加。宮廷之中，間諜密佈，早有小報告打到她那裏矣。王政君女士弄不淸是怎麼回事，幾次派人去傅老太婆住的北宮催請，都請不來。劉欣先生第一個不高興，皇帝不高興，其他參加的人，自然不敢高興，一場宴會，弄得興致索然。

傅老太婆立刻加以反擊，她要劉欣先生對王莽先生採取行動，王莽先生得到消息，光棍不吃眼前虧，就自動辭職。劉欣先生立即批准，但格於王政君女士的面子，仍賞賜他黃金五百斤。王莽先生丟官，王姓家族的權勢響了警報。京畿總衛戍司令官（司隸校尉）解光先生，抓住機會，彈劾王姓家族的兩位當權份子——官拜侯爵的王根先生，和王根先生的侄兒，也是官拜侯爵的王況先生。奏章上曰：

「竊見曲陽侯王根，三世據權，五將秉政，天下輻輳，贓累巨萬，縱橫恣意，大治室第。第中築造土山，矗立兩市，殿上赤墀，門戶靑瑣。游觀射獵，使僕從被甲，持弓弩，陳步兵，止宿離宮，水衡（水利部）供張，發民治道，百姓苦其役。內懷奸邪，欲制朝政，推近吏主簿（祕書）張業爲尙書（宮廷祕書），蔽上壅下，內塞王路，外交藩臣。按王根骨肉至親，國家大臣，先帝（劉驁）棄天下，王根不悲哀，思慕山陵，公然聘娶皇宮歌女（掖廷女樂）段嚴、王飛君等，置酒歌舞，捐忘先帝（劉驁）厚恩，背臣子義。王根侄成都侯王況，幸得以外戚繼列侍中（皇宮貴賓），不思報德，亦聘娶皇宮宮女爲妻，皆無人臣禮，大不敬不道，應按律懲治，爲人臣戒。」

全族覆沒

這一彈劾，正中皇帝劉欣先生的下懷，他不能眞的「按律懲治」，如果眞的「按律懲治」，王根王況休矣，好在他的目的只在排除王姓家族勢力，於是把王根先生遣回他的封邑曲陽（安徽省淮南市），而對王況先生比較嚴厲，撤銷他的侯爵，貶成平民。

王姓家族衰落，傅姓家族興起，丁姓家族也跟着沾光。傅老太婆有三位堂弟，除了皇后傅孝哀女士的爹傅晏先生，封孔鄉侯外，傅喜先生封高武侯，傅商先生稍後封汝昌侯。更在稍後，傅老太婆的娘，曾改嫁一位姓鄭的，生了一子鄭惲先生，雖然已經死啦，也追封信陽侯，而由他的兒子鄭業先生繼承爵位。更追封傅老太婆的爹崇祖侯，丁姬女士的爹褒德侯。丁姬女士大哥丁忠先生已死，丁忠先生的兒子丁滿先生，封平周侯；二哥丁明先生，封陽安侯。這一群新興的侯爵和他們新參加政府後的官職，使傅丁二家的勢力，霎時間如日中天，炙手可熱。

以上都是發生在紀元前七年的事，也就是劉驁先生死掉，劉欣先生上台那一年的事。到了第二年（前六），傅老太婆向她二十年前的情敵馮媛女士報復，發生流血冤獄。權力和富貴使搖尾系統迅速建立起來，宮廷高級侍衛官（黃門郎）段猶先生、宮門司令官（郎中令）冷褒先生，舊案重提，上奏章給劉欣先生，認爲傅老太婆和丁姬女士的尊號，應該改正。劉欣先生把這份建議交給政府有關的高級官員，研究它實行的可能性。任何人都看出這只是一種責任分擔手段，表示可不是俺陛下一意孤行的，而是大家異口同聲的。於是大家研究的結果，全體同意，不但同意，而且一致強調這項建議合法合情合理，遺憾它提出得太晚。只有次席宰相（大司空）師丹先生，和宰相孔光先生，甚至新任的全國武裝部隊最高指揮官（大司馬）傅喜先生，表示抗議。理由是啥，前已表過，反正根據的是宗法制度「大宗」「小宗」的鬼把戲。這當然使傅老太婆大發雷霆，她閣下是當時全中國最有權威的女人，而竟連一個尊號都弄不到手，簡直奇恥大辱。對付這三個人很簡單，劉欣先生下令把師丹先生撤職，而且索性連侯爵也都削奪，貶成平民。不久，再把孔光先生撤職，同樣連侯爵也都削奪，貶成平民。傅喜先生總算是傅家班，僅只撤職，而仍保留爵位，遣送回他的封邑高武（河南省南陽市）。

這場大獲全勝的鬥爭，已明顯的展示傅家班威不可當。新任宰相朱博先生當然是傅家班的尾巴，他繼續堅持傅老太婆的尊號應該改變。這時候再沒有人敢抗議矣，於是，由中央政府正式公佈，傅老太婆由「定陶共皇太后」，改稱「帝太太后」，住永信宮；丁姬女士由「定陶共皇后」，改稱「帝太后」，住中安宮。而王政君女士的「太皇太后」，趙飛燕女士的「皇太后」，仍然如故。所以在紀元前一世紀九〇年代，西漢王朝共擁有四位「太后」，每一位太后，都有她們的官屬，包括位與宰相等級的供應官（少府），和交通官（太僕）。反正用的都是小民的納稅錢，壯哉。

傅老太婆和丁姬女士爭取到尊號是紀元前五年三月的事，到了六月，丁姬女士一命歸陰。劉欣先生更下令取消「帝太太后」，改稱傅老太婆爲「皇太太后」——好像「皇」比「帝」高一截，傅老太婆更躊躇滿志。想不到三年後的紀元前二年，她閣下也一命歸陰。嗚呼，死亡是件悲哀的事，誰都不願與世長辭，尤其是正享受着頂尖的權勢。可是，從以後發展上看，幸虧她閣下和丁姬女士，先後死掉。蓋死得晚不一定是幸福，長壽超過某一種程度，更不一定是幸福，甚至可能是一場災禍。最重要的是，人要死得巧，而傅老太婆和丁姬女士，正屬此類。

傅老太婆翹了辮子的次年（前一），劉欣也跟着翹了辮子。當了七年皇帝，死時才二十六歲。由被誣殺的馮媛女士的孫兒劉箕子先生，繼任皇帝。劉箕子先生那一年不過九歲，還是一個娃兒，政府大權剎那間重新回到太皇太后王政君女士手裏，王政君女士把她的寶貝侄兒王莽先生召回中央政府，任命他當全國武裝部隊最高指揮官（大司馬）兼主管宮廷機要（領尚書事）。

這是一個大報復的架構，暴風雨迅速而激烈。趙飛燕女士不得不在被貶成平民後自殺。而傅孝哀女士，這個柔弱善良，從來不干預政治的皇后，更首當其衝。在王莽先生堅持下，由太皇太后王政君女士下令，曰：「定陶共王太后（傅老太婆）與孔鄉侯傅晏，同心合謀，背恩忘本，專恣不軌，悖逆無道。今令孝哀皇后退居桂宮。」桂宮是囚禁宮廷囚犯的地方，接着，第二道命令又到，再貶傅孝哀女士爲平民，傅孝哀女士也只好自殺。大概只二十五歲，皇后群中，又多了一個橫死的艷屍冤魂。她沒有參與任何政治鬥爭，但她卻死於政治鬥爭。趙飛燕女士知道她是爲啥死的，而傅孝哀女士卻沒有任何罪狀，她唯一的罪狀是，她是傅家的女兒。

——王莽先生把傅老太婆恨入骨髓，所以接着是發掘她閣下的墳墓，理由是她和丁姬女士都是「外藩臣妾」，不應葬在首都長安，而應改葬到她們的封國定陶（山東省定陶縣），當挖掘傅老太婆的墓時，忽然崩陷，壓死數百人，開棺後臭味傳播數里之外。挖掘丁姬女士墓時，棺材忽然起火，王莽先生因而宣稱那是上帝降的天火。我們不敢想像如果傅老太婆不先一年死掉，會發生什麼殘忍的鏡頭。噢，怨毒之於人，深矣。

王孝平

其時／一世紀〇〇—一〇年代
其夫／西漢王朝第十四任皇帝劉箕子
遭遇／自焚

隔絕母子之情

傅孝哀女士自殺後，下一屆的皇后——王莽先生的女兒登台。史書上沒有留下她的名字，依照我們自定的規則，稱她爲王孝平女士。王孝平女士跟傅孝哀女士，恰恰相反，傅孝哀女士是那麼平淡庸碌，而王孝平女士卻自始至終，充滿傳奇。不過她們的命運卻是一樣，從生到死，都身不由主，雖然享盡世界上的榮華富貴，仍跟大海裏的一葉孤舟一樣，被現實政治，捲入無情的漩渦，最後冤沉海底。

王孝平女士她爹王莽先生，是全部故事的編劇兼導演，關於他閣下，我們不多加介紹，在帝王之死篇幅裏，他的表演，佔更重要的位置。但我們又不能完全不介紹，離開了他這個混蛋老頭，王孝平女士的故事即行懸空，無法了解。

前已言之，西漢王朝第十三任皇帝劉欣先生，於紀元前一世紀一命告終，王莽先生重返政府，對傅丁二姓家族，展開大規模報復，政權再度滑到王姓家族手裏。劉欣先生沒有兒子——我們再提醒讀者老爺一句，專制政體中，沒有兒子是一件可怕的不幸。依照血統的遠近，只有迎接遠在中山（河北省定州市）的親王劉箕子先生入承大統。劉箕子先生是馮媛女士的孫兒，劉興先生的獨子。第十二任皇帝劉驁先生選擇皇位繼承人時，劉欣先生勝利，劉興先生失敗，劉興先生於返回他的封國中山後不久，就蒙主寵召，由兒子劉箕子先生繼承親王的爵位。而劉箕子先生生下來就有毛病，以致引起傅老太婆對馮媛女士的殺機。

這些都是往事，現在，劉欣先生翹了辮子，依照順序，劉箕子先生是最近親的皇族，當他於紀元前一年被隆重接到長安，抱上金鑾殿時，年才九歲，小學堂三年級的娃兒，還不能離開娘親衛姬女士。衛姬女士是名門之女，老爹衛子豪先生，曾當過皇城保安司令（衛尉），他妹妹做第十任皇帝劉詢先生的姬妾（婕妤），長女做第十一任皇帝劉奭先生的姬妾（也是婕妤），都生兒育女。第十二任帝劉驁先生認爲衛家的女兒都有生孩子的專長，就把衛子豪先生的幼女——就是衛姬女士，許配給他的弟弟劉興先生，果然不負所望，生了一個男孩——就是劉箕子。好容易養大九歲，卻被弄到千里之外的首都長安。

寶座是人人盼望的，劉箕子的爹劉興先生，就曾爲它奮鬥過，現在突然間滑到孩子的手裏，做母親的衛姬女士，當然歡天喜地，樂不可支。依照慣例，很顯然的政府會接她去長安，名正言順的當皇太后。尤其在人情上，九歲的劉箕子娃兒是她的獨生兒子，需要娘親的照顧。然而，專制政治汚濁而無情，形勢已非當年，王莽先生正要獨攬大權，把中央政府完全置於他控制之下。好容易把傅丁二姓家族排除之後，他不允許憑空再冒出另一個新的傅丁家族。他採取的仍是老辦法，堅決維持衛姬女士「外藩臣妾」的地位，只加給衛姓家族一種沒有實質權力的尊崇和榮耀，卻拒絕她踏進皇宮。首先宣佈由劉箕子先生的堂兄劉成都先生，繼承親王（中山王）的爵位。然後，封衛姬女士為中山國的王太后（孝王后），並把苦陘縣（河北省無極縣）作為她的采邑（湯沐邑），又把她的哥哥衛寶先生，弟弟衛玄先生，都封成準侯爵（關內侯）。

這跟當初對付傅老太婆的手段如出一轍，用政治力量，隔絕母子之情，主要的當然是使衛姓家族不能接觸政權。王莽先生的兒子王宇先生警覺到潛伏的危險——一旦太皇太后王政君女士完蛋，或一旦劉箕子先生長大，衛姓家族勢必排山倒海而來，那時候以老爹王莽先生為首的王姓家族，將面臨傅丁二家覆滅的厄運。於是，他悄悄的寫信給衛寶先生，教衛姬女士上書給王政君女士，一方面表示謝恩，一方面抨擊傅丁二家罪大惡極，希望迎合王莽先生的心理，准許她去首都照顧娃兒。老奸巨猾的王莽先生不會跳這個圈套，他用九歲娃兒皇帝劉箕子先生的名義，頒下詔令，曰：

「中山孝王后（衛姬），深明為人後之義（宗法制度，一旦孩子過繼給別人當兒子，就跟親爹親娘斷絕父子母子關係），條陳故定陶傅太后（傅老太婆）丁姬（皇太后）悖天逆理，上僭位號。徙定陶王（劉景）於信都（河北省冀州市），為共王（劉康）立廟於京師（長安），如天子制，不畏天命，侮聖人言，壞法亂度，居非其制，稱非其號，是以皇天震怒，火燒其殿。六年之間，大命不遂，禍殃乃重。竟令孝哀皇帝（劉欣）受其餘災，大失天心，夭命暴崩（柏老按：這就是說，劉欣先生的死，原來死於他祖母和他娘稱皇太后之故），又令共皇（劉康）祭祀絕廢，精魂無所歸依。朕唯孝王后（衛姬）深說經義，明鏡聖法，懼古人之禍敗，近事之咎矣，畏天命，奉聖言，是迺久保一國，長率天祿，而令孝王（劉康）永享無疆之祀，福祥之大者也，朕甚嘉之。」

小女孩成爲政治鬥爭工具

這個詔令充滿了暗示——暗示絕不允許衛姬女士「居非其制，稱非其號」，但隨着詔令而下的，卻是更多物資上的賞賜，把故安（河北省易縣）七千戶人家加撥到衛姬女士的湯沐邑裏，另外發給她和她的繼子現任親王劉成都先生，每人黃金一百斤。對召喚衛姬女士到長安一事，當然一字不提。

這是一種安撫，希望衛姬女士安份認命，不要再出什麼花樣。可是，衛姬女士不能忘掉自己的孩子，她懷念愛兒，日夜哭泣。這時候她才發現，她寧願兒子留在身旁，也不願兒子到千里外的長安當傀儡頭目。孩子還小，還離不開母親，做母親的更不放心別人撫養，何況他還有病在身。

王宇先生不贊成老爹這種斷恩絕義的心腸，他再度教導衛姬女士，要她表明態度，直接向太皇太后正式請求前來首都陪伴幼兒。萬萬料不到，來往的書信卻落到密探手中。王莽先生的反應強烈而殘忍，他把兒子王宇先生處決。對親生兒子都能下毒手，對別人更不用說啦，爲了斬草除根，衛姓家族，包括新封的兩位準侯爵舅爺在內，也一律處決。衛寶先生的女兒這時正是中山國的王后——劉成都先生的妻子，也立刻逮捕，流竄到南方兩千公里外蠻荒地區的合浦（廣西省合浦縣）。

現在，衛家只剩下孤苦零仃的衛姬女士一個人，已不怕她再興風作浪。可憐的衛姬女士，在她剛要更上一層樓的時候，卻跌下來，全族跟着粉身碎骨。衛姬女士只有在警衛森嚴的王宮中，以淚洗面。十一年後的紀元後一〇年，那時，劉姓西漢王朝已經覆亡，王姓新王朝已建立了一年，她才逝世，埋葬在丈夫劉興先生墓旁，一直沒有再見兒子一面。

王莽先生是什麼時候興起雄心，要篡奪西漢王朝政權，自己建立王朝的，我們不知道。只知道在他重返政府後，一切努力——包括殺掉自己兒子和衛姓家族，都是朝向奪權的目標急進，既解決了衛姓家族絆腳石，下一步就是更嚴厲的掌握皇帝劉箕子先生。而最好的掌握方法，莫過於把女兒嫁給他。

紀元後四年，王莽先生向姑媽王政君女士說，應該替年已十二歲的劉箕子先生選擇妻子啦，王政君女士既老且昏，當然聽侄兒的。王莽先生完全採用古禮——紀元前十二世紀周王朝所用的古禮，在古禮中，皇帝不只單娶一位妻子，而是同時一下子就娶十二位妻子，術語稱之爲「天子十二女」，蓋老婆如雲，才能多生男孩也。王政君女士遂下令有關衙門，物色年齡相當的名門世家的美貌少女，造成名册，呈請裁奪。名門世家既不願隱瞞（誰不願女兒當皇后，自己當國丈耶），也不敢隱瞞（隱瞞便有「欺君之罪」，那可更糟），不久就把名册呈到皇帝那裏，事實上是呈到王莽先生那裏。他閣下一瞧，每一個候選女郎，都門閥烜赫，而王姓家族的女郎又佔一半，他閣下的女兒王孝平女士，雖然也在其中，卻沒有必勝把握。王莽先生這時才發現他的「古禮」為他帶來了政治危機，他必須解救這項危機。於是他採取以退為進戰略，報告王政君女士曰：「我既沒有特別的才能，我女兒也沒有出眾的容貌，請求准許把她剔除。」王老太婆一想，大概是他不想教王姓家族跟皇帝再親上加親吧，這種謙卑和忠貞，使她老人家深深感動，就吩咐有關衙門，王姓家族的女兒，一律取消。就在這個節骨眼上，王莽先生龐大的搖尾系統發動攻勢，政府高級官員們紛紛向王政君女士呼籲，要求不必再行遴選啦，應該直接指定王莽先生的女兒當皇后才對。全國各地中級以下官員和一些民眾，接二連三而上，宣稱王莽先生德配天地，道冠古今，不教他的女兒當皇后，卻打算另選別家的女兒當皇后，天下還有比這更荒謬更違禮悖情的事乎哉。

強大的壓力使老糊塗王政君女士更加糊塗，只好尊重民意和輿論，宣佈選定王莽先生的女兒做劉箕子先生的妻子。王莽先生表示他不敢當，更表示他的女兒也不敢當，折騰了一陣之後，他再度想起他的「古禮」，建議仍需要十一位美女作為陪嫁的侍妾（媵），並請太皇太后先行派遣欽差大臣去查看自己女兒的相貌，是不是夠得上水準，再請太皇太后指定星象家算卦，占卜吉凶。嗚呼，這還有啥可查看的？還有啥可占卜的？在提出建議的時候，已有了肯定答案。但王莽先生仍要耍這些花招，表示他是迫不得已秉大公無私。

查看的結果是王莽先生的女兒妙不可言，占卜的結果更是上上大吉——卜辭曰：「金水旺相，父母得位，定主康強逢吉。」大事既已確定，緊跟着是訂婚，一切仍是「古禮」，計聘金黃金二萬斤（二萬斤者，即三十二萬兩，這個數目能把人嚇死），錢幣二億貫（一貫是一千個錢，依當時的購買力，二百個錢可供五口之家三個月的伙食，二億貫就是二百億錢，夠台灣全島小民吃一個月矣）。

——西漢王朝開山老祖劉邦先生以流氓起家，窮得叮噹作響，子孫卻擁有這麼大的財產，銀子是哪裏來的？

由皇太后而公主

王莽先生既然決心奪取政權，整個國家都要裝到腰包，當然不在乎什麼黃金銅錢，而且爲了表示謙讓美德，他僅只接受銅錢四千萬貫，就在這四千萬貫中，還抽出三千三百萬貫，分配給十一位侍女（媵）的娘家，每家得到三百萬貫。這種漂亮的作法，引起一片喝彩，王莽先生就是需要這種喝彩。搖尾系統向太皇太后提出抗議說，皇后的聘禮只七百萬貫，跟侍妾的聘禮相差無幾，不但不公平，而且還有損皇后的尊嚴，要求增加。王政君老太婆下令再增加二千三百萬貫，連同王莽先生原留的七百萬貫，共三千萬貫。嗚呼，王莽先生眞是人傑，經他這麼一搞，使國庫又多支出二千三百萬貫，這都是窮苦小民的納稅錢，卻讓王莽先生做了面子。但王莽先生仍繼續上演特寫鏡頭，就在四千萬貫中，撥出一千萬貫，散發給比較窮困一點的王姓家族——他要使每一個可能利用的角色，對他都有感謝之情。搖尾系統又向太皇太后建議說，根據「古禮」，皇帝的岳父大人的封邑，至少應有五十方公里，而新野（河南省新野縣）恰查出良田有二萬五千六百頃，正好用來增加他的封邑。王莽先生的目的既是全國土地，當然不要這小小的二萬五千六百頃，所以堅決拒絕。

訂婚熱鬧了一陣之後，接着是結婚，結婚當然比訂婚更熱鬧。紀元後四年二月的黃道吉日，首席宰相（大司徒）馬宮先生，次席宰相（大司空）甄豐先生，護衛着皇帝專用的御轎御車（乘輿法駕），到王莽先生的公爵府迎娶新娘——王莽先生重返政府後就受封公爵（安漢公）。派人代表迎娶，也是皇帝特權，民間的禮俗是，新郎必須親自坐轎前往迎娶才行，可是新郎如果不是普通小民，而是皇帝，傳統禮教就完全崩潰，蓋傳統禮教的權威是專門對付小民的也。劉箕子先生如果是一個普通人家，不自己親自迎娶，而只派代表，恐怕拳腳交下，遍體鱗傷矣。王孝平女士跟劉箕子先生一樣，年才十三歲，十三歲正是初中學堂一二年級不懂事的孩子，這時妝扮就緒，坐上皇家御轎，抬到皇宮。嗚呼，雖在兩千年之後，我們仍可想像皇帝「大婚」時的盛大奇況，御林軍夾道警戒，皇家迎娶和國戚送親的壯觀行列，使當時的首都長安，萬人空巷，夾道歡呼。他們三生有幸，親眼看到人間最驚心動魄的榮華富貴。——如果有人洞穿流光，看到這場榮華富貴男女主角和男女配角的可怕下場，恐怕血液都會凍結，嗚呼。

結婚次年（六）十二月八日，俗稱「臘八」，王莽先生向皇帝兼女婿，進獻椒酒，卻把毒藥放在酒裏，劉箕子先生一連肚痛了幾天，一命告終。可憐的王孝平女士，只當了一年皇后，就成了寡婦，她恐怕是世界上最年輕的寡婦之一，才十四歲。劉箕子先生死後，再沒有親近的兄弟叔侄可以繼承帝位，西漢王朝的皇統斷絕。這時候王莽先生本可以自己登台的，但他仍小心翼翼的進行，他在疏遠的劉姓皇族中，挑選了一位兩歲娃兒——劉嬰先生，教他繼承寶座。兩歲娃兒是一個標準的傀儡，王孝平女士理所當然的成了皇太后，恐怕也是世界上最年輕的皇太后之一。

劉嬰娃兒被人抱着在龍椅上坐了四年，到了紀元後九年，王莽先生佈置妥當，時機已經成熟。劉嬰娃兒就被人再抱下來，年才五歲。——他所以當上西漢王朝最後一任皇帝，是因爲他年紀太小，而他所以在王朝覆滅後仍保持小命，沒有像劉箕子先生那樣被毒死，也是因爲年紀太小。

王莽先生現在成了皇帝，他建立的政權稱爲新王朝，表示一切都從頭更新。把劉嬰娃兒封爲新王朝的公爵——定安公，而把已十八歲的女兒王孝平女士，封爲新王朝的定安太后。王孝平女士是一個溫柔的女孩，史書上稱讚她「爲人婉順，而有節操」，她眼睜睜看着西漢王朝覆亡，自己綺麗的夢想被現實政治，無情毀滅，落寞的心靈中感到一種無可奈何的悲憤。但她處在夾縫之中，西漢王朝是自己的夫家，新王朝皇帝則是自己的老爹，使她無法選擇，她唯一的反應是常常假裝害病，拒絕朝見。王莽先生也感到對不起女兒，就改封她爲「黃皇室主」，爲她再婚鋪路。「黃皇室主」是王莽先生根據古禮制定的怪名詞，實際上就是「

黃皇公主」。「黃皇」是啥？沒有人知道，只有王莽先生知道。他閣下是「復古大王」，儒家學派的復古精神，在他身上發揚光大。他奪取政權後，對任何事情都要求回復到紀元前十二世紀周王朝時的原狀，「黃皇室主」不過最小的花樣之一。

縱身火窟

王莽先生既有心要爲女擇夫，俗語曰：「自古嫦娥愛少年」，他想找的是一位小白臉型的青年才俊，而這小白臉型青年才俊，必須是自己最信賴的朋友家屬。於是他看上陸軍將領（立國將軍）孫建先生的兒子孫豫。孫豫先生是當時有名的世家公子，名門巨閥心目中理想的女婿。當下召見孫建先生，跟他交換意見。王莽先生此時已是九五之尊的皇帝老爺，能跟皇帝老爺結成親家，孫建先生當然高興加三級。回家後告訴兒子，孫豫先生更大喜若狂，嗚呼，世界上娶妙齡公主爲妻，已不容易，而他閣下還兼娶了妙齡「皇后」和妙齡「皇太后」爲妻，更是空前絕後的榮耀，父子們決定按照王莽先生的指示進行。

那一天，王孝平女士又推說身體不適，不去朝見老爹。孫豫先生接到王莽先生的通知，立刻梳妝打扮，整裝修容，油頭粉面兼西服革履，鬍子刮得光光的，皮鞋擦得亮亮的，上馬時可能還臨陣磨槍，吃了兩粒維他命丸，帶着御醫，前往探病，直接走向王孝平女士住的寢宮。她的寢宮不是柏楊先生家的客廳，只要敲開門，就可登堂入室，大放厥詞。寢宮警衛森嚴，從來不見男人蹤影，而宮女密佈，一個陌生人根本跨不進去半步。可是孫豫先生卻因奉有詔令，得以通行無阻，宮女們急忙稟報王孝平女士，她大吃一驚，蓋往日都只有御醫單獨前來，今天怎麼卻派了一位將軍之子帶領？御醫們不是不知道路呀。她只好出來相見。御醫本是陪綁，胡亂問了幾句，就告退出去，只留下孫豫先生在座。咦，那一年王孝平女士十九歲，加上營養又好，正是一朵初綻的嫩苞，嬌艷欲滴，孫豫先生想到這就是未來的妻子，免不了說些讚美愛慕的話。王孝平女士立刻發現他的來意，轉身退回內室，用皮鞭打她的宮女，責問她們怎麼隨便把亂七八糟的臭男人放了進來，這當然是打給孫豫先生聽的，孫豫先生只好抱頭鼠竄。

王莽先生得到報告，宣稱女兒志在守節，遂取消爲她物色夫婿的計劃。

——柏楊先生以君子之心，度小人之腹，認爲這件事十分古怪，恐怕有詐。女兒、孫建、孫豫，以及一些老實的小民，似乎都跳進王莽先生的大鼓。皇帝老爺要想嫁女兒，在傳統上，一紙命令就萬事俱備。他陛下又嚴遵「古禮」，更不必費那麼多手腳，古禮豈有讓臭男人先到閨房中眉目傳情的？即令不是古禮，而是當時的禮，也沒有這一套。所以只有一種可能，那就是王莽先生爲了皇家的尊嚴，根本不希望女兒再嫁，故意派一個小子，去激起女兒的憤怒，來堵女兒的以及別人的口。試想一想，在那種環境下，王孝平女士能張開雙臂，抱住孫豫先生就親個嘴乎哉？

我們的推斷越想越對。用不了多久，就因爲王孝平女士的婚事，引起一場政治上的屠殺。王莽先生最得力的親密戰友，封公爵的甄豐先生（就是代表劉箕子先生迎親的那傢伙），

第２集

有一個封侯爵的兒子甄尋，擔任首都長安市的市長（京兆尹），用王莽先生常用的伎倆，宣稱上天顯示，應效法紀元前十二世紀周王朝的「古法」，把中國劃分左右，以陝邑（河南省三門峽市）爲界，陝邑以西的西中國，由甄豐先生當君主（右伯），陝邑以東的東中國，由另一位親密戰友平晏先生當君主（左伯）。王莽先生是靠這種鬼話連篇「符命」起家的，現在套到他頭上，他不能不聽從，只好下令照辦。甄尋先生得到甜頭，於是再杜撰第二次神意，上天又顯示啦，顯示的是：「黃皇室主應嫁甄尋。」嗟夫，得意不可再往。甄尋先生得意之後，又再往矣。王莽先生對分割中央政府權力的左右二伯，已咬牙切齒，現在報復機會來啦，他咆哮曰：「黃皇室主天下母，此可謂也。」下令逮捕甄尋，結果，老爹甄豐先生自殺，根據口供，包括公爵侯爵以及政府部長高級官員在內的數百人，一齊處決。

王孝平女士從此沉寂，在她墳墓一樣平靜寢宮中，消耗她的青春年華。

這樣的過了十五個年頭。紀元後二三年，全國各地打着西漢王朝旗號的民間武裝力量，向長安進攻。該年十月，前鋒攻入宣平門，長安兩位年輕市民朱榮先生和張魚先生，率領着他的一群朋友，揭竿而起，投效前鋒軍營，作爲嚮導，攻擊皇宮，聲震天地的吶喊曰：「反賊王莽，爲啥不出來投降？」宮門緊閉，沒有人回答。於是改用火攻，那一天颳着大風，風助火勢，一片火海，煙屑沖天，直逼王孝平女士的寢宮。這時宮裏已亂成一片，男的哭，女的叫，有的逃命，有的則認爲情勢不致壞到這種程度。王孝平女士站在那裏，望着逼面如炙的熊熊烈火，一霎時流下眼淚，泣曰：「我還有什麼面目，再見西漢王朝的皇家？」雖然仍有宮女勸阻，但她志向已決，向前狂奔過去，奮身往火窟中一跳，接着一聲漫長的慘叫，剎那間一副美麗的胴體，化成一團灰燼，年才三十二歲，爲她老爹的政治慾望，付出她的終身幸福，和她的最後生命。

——皇帝老爺王莽先生當天就被亂刀分屍，建立只十五年的新王朝，也跟着滅亡。

長髮披面

皇后之死

第3集

李瑞騰

《長髮披面》提要

《皇后之死》第三集以「長髮披面」爲名，係出於〈甄洛〉一章，其中提到郭女王與甄洛爭奪后位，甄洛被「誣以謀反」，被逼服毒自殺，死後「長髮披面，以糠塞口」，柏楊的解釋是「教她的靈魂，既無臉見人，又有口難言」。

柏楊說，「誣以謀反」是「中國傳統文化中最拿手的合法屠殺」，罪證是「巫蠱」；柏楊說這是兩漢王朝的殺手鐧，不斷地被操作，像被鄧綏鬥垮的陰孝和，藉口也是「巫蠱」。然後便是「冤獄」，柏楊特別批判苦刑拷打的冤獄，顯然有切身之痛。通常冤死的都不只一人，還包括家族系統中的要員，沒死的全遭放逐。

參與一場又一場慘烈的宮廷鬥爭者，主要是外戚和宦官，這是東漢王朝的特色，從光武帝劉秀到滅漢的曹丕，後宮都鬥得不可開交，柏楊從郭聖通（光武皇后）寫到甄洛（最終還是沒當上魏文帝曹丕的皇后），中間包括宋敬隱（漢章帝劉炟貴人）、梁恭懷（同上）、陰孝和（漢和帝劉肇皇后）、李恭愍（漢安帝劉祜宮人）、閻姬（劉祜皇后）、梁瑩（漢桓帝劉志皇后）、鄧猛女（同上）、田聖（桓帝采女）、竇妙（桓帝皇后）、董孝仁（漢靈帝劉宏的母親）、宋孝靈（靈帝皇后）、王靈懷（靈帝美人）、何靈思（靈帝皇后）、董貴人（漢獻帝劉協貴人）、伏壽（獻帝皇后）等，以這些女性爲主要敘述對象，柏楊勾勒了東漢帝位變遷的悲慘歷史。

序——所謂「借古諷今」

這是一種陰險惡毒，動手殺人前的嘶喊，使人聽到磨刀霍霍。

中國自從紀元前一世紀，罷黜百家，獨尊儒術以來，泛政治泛道德觀念，開始蕃衍，幾乎對所有的事物，只要有權的大爺願意，就都可以往政治的或往道德的方向，加以引申曲解。明明拉不上關係的，也能硬拉上關係。中國人的靈性——想像力、創造力，和辨別是非的思考力和勇氣，遂受到可怕的傷害。蓋泛政治泛道德是一種箝制獨立思考的殘酷工具，專門製造假象，並且用壓力保護這種假象，膽敢戳戳假象屁股，揭揭假象僞裝的傢伙，都要人頭落地。於是，久而久之，眞象被淹沒、被扭曲，甚至被犧牲。中國人不但不敢接觸眞象，反而恐懼眞象。萬一有人膽大包天，使眞象大白。習慣於假象的朋友，也會加以拒絕，而且老羞成怒。

最近在電視台上演的美國電視影集根，美國人——包括那些奴隸主的後裔在內，沒有一個人認爲那是對白人和黑人的挑撥離間，更沒有一個人認爲那是「別有居心」的激起黑人對白人的仇恨。另外一個影集珍珠港驚魂，暴露了上校夫人跟士兵通姦的醜聞，也暴露了沒有奧援的低級軍官，如何用妻子去巴結上校的內幕，美國人——包括美國三軍將士在內，也沒有一個人認爲那是對美國軍人的侮辱，更沒有一個人認爲那會打擊美國的軍心士氣。這些小說，和由這些小說改編的影集，如果在中國，它能露面乎哉。即令露面，鐵定的要大禍臨頭。嗚呼，兩千年來與日俱增的密如蛛網的禁忌，造成了中國人走肉行屍的偉大景觀。俗云：「看了玉匣記，不敢放個屁。」玉匣記是中國最古老的占卜書籍之一，禁忌多如驢毛，生活在玉匣記世界裏，出門都要看好日子，坐板凳都要看方向，洗衣服也要看時辰，一舉一動，連偶然打個噴嚏，都可能得罪鬼神。——中國人怎能虎虎生風？

柏楊先生自從在高雄台灣時報，跟它的姊妹報舊金山遠東時報，以及香港香港晚報寫「湖濱讀史札記」，發掘出來一些歷史上被埋葬了的事實，於是玉匣記裏的牛魔王和琵琶精，紛紛出籠，一口咬定我「借古諷今」。台北某一次所謂文化人聚會上，有幾個廟堂作家，還一口咬定我另一本專欄亂做春夢集，更借古諷今得厲害。嗟夫，「借古諷今」是一種陰險惡毒，動手殺人前，歇斯底里的嘶喊，可以聽到磨刀霍霍。最早的是嬴政大帝，用它焚書坑儒。最近的是四人幫，用它摧毀人性，製造千萬冤獄。然而，我們奇怪的不是殺戮，而是這些古代的人和古代的事，怎麼會被硬拉到今日的人和今日的事上？柏楊先生不過用現代人所了解的和通用的字彙，對古人古事作一個報導和分析，如此而已。如果一定要在其中找些罪行惡蹟，自以爲那就是他，或自以爲那就是影射某一個傢伙，則中國五千年歷史，就成了一部新玉匣記矣，小民還敢讀歷史乎耶？

我們最大的盼望是，中國人必須跳出玉匣記，管它黃鶯叫也好，臭蟲跳也好，不再疑神疑鬼，自己拚命往自己頭上猛罩。中華民族必須掃除積沉已久的病態心理，必須成長爲一個健康的民族。有健康的心理，和健康的人生觀，然後才能產生一個健康的社會。天地何其廣闊，有多少事等待去做，中國人的眼光應往前看，沒有開闊的，氣吞八荒的胸襟，只在疑神疑鬼中打滾，只有使自己更鬼祟，使中華民族更衰弱。中國弄到今天這種地步，報應已夠沉重的矣，不應該再爲子孫種下惡因。

最後，引用古德先生一詩，作爲祝福。古德先生詩曰——

彩雲影裏神仙現　手把紅羅扇遮面
急須着眼看仙人　莫看仙人手中扇

一九八二・一・二一・台北新店花園新城

《長髮披面》目錄

陰孝和

李恭懋・閻姬

梁瑩・鄧猛女

第3集

第3集

第3集

郭聖通

時代／紀元後一世紀二〇—四〇年代
其夫／東漢王朝第一任皇帝劉秀
遭遇／被廢・氣死

招撫河北

王莽先生被亂刀分屍之後，新王朝也跟着滅亡，接着而起的是玄漢王朝，是由一群地痞流氓和飢民盜匪組成中央政府，推舉劉玄先生當皇帝。在這種政府領導下的中國局面，是可以想像的，全國再度陷於混戰，就在這場再度發生的混戰中，一個國民小學堂畢業程度（秀才）的劉秀先生，悄悄崛起。他閣下本是一介小民，但在血統上，卻是西漢王朝皇族的後裔，直到他的曾祖父劉買先生，還是一位侯爵。侯爵的采邑在南陽郡（河南省南陽市），所以劉秀先生是南陽郡蔡陽縣（湖北省棗陽市）人，擁有相當大的耕地，生活十分愜意。年輕時，他最大的志願是：「做官當做執金吾，娶妻當娶陰麗華。」

——執金吾，掌旗官也，皇帝老爺或宰相之類的頭目出門，警戒森嚴，衛隊密佈，掌旗官手執頂端刻有「金烏鳥」雕像的巨棒，騎着高頭大馬，昂然前導，威風凜凜，好不光彩。

至於陰麗華女士，用不着多說，就可肯定，她是蔡陽縣——至少是劉秀先生附近幾個村莊裏，最美麗的少女。

——劉秀先生的故事，好像一個巨掌，照傳統史學家就是一嘴巴。蓋傳統史學家筆下，中國歷史上每一個大人物，或每一個所謂的大人物，千篇一律，都「少有大志」。把一些年輕讀者，騙得一楞一楞。無論如何，身爲一個開國皇帝，建立一百九十六年之久的東漢王朝的劉秀先生，可不是小人物吧，他卻硬是「少無大志」的也。

劉秀先生於紀元後二二年，聚眾起兵，反抗新王朝的暴政。第二年（二三），大破新王朝精銳兵團，而就在這一年，他如願以償的娶了十九歲的陰麗華女士做妻子。史書上把這一段婚姻，說得天花亂墜，合情合理：劉秀先生跟陰麗華女士的哥哥陰識先生是老朋友啦，聽到提親，立刻興高采烈的滿口答應。這當然是可能的，但同樣也有另一種可能，一支民間武裝力量忽然集結，牛鬼蛇神，七拼八湊，事實上跟土匪差不多，當頭目的傢伙「一朝權在手，便把令來行」，恐怕是想娶誰就娶誰，想跟誰睡覺就跟誰睡覺。對付綠林好漢山大王，陰識先生有多大膽量，敢不滿口答應乎哉。

——現在河南省鄧州市有一個皇后城，據說就是當年劉陰二位成親之處。

劉秀先生結婚的當年（二三），玄漢王朝建都洛陽，全國各地英雄豪傑和一些野心家，風起雲湧，各霸一方，成爲無數獨立王國，對中央政府睬都不睬。如果中央政府夠強夠大，自然會用武力鎮壓，大軍一到，如秋風掃落葉，一鼓蕩平。可是，玄漢王朝的中央政府沒有這個力量，只好派遣他們的重要官員，前往動亂地區，用半恐嚇半說服手段，使那些地頭蛇歸順中央。劉秀先生被選中擔任這個角色，中央政府給他的頭銜是代理全國武裝部隊最高指揮官（行大司馬事），前往河北（黃河以北）招撫。所謂代理全國武裝部隊最高指揮官，不過一個空銜，既沒有實權調動軍隊，更沒有實力來一個雷霆萬鈞。只仗着中央政府欽差大臣頭銜，帶着他初起事的一小撮——二百人左右的私人軍隊，渡過黃河，一路滾雪球般的向前推進。而就在這時候，劉秀先生豪情萬丈，和他左右的一些亡命之徒，密謀叛變。那就是說，他想自己當皇帝。

可是，當他正在宋子（河北省趙縣）招兵買馬，大幹特幹之際，傳來他難以承擔的惡耗。宋子南方一百五十公里的邯鄲（河北省邯鄲市），一位擺卦攤的王郎先生，宣稱他是西漢王朝第十二任皇帝劉驁先生的兒子劉子輿，坐上金鑾寶殿，建立新的中央政府。提起劉驁先生，讀者老爺的印象一定相當深刻，這位趙飛燕、趙合德姊妹的淫棍丈夫，以連斃二子的禽獸行徑，聞名於世。民間傳說，仍有一個未被發覺的娃兒，被好心腸的宮女，抱着逃出宮門，輾轉逃到邯鄲，撫養他長大成人，窮苦無依，只好靠替人算命占卜過日子。但他氣宇非凡，見識超人，而且交遊廣闊，隱然的已是當地黑社會的領袖人物。所以，當大家擁護他當皇帝的時候，力量已經十分壯大。

——王郎先生是不是劉子輿先生，劉子輿先生是不是劉驁先生的兒子，我們不知道。劉秀先生和他的搖尾系統當然誓不承認，不過事實上，卻不見得沒有這種可能性。王郎先生的突變，對劉秀先生是個可怕的打擊，使他的事業幾乎全部瓦解，更幾乎送掉老命。但也正因爲王郎先生的介入，我們的女主角才有機會登場，成爲東漢王朝第一任皇后。嗚呼，世界上充滿了陰差陽錯的連鎖反應；一人的舉動，往往影響千里外莫不相關的人們的命運，人生奧祕，一言難盡。

王郎先生當皇帝的那天，即下令緝拿劉秀先生，並派人逮捕劉秀派在邯鄲的代表團。代表團團長耿德先生聽到消息，魂飛天外，率同他的屬員，連夜越城逃走。

政治婚姻

劉秀先生在宋子（河北省趙縣）得到王郎先生稱帝的消息，還不太吃驚，但不久他就發現大勢不好，蓋王郎先生是以皇子的身份出現，在那個宗法制度根深柢固的社會，皇家血統就是一項強大號召。雖然劉秀先生拚命宣傳王郎先生是冒牌假貨，但擋不住大眾認爲他眞是宮廷鬥爭下漏網的孤雛。黃河以北地區各郡縣紛紛響應邯鄲政府，而邯鄲政府已派出使節，懸賞十萬戶侯爵的賞格，捉拿劉秀。劉秀先生只好狼狽逃命。他放棄宋子，逃到盧奴（河北省定州市），再逃到薊縣（北京市），再逃到信都（河北省冀縣）。就在信都，孤獨無援，苟延殘喘。當時，他閣下只有三條路可走：一是投降王郎先生的新政權；一是逃回首都洛陽，請中央政府派遣大軍出擊；一是自己集結力量，和王郎先生對抗。投降王郎先生的新政權是不可能的，那是一條喀嚓一聲，人頭落地的死路。逃回洛陽，一則千里迢迢，不見得逃得過，二則劉秀先生也知道玄漢王朝的中央政府，並沒有力量派出大軍。於是，他選擇了第三條路。

劉秀先生第一個爭取的，是最大的一個武裝集團，擁有十餘萬眾的眞定（河北省正定縣）民兵司令官劉揚先生。劉揚先生是西漢王朝的王爵（眞定王），憑他的皇家身份和雄厚的財富，佔着舉足輕重的地位，而他偏偏正跟王郎先生的新政權結合。當劉秀先生派出他的使節劉植先生前往遊說的時候，憂心忡忡，很顯然的，如果劉揚先生拒絕，他就四大皆空，陷於絕境。這是一個嚴重關鍵，他的前途，甚至他的殘生，都握在劉揚先生手中。他不能想像，一旦劉揚先生翻臉，十萬精銳向他發動攻擊時，他將有什麼下場。

感謝耶穌基督，劉植先生帶來好消息。劉植先生曰：「劉揚先生願意跟你合作，但有個先決條件，就是要跟你結成姻親。這件事關係我們的興衰存亡，我已替你一口答應啦。」劉秀先生還弄不懂怎麼回事，驚疑曰：「老天爺在上，我還沒有兒女，怎麼聯婚呀。我妹妹劉伯姬，已經跟李通那小子訂了婚，怎麼能拆散呀。」劉植先生曰：「不是跟你的兒女姊妹聯婚，而是跟你聯婚。劉揚先生要把他心愛的外甥女郭聖通嫁給你。」

郭聖通女士，眞定鄗縣（河北省柏鄉縣北）人，她爹郭昌先生，曾拋棄數百萬的財產繼承權，讓給他的異母弟弟，得到鄉人們一致尊敬。稍後在眞定郡政府擔任過人事官（功曹），他妻子是當時眞定王劉普先生的女兒——在史書上，這位女兒被稱爲「郭主」，即嫁給姓郭的郡主也。這位「郭主」，就是劉揚先生的妹妹，生了一男一女，男名郭況，女名郭聖通。甥兒甥女，都依靠着舅父大人。這時，劉揚先生看出了劉秀先生青年才俊，可建立大功大業，才提出把甥女許配給劉秀先生的要求。

劉揚先生是不是知道劉秀先生已經娶了陰麗華女士，史書上沒有交代，依情勢判斷，劉秀先生已經到了代理全國武裝部隊最高指揮官的地位，成爲王郎先生第一號追捕的人犯，他的身世恐怕早已家喻戶曉。但劉揚先生仍要這麼做，爲的是要狠狠的賭上一注，失敗則大家同歸於盡，勝利則成了皇親國戚，同享榮華富貴。

劉秀先生遇到難題，他曰：「我已娶了陰麗華啦。」劉植先生曰：「那有啥關係？依照古老的傳統文化，皇帝一娶就是九個，王爵侯爵，一娶就是三個。現在你才不過兩個，差的遠哩。而且，劉揚先生勢大氣粗，如果不跟他聯婚，我們還有啥可折騰的？所以我已代你滿口答應，木已成舟，別無選擇，請你三思。」

其實用不了三思，只要一思，就樂不可支。劉揚先生不是要他的命，只是要他娶一位如花似玉，而這正合臭男人的老口味——妻子越多越好。於是劉秀先生假裝被劉植先生的大義說服，手舞足蹈兼歡天喜地，按照當時禮俗，先派劉植先生充當大媒，帶着金銀財寶（柏老按：劉秀先生哪裏來的金銀財寶？不是搶來的，難道是天上掉下來的？）先去眞定城，送作聘禮。然後，自己親往迎娶。嗚呼，大混戰時代中，一個頭目，親自前往娶親也好，親自前往出席會議也好，都是一場生死交關的冒險，誰敢保證劉揚先生不霎時變卦，把嬌客一刀兩斷？然後帶着劉秀先生的尊頭向邯鄲政府請功？所好的是，劉揚先生眞心結納，迎接到十里之外，把劉秀先生安頓在賓館下榻。擇了一個黃道吉日，舉行結婚大典。

這是中國歷史上一樁重要的政治性婚姻，劉秀先生實在不敢預卜郭聖通女士帶給他一個什麼樣的家庭，等到洞房花燭之夜，才發現她貌美如花，儀態萬千，另有一種鄉土氣息陰麗華女士所沒有的雍容華貴的風度，使鄉巴佬出身的劉秀先生，如置身雲霧，受寵若驚。

事情終於爆發

政治婚姻帶來政治利益，岳舅父劉揚先生的主力軍，跟甥女婿劉秀先生的殘兵敗將，組成聯合兵團，聲勢大振。結婚的次年（二四），聯合兵團攻陷邯鄲，殺掉王郎先生，河北（黃河以北地區）逐漸置於劉秀先生的軍事控制之下。再次年（二五），劉秀先生公開叛變，在鄗縣（河北省柏鄉縣北）南郊建立東漢王朝政權，自稱皇帝。稍後，倒轉過來封他的主子——玄漢王朝皇帝劉玄先生一個王爵（淮陽王）。

紀元後二六年，劉秀先生定都洛陽，正式立郭聖通女士當皇后。元配陰麗華女士，只好屈居姬妾第一級的「貴人」。郭聖通女士生五個兒子：劉彊、劉復、劉康、劉延、劉焉。陰麗華女士也生五個兒子：劉陽、劉蒼、劉荊、劉衡、劉京（另外還有一位姬妾許美人女士，生一個兒子：劉英）。子以母貴，郭聖通女士既被立爲皇后，她生的長子劉彊先生，自然被立爲皇太子。

不過那位因她介入而受到排擠的陰麗華女士，在宮廷中和政府中，仍有強大力量。陰麗華是劉秀的同鄉，專制時代，任何一個新興王朝的開國帝王，或揭竿而起的草莽英雄，基本武力都是靠同鄉子弟兵的。這件事很容易證明，只要檢查一下功臣們的籍貫，就可一目了然矣。所以郭聖通女士的地位，一直孤立，而陰麗華女士的勢力，卻盤根錯節，把劉秀先生團團包圍。一個新興王朝的帝王，傳到第二第三代之後，他們以國爲家，對故鄉的緬懷之情，才會逐漸消失；而在第一代，地域觀念仍是一個重要的政治感情，大多數高級官員和高級將領，都是幼年時的玩伴，和青年時的同夥，鄉音親切，他們之間有共同的話題和共同的歷史背景。

這對郭聖通女士，是一種磨損，以致影響到劉秀先生的情緒。雖然郭聖通女士已貴爲皇后，但劉秀先生在以後幾次御駕親征的戰役中，卻只攜帶陰麗華女士前往，而且愛屋及烏，深愛陰麗華所生的孩子，尤其是劉陽。不久就發生一件事，紀元後三九年，劉秀先生下令全國郡縣嚴格檢查人民戶口和耕田地籍。在各郡縣奏報的文書中，陳留郡（河南省開封市東南）的表册裏，卻夾着一張神祕的字條，寫曰：「潁川（河南省禹州市）弘農（河南省靈寶市）可問，河南（河南省洛陽市）南陽（河南省南陽市）不可問。」這顯然是承辦人員所寫，糊里糊塗，誤夾到上奏給皇帝的莊嚴報告中的。劉秀先生下令追查，當然沒有人敢承認含有什麼特別意義，只支支吾吾說，那是在街上撿到的。劉秀先生自不相信這種鬼話，但又沒有辦法證實，只好大發脾氣。而這時候，年才十二歲的劉陽，正在他爹身旁，就解釋曰：「潁川、弘農，雖然富豪很多，可是並沒有政治後台，所以戶籍地籍，可以放心大膽的去調查。

而河南是國家首都，多的是親信大臣；南陽是皇帝故鄉，到處是皇親國戚，可千萬碰不得，一碰準大禍臨頭。」劉秀先生這才恍然大悟，特派皇家侍衛武官（虎賁將）前去詰問，果然這般。從此對劉陽這個孩子，另眼看待，寵愛有加，認爲皇太子立得太早，應該教劉陽幹才好。

其實這只是情緒累積下的一個轉捩點，正常情形下，不可能因一席對話，就興起「易儲」的重大決定。而是早就憋在心裏，遇見一個特別事件，使它突然升到表面。既然升到表面，劉秀先生也就不再掩飾。郭聖通女士如果千忍百忍，忍氣吞聲，還可能挽救，至少可能使事情拖延下來，或許有改變主意的希望。可是，郭聖通女士的反應卻是冷嘲熱諷。冷嘲熱諷些啥，史書上沒有記載，大概記載下來有損劉秀先生的尊嚴，我們揣測是，不外拚命挖劉秀的瘡疤，掀劉秀的底牌，說他忘恩負義，不記得當初窮途末路，靠她舅舅才有今天之類啦。

嗚呼，冷嘲熱諷只能招來對方更嚴重的反擊，而不能使對方低頭。夫妻間使對方低頭的，只有兩種法寶，一是強大的壓力，一是盡量包容，用柔情感動對方回心轉意。這兩者郭聖通女士都沒有採用，於是，事情終於爆發。紀元後四一年十月十九日，劉秀先生突然發佈正式詔書，曰：

「皇后郭聖通女士，仗恃她的權勢，心懷怨恨，屢屢違犯我的旨意，不能一視同仁的照顧非她所生的孩子，宮廷之中，別的孩子見了她，就像見了老鷹。既沒有相愛的品德，卻有呂雉、霍成君的手段（柏老按：這是指控她要謀殺啦，血口噴人的栽贓），豈能託孤給她？

現在派宰相（大司徒）戴涉，皇族事務部長（宗正）劉吉，前往宣佈我的決定：立刻繳出皇后印信（這就是撤職）。貴人陰麗華女士，是我故鄉的良家婦女，在當小民的時候嫁給我，已三年不見面矣（瞪着眼說謊），應該接任皇后。這是一件不幸的變故，官員們不可以表示贊成和歌頌。」

母子俱廢

詔書原文曰：

「皇后懷勢怨懟，數違教令，不能撫循他子，訓長異室。宮闈之內，若見鷹鸇，既無關睢之德，而有呂霍之風。豈可託以幼孤，恭承明祀？今遣大司徒戴涉，宗正劉吉，持節往諭，其上皇后璽綬。陰貴人鄉里良家，歸自微賤，自我不見，于今三年。宜奉宗廟爲天下母。異常之事，非國休福，不得上壽稱慶，特頒詔以聞。」

這項詔書是霹靂般公佈的，事前沒有任何跡象。而劉秀先生也就是爲了要避免少數不識相的高級官員的反對，才猝然而發，造成既成事實，用來堵他們的嘴。郭聖通女士這時候才發現她已一敗塗地，任何爭辯都是多餘的。她繳出皇后印信，黯然離開住了十六年之久的皇后宮，搬到別殿。在淚流滿面中，眼看着位在她之下的陰麗華女士，爬到她頭上，坐上皇后寶坐。在此之前，陰麗華女士見了她要下跪參拜的，在此之後，她卻要向陰麗華女士下跪參拜，人生中最難堪的羞辱，驀然間劈頭罩下。

這時候全體政府官員，都向新任皇后靠攏，只有皇家講書官（殿中侍講）郅惲先生，向劉秀先生進言曰：「夫妻之間的感情，連父母子女，都不能開口。何況我不過一個部下，怎敢參加意見？只希望你陛下謹愼細查，不要使天下人議論紛紛，才可以沒有後患。」劉秀先生曰：「你一定了解我的本意，我不會太絕情。」是不是因爲郅惲先生的建議，或是劉秀先生本來就決定他的行事步驟，都不重要，重要的是劉秀先生決定使劉彊保留皇太子的職位，並且加封郭聖通女士的第二個兒子劉輔當中山王，稱郭聖通女士中山太后。稍後，劉秀先生索性把已封公爵的所有的兒子，一律晉封王爵。

然而，劉彊先生的皇太子職位，任何人都看出岌岌可危。他是廢后的兒子，而現任皇后的兒子，正是老爹的寵愛，陰姓家族和南陽籍的官員將軍們，絕不允許廢后的兒子繼承帝位。劉彊先生自己，也憂心忡忡，不能自安，他也知道他面臨的是什麼危機。於是郅惲先生向他建議曰：「太子老爺，你長久坐的是一個危險萬狀的位置，也是一個使老爹感到痛苦難解的位置。不但有違孝道，事實上也殺機重重。歷史上不少例證，帝王是明智的帝王，兒子是千古的孝子，結果卻因爲芝麻綠豆小事，反目成仇。孔丘先生的大著春秋裏，特別指出：子以母貴。爲你自身的利害打算，不如辭去皇太子，逃出是非窩。」

劉彊先生如夢初醒，他終於找到解決的方法。於是，他向老爹請求讓位。劉秀先生假裝着不忍心，加以拒絕。嗟夫，只要掉到權力的漩渦，父子之間都不得不使用詐術。劉彊先生急於擺脫那些虎視眈眈的壓力，只好拜託一些跟老爹接近的皇親國戚，再三請求，劉秀先生才表示已被說服。紀元後四三年，他閣下用正式詔書宣佈曰：

「春秋之義，立子以貴，東海王劉陽，皇后之子，宜承大統。皇太子劉彊，崇執謙退，願備藩國，父子之情，重久違之。現在封劉彊當東海王。」

這就是說，把東海王劉陽，跟皇太子劉彊，兩相對調。陰姓家族，到此大獲全勝，劉彊先生的封國在東海（山東省郯城縣），劉輔先生的封國在中山（河北省定州市）。劉彊先生被廢後的次年（四四），老爹下令改劉輔先生當沛王，封國在沛郡（安徽省淮北市），郭聖通女士也改稱沛太后。而且對郭聖通女士的親弟郭況先生，和堂兄郭竟先生，堂弟郭匡先生，都加封侯爵。郭聖通女士的叔父郭梁先生，早已去世，沒有兒子，劉秀先生就封他的女婿陳茂先生也為侯爵。七年後的紀元後五〇年，郭聖通女士的娘劉女士——也就是「郭主」，壽終內寢。劉秀先生對這位岳母大人，表示最高貴的情操，他親自參加她的葬禮，這是一件天塌了似的大事，權力魔杖所去的地方，文武百官就像蒼蠅一樣的擠在那裏，好不轟動。劉秀先生還把岳父大人郭昌先生的棺柩，從遙遠的眞定，運到首都洛陽，跟岳母大人合葬。

劉秀先生對母子俱廢的家國變故，處理得十分寬厚，郭聖通女士雖然不幸被廢，中國歷史上所有被廢的皇后群中，她卻最最幸運。然而，任何一個當事人，都不能心平氣和的跟歷史上同類型的人物比較。郭聖通女士從高位上跌下來，雖然沒有發生血腥事件，但打擊同樣嚴重，娘家和兒子榮華富貴，解除不了內心的空虛和羞辱，她被尊稱「沛太后」。史書上都沒有提到她是不是離開皇宮，去沛郡（安徽省淮北市）依靠兒子。在皇宮中稱「沛太后」，不過是不把她算做皇宮的一員，免得她面對昔日形勢。只有在兒子的王宮裏，她這「沛太后」，才能恢復自尊。最初，郭聖通女士還依靠母親，而母親死啦。母親死後的第二年（五二），她也孤苦伶仃的含恨去世。十七年皇后，十年貶謫，假如她十八歲結婚的話，死時已四十五歲矣。

宋敬隱

時代／一世紀七〇—八〇年代
其夫／東漢王朝第三任皇帝劉炟
遭遇／下獄．服毒自殺

三對姊妹花

紀元後七五年，我們前述的東漢王朝第二任皇帝劉陽先生，一命歸天（他本來叫劉陽的，當上皇帝後，改名劉莊。嗚呼，中國帝王最大的特徵之一是，只要屁股一坐上龍墩，就非改名不可，好像龍墩上有個尖端向上的鋼釘，如果不改一改名字，屁股就被扎得痛苦難熬；只要一改，鋼釘大概就不見啦）。劉陽先生一命歸天之後，由他的兒子劉炟先生繼任東漢王朝第三任皇帝。

劉炟先生有兩大特點，使我們肅然起敬，一是他的名字「炟」，字典上難找難找，好容易找到，也不知道發音，應該唸啥。這是方塊字比不上拼音字的地方。即以柏楊先生之尊，都張口結舌，想表演一下學問沖天都不行，姑且唸它「杜」吧，劉炟就是劉杜，謹此嚷嚷，免得讀者老爺窮查字典，反正這是一個死亡了的字，隨你閣下的便，唸啥都行。二是他閣下的艷福，青出於藍，又跟他那些淫棍祖宗們不同。劉驁先生不過擁有一對姊妹花——趙飛燕和趙合德女士，就演出了西門慶式之死，而劉炟先生卻擁有三對：

竇章德女士姊妹
宋敬隱女士姊妹
梁恭懷女士姊妹

我們說他擁有三對姊妹花，可不是說他僅只擁有三對姊妹花；東漢王朝初期的姬妾宮女，雖沒有西漢王朝末期那麼多，但也在一萬人左右（嗟夫，站在大男人沙文主義立場，當皇帝眞是舒服舒服。至少柏楊先生敢向貴閣下保證，如果有人介紹我當皇帝，我可是捲起舖蓋就去，義不反顧）。但這三對姊妹花，卻全部攪進宮庭的慘烈奪床鬥爭中，成爲我們所要敍述的女主角。

劉炟先生於紀元後七五年登極，才十八歲，紀元後七八年二十一歲時，正式册立姬妾第一級（貴人）竇章德女士當皇后。竇章德女士是東漢王朝初建時宰相（大司徒）竇融先生的曾孫女，竇融生竇穆，竇穆生竇勳，竇勳先生娶了親王劉彊先生（就是前篇那位讓座的皇太子）女兒沘陽公主，然後生下竇章德和她妹妹。竇家是一個權勢烜赫的權貴豪門，親戚朋友，都是高官，滿佈政府要津，竇家的子弟橫行不法，活像一群豺狼，接二連三的不斷闖禍，闖到最後，竇氏家族全體被逐出首都洛陽，押解回到他們的故鄉扶風平陵（陝西省咸陽市西平陵鄉）。可是竇穆先生仍不知道收歛，仗着他是公主老奶的公公，認爲所向無敵，竟然干預到郡政府的司法審判，史書上沒有說明這場干預的內容，但能夠使高高在上的皇帝老爺勃然大怒，可知道一定過份得離了譜。結果，竇穆先生和竇勳先生，父子同時下獄，雙雙處決。

父子雙雙處決，使竇家一蹶不振，老娘沘陽公主把重振竇家昔日威風的希望寄託在兩位女兒身上。紀元後七七年，劉炟先生當皇帝的第二年，千方百計，把兩位女兒送進皇宮。劉炟先生正年輕力壯，立刻就被她們的綽約風姿和艷麗容貌，搞得魂不守舍，封她們姊妹同當小老婆群第一級「貴人」。這時候本文的女主角宋敬隱女士姊妹，和下文的女主角梁恭懷女士姊妹，早已在宮，也是小老婆群第一級「貴人」。皇宮裏六位「貴人」並立，同時角逐皇后寶座。

竇章德女士擁有絕頂聰明——這在她以後處理幾件大血案上可證明出來。其實用不到以後，就在她入宮的當年，不過十八九歲，正是大學堂一二年級女學生純潔天眞的年紀，已顯示她的機心，對權力魔杖劉炟先生，曲意承歡。她也知道劉炟先生的嫡母皇太后馬明德女士，有比劉炟先生更大的影響力，所以對老太婆也下了一番工夫，終於擊敗了宋梁兩家姊妹，而於次年（七八），被册立成皇后。

問題是，竇章德女士雖然當上皇后，跟當年趙飛燕女士當上皇后一樣，她和她的妹妹，卻都沒有兒子。前已屢屢言之矣，無論皇后也好，姬妾也好，沒有兒子是一個可怕的致命傷。偏偏的，我們女主角宋敬隱女士，卻生了一個兒子，取名劉慶。老爹劉炟先生急於確定皇太子身份，就於七九年，正式宣佈册立劉慶小娃當皇太子，這使竇章德女士妒火中燒，興起殺機。

宮內外佈下天羅地網

宋敬隱女士跟竇章德女士，都是扶風平陵（陝西省咸陽市西平陵鄉）人，她八世祖宋昌先生，在紀元前二世紀西漢王朝第五任皇帝劉恒時，曾封侯爵。但以後家境衰落，被排斥在政治圈外。宋敬隱女士老爹宋揚先生，不過是扶風郡一個小康之家。

把宋敬隱女士姊妹帶進皇宮的，是她老爹宋揚先生的姑媽，蓋姑媽生了一個女兒，嫁給東漢王朝名將馬援先生，生了一位女兒馬明德女士，充當第二任皇帝劉陽先生的「貴人」，她也沒有兒子，但她的智慧高人一等，而且心地慈祥。皇帝丈夫劉陽就把另一位姬妾賈貴人女士生的兒子劉炟小子，交給她餵養。史書上形容這段母子之情曰：「盡心撫育，勞悴過於所生。劉炟亦孝性惇篤，恩性天至，母子慈愛，始終無纖介之間。」

——劉陽先生在把劉炟小娃交給馬明德女士餵養時說的一句話，可傳千秋萬世，天下人，包括臭男人和所有老奶，都應奉爲金科玉律。他曰：「人未必當生子，但患愛養不至耳。」若霍成君女士，若趙飛燕姊妹，在這節骨眼上，心靈閉塞得就像一個乾屎橛。認爲兒子親生的才算數，別人生的兒子全是蛇蝎，非撲殺不可。如果她們也有這種領悟，何至引起那麼大的血腥風暴乎哉。馬明德女士的愛心融化了劉炟先生的孝心，他敬慕她遠超過親娘賈貴人女士。

在親戚關係上，宋敬隱女士的爹宋揚先生，跟馬明德女士是表兄妹；宋敬隱女士跟劉炟先生，也是表兄妹。當馬明德女士稍後被皇帝丈夫擢升到皇后，劉炟小子被立爲皇太子的時候。馬明德女士知道她的兩位表侄女漂亮出衆，而且又有才有藝，就把她們徵選到太子宮，作爲劉炟先生的小老婆。用不着多說，一對天生麗質的姊妹投懷送抱，劉炟先生正是十六七歲的少年，他簡直愛她們愛得發瘋。她們相信有那麼一天，皇后會落到她們姊妹之中一個人的頭上。

七五年，劉炟先生登極。七八年，竇章德姊妹進宮，跟宋敬隱姊妹同時當「貴人」。次年（七八），宋氏姊妹中的妹妹，也就是宋敬隱女士——史書上稱她「宋小貴人」，生下兒子劉慶。而就在同一年，青天霹靂，劉炟先生册立了竇章德女士當皇后，同時也封劉慶小娃當皇太子。爲了安撫宋敬隱女士破碎的芳心，特別破格的擢升她爹宋揚先生，當中央政府中級官員的參議官（議郎）。

宋敬隱女士沒有被選上皇后，而被竇章德女士後來居上，雖只二十三四歲妙齡，但已了解到皇帝丈夫對她的寵愛已經消失，兒子劉慶小娃所以能當上皇太子，只因大老婆竇章德女士還沒有生兒子罷啦，一旦竇章德女士也下了蛋，皇太子的位置鐵定不保。所以她和姊姊「宋大貴人」，更小心的侍奉丈夫。問題是，丈夫已經遠離，整天在竇章德女士那裏鬼混，根本見不到面，姊妹們只好把全副精力侍奉婆婆。馬明德女士也看出姊妹們正當綺貌年華時的寞落，又愛又憐，可是卻無法使兒子改變態度，最多只能做到保護她們姊妹不受傷害。

竇章德女士雖然在第一回合中，奪得皇后寶座。但她沒有兒子，也沒有她婆婆馬明德女士那種高度智慧和愛心。她如果效法她婆婆那樣，把宋敬隱女士的劉慶小娃抱過來自己餵養，該是多麼美的結局。可是她不在身旁找成功的榜樣，卻到一百年前找失敗的榜樣，她決心效法霍成君女士和趙飛燕姊妹，採取血腥手段。

七九年，皇太后馬明德女士逝世，宋敬隱姊妹的保護罩消失，竇章德女士開始她的毒手。嗚呼，竇章德女士至少有一點跟霍成君女士相似，那就是，她們都有一個驕橫膚淺，兼不明事理的親娘。我們推測，竇章德女士那年也不過二十二三歲，還沒有能力安排一項陰謀，安排陰謀的是她娘泚陽公主。當時竇章德女士的哥哥竇憲先生，當虎賁警衛指揮官（虎賁中郎將），弟弟竇篤先生，當宮廷侍從官（黃門侍郎），他們負責偵查宋氏家族的過失。在宮廷之內，竇章德女士和泚陽公主，指使宮女宦官，嚴密的監視宋家姊妹。

——宋敬隱姊妹的老爹，不過當一個手無寸鐵的文官。而竇章德女士，除了自己是皇后外，老娘是公主，哥哥弟弟都掌握實權。這場鬥爭，一開始就決定了怎麼落幕的矣，悲夫。任何一個人，只要存心在他身上找毛病，就準會找出毛病。在竇氏家族佈下的天羅地網中，不久就抓住了宋敬隱女士的小辮子。蓋宋敬隱女士偶爾生病，病中嘴饞想吃「生菟」。

——生菟，俗稱菟絲子，Cuscuta japonica，是一種植物，中國醫藥常用的一種營養藥劑。

「雙安全」

一個人一旦被當作獵物，就是再小心謹愼都沒有用，蓋明槍易躲，暗箭難防。躲過了這一箭，還有那一箭，不可能箭箭都能躲過。宋敬隱女士因病中想吃生菟而招來大禍，有人說如果她忍一忍口饞就好啦，其實她即令不想吃生菟，也同樣會招來大禍，不過那將是另一個導火線。

宋敬隱女士寫一封信給娘親，請娘親買點生菟送到皇宮。這封普普通通的家書，落到竇家班狗腿密探之手，竟成了百口莫辯，犯罪確鑿的證據。身爲皇后的竇章德女士假裝大吃一驚，再假裝痛心疾首，天呀天呀，皇帝老爺對你姓宋的，有哪點不好？妳竟狠心用生菟作巫蠱，去咒詛他早死，好讓兒子登基，自己當皇太后呀？哭鬧一陣，又喊叫一陣，表演了無懈可擊的忠貞之後，她向劉炟先生哀哀乞求曰：「老哥，親愛的，打鈴，心肝，宋敬隱既然想當皇太后，爲了你的老命，我還是把這個皇后讓給她吧，我寧願當小老婆，寧願貶到冷宮，也不願你的千金之體，有個好歹。哎呀，在這皇宮之中，美女那麼多，有誰疼你呀。」竇章德女士用的是潘金蓮女士慣用的手段，劉炟先生一瞧美貌嬌妻愛自己愛得如此結實，不由大爲感動。雖沒有立即反應，但對宋敬隱女士已興起無名厭惡，不再跟她見面，並且下令把皇太子劉慶小娃遷出皇宮，遷到宮外的承祿觀去住。

對竇章德女士而言，這是一個好兆頭，劉炟呆瓜已跳進她的圈套，只要再勒緊一點就可以斬草除根啦。於是她重新調整天羅地網，教皇宮總管（掖庭令）正式檢舉宋敬隱女士包藏禍心。爲了國家的安全，和元首的安全（柏老曰：此之謂「雙安全」），罩到誰頭上，誰都得腦漿迸裂），要求對「生菟」奇案，作深入的調查。劉炟先生已被竇章德女士的床上洋勁，搞昏了頭，而且「調查」也是應該的，誰都不能說「調查」不對，怎麼，你連「調查」也害怕呀，難道有啥隱私，害怕水落石出呀。

問題是，目的只在製造冤獄的政治性「調查」，就不能稱之爲調查，而只能稱之爲找碴，找不到碴就索性栽贓。尤其是逮捕之後再調查，就更是當權派的片面之詞。劉炟先生如果僅只同意暗中調查，還有一線生機，但他卻下令逮捕（鉤考）調查，就萬無生理矣。宋敬隱女士和她的姊姊大宋貴人女士，雙雙被押送到宮廷法庭，由擔任宮廷侍衛的宦官蔡倫先生，當主審法官。他是竇家班的狗腿，知道該怎麼辦。這兩位尊貴年輕的姊妹花，昨天還是他的主子，今天他端出小人得志的嘴臉，下令拷打。用拷打去「調查」，「調查」的結果就用不着費唾沫矣。最初宋氏姊妹「空言狡展」，蔡倫先生「不足採信」。最後，宋氏姊妹受不了苦刑，明知道承認了會招來可怕的災禍，可是仍不得不「坦承不諱」，而且攀上親生兒子，承認五歲的劉慶小娃也參與她們的陰謀，圖謀不軌。

——這位蔡倫，就是歷史上所稱發明紙的蔡倫。嗚呼，中國人寧可永不用紙，也不要有這種喪盡天良被閹割過的酷吏。而他竟發明了紙，實在是對人類文明的一項嘲弄。

根據宮廷法庭的「調查」，八二年，劉炟先生頒下詔書。把五歲的皇太子劉慶小娃貶成親王，而立另一位年才三歲的親王劉肇小娃當皇太子。詔書曰：

「皇太子（劉慶）有失惑無常之性，爰自孩孔，至今益彰，恐襲其母凶惡之風，不可奉宗廟，爲天下主。大義滅親，況降退乎？今廢慶（劉慶）爲淸河王。皇子肇（劉肇）保育皇后，承訓𥜥褓，導達善性，將成其器。蓋庶子慈母，尙有終身之恩，豈若嫡后正義明哉。今以肇（劉肇）爲皇太子，使得謹守宗祧，欽哉惟命。」

——這得插幾句話，劉肇小娃是另外一位姬妾梁恭懷女士（小梁貴人）的兒子，竇章德女士把他抱來餵養。所以詔書中才有「皇子肇保育皇后，承訓𥜥褓」的怪話。不知道底細的人，還以爲竇章德女士啥時候發奮圖強，也生了一個兒子哩。在下一章梁恭懷女士篇幅裏，我們將再介紹竇章德女士這個神來之筆。

兒子被逐下皇太子寶座，接着是懲罰年輕的母親。蔡倫先生堅持法律尊嚴，要求把宋家姊妹絞死。劉炟先生卻教先行囚到宮廷監獄（暴室），等待他閣下最後裁決。可憐一對嬌生慣養的姊妹，受盡了羞辱和痛苦，遍體鱗傷，蜷臥在囚室一角，哭天不應，哭地不靈，悲憤交集，她們知道已到了絕境，最後，買通看守，雙雙服毒自殺。

她們的老爹宋揚先生，立即免職，逐回故鄉扶風平陵（陝西省咸陽市西平陵鄉），那些勢利眼的郡縣官員，當初巴結奉承，唯恐怕馬屁拍得不夠舒服，而今也一翻狗臉，抓住一樁司法案件，把他逮捕入獄。幸虧每一個時代都有仗義的俠情之士，他的朋友張峻、劉均二位先生，千方百計，爲他奔走，總算把他救出。然而太多的悲傷，已把他壓碎，出獄後不久，即告死亡。

——宋敬隱自殺二十六年後的一〇六年，劉慶先生的兒子劉祜，繼任東漢王朝第六任皇帝，那時他十三歲，還不能有所作爲。再等到一二一年，終於平反了這場冤獄，追尊祖母綽號爲敬隱皇后，距囚室絕命，已四十年，屍首早化塵土矣。

梁恭懷

時代／一世紀七〇·八〇年代
其夫／東漢王朝第三任皇帝劉炟
遭遇／憂死

家世坎坷

梁恭懷女士，安定烏氏（寧夏省隆德縣）人，她的祖父梁統先生，在一世紀二〇年代東漢王朝政府之初，曾封侯爵。梁統先生有三個兒子，繼承爵位的長子梁松，跟第一任皇帝劉秀先生的女兒舞陽公主結婚。紀元後五七年，劉秀先生死掉，劉陽先生繼任第二任皇帝，梁松先生以姊夫之親，當輔政大臣。可是他只是一個紈袴子弟，只會享富，卻不會享貴，常常寫信給郡政府或縣政府，干預請託，鬧了個一場糊塗，只兩年時間，到了紀元後五九年，就被免職。梁松先生對於竟被免職這件事，怨氣沖天，到處散發匿名信傳單之類（縣飛書），對當權派大肆攻擊，攻擊的結果是招來更強硬的反應。當權派說服了皇帝劉陽先生，於紀元後六一年，把他逮捕處決。梁氏全家，被放逐到首都洛陽南方二千公里的九眞郡（越南共和國清化市），比經常放逐犯人的合浦（廣西省合浦縣），還要遠一千公里，這可說明當權派仇恨梁松先生到什麼程度。

梁松先生的兩位弟弟：梁竦、梁恭，都在這場災難中，被投入蠻荒。一直到六〇年代末期，才准許他們返回故鄉。梁竦先生有三個兒子，三個女兒。紀元後七五年，劉陽先生逝世，劉炟先生繼位。紀元後七七年，梁竦先生把三個女兒中的兩個女兒——最小的女兒梁恭懷女士，跟她的姊姊，一同獻進皇宮。劉炟先生來者不拒，把姊妹兩人同時封爲小老婆群第一級「貴人」，梁恭懷女士稱「小梁貴人」，姊姊稱「大梁貴人」。

從梁家的遭遇，可以看出姊妹的背景，那是一個破落了的豪門，和破落了的世家。把女兒獻給皇帝，聽候皇帝老爺玩弄，是重振家聲的唯一希望。尤其是，萬一能爲皇帝老爺生個兒子，就更賭得了大彩，一步登天。關於梁竦先生怎麼能把女兒獻給皇帝，而且一進皇宮就被封第一級姬妾，當中曲折過程，史書上沒有交代。只說了一句：「肅宗（劉炟）納其二女」，爲啥納他的二女，而沒有納別人的二女？皇帝老爺身邊的美女成群結隊，他怎麼會忽然想到遙遠的涼州（甘肅省）有一對姊妹花？嗚呼，「獻女」是一種政治投機，我們推測，身爲伯母的舞陽公主——她是劉炟先生的姑媽，恐怕是主要的關鍵，如果沒有她的推薦，姊妹進不了宮，即令進了宮，也不可能立即取得第一級高位。

——另有一種說法，說是梁松先生被殺，梁家全族放逐到九眞，兩個女兒被當作囚犯的家屬，沒收到皇宮裏的。當然也有這種可能，果眞這樣，梁松先生是紀元後六一年處決的，紀元後七七年，梁恭懷女士才十六歲，是她一生下來，就被抱進宮廷矣，姊妹的命運就更孤苦。但也免得她擔驚受怕，隨着父母過放逐生活。

不知道是幸或不幸，做妹妹的梁恭懷女士，入宮後不久就懷了身孕，於紀元後七九年，她不過還是一個十八歲的大女孩時，生下劉肇小娃。這時候，「生菟奇案」正如火如荼，皇后竇章德女士這時候才忽然想起婆母皇太后馬明德餵養姬妾所生兒子（就是她老公劉炟）的往事，她下令把劉肇小娃抱到正宮，她也親自餵養，希望也能達到婆母當初餵養劉炟先生那樣效果。

——這裏有個奇怪的問題，竇章德女士當初爲啥沒有興起餵養宋敬隱女士所生劉慶小娃的念頭？是一直到後來，經名師指點，才想起這套老把戲？還是她也曾有過這主意，而宋敬隱女士拒絕？我老人家認爲，她這樣做完全是爲了對付宋敬隱女士，蓋竇章德女士於紀元後七七年入宮時十八歲的話，七九年只不過二十歲。誰都不能肯定（包括她自己）以後不生孩子，她沒有餵養劉肇小娃的必要，而她竟迫不及待的餵養，只不過爲了奪取皇太子寶座的鬥爭舖路。幸虧玉皇大帝有眼，以後沒教她生兒子，如果生了兒子，劉肇小娃性命不保。

竇章德女士抱到劉肇小娃後發生的事，在宋敬隱女士篇幅裏，已言之矣，首先把劉慶小娃逐下皇太子寶座，而讓劉肇小娃坐上去。接着是逮捕宋敬隱女士姊妹，姊妹在宮廷監獄（暴室）自殺。竇章德女士忍不住芳心大悅，蓋潛伏着的危機，至此一掃而光。

病故？謀殺？

梁恭懷女士剛生下嬰兒，還沒有在懷裏暖一分鐘，就被竇章德女士搶走。她雖然悲哀，卻不敢抱怨，因爲她是小老婆，她只爲丈夫生兒子，而不是爲自己生兒子。在宗法制度下，竇章德女士才是合法的娘——嫡母。

儒家學派可以建立宗法制度，卻無法毀滅親情。梁恭懷女士不能不愛自己的兒子，尤其當她聽到劉肇小娃被立爲皇太子的消息後，她跟她的姊姊（大梁貴人），和她遠在故鄉的娘家人，都掩飾不住喜上眉梢。雖不敢公開的大跳大鬧慶祝，但暗地裏仍免不了私自慶祝。我們可以想像到他們的喜悅，家庭中祕密設筵，或妯娌姑嫂叔伯兄弟間，咬耳朵互傳小道新聞。最初還知道自我克制，幾個月下來，可能有些人形諸顏色，甚至還可能有些半吊子親友，對外亮出招牌，橫衝直撞。

反正不管怎麼吧，梁恭懷姊妹跟家人私下高興的情形，立即傳進竇家班耳朵。——梁恭懷女士的兒子當皇太子，她不喜悅是不可能的，教娘家人僞裝愁眉苦臉，更不可能。而且，即令梁家眞正做到戒愼恐懼，竇家班也會感覺到梁家不近人情，危險性更大。嗚呼，反正是無論如何，都逃不出厄運。

竇章德女士更想到一點，梁恭懷女士如果仗着她有兒子，謀取皇后寶座，萬一皇帝老爺動了眞情，她閣下恐怕招架不住。不趁着寵愛的高潮，先下手爲強，等到大勢已去時再掙扎，便噬臍無及矣。竇章德女士用的是啥法寶和啥細節，我們無從得知，史書上只曰：「竇皇后（竇章德）忌梁貴人（梁恭懷）姊妹，數譖之於章帝（劉炟），遂漸致疏離。」這是第一步。

第二步是，竇家班要把梁氏家族一掃而光，以便將來劉肇小娃長大後，只能把竇家當作外婆舅舅，而完全忘了梁家。於是，史書曰：「竇氏（竇家班）乃作飛書（匿名書）以陷竦（梁竦）。」「飛書」的內容，史書沒有記載，但我們可保證它一定惡毒萬狀，足夠梁竦先生吃不了兜着走。更厲害的是，司法系統掌握在竇家班之手，他們可以用自由心證作任何奇怪的解釋。

劉肇小娃被立爲皇太子的第二年（八三），劉炟先生下令給漢陽郡（甘肅省甘谷縣）郡長（太守）鄭據先生，逮捕梁竦，囚入監獄。前已言之，政治性的案件，無罪適足以招來更大的痛苦，在酷刑拷打之下，梁竦先生自動招認跟「飛書」完全吻合的種種罪行。既然坦承不諱，所以就在這一年，在監獄中「伏法」——絞死。梁氏家族全體放逐到九眞郡（越南共和國淸化市），也就是六〇年代他們家族被放逐過的地方，如今舊地重遊。因爲口供牽連到梁竦先生的寡嫂舞陽公主，她也被放逐到新城（河南省伊川縣西南古城村），派重兵守衛。

——舞陽公主的遭遇，使我們想到法國屈里弗斯冤獄。一個手無寸鐵的寡婦，卻重兵守衛，好像她能裏應外合，把侄皇帝搞垮似的。可看出竇家班陷害梁家罪名的嚴重。駐屯大軍，只在向全國顯示，謀反的事情可是眞的呀，如果不是眞的，勞師動眾幹啥。

家裏遭到這種慘變，十九歲的梁恭懷女士和她姊姊所受的打擊，已使她們精神瓦解。史書上說她們「憂死」，但對憂死過程，卻沒有一字一句交代。不過，這兩個字，已使人垂淚，十九歲荳蔻年華，豈是「憂死」的年齡？何況姊妹二人，同時「憂死」？官文書上，她們是病故，事實上恐怕是一場雙雙斃命的謀殺，眞相如何，留疑迄今。

五年後的八八年，劉炟先生一命告終，年方十歲的劉肇小子登極。皇宮之中，殺機四伏，是世界上最危險的地方，凡是洩漏皇宮任何一句話的人，即令那句話可以增加皇帝的威望，也得被斬首，此之謂「泄禁中語」。即令老爹是宰相，妻子是公主，也活不了命。在這種情形下，自然沒有人告訴劉肇小子的身世，劉肇小子自然而然也一直認爲竇章德女士是她的親娘。

——遇到柏楊先生這種不設防的大嘴巴，如果生在古代，再有幸的能出入皇宮，恐怕就是有八九十個尊頭，都不夠用。沉默是金的人有福矣，古今皆然。

然而，竇家班也開始走下坡路，沒有人教他們走下坡路的，是他們自己走。權勢是一種可怕的怪物，它像一連串腥魚在引誘一群貓一樣，把貓一步一步引誘到萬丈懸崖，然後就在那裏把牠們亂棒打死，或者把牠們踢下去，粉身碎骨。

權勢使人更相信權勢，而權勢在竇氏家族之手。那位謀殺宋梁二家的竇家班殺手——竇憲先生，以皇帝舅父之尊，已高升到全國最高統帥（大將軍），並且出擊匈奴汗國，爲國家立下功勳。然而，權勢越膨脹，罪惡越增加，到了紀元後九二年，年已十四歲的小皇帝劉肇，在他老哥劉慶先生（被貶為親王的前任皇太子，他當然恨竇家班入骨），宦官鄭眾先生，和皇城保安司令（衛尉）丁鴻先生，祕密的協助下，發動一場大規模的逮捕，把竇家班和他的搖尾系統，一網打盡。竇憲先生自殺，狐群狗黨們都綁赴刑場，一律砍頭，幸而留得一口氣的，也被驅逐回籍，或放逐到邊遠地區。只一天工夫，權勢如火如荼的竇家班崩潰，竇氏家族在東漢王朝權力中樞消失，距他們陷害宋氏家族和梁氏家族，不過十年。使我們這些在權勢圈外的小民，興起無限感嘆。

現在，只剩下皇太后竇章德女士一人——等她得到消息，挽救已來不及。爪牙既去，本領已無從施展，這時她才開始擔心會不會有人忽然戳穿她的西洋鏡。幸而上帝恩待她，沒有人這樣做，但她也嚐到梁恭懷女士那種家破人亡的慘痛和隨時爆發她謀殺皇帝親娘的壓力，這日子是暗淡的。紀元後九七年，她閣下就在暗淡的日子裏死掉。二十年左鬥右鬥，如今只剩下一縷孤魂。

竇章德女士一死，禁忌解除，事實就是事實，人性就是人性，世界上最強大的力量，再可怕再邪惡的政治，都無法永遠壓制。所以，她閣下剛嚥了氣，還挺屍在床，梁恭懷女士的堂兄梁禪先生，就有一封信給當時在朝的三位宰相（三公），要求伸雪。全國武裝部隊總司令（太尉）的張酺先生立即報告劉肇小子，劉肇小子這才大吃一驚。張酺先生報告完畢，剛剛告辭，梁恭懷女士的姊姊梁嫕女士的一份奏章，已送到劉肇小子跟前，文曰：

「我，梁嫕，我的妹妹梁恭懷，曾充當『貴人』，得到你爹劉炟的寵愛，蒙上天恩典，生下了你，卻不幸被竇憲兄弟陷害，使我爹梁竦死於冤獄，屍骨都不知去向。而娘親和弟弟，又被放逐到二千公里以外。只有我逃出魔掌，躲到民間，日夜恐懼敗露，沒有方法呼救。現在總算時來運轉，你親自主持政府，人心稱慶。竇憲兄弟奸邪，既然都已處決，全國從惡夢中醒來，我也可以舒一口氣。特地向你陳情，想當年西漢王朝第五任皇帝劉恒先生登極，他娘親的薄氏家族獲得榮耀。第十任皇帝劉詢先生登極，他祖母的史氏家族也都擢升。我們梁家，雖然跟薄史二家一樣，可是遭遇卻相差天壤。我爹冤死，不可復生，我娘年逾七十，我弟梁堂等人，仍貶謫荒蠻絕域，不知道生死信息。請你准許安葬我爹的屍體，釋放娘親和弟弟，回到故鄉，恩同天地，存歿都感。」

從這兩份報告的呈遞上——竇章德女士一死，就迅速的出現，可知梁氏家族早已準備妥當，只等老巫婆斷氣，立即迅雷般發動。一切都佈置好啦，包括政府高級官員在內，靜候着意料中的發動後的反應。十四歲的皇帝劉肇小子，急教傳喚梁嫕女士入宮，而梁嫕女士已在宮門口待命矣（如不是準備妥當，她的文書怎能適時的遞進去？她又有啥本領跑到宮門口？竇家班已垮，眾目睽睽，已轉向梁家班矣）。

梁嫕女士是劉肇小子的姨媽，她把劉肇小子娘親的慘死，跟他外祖父的慘死，以及舅家的放逐，一一說來，姨侄二人，哭成一團。接着是劍及履及的實際行動，劉肇小子以皇帝身份，下令追贈他早逝的娘親爲「恭懷皇后」——這就是我們稱她閣下爲梁恭懷女士的緣故。再把她當初草草下土的屍體挖出，重新以皇后的禮數，跟她姊姊大梁貴人女士，同時安葬在西陵。距梁恭懷女士之死，已十六年矣，如果她不死的話，也不過三十四歲，地下有知，她會含笑九泉，然而地下固無知也，只不過活着的人一陣熱鬧，嗟夫。

——再以後的事是，劉肇小子下令把外祖父梁竦先生的棺柩，從漢陽（甘肅省甘谷縣）運到首都洛陽，就在女兒墳旁，再建大墳，由劉肇小子親自送葬。接着，外祖母率着家屬從九眞回到洛陽，劉肇小子把他的三位舅父大人，都封成侯爵：梁棠先生樂天侯，梁雍先生乘氏侯，梁翟先生單父侯。在千劫萬災之後，否極泰來，梁氏家族，霎時興隆。只梁氏父女姊妹，已成灰燼矣。

陰孝和

時代／一世紀九〇年代─二世紀〇〇年代
其夫／東漢王朝第四任皇帝劉肇
遭遇／冤獄囚死

皇親世家

我們寫着寫着，已由西漢王朝，進入東漢王朝。宮廷小老婆群的編制和位號，也大大的不同。讀者老爺一定記得西漢王朝以「昭儀」爲第一級，以「上家人子」「中家人子」爲第十五級的一連串香艷刺激的頭銜。東漢王朝建立之後，第一任皇帝劉秀先生來自民間，對那些一連串香艷刺激的頭銜，有一種由衷的厭惡。在多妻之下，再加上大男人沙文主義的私慾澎湃，他還不能一下興起革命，創造一夫一妻制度。他採取的態度是，減少小老婆的數目，只有左列五級：

特級：皇后
第一級：貴人
第二級：美人

第三級：宮人
第四級：采女
第五級：大家

非常抱歉的是，我們介紹的有點太遲，讀者老爺在宋敬隱女士和梁恭懷女士篇幅裏，會發現她們最初的身份，都是「貴人」。明白了編制的改變，就可明瞭她們在宮廷中的關係位置。

本文的女主角陰孝和女士，她最初的位號，也是「貴人」。

陰孝和女士是由貴人爬上皇后寶座的，她所以能爬上皇后寶座，因她有烜赫世家之故，並沒有費吹灰之力。但後來失敗，卻引起她那烜赫世家的覆滅。陰孝和女士充當了二世紀〇〇年代最可怕的一樁冤獄的女主角，可是，她在歷史上卻沒沒無聞。遭遇已經不幸，歷史地位的淹沒，使這不幸更加悲涼。讀者老爺一定還記得「娶妻當娶陰麗華」的往事，陰麗華是東漢王朝第一任皇帝劉秀的妻子，而且是正式皇后，她的哥哥陰識先生，在一世紀四〇年代，封爲侯爵，曾擔任過首都警備區司令（執金吾）。

陰識先生生兒子陰理，陰理先生生兒子陰綱，陰綱先生生女兒陰孝和。陰氏家族倚靠着美貌嬌娘陰麗華女士，在中央政府鑄下鐵桶般的權勢。他們最初的第一任皇帝劉秀先生的岳家，開始炙手可熱，接着是第二任皇帝劉陽先生的舅家，更日正中天，僅侯爵就有四位，女孩子多半送進皇宮，男孩子多半娶了公主。

——陰家有一個小子娶了公主後，還闖下了滅門大禍。陰麗華女士的弟弟（也是陰識先生的弟弟）陰就先生，生兒子陰豐，娶了第一任皇帝劉秀先生的女兒酈邑公主，這是一項表兄妹婚姻，親上加親，應該更親。可是公主是幹啥的？她爹可是皇帝。請貴閣下舉目四觀，很多老奶，她爹不過是個董事長經理部長司令之流，都能把她燒得六親不認。而另一方面，陰豐是個世襲侯爺，最自我約束的世襲侯爺，都會像一個惡霸。史書上曰：「公主驕妒，豐亦狷急」，一男一女，同時猛敲炸彈，就非同歸於盡不可。一世紀五九年，陰豐先生手執鋼刀，把酈邑公主宰掉。嗚呼，殺了平民的妻子，不過一人抵命，殺了皇帝的女兒，就要全家抵命。當時皇帝劉陽先生顧念舅父家的親情，特別網開一面，只把凶手陰豐先生綁赴刑場，斬首示眾；老爹老娘陰就先生夫婦，免除刑場亮相節目，教他們在家自殺；侯爵封邑，自然一律撤銷。

跟皇家通婚，是保持家族永遠榮華富貴的妙法，一世紀八八年，東漢王朝第三任皇帝劉炟先生死掉，十歲劉肇小子繼承寶座。九二年，劉肇先生十四歲，陰家用盡心計，把女兒陰孝和女士，送進皇宮。她固然漂亮得不像話，但皇宮裏的老奶，根本沒有一個其貌不揚的，陰孝和女士靠着陰氏家族的強大力量，脫穎而出，最初被封第一級「貴人」，九六年，再晉升為正式皇后，這一年，劉肇先生十八歲，陰孝和女士大概十六七歲左右，正是剛剛懂事的高級中學堂三年級或大學堂一年級女學生，她躊躇滿志——不要說一個十六七歲的女娃躊躇滿志，縱是沙場老將柏楊先生，如果爬上高位，也同樣躊躇滿志。

然而，快樂和幸福，最不容易保持。某些情形下，只要自己珍惜，曲意的珍惜（有些老奶甚至用自己不求長進的手段珍惜），固然可能一直快樂幸福。可是，在另一種情形下，即令再加百倍的珍惜，快樂幸福也會失去，那就是，破壞的力量不來自自身，而來自無法控制的外力。

就在陰孝和女士當上皇后，躊躇滿志的那年（九六）冬天，另一位美女鄧綏女士，悄悄選進皇宮，被封「貴人」。當她晉見皇后，冉冉下拜時，弱不禁風兼楚楚可憐。陰孝和女士再也想不到，這個馴順得跟懷裏小貓一樣的女孩，竟是殺手。

她不知道處境險惡

這位美麗的殺手鄧綏女士，不但跟陰孝和女士一樣，也有烜赫的家族背景，而且跟陰孝和女士還是至近的姻親。鄧綏女士跟陰孝和女士的爹陰綱是表兄妹，要比陰孝和女士尊長一輩。鄧綏女士的祖父鄧禹先生，是東漢王朝的開國元勛之一，封爲侯爵、當過宰相，最後晉升到國家最尊崇的高位——皇家師傅（太傅）。他的兒子鄧訓，跟陰麗華女士弟弟陰興的女兒結婚，生下鄧綏。

我們用下表顯示陰鄧二家的婚姻關係，表上人物都在這場宮廷鬥爭中，扮演主要角色，有的命喪黃泉，有的貶竄蠻荒：

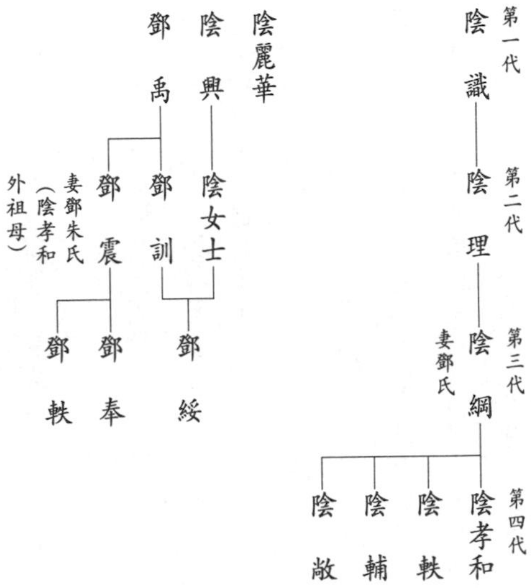

史書上說，鄧綏女士是一位可愛的姑娘，從小就善體人意。由一件小事上可看出來，她五歲的時候，祖母愛她愛得要命，雖然僕婦如雲，但仍親自替孫女剪髮。祖母老眼昏花，看不清楚，有一次，剪刀刺傷了她的額角，如果換了柏楊先生的孫女，早就大跳大叫，鬧個沒完，至少也要嘟囔兩句「老糊塗」之類，以示抗議。可是鄧綏小孫女雖只五歲年紀，卻忍住痛，不說一句話。僕婦們悄悄問她難道不痛呀，她曰：「怎麼不痛？可是奶奶疼我，給我修剪，我如果叫起來，她心裏會難過，我才強忍着不叫的。」她讀了很多書，儒家學派的經典在她十二歲的時候，大部份都能精通，把她的那些哥哥們氣得要死，以致老娘陰女士擔心曰：「妳一點不會縫紉，只知道讀書，將來去當大學教授（博士）呀？」她這才開始學習女紅。

九六年，鄧綏女士跟其他高貴世家的女兒，一同被選送入宮，服侍皇帝（柏老按：皇帝老爺眞是舒服，而中國的皇帝老爺比西洋的皇帝老爺更舒服萬倍，僅只對女人的需求方便上，就顯出高竿，蓋自有儒家學派搖尾系統，把「想玩多少女人，就可玩多少女人」的荒唐行徑，制成金科玉律。嗚呼，如果有人介紹我老人家當皇帝老爺，我發誓準送他一筆大大的糠米薰）。史書上形容她的美麗，曰：「后（鄧綏）長七尺二寸，姿顏姝麗，絕異於眾，左右皆驚。」連「左右」都驚，身爲皇帝的「劉肇」小子，就更驚啦。於是，她就上了床，於是，她就被封「貴人」。

這一年，陰孝和女士剛當上皇后，屁股還沒有把寶座暖熱哩，就有大批美女湧進，而鄧綏女士更出類拔萃。陰孝和女士這才發覺，這位年方十六歲的長輩親戚，是自己的勁敵。果然不錯，劉肇小子對陰孝和女士的熱情，傾盆大雨般的轉移到鄧綏女士身上。陰孝和女士的反應是採取一連串注定她非失敗不可的行動，那就是她既嫉妒又憤怒。前曾言之，宮廷不比民家，民家老奶，嫉妒憤怒的結果了不起離婚，即令動刀動槍，也不過伏屍二人，血流五步。宮廷老奶，嫉妒憤怒的結果往往牽連到整個家族。如果能掌握着色魔皇帝，像趙飛燕女士，足使對方慘敗；如果色魔在對方手中，像本文的女主角陰孝和女士，那就等於集體自殺。陰孝和女士那年也不過十七八歲，她的人生經驗還不足以發現處境的險惡，每逢劉肇先生想起了她，要跟她上床時，她就拒絕，宣稱她病啦。嗟夫，民家老奶，用這一套，可能產生壓力。妻子把房門一關，來個消極抵抗，臭男人只好躺到客廳沙發上，冬天無被，或許凍個發昏第十一，輾轉反側，長跪哀求，最後指天誓言，再也不敢拈花惹草啦。更厲害的老奶，甚至不開大門，臭男人就更失魂落魄，敲門無人應，打電話無人接，或投奔親友，或投奔旅館，憂心忡忡，老奶乃大獲全勝。可是用來對付皇帝老爺，他有千萬個如花似玉，在性飢渴狀態下，準備着隨時縱體入懷，吾友孟軻先生曰：「爲淵驅魚，爲叢驅雀」，正是此一寫照。拒絕上床，難不住他，反而火上加油。

鄧綏女士抓住陰孝和女士的弱點，她對劉肇先生沒有兒子，表示憂慮，主動的挑選漂亮的美女，送去陪劉肇先生睡覺。這是一石雙鳥的手段，一則展示她的賢淑，使劉肇先生更寵愛她，二則她要刺激陰孝和女士更嫉妒更憤怒。她知道，一個人如果被嫉妒憤怒所控制，就什麼可怕的蠢事都做得出。

敵人的謀略

鄧綏女士是一個深具機心的女娃，她既然要刺激陰孝和女士更嫉妒更憤怒，就特別使出最有效的柔媚功夫。陰孝和女士越驕傲，她越謙卑。陰孝和女士越吃醋，她越表示寬宏大量。陰孝和女士越鼻孔冒煙，她越誠惶誠恐。她正確的了解，關鍵在皇帝老爺劉肇一個人身上，只有他的喜怒才可決定一切。所以，平常日子，當她進見陰孝和女士的時候，一定小心翼翼，戰戰兢兢，好像大禍就要臨頭。對待其他姬妾和宮女，就更謙恭，而且不斷主動的推薦她們跟主子睡覺。甚至對奴僕廝役，也都善言善語，和顏悅色。結果是，在劉肇先生的耳朵裏，她建立了一致好評的口碑。

——鄧綏女士這種性格，可能不是做出來的。不過，當她有爲而發時，這性格就陰鷙可怕。

有一天，鄧綏女士忽然得了感冒，躺在御床上哼哼，劉肇先生愛她奇緊，特別准許她的家人進宮服侍，可以自由出入，不限時日。鄧綏女士知道這種殊遇的危險性，它可能被人利用作爲攻擊她的工具，「生菟奇案」就是一個血例。所以她拒絕曰：「皇宮禁例森嚴，是一個是非之地，如果教他們自由出入，恐怕破壞傳統規則，使我受到誹謗。蓋別人會說，爲啥只有妳例外呀，無論上下，都有損害，我不敢接受這項破格的恩寵。」在意料中的，劉肇先生嘆曰：「別的姬妾，以見到家人爲榮爲喜，只有妳反而引爲憂慮，聰明智慧，超越常人。」

——中國宮廷，像一個有活瓣的漏斗，被送進去的漂亮老奶，不管她是皇后也好，姬妾也好，宮女也好，再不能離開那個魔窟。除非翹了辮子，或皇恩浩蕩，把她們逐出。便跟她們的家人，永遠隔絕，只有皇帝有權允許家人進宮探望。

這件事情之後，劉肇先生對鄧綏女士，更加寵愛。但鄧綏女士眞是天生麗質，她小小年紀就領悟到皇帝的寵愛是不可恃的，所以她更謹愼。每逢皇宮宴會，皇后以下，包括小老婆群，無不衣香鬢影，煥然一新，只有鄧綏女士淡妝淺抹。偶爾跟陰孝和女士在一起時，她都不敢平起平坐，遇到劉肇先生問話，她在旁察言觀色，陰孝和女士不開口，她不敢張嘴。這些，劉肇先生一一看到眼裏，而她正是要他閣下看到眼裏的，劉肇先生總是安慰她曰：「打玲，妳這番用心，太苦了自己。」

陰孝和女士不是傻子，她看穿了鄧綏女士的手段，但無可奈何，她的敵人是那麼堅強，使她無從下手。所以，當她的外祖母鄧朱氏女士進宮探望她時，只有向她哭訴，外祖母心疼外孫女，當然也爲她抱不平。而就在這時候，劉肇先生忽然一病不起。可憐的陰孝和女士，她已氣得到了爆炸邊緣，不知道趁着「人之將死，其言也善」的內咎心情，努力挽回那已喪失的愛情，反而悻悻然告訴她寢宮的宮女曰：「有那麼一天，我要使鄧家一人不留。」

沒有力量害人，而先洩露害人的陰謀，是一項可怕的災禍。如果陰謀屬於「先焚後閱」的極度機密，災禍就更加倍。這種機密之所以洩露，百分之九十九由於所語非人——選錯了談話對象。陰孝和女士最貼身的宮女中，已有人被鄧綏女士收買，這時，賣主求榮的機會到啦。

鄧綏女士如果大哭大鬧準砸，這位不滿二十歲的絕世美女，有八十歲老娘絕世機心。史書上說，她聽到消息後，流下眼淚，曰：「我竭盡我的能力，侍奉皇后，仍得不到她的諒解，使我獲罪。丈夫死亡，妻子雖然不必隨着也死，可是古書上說過，姬旦願代替國王，越姬更先國王之死而自殺，都在歷史上留下美名。我決定自盡，既可以報答劉肇對我的寵愛，又可以使我們鄧氏家族平安，同時也免得使後人譏諷陰孝和再度製造『人豬』，只要能辦到這三點，死也瞑目矣。」

——姬旦先生是紀元前二十二世紀周王朝的公爵（周公），他的老弟姬發先生當第一任國王（武王）時，忽然害病，古書（周書）上說，他向上天禱告，願代替姬發先生死；結果姬發病癒，大家都沒有死。越姬女士是紀元前六世紀越王國國王姒勾踐先生的女兒，嫁給楚王國第十三任國王芈軫先生（成王），古書（列女傳）上說，芈軫先生也害了病，眼看要伸腿瞪眼，她閣下就自己上了吊。結果芈軫先生倒眞死啦。

鄧綏女士可能是眞的如此痛心，但也可能只是表演——即令表演，她表演得也很認眞。她閣下一面流淚，一面就要呑下毒藥。問題是在眾多的人群之中，大喊不要活啦，驚天動地的找毒藥，找麻繩，攀着窗口要跳樓，恐怕是耍寶性質。柏楊先生就曾遇到過這種場面，有一次被喚去給朋友勸架，朋友太太蓬頭散髮，非撞死在南牆上不可，誰都拉不住，我的尊臂還被她咬了一口，咬破了皮肉事小，它會再長出來，咬破了襯衫事大，我只有那一件。於是乎喟然嘆曰：「阿巴桑，妳既然要撞，君子有成人之美，我也不攔阻於妳，妳就撞吧。」一面把一○四電話撥得咚咚直響，一面高聲問曰：「殯儀館是幾號呀，我看早一點通知它，訂個座位。」想不到她倒不撞啦，改變姿勢，坐在門口一把鼻涕一把淚，罵我老人家狼心狗肺哩，我就拔腿而逃。

「憂死」桐宮

鄧綏女士之死不了，在意料之中，如果她眞的死啦，侍女們全體都要遭殃。但僅只抱住她哀號乞求，不能解決問題，必須找一個名正言順的理由，使她自動下台才行，否則，大話既然出口，就只好弄假成眞矣。幸虧一位聰明的宮女趙玉女士，靈機一動，告訴她一個好信息。她說，她剛得到傳話，劉肇小子病況已有明顯的轉機。

「娘娘呀，」趙玉女士曰，「皇帝老爺的病已經好轉，妳卻死啦，豈不使他傷心。」鄧綏女士這才沒有再鬧下去，想不到玉皇大帝也眞聽她的，第二天，劉肇先生的病，果然眞他媽的大大見輕。鄧綏女士在宮中建立的搖尾系統，立刻就把她的這段精彩節目，報告上去。嗚呼，如果你閣下是劉肇先生的話，你該怎麼想吧，陰孝和女士的愚狠，鄧綏女士委屈萬狀的愛心，形成一個明顯的對比，你自然會留下深刻的印象。

現在，一切都佈置妥當，形勢和心理狀態，也都醞釀成熟，鄧綏女士和她的家屬，開始反擊——血的反擊。

二世紀〇〇年代一〇二年，劉肇先生二十四歲，陰孝和女士和鄧綏女士大概都在二十一二歲左右。在鄧綏女士和她家屬策劃下，反擊開始。有人（注意這個「有人」）向政府檢舉陰孝和女士，跟她的外祖母鄧朱女士（也是鄧綏女士的嬸娘），共同從事「巫蠱」，詛咒皇帝劉肇先生早死。

前已言之，每個時代有每個時代的撒手鐧，兩漢王朝的撒手鐧是「巫蠱」，只要使出這個撒手鐧，對手就毫無招架之力。劉肇先生早就對陰孝和女士感到厭惡，正要找個藉口，而「巫蠱」正是藉口。往日的萬種恩情，都已忘記，他下令由寢殿侍奉宦官（中常侍）張愼先生、宮廷祕書（尙書）陳褒先生，跟皇宮總管（掖庭令），組織聯合法庭，逮捕鄧朱女士，和她的兩個兒子鄧奉、鄧毅（都是鄧綏女士的堂兄），再逮捕陰孝和女士的三位弟弟陰軼、陰輔、陰敞，予以苦刑拷打。這群人都是皇親國戚兼金枝玉葉，沒有人能忍受這種可怕的羞辱和可怕的肉體痛苦。用不了幾天，他們就一致的「坦承不諱」兼「自動招認」確實從事「巫蠱」勾當。

——「冤獄」似乎是中國傳統文化之一，連尊貴的皇后，都不能倖免，中國遂成爲盛產冤獄的國家。嗟夫，我們希望中國是法治國家，是理性國家，再不要產生冤獄啦，即令非產生不可，也不要產生苦刑拷打的冤獄。蓋冤獄只傷害法律尊嚴，苦刑拷打則傷害人性尊嚴，傷害得太久，人性扭曲，國家就受到報應。

劉肇先生看到口供，正中下懷，立即派宰相（司徒）魯恭先生，拿着皇帝的詔書到長秋宮（皇后所居），把陰孝和女士罷黜，囚禁到一個被稱爲「桐宮」的獨立小屋。事關「大逆不道」，又加上鄧氏家族權勢正蒸蒸日上，沒有人敢提出異議（事實上，提出異議也沒有用）。陰孝和女士老爹陰綱先生，喝下毒藥自殺。老弟陰輔先生，已在監獄裏被活活拷死。外祖母鄧朱女士，老舅鄧奉、鄧毅，遍體鱗傷，在囚室泥地上輾轉哀號，也在稍後斃命。

——凡是撒手鐧型的冤獄，歷史上大都一審定分曉，沒有上訴的規定。即令有上訴的規定，上訴也是白上訴，徒費唾沫。法官根據當權派的意願找證據，找不到證據就打出口供，只要動用苦刑，還怕沒有口供乎哉。誰要不服，把誰交給我老人家，用不了一天，我就教他坦承不諱兼自動招認他就是刺殺美國總統林肯先生的凶手，敢不敢打一塊錢的賭？——說穿了簡單得很，只要上兩次老虎凳，拔下兩隻指甲，就夠他口吐眞言矣。

死的已死，活着的也逃不出網羅，陰氏家族，和鄧朱女士所屬的那支鄧氏家族，全部放逐到日南郡（越南共和國東河縣）——陰氏家族自一世紀二〇年代由陰麗華女士興起，到二世紀〇〇年代全族放逐日南郡，飛黃騰達八十年，到此被踢出中國政治舞台。鄧綏女士不久就高升爲皇后，除了鄧朱女士這一支之外的其他鄧氏家族，扶搖直上。直到二〇年代一二一年，鄧綏女士已成了皇太后，一病而死，樹倒猢猻散，鄧家班主要人物，包括三個侯爵，一個將軍，一個工程部長（將作大匠），一個首都洛陽特別市長（河南尹），也被如法炮製的陷入另一場苦刑拷打的冤獄，集體自殺，全部完蛋。

陰孝和女士自被囚入桐宮，便沒有人知道她的下落，史書上只說她「憂死」。如何憂死，又何時憂死，都沒有記載。讀者老爺對這種死法，應該不會陌生，反正是家破人亡，只剩下孤伶伶一身，死得淒涼。而這場冤獄，在以後也永沒有昭雪，悲哉。

李恭愍・閻姬

時代／二世紀一〇—二〇年代
其夫／東漢王朝第六任皇帝劉祜
遭遇／毒死・囚死

逼她服下烈性毒藥

我們曾同時介紹過趙飛燕、趙合德兩位女士，現在再同時介紹李恭愍、閻姬。雖然她們都是在同一時間，同一空間出現，但相互關係，卻大不相同。趙飛燕和趙合德是同胞姊妹，感情親密，互相支援。而李恭愍和閻姬，卻是死仇，不共戴天。

李恭愍女士的身世，我們一無所知，只知道她是一個地位卑賤的宮女，在偶爾一次的機會中，被皇帝老爺抱上御床，生下一個兒子，於是激起身爲皇后的閻姬女士的醋火，把她毒死。後來，兒子當了皇帝，才追尊她一個皇后頭銜。——如此而已。史書上的文字，更爲簡單，後漢書曰：

「帝（劉祜）幸（上床）宮人李氏，生皇子保（劉保），遂鴆殺李氏。……（劉保當了皇帝後），上尊謚曰恭愍皇后。」

李恭慇女士在皇宮中的地位，渺小得不如一顆沙粒。而她的對手閻姬女士，卻高高在上，威震群雌。閻姬原籍河南滎陽（河南省滎陽市），她的祖父閻章先生，在一世紀五〇年代，就曾把兩位妹妹，獻進皇宮，給當時東漢王朝第二任皇帝劉陽先生做小老婆，被封小老婆群第一級「貴人」，這是一個起步，開始跟皇家建立姻親關係。閻章先生生閻暢，閻暢先生生四男一女，兒子閻顯、閻景、閻耀、閻晏，女兒就是本文的女主角閻姬。

——任何被獻進或被選進皇宮的老奶，都漂亮非凡。讀者老爺一定要永遠記住這一點，才能了解她們之間的鬥爭，爲啥十分慘烈。蓋她們不是漂亮和不漂亮的差別，而是漂亮和更漂亮的差別，每一位如花似玉的對手都是另一位如花似玉。皇宮之中沒有醜的，只有更美的。

一〇五年，東漢王朝第四任皇帝劉肇先生死掉，太子劉隆即位。次年（一〇六），劉隆小子也死掉，年方十三歲的劉祜小子即位，成爲東漢王朝第六任皇帝。一一四年，劉祜小子二十一歲，閻姬女士大概十六七歲左右，跟一批家世同樣烜赫的美女，被選進皇宮。男人二十一歲，正是性慾興旺的巔峰，這麼多美女玉體橫陳，劉祜小子自然見一個愛一個，見一雙愛一雙，就把她們一律封爲第一級小老婆「貴人」。

「貴人」再擢升一級，就是皇后矣，一場激烈的鬥爭，在美女之間，和美女家族之間，祕密展開。最後，於她們進宮的次年（一一五），閻姬女士擊敗所有的對手，登上皇后寶座。劉祜二十二歲，閻姬才十七八歲。

閻姬女士所以能大獲全勝，不單純靠她的美色，前已言之，每一個老奶的美色，都足以使臭男人暈倒在地，主要的還由於閻姬女士家族的姻親關係。在陰孝和女士的篇幅裏，讀者老爺一定還記得鄧綏女士，她在擠垮了陰孝和女士之後，當上皇后。一〇五年，老公劉肇先生去世，太子劉隆繼位，她成了皇太后。一〇六年，侄兒劉祜小子繼任，她仍是皇太后，大權在握，不可一世。她的弟弟鄧弘先生，官封侯爵（西平侯），而鄧弘先生的妻子，跟閻姬女士的娘，卻是同胞姊妹。於是，閻姬女士的娘，透過姊姊，透過姊夫，直達姊夫的姊姊——就是皇太后鄧綏女士的座前，女兒的大事就決定啦。

閻姬女士雖然其貌如花，雖然有強硬的後台，但她年紀太輕，沒有經過人生道路上艱難的歷程。她不是出類拔萃人物，只是一個平凡的美女，所以，她懷着強烈的忌妒。嗚呼，強烈的忌妒是兩頭尖的利刃，不但傷害別人，也傷害自己。問題是，正因爲太少的人能不忌妒，這世界才五色繽紛，悲雲慘霧。她當皇后後不久就發現身爲卑賤宮女的李恭懸女士懷了身孕，而且生下小娃劉保。閻姬這時不過十八九歲，依二十世紀中國法律，還未到成年，但她已經知道該怎麼辦（或許她的家人告訴她該怎麼辦），她把李恭懸女士（她的年齡恐怕不會超過二十歲）喚到眼前，逼她服下宮中特有的烈性毒藥（鴆酒）。可憐，一個身不由主的大女孩，只爲了被男人拉上過一次床，就招來殺身之禍，而殺她的也是一個女人。

然而，皇帝老爺劉祜先生，除了劉保小娃外，沒有別的兒子（閻姬女士沒有兒子，是她的致命傷）。到了一二〇年，仍不得不宣佈冊立劉保當皇太子。

屍畔陰謀

閻姬女士沒有理由阻止劉保小娃當皇太子，但她恨他恨入骨髓，又因爲殺了他親娘的緣故，怕他長大成人，繼承了帝位後，向自己報復，所以也怕他怕入骨髓。史書上沒有記載她是否企圖謀害小娃，蓋閻氏家族的勢力，還沒有膨脹到可以謀害皇太子的程度，所以，閻姬女士所努力以赴的，是使閻氏家族的成員，迅速掌握大權。劉祜一〇六年當皇帝時，只有十三歲，由皇太后鄧綏女士聽政，一直聽到一二一年，劉祜先生已二十八歲矣，鄧綏女士仍緊抓着政權不放，劉祜只好聽鄧家班擺佈。就在這一年，鄧綏老太婆逝世，劉祜先生才第一次當家作主，而閻姬女士也才揚眉吐氣。劉祜先生對鄧家班的厭惡可想而知，他一當權，就把鄧氏家族殺的殺，砍的砍，全部逐出政府，而大肆起用閻氏家族。閻姬女士的四位哥哥，一齊安排到首都衛戍部隊中擔任重要的帶兵軍官（並爲卿校，典禁兵），大哥閻顯先生封侯爵（長社侯），老娘（不知道姓啥叫啥）已死，追封滎陽君——男人封「侯」，女人封「君」。閻顯兄弟的孩子們，不過都只有七八歲，一個個也擔任宮廷侍從宮（黃門郎）。閻家班開始建立，並迅速成長茁壯。

閻家班的勢力稍爲穩固後，立即行動。皇后閻姬女士跟劉祜的乳母王聖女士、皇后宮總管（大長秋）江京先生、寢殿侍奉宦宮（中常侍）樊豐先生，共同陷害皇太子劉保的乳母王男女士，和宮廷膳食總管（廚監）邴吉先生。皇帝老爺劉祜先生勃然大怒，下令把王男、邴吉斬首。

閻家班陷害的內容是啥，書上沒有交代，而只曰：「共譖」，即大家一齊說壞話，壞話是啥，雖沒有記載，但能把劉祜先生搞得蠢血沸騰，動刀殺人，可看出內容一定繪影繪聲，十分結實。接着，閻姬女士的毒手指向只有十歲的皇太子劉保，這次陷害的內容是啥，史書上仍沒有交代，只曰：「乃再妄造虛無構讒」，劉祜先生又第二次蠢血沸騰。——十歲小娃能有啥過失？値得當父親的咬牙切齒？說他蠢血沸騰，還是溫柔敦厚得很哩，簡直是獸血沸騰。沸騰的結果是，劉祜先生召開御前會議，討論罷黜皇太子。劉祜先生剛提出他的意見，身屬閻家班的工程部部長（將作大匠）耿寶先生，跟一些搖尾份子，同聲贊成。只有交通部長（太僕）來歷先生、祭祀部長（太常）桓焉先生，表示反對曰：「儒家學派的經書上說，年齡不超過十五歲的孩子，如果犯了錯誤，他自己不應該負責。況且王男、邴吉的陰謀，皇太子可能並不知道。現在問題不在於罷黜皇太子，而在於爲皇太子物色優良的保母和教師。」

嗚呼，看了「王男、邴吉的陰謀」，我們現在忽然猜出閻家班陷害的內容是啥啦——準是其效如神的傳統法寶「誣以謀反」。閻家班一旦眾口齊咬，咬定王男、邴吉要幹掉劉祜，擁戴他兒子劉保小子登極，劉祜先生只好蠢血沸騰。尤其當「證據確鑿」的顯示劉保小娃也參加了該項陰謀，他閣下的蠢血就沸騰得更厲害。司法部長（廷尉）張皓先生曰：「從前亂臣賊子江充，造構讒邪，傾覆劉據（衛太子），劉徹（孝武）在很久之後才行覺悟，可是大錯已經鑄成，後悔又有啥用。而今皇太子不過只有十歲，怎麼能責備他乎哉。」

這些話都具有至理，十歲的小娃，不可能參加，更不可能主持幹掉老爹的陰謀。即令口不擇言，揚言要幹掉爸爸，也不過頑童發潑，只見其憨，不見其惡。何況他從小接受傳統的「孝爲百善先」教育，十歲的年紀，還在小學堂讀三年級，怎會有叛逆思想乎也。問題是，一個人只要蠢血沸騰，就不可理喻，閻家班既佈下天羅地網，劉祜先生就跳不出，他堅持要對兒子嚴厲處罰。最後，皇帝當然勝利，下令撤銷劉保皇太子的封號，貶成王爵（濟陰王），閻家班拔掉了眼中釘，舉班騰歡。

然而，閻家班的好日子不過一年，次年（一二五）三月，劉祜先生率領一群大小老婆和政府文武百官，出發向南方視察，走到南陽（河南省南陽市），忽然得了急病，趕忙折返，折返途中，到了葉縣（河南省葉縣），竟一命歸陰。死在遊逛途中的皇帝，中國歷史上不多，此之前的紀元前三世紀九〇年代，秦王朝的嬴政大帝，曾死在首都咸陽（陝西省咸陽市）東方四百公里的沙丘（河北省平鄉縣）。第二個就是劉祜先生矣，他死在首都洛陽南方一百五十公里的葉縣。

於是，嬴政大帝死後的盛況，重新播出。就在死皇帝劉祜先生的屍體旁邊，閻家班舉行緊急祕密會議，閻姬女士、閻顯兄弟、江京先生，一個個悲憤欲絕，悲的是權力魔杖霎時消失，冰山倒塌。憤的是劉祜這傢伙，早不死、晚不死，偏偏死在路上，不是故意跟閻家班過不去是啥？尤其是忽然想到，消息傳出去，留在首都洛陽的高級官員，如果把已經罷黜的劉保小子抱到金鑾殿上繼任帝位，該怎麼辦吧。想到這裏，大家心膽俱裂。

閻家班的橡皮圖章

嬴政大帝死後，曾「祕不發喪」，現在，劉祜先生死後，閻姬女士和她的兄弟，也決定「祕不發喪」。把劉祜的屍體仍放在臥車裏，宣稱他閣下病重，厭惡吵鬧，不准任何人打擾他，只留下皇后閻姬女士在身畔侍奉湯藥。閻姬女士這時不過二十七八歲，爲了政治利益，每天向一具殭屍噓寒問暖，一會端上湯，一會端上藥，又要向殭屍說一些教別人聽得見的甜言蜜語——扮演這個角色，也夠她吃力的矣。如此這般的裝腔做勢兼提心吊膽，在路上走了三天。第四天上午，才趕回洛陽。進得皇宮，立刻下令宰相（司徒）劉熹先生，前往皇家祖廟（太廟）和郊外神壇（社稷），向上蒼祈禱。然後，到了晚上，才正式宣佈皇帝老爺翹了辮子。

——這場搗鬼的事件，給我們一個啓示，所謂「官文書」，或所謂「第一手資料」，並不每一件都絕對可信。如果根據西漢政府發佈的煌煌公報，當皇后皺着眉頭向臥車噓寒問暖，當宰相明火執杖去祈天禱地的時候，就必須認定劉祜那時候還活着。想不到到了二十世紀，卻出現官文書在法庭上得作爲證據的條文，眞是世界十大稀奇之一。

劉祜先生既死，一切按照屍畔密謀行事，閻姬女士發佈死皇帝的遺詔，由劉懿小娃繼承帝位。劉懿是劉祜先生的堂弟，他們的血統關係，用左表說明：

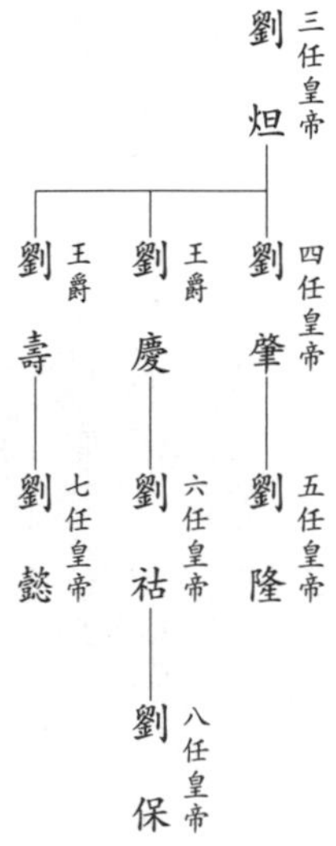

劉懿小娃那一年幾歲？史書沒有記載，只稱他爲「幼主」，大概總在十歲以下（這話請不必抬槓，十三四歲，照樣可以稱爲幼主）。他被掇弄上寶座，成爲東漢王朝第七任皇帝，當然是一個如假包換的傀儡皇帝，閻家班手裏的橡皮圖章。一幕自導自演的「跳加官」鬧劇開鑼，由傀儡皇帝下詔，尊閻姬女士皇太后，任命閻顯先生陸軍總司令（車騎將軍），掌握軍權。至於那位死皇帝劉祜先生的親生兒子劉保小子，卻受盡冷落，也想進宮哭別老爹，宮門警衛森嚴，不准他進去，只准他在宮門外遙遙舉哀。史書上說，十一歲的劉保，在宮門外祭奠時，大放悲聲，幾乎暈倒在地，踉蹌的回到他的住處德陽殿，不飲不食。官員和小民們眼看他小小年紀，含冤負屈，又這般孝思，都爲他欷歔流涕。

閻姬女士當了皇太后後，急於擴張閻家班勢力，鬥爭的目標直指全國最高統帥（大將軍）耿寶先生。同時，在閻家班內部，不知道什麼原因，窩裏反起來，竟向原來「親密的戰友」劉祜先生的乳母王聖女士和寢殿侍奉宦官（中常侍）樊豐先生開刀（閻家班內訌，可能是王樊二位要求分享更多的權力，而閻顯先生決心獨佔；但也可能是閻氏兄妹要殺人滅口）。

閻顯先生略作佈置，奏請皇太后閻姬女士，擢升全國武裝部隊總司令（太尉）馮石先生當皇家師傅（太傅），擢升宰相（司徒）劉熹先生當全國武裝部隊總司令（太尉），起用前任最高監察長（司空）李郃先生當宰相（司徒）。東漢王朝的「太尉」「司徒」「司空」，稱爲「三公」，是國家最崇高的官職。三個傢伙飛上雲霄。對閻顯先生感激不盡，遂成爲閻家班豢養的三條糊塗狗，教牠們咬誰牠們就咬誰。於是，第二步，閻顯先生跟「三公」聯名彈劾耿寶、王聖、樊豐，和宮廷隨從（侍中）謝惲、周廣。把所可以預見的反對份子，一網打盡。指控他們「結黨營私」「罪具難逭」。第三步，閻姬女士接到這份彈劾書之後，下令調查審訊。政治性冤獄都是先寫好了判決書才調查審訊的，所以意料之中，樊豐、謝惲、周廣，死在苦刑拷打之下，耿寶先生服毒自殺，王聖女士和她那位驕縱不可一世的女兒王伯榮女士，放逐到北方嚴寒的邊塞雁門（山西省朔州市東南）。

一片血腥中，閻家班威震天下，閻顯先生的三位弟弟，也跟着紛紛擢升，位據要津。閻景先生當皇城保安司令（衛尉），閻耀先生當皇城城門護衛官（城門校尉），閻晏先生當首都洛陽警備區司令（執金吾）。表面上，大權已牢牢抓住，固若金湯。

然而，天老爺似乎跟閻家班作對，只不過半年，傀儡皇帝劉懿小娃病倒，而且日益加重，隨時有死掉的可能，閻姬女士和她的哥哥閻顯先生開始發愁。就在這危疑震撼的當兒，一位寢殿侍奉宦官（中常侍）孫程先生，野心勃勃，他認爲機會已經成熟，他想，他有力量發動一場宮廷政變，奪取政權。

宮廷喋血

孫程先生的計劃是，趁着劉懿小娃病重，情況混沌、人心浮盪之際，擁戴被罷黜的皇太子劉保小子即位，把閻家班連根拔除。他先跟劉保的主任祕書（謁者長）興渠先生商量，探聽劉保小子的反應，曰：「劉保本來是先帝劉祜的嫡親血統，劉祜錯誤的聽了陷害讒言，使他受到貶謫。現在在位的皇帝小娃，如果一病不起，這是一個天賜良機，我們正好迎接他登極，把閻家班推翻。」興渠先生認為這件事有成功的可能，曰：「這是一件好計謀，但要細心佈置。」

孫程先生立即祕密行動，跟他最要好的朋友，皇太后宮膳食總管（長樂太官丞）王國先生商量，王國先生願意參加。再跟禁宮中級侍從宦官（中黃門）王康先生商量，王康先生曾當過太子宮的官員，自從劉保小子被廢，他就憤憤不平，這正是他效命的時候。

到了這一年（一二五）十月二十七日，劉懿小娃斷了御氣。閻家班再度在屍旁祕密會議，仍然使用「祕不發喪」老辦法，一面宣稱皇帝病危，一面徵召散居全國各地親王們的年輕王子，前來首都洛陽，準備再遴選一個娃兒繼續當閻家班的玩具。蓋必須是個娃兒，閻家班才可以長久的掌握大權。

等到欽差們出發，閻姬女士緊閉宮門，下令戒嚴，由閻家班所掌握的軍警衛戍部隊，保護皇宮，加強戒備。

問題是，皇宮不比臥車，臥車簡單，皇宮裏男男女女，人多嘴雜。而孫程先生和他的朋友又在宮中的時間太久，所以，他們立刻就得到正確情報——劉懿已死，閻家班手裏已喪失了權力魔杖。這時孫程先生已連絡了包括他在內的十九個死黨，都是宦官。

十一月二日，距劉懿小娃斷氣只有四天，十九個亡命之徒在德陽殿西鐘樓下，祕密集結，互相割下衣襟，作爲誓記。到了第二天（三日），準備完成。入夜，十九個亡命之徒，手執武器，向劉保小子住的崇德殿進發。這是一個最大的冒險行動，成功啦，他們是忠義之士，高官貴爵，金堂玉馬，搖尾系統的歌頌讚美，會凶猛而出。失敗啦，那可不得了，殺頭砍腦，連家人都得綁赴刑場，成爲千古以下罪大惡極的亂臣賊子。

十九個亡命之徒一闖進崇德殿，正碰到閻家班首腦之一的江京先生，和另三位黨羽宦官劉安、李閏、陳達，在那裏守衛。一看殺進來十九條手執凶器的大漢，不禁大吃一驚，江京先生仗着他一向的威勢，大聲喝曰：「你們幹啥？」他希望能發生鎮壓作用，孫程先生也不答話，大刀一揮，就把江京先生可敬的尊頭砍掉。劉安先生等三個傢伙，一瞧原來眞的殺人呀，轉身就跑，十九個亡命之徒怎能縱虎歸山，追上去一刀一個，只剩下李閏先生，爬到地上，全身抖得像一座要零散了的老爺車，眾刀齊舉，眼看就要砍下的千鈞一髮之際，孫程先生上前阻止，用刀架到他脖子上，厲聲曰：「今天我們來迎接劉保登極，你如果贊成，擁戴功勞算你一份。如果反對，那咱們就教你人頭落地。」李閏先生以詭計多端聞名於世，很得宮廷人眾的敬畏，孫程先生就是想利用他的謀略和聲望號召，共成大業。這時李閏先生已嚇得屁尿直流——三個同黨已伏屍身旁，證明孫程先生的話可不是鬧着玩的，他一迭連聲答應入夥，只要饒他老命，他一定爲劉保赴湯蹈火，在所不辭。

現在，冒險事業進入決定階段，十九個亡命之徒，裏脅着李閏先生，衝到劉保小子的寢宮。孫程先生把劉保小子抱到龍椅之上，然後由孫程先生傳出新皇帝的詔書，號召宮廷祕書（尙書）和執行官（僕射）以下官員，起義勤王。

跟四腳朝天的烏龜一樣

十九個亡命之徒雖然把劉保小子抱上寶座，但那是一個冒着煙隨時都會爆炸的寶座，既沒有兵，又沒有將，空空蕩蕩，只靠着劉保小子皇家血統的招牌。而這招牌靈不靈，要看有沒有軍隊支持，沒有軍隊支持，不要說皇家血統不值一根葱，縱是狗家血統也不值一根葱，雖然孫程先生傳出皇帝旨意，召集文武百官，但誰敢保證文武百官聽他的乎哉。即令聽他的，事實上如果有一小撮精銳的突擊部隊，即時發動攻擊，他們立刻也就成爲甕中之鼈。一旦繩綑索綁，天老爺都救不了矣。

問題是，閻家班跟紀元前二世紀西漢王朝的呂家班一樣，是一群膿包，平常日子，仗着權力魔杖，左晃右晃，儼然尾大人物，一旦變起肘腋，需要靠自己單獨面對時，就跟四腳朝天的烏龜一樣，只有乾瞪兩眼。閻顯先生是閻家班的首領，他正在皇宮跟妹妹閻姬在一起，一聽到消息，嚇得魂飛天外，最害怕的日子竟眞的來啦。他不知道如何反應，只踱來踱去，長吁短嘆，一位名叫樊登的禁宮侍從（小黃門），在旁獻計，要他用皇太后的詔書，調遣南越兵團司令官（越騎校尉）馮詩先生、虎賁警衛指揮官（虎賁中郎將）閻崇先生，率領他們的軍隊，討伐叛逆。

——這是一個好辦法，但閻顯先生是陸軍總司令（車騎將軍），事到生死關頭，他爲啥不親自出馬？眞是蠢不可及，但由以後發生的事，說明他可能自己並沒有把握。然而他身爲總司令而不能掌握軍隊，卻去做必須掌握軍隊才可以做的事，不僅僅蠢不可及，簡直是自己掘一口井自己再一頭栽進去。

馮詩先生奉詔入宮，閻姬女士親自吩咐曰：「將軍呀，一切靠你啦，能逮捕劉保，封萬戶侯爵，能捉到李閏，封五千戶侯爵。」並派樊登先生跟馮詩先生一同出發，教他再調遣其他軍隊。馮詩先生一想，妳這個婆娘平常日子作威作福，只信任妳的親人，今天教我這個外人替妳打天下，我可不幹。一出宮門，抽冷子把樊登先生一刀兩斷之後，揚長而去。咦，如果馮詩先生接受閻姬女士的差遣，孫程、劉保休矣。成功失敗，間不容髮。

皇城保安司令（衛尉）閻景先生得到報告，急忙集結幾百位他所能結集的衛士，向皇宮進發。宮廷祕書（尙書）郭鎭先生，正臥病在床，孫程先生派遣的欽差駕到，教他率領羽林軍去逮捕閻景，他的病霎時痊癒了一半，從床上一跳而起，召集部份羽林軍出動。兩路人馬，在中途遭遇，郭鎭先生跳下坐騎，大叫曰：「閻司令官下車，請聽詔書。」閻景先生喝曰：「他媽的詔書。」拔刀就砍，郭鎭先生躲過一刀，抽出佩劍，直刺閻景先生座車。閻景先生這個飯桶，連這一劍都沒有提防，一劍正中前胸，大叫一聲，栽到地上，羽林軍一擁而上，長戟叉住他的咽喉，動彈不得，只好束手就擒，他的軍隊一哄而散，紛紛逃命。閻景先生被押到監獄，當天晚上，因傷勢過重，一命歸天，閻家班報銷了最主要的一個。

閻景先生的救兵是閻家班唯一的掙扎，這時天已明亮，孫程先生派人進宮，向閻姬女士索取皇帝御璽，閻姬女士曉得她的那些飯桶哥哥再變不出花樣，大勢已去，只好交出。孫程先生拿到皇帝御璽，如虎添翼，立刻派執法監察官（侍御史），搜捕閻家班，這是一個天翻地覆的大復仇，閻顯、閻耀、閻晏，一齊下獄，就在獄中，全體絞死，閻氏家族被放逐到中國南方最遙遠的蠻荒邊陲比景（越南共和國箏河口）。

——越南的古都順化，位於南北交界，峴港在順化之南，三圻在峴港之南，廣義更在三圻之南，是當時中國最南的邊城。北距首都洛陽，直線三千公里，是中國歷史上最遠的一次放逐，閻氏家族，從此在中國政壇上消失。前後風光，不過十年。

——西漢王朝和東漢王朝皇帝們的姻親，史書上稱之爲「外戚」，一向跟皇帝分享政權。分享政權的結果，幾乎都落得全族覆亡的下場。然而前仆後繼，姻親們仍繼續不斷的要分享。嗚呼，權力太迷人啦，再血淋淋的前車之鑑，都不能使後人猛省，徒使我們這些局外人，興起無限嘆息。

劉保小子剷除了閻家班後，接着下令把閻姬女士囚入離宮——皇宮外的一座小屋。這位年紀不過三十歲左右的美貌徐娘，一夜之間變成孤苦一身，娘家人殺的殺，貶的貶，她跟那些歷史上所有被囚禁在離宮冷宮裏的末路皇后一樣，痛苦、羞慚、絕望。而於第二年（一二八），就死在她的囚床之上。是怎麼死的，沒有人知道，但她的良心不安，使她昏迷中看到被她毒死的那位李恭愍女士的冤魂，頻頻向她索命。至此，一場宮庭鬥爭，誰勝誰敗，都化成一縷雲煙。後人有詩嘆曰：

乾道主剛坤主柔　驕癡妒悍總招尤
機關算盡徒增慨　十載雌風一旦休

——閻姬女士雖死，但她所造成的局勢，卻留下可怕的後遺症，使東漢王朝提前結束。那就是，劉保小子等事情平息之後，論功行賞，一口氣把孫程先生十九個亡命之徒，都封侯爵。而這些人卻都是宦官，從此，宦官在東漢政府中，扮演主要角色，使東漢王朝，終亡於他們徒子徒孫的下一代宦官之手。

梁瑩・鄧猛女

時代／二世紀五〇—六〇年代
其夫／東漢王朝第十一任皇帝劉志
遭遇／憂死・囚死

梁家班興起

在沒有敍述梁瑩女士和鄧猛女女士之前，我們必須先了解二世紀三〇、四〇年代東漢政府和東漢宮廷的政治形勢，否則便無法了解這兩位花枝招展的年輕皇后，何以崛起，又何以命喪黃泉。

前已言之，兩漢王朝皇帝的姻親（外戚），一向跟皇帝共享政權，姻親靠着姊姊、妹妹、姑媽、女兒等等，是皇帝的妻子或皇帝的娘，支持自己的權勢；而皇帝靠着岳父、舅父、內兄內弟、表兄表弟等等，鞏固自己的統治。所以，每當新皇帝上台的時候，就換上一批跟自己有直接關係的姻親——主要的是自己妻子（皇后）的娘家人。這跟十八世紀以降，民主國家的政黨更易一樣，一個新政黨上台，政府原來的高官貴爵，一律掃地出門，而由自己黨內的重要人物接替。唯一不同的是，民主國家官員的轉移是和平的，兩漢王朝姻親的轉移，每一次都血流成河。

東漢王朝第八任皇帝劉保小子，於一二五年把他的嫡母閻姬女士逼死，把閻家班一網打盡。一三二年，劉保先生十八歲（可以勉強稱他先生矣），應該正式娶老婆啦。說他應該正式娶老婆，不是指他在此之前，從沒有接觸過女人，事實上早有四位被封爲「貴人」的如花似玉，日夜陪他上床，不過她們都屬於小老婆群。劉保先生對這四位如花似玉，雨露均沾，不知道擢升那一位當皇后才好。左右爲難，無法決定，最後異想天開，不如抽籤算啦，抽到誰就是誰。然而，四位如花似玉中的一位——梁妠女士，卻有強大的家世背景，讀者老爺還記得那位慘死的梁恭懷女士乎，梁恭懷女士是四任帝劉肇先生的娘，她的侄兒梁商先生，被封侯爵（乘氏侯），而梁妠女士，就是梁商先生的女兒。在梁家的運用下，宮廷祕書執行官（尙書僕射）胡廣先生，和宮廷祕書（尙書）郭虔、史敞二位先生，對抽籤之舉，聯名反對。而梁家再在幕後積極活動，劉保先生遂決意另娶梁妠女士當皇后。梁妠女士當了皇后之後，劉保先生馬上增加她老爹梁商先生封邑的面積，任命他擔任首都洛陽警察廳廳長。接着，把梁商先生的兒子梁冀，也封侯爵（襄邑侯）。雖然在政府官員猛烈的攻擊下，把封梁冀侯爵的詔令撤銷，但四年後的一三五年，仍任命梁商先生當全國最高統帥（大將軍），任命梁冀當首都洛陽市長（河南尹）。

從此，東漢政府大權，滑到梁氏家族之手，氣焰沖天。而尤以梁冀先生，性情特別凶暴。洛陽縣長（洛陽令）呂放先生曾提醒梁商先生，對兒子應加管教。誰知道不管教還好，一管教後患無窮。梁冀先生探聽出來是呂放先生打的小報告，立刻派刺客把呂放先生幹掉，然後痛心疾首的表示那是呂放先生仇家下的毒手，任命呂放先生的弟弟呂禹先生繼任洛陽縣長，向仇家報復。嗚呼，仇家固是仇家，卻不是凶手，可是，當權派認定他們是凶手，他們就是凶手矣，任何辯解和無罪的證據都沒有用。史書上說，數百人被拉到刑場處決，哭聲震天。

一四一年，梁商先生病死，梁冀先生繼任全國最高統帥（大將軍），就像長了翅膀的老虎一樣，紀元前一世紀三〇年代霍家班的霍顯女士，比起梁冀先生，簡直是幼稚園小班。梁冀先生是中國歷史上最可怕的惡棍之一，東漢王朝政府的大小官員和全國小民，都顫慄在他的淫威之下，雖然也有大無畏的正直之士，前仆後繼的跟他對抗，但全都付出殺頭的代價。二世紀的三〇、四〇年代，中國境內，一片悲雲慘霧。

一四四年，劉保先生病死，只活了三十歲，年才兩歲的皇太子劉炳小娃，繼任東漢王朝第九任皇帝，梁妠女士身爲嫡母（劉炳是小老婆第三級「美人」虞女士所生），天經地義的成了大權小權一把抓的皇太后。劉保先生在世時候，梁家班已和尙打傘，無法無天，現在只不過二十六七歲，正在妙齡的梁妠女士，唯我獨尊，懷抱着牙牙學語的嬰兒皇帝，她說的話就是法律，她的決定就是國家政策，梁家班——尤其是她那個頑劣凶暴的哥哥梁冀，就更鼻孔朝天，把天下所有的人，甚至包括皇帝在內，都沒看到眼裏。認爲只要他的小指一動，對方立刻就屍骨無存。他不知道什麼是民心，不知道什麼是克制，只知道對任何反對都採用高壓手段，在政府中掀起幾次野性屠殺，首都洛陽，成了恐怖世界。

跋扈將軍

劉炳小娃登極的次年（一四五），忽然也死啦。三歲小娃自然沒有兒子，而老爹劉保先生，也沒有其他兒子，只好在皇家血統最近的親王中，遴選繼承人，於是徵調親王（清河王）劉蒜先生，和親王（勃海王）劉鴻先生的兒子劉纘小娃，齊到首都洛陽。劉蒜先生多大年紀，史書上沒有記載，大概已經成年，他跟劉炳小娃，共一個曾祖父劉慶先生——一世紀八〇年代被罷黜的皇太子，他於被罷黜後，改封親王（清河王），親王的爵位傳下來，現在由劉蒜先生繼承。劉纘小娃的血統卻比較遙遠，他只是劉炳小娃的堂叔父，不過，他在另一方面卻佔優勢，那就是，他才八歲，晚上睡覺，還會尿床的也。

專制時代，任何當權派都希望高高在上的皇帝是個白癡，不是白癡的話，是個「幼主」也行。梁家班當然不願意選擇已經成年，而且很有才幹的劉蒜先生，蓋選擇了劉蒜，豈不等於自己找個火盆扣到自己頭上。所以，他們選擇了八歲小娃劉纘，計議一定，立即由皇太后梁妠女士下令，把小娃迎進皇宮，登上金鑾寶殿，成爲東漢王朝第十任皇帝。

然而，劉纘小娃卻是一個聰明孩子，他不久就發現梁冀專橫凶暴。第二年（一四六），他已九歲，有一天，早朝會報結束後，看見梁冀先生趾高氣揚的背影，忍不住說了一句曰：「天啊，他眞是一個跋扈將軍。」

——跋扈，現在已是死字，但在二世紀之前，卻是當時中國最流行的辭彙，指一個人蠻橫霸道和凶狠暴戾。

可憐的孩子，他這一句話爲他招徠殺身之禍。梁冀先生聽到小娃皇帝給他這樣的評語，不禁暴跳如雷。哎呀，你還是一個頑童，就有這種想法，將來長大成人，大權在握，我還能保住脖子乎哉，於是他決定把小娃剷除。就在該年（一四六）六月，一個宦官把摻着烈性毒藥的煎餅，端到飯桌上，劉纘小娃一連吃了幾個之後，毒性發作，劇痛加上火燒樣的窒息，使他栽到地上呻吟。孩子是那麼聰明，他知道他中了毒，向聞訊奔來急救的全國武裝部隊總司令（太尉）李固先生泣曰：「煎餅有問題，我已中毒，請給我一點水，或許還可以活。」站在李固身旁的梁冀先生插嘴曰：「千萬不能喝水，喝水可能引起嘔吐，就更沒有救矣。」話還沒有講完，孩子一聲慘叫，手腳剎那間變成鐵青顏色，氣絕身死。

這是中國歷史上第一個在位時被謀殺的皇帝，悲夫。

現在，又碰到了繼承人老問題。以全國武裝部隊總司令（太尉）李固先生爲首的政府官員，舊話重提，再度推薦劉蒜親王。梁家班已經拒絕過劉蒜一次，絕不可能在第二次時同意。皇太后梁妠女士看上了面目清秀，年才十三歲的小子劉志。他是一位侯爵（蠡吾侯），八任帝劉保先生的堂弟，九任帝劉炳和十任帝劉纘先生的堂兄。在劉纘先生說了那句「跋扈將軍」致命的話之前，梁妠女士已有意把娘家女兒嫁給他，現在，就更堅持非他不可。可是，在御前巨頭會議（三公會議）上，大家一致擁護劉蒜先生，梁冀先生的主張陷於孤立，以致在會後悶悶不樂，不知道用啥手段才可突破這種僵局。寢殿侍奉宦官（中常侍）曹騰先生曰

：「你們梁家一連幾代，都是皇帝的姻親，而你閣下又掌握政府實權，部屬似雨，賓客如雲，免不了犯錯，更免不了得罪。劉蒜親王清正嚴明，人人敬畏，如果當上皇帝，恐怕你們梁家逃不了大禍臨頭。如果擁戴劉志小子，他從一個窮苦的侯爵，升到元首高位，一步登天，對你會有感謝之情，梁氏家族的榮華富貴，才能確保。」

——曹騰先生這段話，是不是接受劉志小子的委託，我們不知道，但很顯然的，他分析中肯。不過千算萬算，不如天老爺一算，再也料不到，梁氏家族卻傾覆在劉志小子手裏。這是後話，按下不表。

梁冀先生聽了曹騰先生的意見，感到事態確實嚴重，他曰：「我就是要這麼辦，可是宰相們都不同意，又該如何？」曹騰先生曰：「傻瓜，你掌握兵權，還在乎那些手無寸鐵的白面書生？一聲令下，造成既成事實，誰敢放屁？」一語道破了專制政治的奧祕，有權指揮軍隊的傢伙才是大爺。梁冀先生一跳而起，跺腳曰：「就這麼決定。」

第二天，梁妠女士再召集御前巨頭會議，當大家再提出劉蒜親王時，梁冀先生勃然大怒，厲聲曰：「事關國家的安全，和王朝的興亡，我不能不擇善固執。劉蒜親王固然有很高的品格，但他沒有治理國家能力，我身負先帝的託孤重任，不允許有些懷着私心的人，利用這種形勢，做出傷害皇家的事。劉志先生各方面都有優異表現，我希望大家公忠體國，不要再從事無謂的爭吵。好啦，散會。」

李固先生仍堅持他的意見，梁家班的反應很簡單，由皇太后梁妠女士下令把李固先生撤職，然後把劉志小子接入皇宮，當天晚上就宣佈登基，君臨中國，成爲東漢王朝第十一任皇帝。

脫光相親

以上是二世紀三〇、四〇年代東漢王朝的權力形勢，在這種形勢下，本文兩位女主角之一的梁瑩女士，首先在宮廷出現。

梁瑩女士是全國最高統帥（大將軍）梁冀先生最幼的妹妹，也是皇太后梁妠女士最幼的妹妹，在劉志小子尚是侯爵的時候，梁妠女士就有意把這位幼妹嫁給他，劉志小子當上皇帝，就更是嫁定啦。現在，劉志小子即位的次年（一四七），已十六歲，梁妠女士立刻着手締結這件婚姻。在梁家班指使之下，有關單位（有司）向皇太后上了一份奏章，建議皇帝老爺應迎娶梁瑩女士當皇后，曰：

「春秋一書，寫得明白，政府派大臣去迎娶王后，只要一出發，那女子就成了王后啦。而今梁冀先生的妹妹，有高貴的門第，婚姻大事，更有皇太后的命令，應該依照規定，送出聘禮。」

——原文：「有司奏太后曰：『春秋迎王后於紀，在塗則稱后。今大將軍冀女弟，膺紹聖善，結婚之際，有命既集。宜備禮章，時進徵幣。』」

——文言文最大的特徵是前言不照後語，拿板凳腿硬往人骨頭上接。短短八句話，就成了兩截。「迎王后於紀，在塗則稱后」，跟劉志小子娶梁家女兒有啥關係？活生生的連在一起，把我們這些讀者老爺，累得躺地不起。

既然都是安排好的，下文不卜可知。不過，史書上對相親這一段，卻有香艷的報導，這是中國文學描寫妙齡皇后美麗胴體的唯一作品——不但從前沒有，以後也沒有，淋漓盡致，搖人魂魄。讀起來愛不忍釋，抄錄於後。

漢雜事祕辛說，宮廷女官（保林）吳姁女士，和寢殿侍奉宦官（中常侍）董超先生，奉皇太后之命，前往梁家，把梁瑩女士，從頭到腳，從外到內，檢查了個一佛出世，二佛升天。文曰：

「吳姁女士跟董超先生，拿着皇帝（劉志小子）的詔書，同到梁家，梁家一片歡呼。落座後不久，梁瑩女士先到中廳亮相，纖纖細步，走回閨房。吳姁董超遵照詔書指示，在旁仔細觀察她的舉止，一切都十分優美。於是，董超先生留在中廳，吳姁女士一人進入閨房。梁瑩女士屏聲靜息，聽她擺佈。這時，侍奉的婢女全被逐走，房門緊閉，正是上午九時左右，陽光穿過紗窗，照到梁瑩女士臉上，光艷四射，像朝霞映雪，使人不敢正視。水汪汪的大眼，柳葉般的窄眉，流露着難以抗拒的嫵媚。朱紅嘴唇，潔白牙齒，耳輪飽滿，鼻樑挺直，雙頰紅潤欲滴，下巴像磨光的浮雕，五官配合，貌美如花。

「吳姁女士摘下梁瑩女士的耳環，解開她頭上的絨髻，秀髮瀑布般瀉下，烏黑光亮，幾乎可以映出人的影子，吳姁女士雙手才能握住。髮長幾跟身齊，梁瑩女士坐在榻榻米上，秀髮委頓，尚餘一半。

「接着，吳姁女士就要解開她的鈕釦，看她的下體。梁瑩女士滿臉通紅，像着了火般燃燒，忸怩掙扎，不肯脫光。吳姁女士曰：『皇家規矩，一定要檢查全身，這是最後的手續，必須解開褲帶，才盡到我的職責。』

「梁瑩女士不能拒絕皇家的規定，一種羞辱的感覺，忍不住泫然淚下，只好閉上眼睛，任憑吳姁女士爲她寬衣褪褲。在脫的時候，內衣上的芳香和處女特有的氣息，陣陣撲鼻，使人沉醉。

「梁瑩女士終於脫光，赤條條一絲不掛，美麗的胴體呈現眼前。咦！她身上肌膚，光澤潔白，細嫩得好像一吹都會破碎，手摸上去，竟自動滑下。雙肩和脊椎，跟挺立的玉石相似。雙乳剛剛發育，微微聳起，勉強可以盈握。可愛的肚臍，隱約下陷，能夠容納一粒直徑寸半的珍珠。」

「再往下檢驗，陰部像墳一樣隆起。然後展開梁瑩女士的大腿，看她的陰戶。只見陰蒂赤紅，陰唇緊合，充血如火，說明她是一位處女。因梁瑩女士營養良好之故，所以胴體豐滿。三圍巧到好處，身長七尺一寸，肩寬一尺六寸，臀部一尺三寸，臂長二尺七寸，指長四寸，青蔥尖尖，如同初削的竹筍。腿長三尺二寸，足長八寸。踝骨姸美，腳底平滑，腳趾修長，而且收斂。穿上絲襪繡花鞋，敎她走路，輕盈端莊，聽不見聲音。

「到這時候，吳姁女士再檢查她的聲音。敎梁瑩女士拜謝，口呼『皇帝萬歲』，梁瑩女士緩緩叩首，依照吩咐，口呼『皇帝萬歲』，聲音幽揚，優雅悅耳，好像輕風送出洞簫。於是，再察看她的肛門，沒有痔瘡。再察看她的皮膚，沒有疤痕。全身如玉，沒有雀斑肉瘤。總結是，梁瑩女士艷如天仙，包括嘴巴、鼻子、腋下、下體、雙足等等，天生麗質，毫無瑕疵，美不勝收。」

氣死錦繡床上

漢雜事祕辛當然是文言文，柏楊先生大部份都看不懂，而看懂的部份，也難下譯筆。現在把原文錄後，讀者老爺如果童心不退，不妨研究研究，開開茅塞。

原文曰：

「姁（吳姁）即與超（董超），以詔書趨詣商（梁商——梁冀的爹）第，第內歡譟。食時，商女瑩（梁瑩），從中閤細步到寢。姁與超如詔書，周視動止，俱合法相。超留外舍，姁以詔書如瑩燕處，屏斥接侍，閉中閤子，時日晷薄辰，穿照蜃窗，光送着瑩面，上如朝霞，和雪艷射，不能正視。目波澄鮮，眉媚連卷，朱口皓齒，修耳懸鼻，輔靨頤含，位置均適。姁尋脫瑩步搖（耳環），伸髻度髮，如黝鬃可鑑，圍手入盤，墜地加半。握已，乞緩（解）私處結束（褲帶）。瑩面發赬抵攔。姁告瑩曰：『官家重禮，借見朽落（胴體），緩（解）此結束（褲帶），當加鞠翟（觀察）耳。』瑩泣下數行，閉目轉面內向，姁爲手緩（解），捧着日光，芳氣噴襲，肌理膩潔，拊不留手，規前方後，築脂刻玉，胸乳菽發，臍容半寸許珠。私處墳起，爲展兩股（大腿），陰溝渥丹，火齊齊吐，此守禮謹嚴處女也。約略瑩體，血足榮膚，膚足飾肉，肉足冒骨。長短合度，自顚至底，長七尺一寸，肩廣一尺六寸，臀視肩廣減三寸，自肩至指，長各二尺七寸，指去掌四寸，肖十竹萌削也。髀至足三尺二寸，足長八寸，脛跗豐妍，底平趾斂，約綀迫袜收束，微如禁中，久之不得音響。姁令推謝皇帝萬年，瑩乃徐拜，稱皇帝萬年，若微風振簫，幽鳴可聽。不痔不瘍，無黑子創陷，及口、鼻、腋、私、足，諸處均美。」

漢雜事祕辛一書，有人說是東漢王朝時人的記實，有人說是宋王朝時人，根據宋王朝皇帝「大婚」禮數，杜撰而成。這屬於考據範圍，不必去鑽故紙堆。我們了解的是，皇后是何等的尊貴，而當時梁家班正掌握大權，梁瑩女士的姊姊是皇太后，哥哥是全國最高統帥（大將軍），可是她卻像擺在菜市場出賣的豬肉一樣——好聽一點說，她像娼妓一樣，赤裸裸的躺在那裏，恁憑主顧或嫖客，東摸西捏，甚至直抵隱蔽深處。這給我們一個啓示，中國歷史上，女人不是人，皇帝老爺更不把女人當人，女人只是玩物，只是專供臭男人發洩淫慾的工具。此所以老奶即令爬到皇后的高位，也隨時會被踢下來，或囚或殺。沒有人權，同時也沒有人格。她們必須更上一層樓，爬到皇太后的寶座，手裏還得掌握着兒皇帝這個魔杖，才能眞正的維持自尊。

梁瑩女士被迎娶進宮那一年，大概十五六歲，從她的雙乳還未長成上，可看出端倪。但是，皇帝劉志小子，也不過十六歲，而她又美艷絕倫，娘家權勢又威震朝綱，一對娃娃夫妻，當然十分恩愛——史書上的醬缸術語，稱之為「獨得寵幸」，其他小老婆群和所有宮女，全被排斥。而梁瑩女士生長在富貴之家，又身為第一夫人，自然習慣於揮霍奢侈，史書上形容：「宮帷雕麗，服御珍華，巧飾制度，兼倍前世。」劉志小子對她是既愛又畏，服服貼貼。

然而，好景不常，三年後的一五〇年，身為老姊的皇太后梁妠女士，壽終內寢。按理說，劉志小子已十九歲，可以親自處理政府事務啦。可是梁家班已根深柢固，梁冀先生死握着政權不放，劉志先生只好仍繼續充當玩具，教他畫押他畫押，教他打叉他打叉，一肚子氣，只好發洩到老婆身上。而且臭男人都喜新厭舊（讀者老爺容稟，你閣下可是蓋世聖崽，當然例外，千萬別氣），再美麗的老奶，日夜糾纏，也早有點膩啦。最重要的還有一項供劉志藉口的是，梁瑩女士始終沒有生兒子，一個皇后沒有兒子，小辮子就被別人抓到手裏。於是劉志小子理直氣壯的開始對她冷落，把大部份時間都鑽到別的美女懷裏。

梁瑩女士應該察覺到危機逼面，她的遭遇跟霍成君女士的遭遇，非常相同，她應該提高警覺，含垢忍辱，努力維持現狀。可是她太年輕啦，一五〇年時，她才是十八九歲大孩子，如果生到現在，高級中學堂不過剛剛畢業。對宮廷的陰森恐怖，一無所知。她所知的只是婚後幾年間，小丈夫跟她恩恩愛愛，海誓山盟，而如今他卻變了心。她不能接受這個事實——她的心智不允許她接受，她開始做出殘忍的，失盡人心的反擊。她調查那些懷了身孕的美女，一一把他們毒死。不久，這個恐怖的美麗殺手，在宮廷中就陷於完全孤立。

劉志小子不敢惹她，因為他畏懼她哥哥梁冀先生，但他內心卻恨她，眞正的到了「敢怒而不敢言」地步。好吧，我雖不敢惹妳，我不愛妳，妳哥哥總沒辦法吧。他就索性跟她來一個死不見面。皇宮那麼大，找也找不到，叫也無處叫。烜赫的家世，和全國最高統帥（大將軍）的百萬雄兵，都無法挽回愛情。

梁瑩女士氣得發瘋，但她無計可施，終於病倒，那是氣病的，沮喪、悲憤、病榻前冷冷清清。熬到一五九年，她嚥下最後一口氣，孤伶伶死在錦繡床上，才二十五六歲。我們可以確定，那是一具世界上最美麗的屍體之一。萬人稱羨的上帝傑作，嘎然中斷。

鞏固地盤

梁瑩女士的死，使鄧猛女女士在宮廷中的地位，突然重要。

鄧猛女女士本來應是梁家班的，但命運使她加入鄧家班。讀者老爺一定還記得本世紀（二）〇〇年代，東漢王朝第四任皇帝劉肇先生在位時，那位把皇后陰孝和女士擠垮，而自己爬上皇后寶座的鄧綏女士，鄧綏女士有個侄兒鄧香，而鄧猛女，正是鄧香先生的女兒。換句話說，鄧猛女女士是鄧綏女士的侄孫。

鄧猛女女士的娘宣女士，嫁給鄧香先生，於生下鄧猛女後不久，鄧香先生一病逝世，宣女士懷抱着娃兒，再嫁給梁紀先生。

——嗟夫，由宣女士再嫁這件事上，看出中國古代的婚姻觀念，跟二十世紀的婚姻觀念，在某一種尺度上，幾乎完全相同。妻子死啦，丈夫可以再娶；丈夫死啦，妻子也可以再嫁，天經地義兼地義天經。鄧家是一個皇親國戚的高貴門第，丈夫與世長辭，年輕妻子即行另投高明，而且還帶着娃兒，沒有人失驚打怪。可是到了十一世紀，理學道學猖獗，害人精程頤之類，一聲吆喝：「餓死事小，失節事大」，女人遂失去人格，變成臭男人豢養的家畜。宣女士幸而早生一千年，如果生在十一世紀之後，以她丈夫所擁有的輝煌家世，恐怕只有守寡到底，永無翻身之日。嗚呼，中國婦女有禍啦，理學道學像毒蛇一樣纏到所有老奶身上，擺也擺不脫，甩也甩不掉。現在雖然已到了二十世紀末期，女權日益高漲，可是後遺症的強烈，使我老人家嘆爲奇觀。

這位梁紀先生，正是全國武裝統帥（大將軍）梁冀先生妻子孫壽女士的舅父，襁褓中的娃兒鄧猛女女士，就改從繼父的姓，名梁猛女——我們也開始稱她這個姓氏。所以在親屬關係上，她跟孫壽女士是表姊妹。

梁猛女女士一天一天長大，俗云，女大十八變，越變越好看。在十五六歲的時候，已出落得像一朵鮮花。這對孫壽女士是一個誘惑，不是誘惑她搞同性戀，而是引起她政治性的慾望。梁冀先生已經把妹妹梁瑩女士獻給皇帝當大老婆，她如果能把表妹獻給皇帝當小老婆，在宮廷中就更增加梁家班的政治資本。梁冀先生同意她的主張，於是，一五三年——梁瑩女士當皇后後第五年，把她送進皇宮，成爲劉志先生小老婆群的一員。這時候劉志先生對梁瑩女士的愛情，已經衰退，忽然面前出現一位更艷麗奪目的美女，不禁神魂顛倒，立刻封她「采女」，采女雖是小老婆群最低一級的職位，但職位高低跟恩愛的程度，並不成正比例。劉志先生把當初愛梁瑩女士的狂熱，全部轉移到梁猛女女士身上，梁瑩女士終於失寵。咦，看了關於介紹梁瑩女士胴體的宮廷報告，所有臭男人都會脖子發直，而竟然還有比她閣下更美的梁猛女女士壓過她，天下嬌娃，層出不窮，而又都集中宮廷，怪不得連柏楊先生這種道貌岸然之物，都想當皇帝想得發瘋。

中國傳統文化之中，一人得權，雞犬當官。讀者老爺在皇后身上，可以獲得印證。一個老奶一旦當上皇后，她的娘家人就抖而闊之（當然，一旦皇后垮台，娘家人也跟着一齊泡湯）。梁猛女女士不久就晉升到小老婆群第一級「貴人」，老爹已死，劉志先生就封她哥哥鄧演先生侯爵（南頓侯），鄧演先生死掉，由兒子鄧康先生繼承爵位（看情形，鄧演先生的嫡子鄧康——梁猛女的異母哥哥，年齡應比妹妹大得多）。

梁瑩女士之死，對梁家班是一個嚴重打擊，皇宮裏梁家女兒多的是——僅「貴人」級的小老婆群，就有七位，但沒有能把劉志先生套牢，權力魔杖不在梁家班手裏，就有隨時發生變化的可能性，一旦宮廷傳出皇帝詔書，要解除梁冀先生全國最高統帥（大將軍）的職務，請問怎麼辦吧？接受則全盤都輸，不接受則只有叛變，他們不願面臨這種抉擇。

梁冀先生急於掌握劉志先生，他看準了梁猛女，爲了建立更密切的關係，他堅持要把她收做自己的女兒。這種想法眞是奇怪，只有二抓牌才會有如此石破天驚的古怪念頭。梁猛女女士是梁冀妻子孫壽女士的表妹，也應該是梁冀的表妹。基於都姓「梁」的緣故，滿可收做妹妹，怎麼能教她降低一輩，當女兒乎哉？好吧，爲了政治利益，當女兒就當女兒吧，可是此「梁」到底不是彼「梁」。

梁紀先生之「梁」，到底非梁冀先生之「梁」，尤其事實上梁猛女女士親爹姓鄧，硬生生拉到自己膝下，而現在的形勢又是翻了過來的，不是梁猛女需要梁冀，而是梁冀需要梁猛女，問題就出來啦。

茅廁密謀

梁猛女女士的娘宣女士，對梁冀先生的提議，認爲那樣做也好，不那樣做也好。但她的大女兒女婿，擔任政府參議官（議郎）的邴尊先生，提出反對。他曰：

「妹妹正得皇帝寵愛，皇后的寶座在望，用不着靠梁冀的力量，將來我們自己有自己的班底。而且，梁冀作惡多端，已天怒人怨，梁瑩女士又是如此下場，反應出皇帝對梁家班的厭惡，一旦山崩地裂，梁家班會全軍覆沒，我們攪到這潭渾水裏幹啥。」

宣女士對邴尊先生的意見，十分重視，但她又想，未來的禍福，怎能預料？跟二十年之久的權貴世家結合，豈不更如虎添翼耶。正在猶豫不決之際，梁冀先生得到邴尊先生拒絕的消息，大發雷霆，俺收梁猛女當女兒，是瞧得起她、栽培她、提拔她，向俺下跪求俺收她當女兒——甚至當孫女兒的人，多如牛毛，俺理都不理哩。不識抬舉的東西，俺要你們嚐嚐不識抬舉的味道。

——惡棍型人物，無論他是皇帝也好、宰相也好，等而下之是一個小小局面的頭目也好，唯一的手段就是高壓。怎麼，你不服氣呀，大刑伺候。

梁冀先生劍及履及，馬上派出職業殺手，把邴尊先生刺死。邴尊先生一死，宣女士知道毛病出在什麼地方，心驚膽戰。問題是恐懼只能使人屈服，不能使人心甘情願。宣女士本來有接受梁冀先生要求可能的，女婿一死，兩家結上血海深仇，已無法和解。她唯一的辦法是加強自己住宅的戒備，免得凶手再現。

事情發展到這種地步，宣女士即令屈服也沒有用，梁冀先生決定斬草除根，他要把宣女士也幹掉，使梁猛女娘家人一掃而光，無依無靠，他這個老爹就做定啦。於是，他再派出職業殺手，直指宣女士。不過這一次梁冀先生的運氣不好（而且從這次開始，梁冀先生的運氣一直不好，用星象家的話來說，他閣下的氣數已盡）。原來宣女士跟寢殿侍奉宦官（中常侍）袁赦先生毗鄰而居，當職業殺手深夜爬上袁赦先生家屋頂，打算借道袁家屋頂，躍到宣女士家時，突然被發覺。那時既沒有電話，又沒有警鈴，袁赦先生教他的家人蜂擁而出，齊力敲鑼打鼓，一霎時聲震田野，向宣女士報信。

宣女士馬上知道發生了啥事，在嚴密護衛下，她乘車直入皇宮，找到女兒，一齊向劉志先生報告這場未成功的謀殺。劉志火冒三丈，好梁冀，你可眞凶，殺人殺到俺皇帝家人的頭上啦。積壓在心頭多少年來對梁家班的憤怒，一齊爆發，他要反擊。於是假裝拉屎，跑到茅廁裏，開始他的陰謀。他向最貼身的禁宮隨從小宦官（小黃門吏）唐衡先生，探聽消息，問宦官們有誰跟梁家班處不好的、或反對梁家班的，這當然有，唐衡先生告訴他，寢殿侍奉宦官（中常侍）單超先生，和禁宮隨從宦官（小黃門吏）左倌先生，曾跟首都洛陽市前任市長，已故的梁不疑先生（梁冀的兒子），反目有仇。另寢殿侍奉宦官（中常侍）徐璜先生，和禁宮侍從長（黃門令）具瑗先生，私下痛恨梁家班入骨，只是不敢公開表示。

劉志先生雖然身爲全國最高元首，現在卻只敢在茅廁裏閉門密談，他把五個人找到，向他們提議發動勤王，五個人一致站在皇帝這一邊。爲了禍福同當，生死與共，史書上說，劉志先生把單超先生的手臂，咬出血來，作爲盟誓。

——把別人手臂咬出血來，這算他媽的啥盟誓？至少也要互咬手臂出血，或咬自己手臂出血才像話。可是自己手臂出血，豈不痛得哎喲哎喲，只有皇帝老爺才想出這種只流別人血的妙法。

梁瑩女士是一五九年七月死的，現在，不過到了八月，梁家班已面臨末日。可能梁冀先生感覺到不對勁，也可能他已聽到什麼風聲，那一天（史書上說是「丁丑」，誰知道「丁丑」是哪一日？查起來頭昏眼花。直接寫出哪一日豈不簡單明瞭，偏偏冒出「丁丑」，他媽的兼狗娘養的），梁冀先生派宦官群中他的親信宮廷侍衛（中黃門）張惲先生，到皇宮警衛司令室（入省宿），打算接管警衛。劉志先生不能不立刻行動，蓋警衛大權一去，便萬事都休矣。乃下令逮捕張惲先生，宣稱他來自宮外，意圖不軌。這是一個血淋淋的罪狀，劉志先生在五人保護下，隆重升殿，由宮廷祕書們（諸尙書）分別撰寫詔書，祕書長（尙書令）尹勳先生率領所可以集結的宮廷侍衛，把守皇城，爲了預防被人盜用，把兵符（符節）集中保管。然後由具瑗先生帶領全副武裝的一千餘人御林軍，跟京畿總衛戍司令（司隸校尉）張彪先生的衛戍部隊會合，包圍梁冀先生大廈連雲的豪華住宅。

血流成河

這個突變，大出梁冀先生意料，他掌握權力二十年之久的心路歷程，使他的自信空前膨脹——他認爲即令是皇帝，對他也不敢反抗。事實上，他也確實毒死了一個。他這種膨脹的自信，產生顢頇和冥頑不靈，宮廷中積一月之久的密謀，他竟沒有得到一點比較具體的情報。所以當大批兵馬從天而降，把他的住宅團團圍住時，他嚇得魂飛天外，手足無措。等到合圍完成，宮廷禁衛官司令（光祿勳）袁盱先生，手拿皇帝的詔書，在門口宣讀對梁冀先生的處分：

第一、解除梁冀先生全國最高統帥（大將軍）職務。第二、封梁冀先生當比景侯。三、梁冀先生應率領他的家屬前往他的封邑。

比景侯的封邑在比景，而比景，閻姬女士篇幅裏，有過介紹，在現在（二十世紀）越南共和國的箏河口，距首都洛陽，航空距離三千公里，是當時中國最南方的荒涼邊城。閻家班就放逐到那裏，而今輪到梁家班矣。不過，可怕的還不是比景遼遠，而是封比景侯只是一個幌子，仇家滿佈朝野，梁冀先生只要一出大門，他的命運不卜可知。絕對的權力一旦瓦解，鐵定的會招徠絕對的報復。

梁冀先生平時威風凜凜，智慧百出，勇不可當。現在卻束手無策，他無法調動大軍，尤其是，他即令想調動大軍，也調不動。他是一個哥兒公子出身的惡棍，不是遠謀深慮的奸雄，他對他的軍隊不能控制。史書上沒有描寫這個惡棍死前的嘴臉，只直截了當的說，他跟他的妻子孫壽女士，雙雙自殺。他們夫妻一死，留下的梁氏家族，連比景也去不成啦。劉志先生下令作地毯式的逮捕，凡梁氏家族和孫氏家族，不管老頭也好，少年也好，婦女也好，懷抱中吃奶的嬰兒和天眞活潑的頑童也好，一個不漏，全體綁到刑場斬首。這是呂氏家族、霍氏家族覆滅的樣版戲，再次血淋淋演出。

梁氏家族在東漢王朝政壇上，屹立三十年，先後出現過：

兩個皇后
七個侯爵
兩個皇帝的一級小老婆（貴人）
兩個全國最高統帥（大將軍）
三個駙馬
五十七個部長和將軍（卿將尹校）
七個女性（妻子或女兒）郡君（王爵）或縣君（侯爵）

如果每一個人再有一百個家屬（包括奴僕），梁氏家族至少在一萬人以上。孫壽女士的孫氏家族，數目也應相差無幾。三十年榮華富貴，到此結束，堆積如山的無頭屍體，爲這兩大家族的滅絕，留下見證。

隨着梁氏家族的覆滅，凡隸屬梁氏家族的梁家班組織的成員，僅部長、將軍，就有數十人之多，也跟着處決。史書上只籠統的曰：「連及公卿列校、刺史二千石，死者數十人。」沒有指出姓名。指出姓名的只有：全國武裝部隊總司令（太尉）胡廣先生、宰相（司徒）韓縯先生、最高監察長（司空）孫朗先生，他們的運道比較好，沒有拉出去砍頭，而只撤職免爵，成爲平民。而梁家班外圍一些趨炎附勢的馬屁精，查出三百餘人，全體罷黜。在這場大整肅後，東漢政府的官員，幾乎一空。

現在，我們回到女主角梁猛女女士。

就在梁冀先生自殺，梁家班全被屠宰的當月——一五九年八月，劉志先生宣佈梁猛女女士繼任皇后，接替氣死的梁瑩女士遺留下的位置。劉志先生恨死了「梁」字，就把她改姓薄，稱爲薄猛女女士。薄猛女女士既不姓梁，更不姓薄，她的親爹本是鄧香。於是，到了一六一年，終於恢復了她的本姓——鄧猛女女士。

——一個皇后的姓，改來改去，中國歷史上還是第一次，而這種改不基於血緣上倫理上的理由，卻基於政治上的理由。「政治」，在中國歷史上一直是一支主流，大事小事，無一不受它的影響。

暴室暴卒

一人得官，雞犬升天，鄧猛女女士當皇后後，劉志先生追贈鄧猛女早死的老爹鄧香先生侯爵（安陽侯），封鄧猛女的娘，那位幾乎被梁冀刺客殺掉的宣女士「縣君」（女性侯爵）。鄧氏家族歡欣鼓舞，一個鄧家班的時代來臨。

——梁家班「無少長，皆棄市」的屍體，在墳墓裏還沒有腐爛，所流的血還沒有全乾，鄧氏家族已飛奔着往前急追。權力使人膽大包天，眼睛模糊，耳朵聽不清，鼻子嗅不出，咦。

然而，愛情是遞減的，皇帝老爺因毫無忌憚之故，遞減得更快。劉志先生皇宮裏，史書上記載，僅小老婆群第四級——最低級的「采女」，就有「數千人」，數千人到底是多少人，我們無法肯定，二三千人固可稱「數千人」，八九千人也可稱「數千人」。姑且推測爲五千人的話，一個「采女」如果有兩位宮女服侍，僅「采女」這一級的宮女，就一萬五千人矣。其他還有第一級「貴人」，第二級「美人」，第三級「宮人」，加上服侍她們的宮女，再加上充當其他職責的宮女，總數目可能跟西漢王朝末期比美，有三四萬人矣。新任的宮廷禁衛官司令（光祿勳）陳蕃先生，曾有一份報告給劉志先生，曰：

「采女數千，食肉衣綺，脂油粉黛，不可貲計，俗諺言：盜不過五女之門，以女盜家也（女兒嫁妝能把家搞窮）。今後宮之女，豈不貧國乎。」

劉志先生有點不好意思，爲了表示他從善如流，特下令釋放五百名宮女。五百名宮女實質上對劉志先生毫無影響，蓋釋放的宮女都有相當年齡，即令留在皇宮，劉志先生也不會多瞧她們一眼，他仍然擁有美女如雲。不過，對鄧猛女女士那股熱勁，已成過去。嗟夫，這可不能片面責備劉志，任何一個臭男人（包括可敬的柏楊先生在內），有那麼多的美女排隊而上，都會如此如此，這般這般。

鄧猛女女士受不了被冷落的羞辱，她踏上她那些前輩皇后的覆轍——狂妒，她認爲所有的美女都是該死的，忘了她當初是怎麼爬上高位的矣。這時劉志先生已把寵愛轉移到另一位郭貴人女士身上，兩個美女爲了爭奪劉志，陷於長期纏鬥，她說郭貴人的壞話，郭貴人也說她的壞話，壞話的內容我們不知道，也不重要，重要的是權力魔杖劉志先生聽誰的話。用不着胡思亂想，劉志先生當然聽郭貴人的，事情遂告決定。

一六五年二月，劉志先生翻臉無情，突然下令撤銷鄧猛女皇后的位號，逮捕她，送到宮廷監獄（暴室）囚禁。任何一個身在高位的人，都不能忍受這種摔下深谷的打擊，史書上說她「憂死」，這是可能的，但更有可能被殺——毒死或絞死。她不比她的前任梁瑩女士，梁瑩女士跌下來時，寶座沒有動搖，梁家班權勢正在巔峰，劉志先生不敢驟下毒手，而鄧猛女女士卻是全盤都輸。劉志先生不是有高貴情操的人，他只是個庸俗的市井流氓，什麼事都幹得出。

鄧猛女女士爲鄧氏家族帶來富貴，也帶來災難。她的叔父首都洛陽特別市市長（河南尹）鄧萬世先生；她的侄兒，也就是她爹的孫兒，繼承安陽侯爵位的鄧會；同時逮捕，叔侄二人，就在監獄裏絞死。另一位侄兒也是侯爵（昆陽侯）的鄧統先生，命運比較好，他被捕下獄後，沒有砍頭，僅只撤銷侯爵封號，逐回他的故鄉新野（河南省新野縣）。她的娘親宣女士，上天保佑她死得早，免掉一場勢敗後的痛苦遭遇。

鄧猛女女士於一五三年進宮，一六五年不明不白的香消玉殞，進宮時十八歲的話，死時不過三十歲，正是剛剛綻開的花。十三年的纏綿愛情，換來兩位親人的人頭落地，和全族放逐。

鄧猛女女士本身是平凡的，不過是皇宮中奪床鬥爭的一個小小插曲，但她引起梁氏家族的全滅，卻是傳奇的。一直到兩千年之後，我老人家都不明白，梁冀先生當初爲啥有那種非把她收做自己女兒不可的奇異念頭？這奇異念頭除了使梁氏家族覆沒外，也使鄧氏家族覆沒。當鄧猛女女士初坐皇后寶座時，她認爲她可以牢牢掌握劉志，嗚呼，除非具有趙合德女士那種神祕本領，歷史上還沒有第二個女人，能使皇帝一直保持愛心。何況，趙合德女士的老公劉驁先生，在第十年就「以身報肉」矣，誰敢保證再過十年，他仍能一如往昔乎哉。

田聖・竇妙

時間／二世紀六〇—七〇年代
其夫／東漢王朝第十一任皇帝劉志
遭遇／田聖被殺・竇妙憂死

一刀下去・玉頭落地

鄧猛女女士是直接受郭貴人女士攻擊，而全族覆沒的，鄧猛女女士既然死亡，以常情推測，郭貴人女士當然脫穎而出，繼任皇后的職位。可是，嫖客們沒有愛情，只有肉慾，大嫖客們尤其如此。皇帝老爺劉志先生，在鄧猛女女士死後不久，對郭貴人女士也玩膩啦，要換換口味。他把全部寵愛，雨露均霑的分給九位「采女」（小老婆群第三級）。九位采女中，尤以田聖女士，艷麗妖媚，美冠三軍。這位天生尤物，不但像半路殺出的程咬金，把氣焰正張，眼看就要爬上皇后寶座的郭貴人女士擠垮，她更虎視眈眈，企圖坐上去。劉志先生也正是這個主意，可是她的問題不發生在她的自身，而發生在她的家世。出身寒微，是她的致命傷，因爲她除了依賴權力魔杖外，沒有外援。京畿總衛戍司令（司隸校尉）應奉先生，在金鑾寶殿上，就曾引經據典，竭力反對。全國武裝部隊總司令（太尉）陳蕃先生，更進一步的建議，如果教貧賤出身的田聖女士當皇后，不如擢升現在身為貴人（小老婆群第一級）的竇妙女士當皇后。

——竇妙女士恰恰相反，她的家世燦爛奪目。在宋敬隱和梁恭懷女士的篇幅裏，讀者老爺一定還記得那位大獲全勝的竇章德女士，宋梁兩位都死在她閣下和她閣下的家族之手。這些家族在竇章德女士死後，雖然全被逐出政府，但百足之蟲，死而不僵，他們不同於其他外戚的命運，只不過失勢而已，並沒有一掃而光。竇章德女士的遠房侄兒竇武先生，以深通儒家學派經典，聞名當世。他的女兒竇妙女士，自然也是皇親國戚。劉志先生拗不過政府官員的立場，但主要的還是他自己也並不十分堅持。反正誰當皇后，對他閣下而言，都是一樣。於是，就在鄧猛女女士死掉當年（一六五）的冬天，册立竇妙女士當皇后。這是劉志先生第三任皇后，史書上沒有說她的年齡，依中國一向早婚的傳統，她應在十八歲左右。她剛當皇后的最初幾個月，劉志先生對她着實新鮮了一陣。可是，以梁瑩女士的花容月貌，和銷魂蝕骨的美麗胴體，劉志先生不過三年就玩膩啦，竇妙女士比梁瑩女士似乎要差一截，所以幾個月後，劉志先生仍回到以田聖女士為首的九位采女的懷抱，打得火熱。這使竇妙女士妒火中燒，嗚呼，前屢言之，妒火不但能燒壞別人，也能燒壞自己。劉志先生對一個妒火中燒的妻子，無心領教，離她越遠越好。而竇妙女士也就越忌越妒，劉志先生看到眼裏，對田聖女士更是越發瘋狂的寵愛。後人有詩嘆曰：

溺情無過綺羅叢　慾海沉迷太不聽
二十年來一昏濁　徒教婦寺亂深宮

——婦，指美女。寺，指宦官，尤其指那五位參加廁所密謀，後來全封侯爵、掌大權的宦官。

任何一個臭男人，性行爲過度，就得付出性行爲過度的代價。中國五千年歷史，大多數帝王們都短命而死，宮廷裏如山如海的美女們晝夜上床，旦旦而伐，是最主要的原因。劉志先生不能例外，他縱情在以田聖女士爲首的九位美女的酥胸大陣，過他風流天子的生活，終於精力枯竭。一六七年，一病臥床，眼看就要斷氣，爲了回報給他肉慾上的滿足，他把田聖等九位采女，一律擢升爲小老婆群第一級的「貴人」。到了該年的十二月，劉志先生翹了御辮，死他娘的啦。首尾計算在內，當皇帝當了二十二年，才三十六歲。如果不是那麼多如花似玉，他還有得活哩。

竇妙女士當了三年皇后，受盡了田聖女士九位美女的氣。劉志先生一死，竇妙女士順理成章高升皇太后，那一年，她這位皇太后不過二十歲，大學堂二三年級女學生，花朵般年齡，在竇家班擁戴下，臨朝聽政，掌握中央政府大權。劉志先生的屍體還有餘溫，她就開始報復，下令把田聖女士殺掉。大樹已倒，沒有人敢拒抗皇太后的命令。可憐田聖女士，這位無依無靠，有口難言的孤女，芙蓉般的面頰上還帶着哭夫的眼淚，就被禁衛軍拉出，不容分說，一刀下去，玉頭落地，宮廷一個冤魂。竇妙女士初次嚐到權力的味道，再下令把其餘的八位貴人，一齊處決。幸虧寢殿侍奉宦官（中常侍）管霸、蘇康先生，兩位跪在竇妙女士面前，苦苦哀求。八位貴人才算免掉一死。嗚呼，人生的變數太多，而宮廷中的人生變數更多，血腥和歌舞，間不容髮。

平地一聲雷

竇妙女士報了私仇之後，面臨着帝位繼承人問題。劉志先生沒有兒子，竇妙女士的皇太后現在是架空的。她爹竇武先生在她當了皇后後，父以女貴，被封侯爵（槐里侯），擔任首都洛陽皇城城門護衛官（城門校尉）。竇妙女士就跟老爹商量，必須儘快在皇族之中，遴選出下屆皇帝。竇武先生再跟執法監察官（侍御史）劉儵先生考慮良久，認爲只有十二歲的劉宏小子，最最合適。劉宏小子是一個皇家血統疏遠的沒落王孫，貧苦而賤，只不過一個三等侯爵（亭侯），封邑在解瀆（河北省安國市東）。

——西漢王朝和東漢王朝，侯爵分爲三等：第一等縣侯，封邑一縣。第二等鄉侯，封邑一鄉。第三等亭侯，封邑不過個小村落（吾友關羽先生，亭侯）。

——西漢王朝開國皇帝，那個老流氓出身的劉邦先生，在起兵叛變秦王朝之前，曾幹過「亭長」，就是一個小村落的村長。

劉宏小子皇家血統的位置，列如左表：

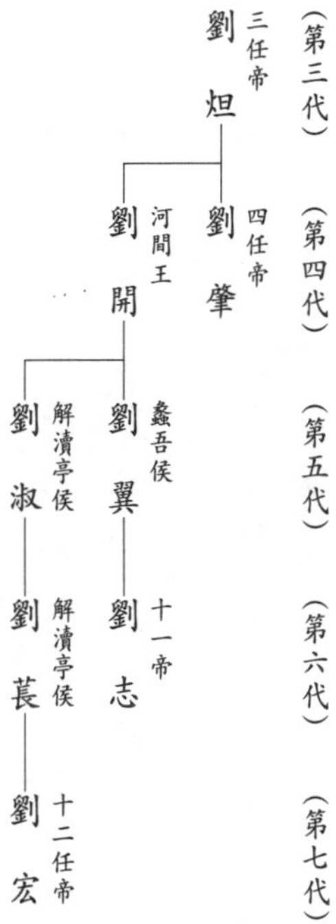

劉儵先生所以推薦劉宏小子，主要原因是，在有資格繼承帝位的皇族中，以他最年輕和最昏庸。竇妙女士必須有一個這種既年輕又昏庸的幼主，才可以理直氣壯的繼續掌握大權，而皇太后掌握大權者，也就是皇太后的親人掌握大權——直截了當的說，也就是身爲皇太后老爹的竇武先生掌握大權。郎有心，妾有意，餿主意既經提出，雙方一拍即合。竇妙女士馬上派劉儵先生，和寢殿侍奉宦官（中常侍）曹節先生，拿着皇太后詔書，帶着宮廷護衛及禁衛軍（中黃門虎賁羽林兵）一千餘人，前往河間（河北省獻縣）迎接。歷史上，這是一個盛大壯觀的場面，劉宏小子平地一聲雷，從一個窮措大，一步登天，成爲中華帝國最高元首，威風凜凜兼喜氣洋洋，人生如果有運氣的話，它閣下一旦來臨，眞是連城牆都擋不住。雖在兩千年之後，我們仍可聽到他小子心窩裏唱歌的聲音。

史書上說，二世紀四〇年代時，首都洛陽就有一首童謠曰：

「城上烏，尾畢逋。公爲吏，子爲徒。一徒死，百乘車。車班班，入河間。河間姹女工數錢，以錢爲室金爲堂。石上慊慊舂黃粱。梁下有懸鼓，我欲擊此丞相怒。」

是不是眞有這首童謠，我們不敢肯定，因爲它充滿了星象家所謂的預言。而這種燒餅歌式預言，根本沒有價值，因爲人類只有能力在形勢上推理，還沒有能力看到未來的具體形象。而且，即令一切是肯定的，這首兒歌，經過文言文把它一醬，讀起來已不像兒歌，而像一段千錘百鍊的經書。

然而，史書上說，到了六〇年代，一切都應驗啦。「城上烏，尾畢逋」，指當時皇帝劉志先生，像烏鴉一樣，盤踞皇宮，只知道貪汚。「公爲吏，子爲徒」，五〇年中國邊疆大亂，叛變頻起，大軍征討，廣徵民兵，爹被徵去當低級僱員，兒子被徵去當兵。「一徒死，百乘車。車班班，入河間」，指千餘禁衛軍去河間迎接劉宏小子。下面五句，直到六〇年代末期，劉宏小子坐上寶座之後，才陸續兌現。「河間姹女工數錢，以錢爲室金爲堂」，指劉宏小子的娘董孝仁女士——在下一篇，我們將專文介紹她：她閣下貪得無厭，賣官鬻爵，除了要錢，還是要錢。「石上慊慊舂黃粱」，指本文的女主角皇太后竇妙女士，豪華奢侈，教人剝黃粱佐餐：「黃粱」在當時只有福建省南部出產，俗稱「地波蘿」，大概是鳳梨之類；福建省南部距首都洛陽，直線一千五百公里，萬山千水，羊腸鳥道，實際距離，總在四千五百公里以上，加速的驛馬馬車，也要走五十餘天：五十餘天的長途跋涉，要保持進貢御用水果的新鮮，是一件可怕的浪費。「梁下有懸鼓，我欲擊此丞相怒」，人民不堪宮廷狗男女們的剝削和官員們的層層暴虐，想擊鼓伸冤，可是宰相之類，爲了保護自己的烏紗帽，對這些犯上作亂的亂臣賊子，自然義憤塡膺。

——從這首童謠，可看出東漢王朝劉志、劉宏兩位皇帝老爺在位時（也就是二世紀四〇年代到八〇年代之間），中國政治和社會，已徹底腐爛，大暴動終於在八〇年代爆發，把東漢王朝傾覆。

太大的打擊面

劉宏小子於一六八年，正式即位。當時的權力形式是：全國最高統帥（大將軍）竇武先生（皇太后竇妙女士的爹），皇家師傅（太傅）陳蕃先生、宰相（司徒）胡廣先生、最高監察長（司空）王暢先生。竇武先生封侯爵（聞喜侯），他的兒子竇機先生，侄兒竇紹先生、竇靖先生，也都封侯爵。一女當權，一家旱地拔蔥。身爲皇太后的竇妙女士，接着又封陳蕃先生侯爵，對前往河間（河北省獻縣）迎接新皇帝的寢殿侍奉宦官（中常侍）曹節先生，也封二級侯爵（長安鄉侯）。一個新當權的竇家班，於是建立。

這一年（一六八），新即位的小皇帝劉宏，才十三歲，他的乳娘趙嬈女士，隨着一手哺養長大的劉宏，一同進宮，宮裏尊稱她「趙夫人」，假定她二十五歲時奶劉宏小娃，現在也不過三十八歲，正是成熟的年齡，美麗、機警、狡黠，最拿手的本領還是善解人意。知道榮華富貴的源頭在年輕的皇太后竇妙女士手上，所以她日夜侍奉左右，曲意承歡，把竇妙女士搞得如醉如癡，芳心大悅。蓋竇妙女士雖然貴爲皇太后，可是她從沒有出過閨門，又那麼年輕，怎能逃過一個老奸巨猾的女巫之手乎。同時，趙嬈女士施出交際手腕，賄賂加甜言蜜語，宮廷裏一些負責行政事務的女官（女尚書）們，統統成了她的姊妹淘，把竇妙女士團團包圍。而寢殿侍奉宦官（中常侍）王甫先生，跟封了二等侯爵的曹節先生，更跟趙嬈女士結合，全神貫注的，博取竇妙女士歡心。這種情形，在紅樓夢裏可看出影子，賈府大大小小，男男女女，都在看賈母的眼色行事。不同的是，賈母已老，而竇妙女士正在妙齡。曹節、王甫就利用他們的諂媚，跟趙嬈女士狼狽爲奸，大肆賣官鬻爵，使竇妙女士一一照准。

大批來路不明的貪官汚吏馬屁精，由皇太后直接指派，東漢王朝政府，不但大權旁落，而且陷於癱瘓。陳蕃先生向竇武先生祕密進言曰：「曹節、王甫，這兩個壞蛋，在劉志在位時代，就混水摸魚，弄得民怨沸騰。現在趁皇太后當權，如果不馬上把他們剷除，恐怕到了後來，就更無法控制矣。」竇武先生也有同感，於是他跟宮廷祕書（尚書）尹勳先生、宮廷隨從（侍中）劉瑜先生，騎兵指揮官（屯騎校尉）馮述先生，共同商量行動步驟。這一年（一六八）五月一日，發生日蝕。陳蕃先生再度向竇武先生祕密進言曰；「我已快八十歲矣，對世事還有什麼企求？只希望爲政府盡忠，掃除害群之馬。也爲了幫助你建立不世的動業，才貪戀這個官位。現在機會已經成熟，日蝕是一項重要的天變，上帝已對東漢王朝提出警告。我們正可利用這項警告，請皇太后把宦官完全罷黜。趙嬈女士和那一批宮廷女官，爲非作歹，鬧得天怒人怨，也應該一網打盡。要發動就要迅速發動，夜長夢多，拖延太久，恐怕有變。」

竇武先生也有同感，立刻向他的皇太后女兒竇妙女士提出，以他們父女之親，和女兒對老爹的依賴——可以說言聽計從，竇武先生的建議應該被採納的。不過竇武先生所提出的打擊面太大，大到使竇妙女士兩眼發直。蓋如果依照老爹的主意，她周圍的那些恭順的人群，就要一掃而光，全部被逐被殺。而她又沒有直接的發現他們有什麼滔天大罪，所以這樣做不但是不可思議的，而且是瘋狂的。竇武先生顯然沒有考慮到一點，那就是，一掃而光之後，由什麼人服侍皇太后？事實上，接班人仍然是女官和宦官，問題仍然存在。這是一個無法解開的死結，中國傳統宮廷制度的死結。竇武先生解釋曰：「依王朝的規定，禁宮侍從官（黃門）、寢殿侍奉宦官（中常侍），只在皇宮裏服役，看守門戶，管理財產罷啦。而今他們卻干預到政府的行政，搖尾系統都做了大官小官，把國家弄得一團糟亂。自應該把他們全都驅逐，罪大惡重的，更應該殺掉，使王朝政治，耳目一新。」竇妙女士曰：「宮廷裏不能沒有宦官，有罪的當然應該處罰，怎麼能一竿子打落一船人，不分青紅皂白，一古腦幹掉呀？」

竇武先生只好指出寢殿侍奉宦官（中常侍）管霸先生和蘇康先生專橫凶暴，無惡不作。竇妙女士下令把二人逮捕，就在獄中絞死。竇武先生再指曹節先生和他那一黨的罪狀，竇妙女士正被曹節先生拍得舒服，雖不便於拒絕老爹的要求，但也不採取行動，竇武先生不能堅持。只好退出。到了這一年（一六八）的八月，陳蕃先生忍耐不住，向皇帝劉宏小子——事實上是向皇太后竇妙女士，上了一份終於引起一場可怕屠殺的奏章，奏章上曰：

「我聽說，言論不直，行爲不正，不但欺天，而且負人。話說得太深刻，意表得太明顯，群凶一定恨入骨髓。在二者之中，我願接受災禍，而不敢欺天負人。首都洛陽，現在已亂成一片，人言嘖嘖，都說曹節、侯覽、公乘昕、王甫、鄭颯、趙嬈以及宮廷裏的女官，結成一個小集團，擾亂天下。攀附他們的人，紛紛升遷。不肯降身的人，都受到中傷。政府高級官員，都成了河裏的木頭，不言不語，隨波浮沉。你陛下剛剛當上皇帝，順應民情，已把爲害最大的蘇康、管霸、一齊處決，小民聽見，普天同慶。可是幾個月下來，你陛下又縱容其餘的人亂搞，元惡大奸，正是此輩。現在如不誅殺，必然發生大的災難，危害政府。大災難一旦爆發，恐怕難以控制。請你陛下把我的這份奏章，公開宣佈，使他們知道我嫉惡如仇，不敢繼續爲非作歹，政治才有走上軌道的可能。」

宦官猛烈反擊

陳蕃先生眞是一個標準的老糊塗，白活七十餘歲，仍書呆子一個。雖位居宰相，對現實政治，卻摸不清要害，竟認爲宦官怕他，只要知道他嫉惡如仇，就不敢爲非作歹啦。而且竇武以老爹之親，面對面促膝長談，都不能打動女兒的心，陳蕃先生卻想靠一篇奏章，使她閣下改變主意，簡直是幼稚園小班的想法。何況奏章名義上雖是呈給皇帝，事實上是呈給皇太后，內容卻要整肅皇太后左右最親信的侍從，這等於把頭伸到鱷魚嘴裏，根本沒有逃生的可能。竇武、陳蕃像兩條蠻牛，只知道仗着皇太后竇妙女士的力量，埋頭猛衝，不知道政治是藝術，政治鬥爭更是藝術。寢殿侍奉宦官（中常侍）曹節先生和乳娘趙嬈女士，本是竇家班的人，是先天的埋伏在皇宮裏的主要助手。可是竇武、陳蕃，可能不屑於跟這種人爲伍，也可能熱血沸騰，沒有這種眼光。反正是，他們把曹節先生和趙嬈女士生生逼到敵人的陣營。皇宮之中，除了竇妙女士孤伶伶一個年輕的皇太后外，連個得力的助手都沒有。

竇武、陳蕃二位，還不知道危機四伏，仍在密鑼緊鼓，目標指向作惡多端的禁宮侍從長（黃門令）魏彪先生。皇太后竇妙女士只好下令，免除魏彪先生的職務，由另一位宦官山冰先生繼任。在竇武、陳蕃先生的堅持下，竇妙女士再下令逮捕長樂宮祕書（長樂尚書）鄭颯先生，收押北寺監獄。陳蕃這老頭，大概把宦官恨入骨髓，向竇武先生埋怨曰：「這種東西，抓住就應該立刻處決，何必經過坐牢審問手續，豈不麻煩？」

——陳蕃對即將爆發的血腥屠殺，要負主要責任，他心躁氣傲，咄咄逼人，對政治形同白癡。法律在他眼裏，跟在他所痛恨的宦官們的眼裏一樣，都不值一屁，只靠情緒治理國家，能殺就殺。他閣下如果成功，也不見得會好到哪裏去。

竇武先生比較有理性，他打算利用掌握法律的優勢，達到排除宦官的政治性目的。他教新任的宮廷祕書長（尙書令）山冰先生，會同宮廷祕書長（尙書令）尹勳先生、執法監察官（侍御史）祝瑨先生，組織會審法庭，就在監獄裏審問鄭颯。鄭颯先生口供中，牽連到曹節和王甫（話得說回來，這口供是怎麼得來的？又是怎麼牽連到的？從竇武、陳蕃二位對宦官仇視的事實，我們可斷定審問時所施的苦刑拷打，一定慘不忍聞。嗚呼，苦刑拷打之下，要啥口供有啥口供。不要說牽連到兩個他們已決心剷除的宦官，就是教鄭颯先生牽連柏楊先生，也照樣會牽連個結實)。

山冰和尹勳得到這份口供，大喜過望，連夜把奏章遞進去，再提前議，要求斬草除根。事情發展到這裏，竇武、陳蕃二個書呆，勝利在握，躊躇滿志。認爲曹節、王甫赤手空拳，抓他們像老鷹抓小雞一樣，不費吹灰之力。

然而，巨變就在這時候發生。蓋奏章遞進了皇宮，不過遞到收發處而已，必須經過宦官之手，才能到達皇帝面前，或到達皇太后面前。高級宦官一連串的被捕被殺，使所有宦官，都朝不保夕，人人自危。宮廷中風聲鶴唳，草木皆兵。所以對政府官員的每一個奏章，都心顫膽驚。傳遞山冰、尹勳奏章的小宦官，早已被吩咐過，要嚴密注意審訊後任何進宮文件。小宦官對三更半夜送來的奏章，覺得不對勁，他馬上通知長樂宮高級祕書（五官史）朱瑀先生，朱瑀先生悄悄把密封着的奏章打開，只看了幾行，就怒髮衝冠，嚎曰：「宦官犯法，當然可以殺。可是對我們沒有犯法的，爲啥也要誅盡斬絕？」

情急則智生，他連夜下令，召喚長樂宮他屬下助手，緊急集合，到有共普、張亮等十七人，他痛哭流涕宣稱：「竇武、陳蕃已有祕密報告，要求撤換皇帝劉宏，這是大逆不道的罪惡，我們雖粉身碎骨，也要保護聖躬。」然後歃血爲盟，決定先幹掉竇武、陳蕃。而陳蕃先生前面那份奏章，也被小宦官偷瞧了內容，適時的洩露出來，大家更火上加油，少數猶豫不決的，也悲憤塡膺。他們把情況報告曹節、王甫，這兩位嚇了一身冷汗，決定採取猛烈的反擊，下令宦官們故意的東奔西跑，大聲鼓噪，造成一項可怕的混亂。

然後，曹節先生狂奔到劉宏小子的寢宮，告警曰：「大事不好，竇武、陳蕃發動政變，要對你陛下下手，危在旦夕。唯一的辦法是立刻坐上金鑾寶殿，發出詔書，號召勤王。」不要說劉宏小子那年才十三歲，就是八十三歲，變生肘腋，也心亂如麻。於是在宦官群武裝保護下，登上前殿。趙嬈女士當然隨在劉宏小子身旁，跟他分擔福禍。曹節先生吩咐關閉所有宮門，傳喚宮廷祕書（尙書）跟他們的屬下職員，教他們繕寫皇帝詔書。第一道詔書就是任命王甫先生當禁宮侍從長（黃門令），前往北寺監獄，逮捕尹勳先生和山冰先生。

首都大屠殺

山冰先生已經就寢，忽聽有皇帝詔書，急忙爬起來迎接，面前赫然站着他在奏章中要求逮捕的王甫，不禁吃了一驚，轉身就要開溜，王甫先生大喝曰：「好山冰，你膽敢拒絕皇帝的命令呀。」一劍刺去，從背後直穿前心，山冰先生連叫一聲都沒有，就栽倒在地。尹勳先生從夢中驚醒，出來探問究竟，王甫先生殺得性起，手起劍落，尹勳先生也命喪黃泉。王甫先生放出已走到鬼門關邊緣的鄭颯先生，一同返宮。

宮廷內外雖發生這樣巨大的流血變化，但迄今爲止，宦官群的力量仍十分脆弱，他們手中只有一個皇帝劉宏小娃，其他啥都沒有。假如有人向竇武、陳蕃告密，先發制人，一面保護另一位權力魔杖皇太后竇妙女士，一面集結武裝部隊，宣稱奉皇太后之命，捉拿劫持皇帝的一小撮毛賊；宦官群既失去了號召，又沒有實力，只有消散一途。然而，可憐的竇家班，他們像一群瞎子兼聾子，竟仍然高枕安臥。主動一失，成了被動，便面目全非。

王甫先生回宮後，直接到皇太后居住的長樂宮。平常，他脅肩諂笑，一副奴才模樣，現在陡的揚眉吐氣，大聲發號施令，喝令竇妙女士把皇太后的金印交出來。這是一個尖銳的對比，奴才們翻臉無情時，露出的嘴臉，比亞馬遜河特產的庇狼亞食人魚，還要可怕。竇妙女士聽到厲聲喧嘩，還沒有從床上爬起來，金印已被陣前起義的宦官宮女們搜去。王甫先生得到了皇太后的金印，立即封鎖長樂宮所有的宮門，和直接通向外界的「複道」。這時，宦官們已準備好了詔書，由剛出獄的鄭颯先生，率領宮廷侍衛，前往逮捕竇武、陳蕃。

——這是一項危險的任務，等於單槍獨馬攻打獅群，竇武是擁有重兵的全國最高統帥，陳蕃是全國尊敬的政壇元老，兩個人如果稍有準備，鄭颯先生就肉包子打狗，有去無回矣。宦官們所以派鄭颯先生，一則大概因爲他急於公報私仇，二則也因爲，即令失敗也沒關係，反正他在監獄裏就死定啦。

直到這時候，竇武先生才得到消息，他所認爲決不會發生的事，竟然發生，好像青天霹靂一樣，手腳失措。現在他發現，事已至此，只有軍隊才能扭轉危局和救他們父女的性命。於是，他逃到他侄兒竇紹先生當步兵指揮官（步兵校尉）的「步兵營」，緊急召集就近的首都洛陽北郊駐軍，向他們宣稱：「宦官謀反，凡能殺賊勤王的，一律重賞。」僅這一星點反應，鄭颯先生就碰到麻煩，軍營中箭發如雨，鄭颯先生身旁幾個倒楣的傢伙，先後倒地，他閣下只好撤退。

曹節、王甫現在有兩顆金印在手，一顆是皇帝的，一顆是皇太后的，他們所頒發的詔書，不管內容是啥，都是國家最高權威。他們下令給三天前才從北方中匈邊境還朝的匈奴軍區司令官（護匈奴中郎將）張奐先生，命他率領首都洛陽的衛戍部隊（五營兵），和王甫先生的宮廷警衛軍（虎賁羽林）會合，向竇武先生拒守的步兵營攻擊。這時，陳蕃先生才聽到風聲，他把事情搞大啦，卻無法使它平息，雖然是萬人敬仰的皇家師傅（太傅），在兩顆金印的詔書之下，已被肯定爲亂臣賊子，他手無寸鐵，唯一的一條路，是以身殉職。他率領宰相府一些屬員八十餘人，手持刀斧，直奔皇宮，這氣象是悲涼的，就在中途，跟王甫先生的宮廷警衛軍，頭碰頭的相遇。陳蕃先生和他的屬員高聲叫曰：「竇武忠心報國，而你們這些宦官卻逞兵叛變，怎麼反過來血口噴人呀。」王甫先生咬牙切齒曰：「先皇帝劉志剛死，墳墓還沒有乾，竇武是什麼東西，對國家有啥貢獻，卻父子兄弟，都封侯爵。又在家裏花天酒地，偷偷摸摸把宮女們弄過去享樂，不過十幾天時間，家產就猛增幾萬兩銀子。身爲政府高級官員，竟是這種德行，天下還有公道乎哉。你身爲宰相，跟他一個鼻孔出氣，也是一個奸邪，還有啥可說的？小子們，給我把這老傢伙拿下！」

陳蕃先生那群脆弱的烏合之眾，當然敵不過訓練有素的正規軍，結果全被掀倒在地，繩綑索綁，押送到北寺監獄。這是鄭颯先生坐牢的地方，現在仇人來啦，那些大小宦官一見陳蕃，眼睛發紅，一擁上前，拳打腳踢，一面毆打，一面罵曰：「你這個老妖怪，還敢不敢削減我們的人數？還敢不敢拉低我們的待遇？」陳蕃先生落到這種地步，知道已無生理，也向宦官們破口回罵，而破口回罵，當然召來更重的毆打，這位將屆八十歲的東漢王朝皇家師傅（太傅），口吐鮮血，被踏到地上，奄奄一息。曹節、王甫恐怕發生變化，下令把他立即處決，是砍頭，抑是絞死，史書沒有交代，反正是一命告終。

囚禁南宮

這是一個漫長的恐怖之夜，好容易熬到天色漸明，政府軍在皇帝詔書調遣下，從四面八方湧來，把竇武先生的步兵營團團圍住，雙方對壘。竇武先生雖然是全國最高統帥（大將軍），但他跟過去那些靠權勢抓到軍權的將軍——我們姑妄稱之為「降落傘型將軍」，在本質上沒有分別，都是用行政權力硬罩到軍隊頭上的。二十世紀現代化的民主法治國家，這是正常的。但在二世紀專制時代或封建社會，卻表示他在部隊中沒有基本力量。所以像梁冀先生之類，平時聲勢烜赫一時，事到臨頭，才發現「總司令」頭銜，不過是一個空殼。

竇武先生處於絕境，他唯一的仗恃女兒皇太后竇妙女士，已被奪去金印，身處在封鎖緊密的深宮之中，眼淚汪汪，在盼望老爹拯救。而老爹目前只有他侄兒所能暫時掌握的「步兵營」，政府軍浪潮般的湧到，在人數上已佔優勢。再加上政府軍奉有皇帝的詔書，又有能征慣戰的大將軍張奐先生指揮，而竇武先生卻倒轉過來，成了叛逆，已經站在下風。然而，這還不是致命的，如果竇武先生能揮軍出擊，只要粉碎包圍，用奇兵突襲皇宮（事實上，皇宮的守衛薄弱，能調遣的都調遣到前方去啦），只要能弄到一個權力魔杖，無論是皇帝或皇太后，都可以霎時間旋轉乾坤。可是竇武先生這個總司令卻是一個降落傘，不是一員戰將。而且當時社會，人們（包括軍隊）對宦官們都有一種長期累積下來的尊敬和恐懼心理，這種心理上的陰影，根深柢固。

宦官群恰當的利用這種心理，王甫先生教士兵們向步兵營大聲喊話，曰：「竇武造反，有眞憑實據，皇帝發兵討叛殺賊。你們都是國家的軍隊，負責保衛宮廷安全，應該知道忠奸是非。起義來歸的，皇帝自有重賞。」這種號召強而有力，步兵營開始瓦解，不到兩小時（自旦至食），散了個淨光。竇武和竇紹叔侄二人，上馬逃走。那當然是逃不掉的，只好自殺。

宦官群接着展開流血整肅，竇武先生的家屬——除了他的妻子外，包括親戚，甚至他的客人、朋友，一律逮捕，不分男女老幼，全都處決。支持竇武先生最力的宮廷隨從（侍中）劉瑜先生，洛陽郊區駐軍司令官（屯騎校尉）馮述先生，都屠滅三族。萬人以上的血，灑遍首都，法場上號聲震天，被處斬了老幼婦孺的無頭屍體，排列數里之遙。宦官群更趁機報仇，一口咬定虎賁警衛軍司令（虎賁中郎將）劉淑先生，宮廷祕書（尙書）魏朗先生，跟竇武先生通謀，兩個人就在獄中自殺。接着把竇武先生的妻子，貶竄到日南郡（越南共和國東河縣）。凡是竇武先生所任命的官員，一律撤職軟禁。

——軟禁，東漢王朝時稱「禁錮」。雖沒有投到監獄裏坐硬牢，卻在家裏，或在某一個指定的地方，劃一個範圍，在那個劃定的範圍裏，行動可以自由，比坐硬牢稍微好受一點，但不能越過那圈圈一步，蓋警衛森嚴，插翅難飛。

嗚呼，竇武陳蕃所以千挑選、萬挑選，挑選上劉宏小子，就是看中了他年紀尙小，便於竇家班繼續當權。想不到劉宏小子登極只不過九個月，竟全盤都輸。雖不是劉宏小子主動揮刀，但這場悲劇也未免來得太快，人生路程上，誰敢逆料啥事會發生？啥事不會發生乎哉？

現在，只剩下獨鎖深宮的竇妙女士一人矣，跟我們過去介紹過的失勢皇后，或失勢皇太后一樣，歷史再度重演。她被那些昨天還百般諂媚奉承的搖尾系統，囚禁在南宮——皇宮最南的一個小院。前已言之，奴才一旦翻臉無情時，是可怖的。他們絲毫不念及竇妙女士曾經保護過他們，卻因啣恨她爹，把憤怒全部轉移到女兒身上，認爲她是最後的一根眼中釘。次年（一六九）四月，發生怪事，史書上說，金鑾殿的頂樑忽然掉下一條青顏色的蛇，正好掉到皇帝屁股坐的龍墩上，左爬右爬，爬了一陣才爬走。而天氣忽然轉壞，狂風暴雨，下起冰雹，雷聲霹靂聲，首都洛陽高大的樹木，被拔起的有一百餘株。在古代，這被稱爲「天變」，表示上帝對當時政府的警告。農林部長（大司農）張奐先生（他因率軍攻打竇武先生的步兵營有功，已升了官），建議劉宏小子，應去朝拜皇太后竇妙女士，奏章上曰：「宜思大義復顧之報，以全孝道而慰人心」，蓋當初若非竇妙女士首肯，劉宏小子還在河間（河北省獻縣）偷雞摸狗哩。

死於囚所

劉宏小子面對着張奐先生的建議，思一思，想一想，天良發現，決定去看看他的恩人兼伯母。寢殿侍奉宦官（中常侍）聽到消息，大爲緊張，竇妙翻身的機會雖然很小，但不可不防微杜漸，萬一小帝崽跟他的恩人兼伯母，見面後閒話家常，和好如初，拆穿了政變內幕，禍事就深不可測矣。於是千方百計，勸阻劉宏不要前往。劉宏才十四歲，十四歲的娃兒還沒有能力跳出老奸巨猾的手心，也就打消原意。

這樣一直拖到一七一年，劉宏小子滿十六歲，依中國傳統的早婚習慣，他閣下娶了皇后——宋孝靈女士，雙雙到永樂宮（皇太后宮，竇妙女士原來住的地方），朝見劉宏的親娘董孝仁女士。這時候劉宏小子天良再度發現，覺得似乎應該再朝見一位長輩，如果忘了這位長輩的昔日大恩，簡直連畜牲都不如矣。就在那年十月一日，隆重的率領政府及宮廷高級官員，到囚禁竇妙女士的小院——南宮，作官式朝拜。早有宮廷總管（掖庭令）設下御宴，劉宏先生親自向伯母敬酒，竇妙女士也只好強作歡顏，一飲而盡。

這一次戲劇性的會面，使竇妙女士升起一線盼望，盼望自己囚禁的生活可以改善，也盼望她那放逐到兩千公里外日南郡（越南共和國東河縣）的娘親，能夠生還。禁宮侍從長（黃門令）董萌先生，同情竇妙女士的遭遇，在以後的日子裏，總是乘着機會，向劉宏先生解釋竇妙女士政變中無辜的地位。劉宏先生有點省悟，就常派董萌先生送東西到南宮，供奉比從前加倍豐富。帝崽的意向既然這麼明朗，囚禁自然鬆懈，竇妙女士逐漸恢復無位無權的皇太后的尊嚴。可是，這個春天是短暫的。死對頭曹節、王甫，再度反擊，他們撒出法律的網，指控董萌先生出口不遜，毀謗侮蟣劉宏先生親娘董孝仁女士（謗訕永樂宮），把董萌先生逮捕下獄，就在獄中處決。

竇妙女士重回悲慘之境，劉宏先生是太忙啦，忙於和美女調情，忙於貪贓枉法，忙於所謂的處理國家大事。而「太忙」的人，最容易忘恩負義，因爲沒有時間回憶，所以他的天良不再出現。而劉宏的妻子宋孝靈女士，正在當權，大家正熱鬧着諂媚歡呼。加上董萌先生的前車之鑑，再沒有人敢提及，也再沒有人願提及這位被罷黜了的過氣皇太后矣。次年（一七二），竇妙女士得到消息，她娘親在遙遠的日南郡病故，不禁大慟，臥病在床。那些高級宦官群正是盼望她臥病的，只有因病死亡，才不會發生不可預料的後遺症。那年六月，竇妙女士終於不明不白逝世，距她威震宮廷，毒死田聖女士，只有五年，陰魂如果不散，她們將在慘淡的另一個世界，作諷刺性的相會。竇妙女士死時大概二十五歲，一個豐滿的年輕少婦，被投進蛇蠍宮廷，她自己也變成蛇蠍，而也終於被另外的蛇蠍咬死。

高級宦官群對她的餘怒不息，曹節、王甫向劉宏先生建議，不能以皇太后的身份埋葬她，而只能用小老婆群第一級「貴人」的身份入土，這正是竇妙女士原來的職位。劉宏先生這時的腦筋偶爾清醒，他曰：「這算啥話，我這個皇帝還是她教我幹的呀。」曹節、王甫又生花招，堅持竇妙女士不應該跟劉志先生合葬，劉宏先生下令政府官員開會研究，派寢殿侍奉宦官（中常侍）趙忠先生監議。

——世界上有「監考」的焉，有「監誓」的焉，想不到還有「監議」的，這種奇異的制度幸虧沒有流傳下來，使我們感謝上蒼。

雖然有宦官「監議」，仍有不怕死的英雄好漢。會議桌上大部份官員們都是識時務的俊傑之士，像一群呆頭鵝，坐在那裏，只嚥唾沫，誰都不敢先開尊口。司法部長（廷尉）陳球先生打破沉寂，第一個發言曰：「竇太后良家盛德，由皇后而皇太后，當然跟劉志先生合葬，有啥可討論的？」負責「監議」的趙忠先生冷笑曰：「好哇，你既如此說，就請寫出來。」寫出來就寫出來，陳球先生立即寫下他的意見。趙忠先生臉色大變，惡意的點頭曰：「你可是膽子不小。」陳球先生曰：「竇武、陳蕃，已經冤死，竇太后又被無緣無故的囚禁，民怨沸騰，今天爲國效忠，就是有人怪罪，死也甘心。」這個頂撞直揭瘡疤，而且「動搖」了宦官群的「國本」，趙忠先生一跳而起，兩眼冒出凶光，皇家師傅（太傅）李咸先生插嘴曰：「我跟陳球先生意見相同，竇太后不應該埋葬到其他地方。」這時候大家才囁囁喃喃的，表示附和。趙忠先生發現高壓手段失敗，只好接受這個結論。

死後合葬也好，不合葬也好，竇妙女士不過一具殭屍，已不在乎埋到什麼地方。但政府官員們和全國國民對宦官群的憤怒，已到了「倒數秒」階段，不久即行爆炸，把東漢王朝，炸得粉碎。

董孝仁

時代／二世紀八〇年代
其夫／東漢王朝解瀆亭侯劉萇
其子／東漢王朝第十二任皇帝劉宏
遭遇／自殺

餓狼撲進羊群

董孝仁女士，是中國歷史上第一位丈夫不是皇帝，而自己卻當上了皇太后的老奶。她是河間（河北省獻縣）人，史書上沒有介紹她的家世，顯然的她的家世微不足道，可能只是一介平民，即令不是平民，頂多不過中下級的小官小宦之家，所以她才嫁給三等侯爵（亭侯）劉萇先生。

前已言之，劉萇先生是東漢王朝第三任皇帝劉炟先生的後裔——重孫，因爲小宗復小宗的緣故，所以他閣下只能封一個三等侯爵。從他兒子劉宏先生以後當上皇帝視財如命的現象推測，劉萇先生這個不事生產的破落戶，經濟情況，恐怕很糟，雖不一定跟柏楊先生一樣，左借右借過日子，但也僅比一般貧苦人家稍好一點而已。

董孝仁女士就是在這種情形下嫁給劉萇先生的，既沒有燦爛輝煌的前瞻，也沒有可能改善生活的實力；而劉萇先生的三等侯爵，再傳下去，依照親疏等差的宗法原則，兒孫就都要成爲平民矣。然而十三歲的兒子劉宏，卻忽然被中央政府竇家班看中，迎接到首都洛陽，繼承大統，簡直是春夢成眞，喜從天降。可惜這時候老爹劉萇先生已經入土爲安，不能分享兒子帶來的無上尊榮。老娘董孝仁女士倒是趕上了這場熱鬧，嗚呼，世界上還有比兒子一下子當上皇帝，更傳奇的時來運轉乎哉。不過，她閣下跟她的一些前輩，諸如傅孝哀女士、丁姬女士、衛姬女士一樣，遭遇到同樣的難題，雖然兒子是皇帝，而她仍是「藩妾」——皇帝老爺（即令皇帝老爺是自己親生的小娃）屬下一個普通侯爵的妻子，既不能前往首都洛陽風光，更不能當皇太后弄權。因爲已有一位皇太后竇妙女士在寶座上猛坐哩。

但是，親情無法抹殺，劉宏小子於一六八年登基之後，竇妙女士同意追尊老爹劉萇先生「孝仁皇」（注意，只稱「皇」，而沒有「帝」，儒家系統咬文嚼字，認爲這正表示劉萇先生從沒有實質上掌過大權，而也從沒有坐過龍墩），把他墳墓改稱愼陵（小民的墳墓叫墳墓，皇帝的墳墓叫「陵」，也是文字把戲的一種，保鑣護院型文化人，樂此不疲）。同時尊稱仍活着的老娘董孝仁女士「愼園貴人」，以區別她「三等侯爵夫人」的卑微身份。愼園貴人的威風事實上跟皇太后一樣——即令法令上規定不一樣，地方官員也不敢不一樣，誰敢不拍現任皇帝娘親的馬屁乎哉？唯一不一樣的是，她閣下不能去首都住皇宮。

這是一個永遠跟兒子隔離的局勢，現任皇太后竇妙女士年紀正輕，至少十年二十年還死不了，宮廷既不允許有兩個皇太后，竇家班勢力又正在鼎盛，那些以儒家正統自居的官僚群，不可能破壞這種制度。董孝仁女士只好孤伶伶乾泡在她的故鄉河間，跟西漢王朝第十四任皇帝劉箕子小子的娘親衛姬女士一樣，直到老死。

然而，人生道路難以預料，只不過短短八個月，宦官群發動政變，竇家班全軍覆沒，竇妙女士被囚。不但讓出了寶座，而且空出了皇太后所住的永樂宮。宦官群開始動腦筋，他們認爲如果把劉宏小子的娘親迎接到首都洛陽，不但老娘會心懷感激，就是劉宏也會心懷感激，母子同時感激，等於一箭雙鵰，宦官的權勢將更爲穩固。劉宏小子不過十三歲，當然盼望娘親駕到，這時也不管他媽的法令制度啦，有權就是有理。次年（一六九）三月，就把董孝仁女士從河間迎接到洛陽，尊爲「孝仁皇后」——大家一致叫她「董太后」，名正言順兼理直氣壯的住進永樂宮，這是繼她兒子當皇帝之後的第二次春夢成眞，從一個永無出頭之日的三等侯爵夫人，升遷到中央政府至高無上，手握權力魔杖的皇太后。這種使人興奮的遭遇，聽起來好像童話故事。

可是，童話故事都是純潔和優美的，而以董孝仁女士爲主角的傳奇，卻含垢納污，一片骯髒。老娘董孝仁和兒子劉宏，他們雖然身居當時中國最高的權位，卻沒有一分一厘心情爲國家人民着想，而只爲自己着想。像兩隻餓了一冬天的野狼撲進羊群，盤踞深宮，不顧一切的狂噬猛吞。蓋劉宏先生一直譏笑他的伯父——也是他的前任皇帝劉志先生，不懂得聚斂金銀財寶。

——史書上記載他譏笑劉志先生不能「作家」，這個「作家」，可不是一個名詞，如果是個名詞，就跟二十世紀寫文章的朋友被稱為「作家」同一意義矣。二世紀時的「作家」，「作」是動詞，劉宏先生的意思是，劉志先生不會料理家庭財務。嗚呼，劉志先生的貪婪無止，已在東漢王朝佔第一把交椅，而劉宏先生還嫌他亂搞得不夠，則劉宏先生的貪婪無恥，就更山搖地動，地動山搖矣。

母子嗜錢如命

絕對專制社會中，整個國家都是皇帝一人的私產，全國人民都是皇帝一人的奴僕。所以我們實在弄不懂，劉宏先生為啥還要私房錢？唯一的解釋是，他仍有可憐兮兮小民們的想法：「到手的錢才是錢！」「口袋裏的錢才是錢！」一直到二十世紀八〇年代，很多鄉下佬仍不肯把錢存進銀行，而寧願裝到鐵罐裏，埋到後院地下。等到有一天要用時，扒出來一瞧，鈔票已爛成一堆廢紙矣，只好大放悲聲。

一則故事可說明這種心理狀態，兩個窮措大在一塊互訴衷曲，其一曰：「我要成了富翁，吃了就睡，睡了再吃。」其二哂曰：「我要成了富翁，吃了再吃，哪有工夫睡耶？」劉宏這個窮措大出身的皇帝，現在就是吃了再吃。他要把銀子放在眼皮底下，才感到安全。而老娘董孝仁女士也是窮措大出身，她的容貌應該不會差到哪裏去，但她吃了又吃，那種非洲土狼才有的貪婪饞相，使我們想起京戲法門寺劉媒婆的嘴臉。

母子同心之下，劉宏先生公開鬻官賣爵。西漢王朝的老少帝崽們，也有過鬻官賣爵的場景，但他們收的贓款，都當作國家歲收，而董孝仁女士和兒子劉宏所收的贓款，卻直截了當裝進自己腰包。母子們開出的價錢是：部長級官員（二千石）二千萬錢，州長級官員（四百石）四百萬錢。只要拿出這個數目，無官的當官，有官的升官。至於有些官員，確實政績斐然，依照法令考績，應該升遷的，也得繳納半數，至低也得繳納三分之一。縣長級官員，則以縣份的貧富，分出若干等差，富縣縣長定價三百萬錢，貧縣縣長二百萬錢也行。董孝仁女士有現代商人的靈活頭腦，有錢大爺，當然先繳錢後上任，如果價錢太高，沒人買得起，就變通辦法，可以先上任，後繳錢。於是，有錢的王八坐上席——不但坐上席，而且坐官席。今天還在妓女院當大茶壺，見了嫖客脅肩諂笑；明天一手交錢，一手交貨，忽然就成了縣太爺，成了國家正式官員（朝廷命官），坐在公堂之上，一臉都是尊嚴，抓住嫖客，說他妨害風化，猛打板子。

主要的是，那些錢是從哪裏來的？嗟夫，不管用什麼形式，錢都來自小民。紅樓夢上有句話形容皇帝老爺下江南時的蓋世豪華曰：「說穿啦，不過把皇帝的錢，花到皇帝身上。」這教我們想起另一則故事，宋王朝宰相蔡京先生，有一天他問寶貝兒子們，米是從哪裏來的？有的說從倉庫裏來的，有的說從麻袋裏來的，有的說從蓆子裏來的，蓋農家都是用蓆子囤米者也。嗚呼，把皇帝的錢花到皇帝身上，是蔡京先生寶貝兒子們的見解，只看到半截，倉庫、麻袋、蓆子，既不能產米，皇帝老爺又哪裏來的金銀財寶？事實是「把小民的錢花到皇帝身上」。這些小民的錢，可不是正式納稅的錢，而是賣兒賣女，上吊投井的血淚錢。天下既然有「先上任，後繳錢」的禽獸之官，皇帝本人就是謀財害命的兇手，小民被敲骨吸髓，哭天不應，哭地不靈，只有兩條路可以選擇，一條路是剛才所說的賣兒賣女，上吊投井，另一條路則是群起抗暴。劉宏先生的東漢王朝，就傾覆在小民的抗暴壯舉上。

山崩地裂就要來臨，可是深宮裏的窮措大母子，卻毫無所知。不但毫無所知，還變本加厲，認爲被他們百般蹂躪的東漢政府，是鋼鐵做成的，怎麼敲打都不會碎。所以到了後來，連宰相級官員（三公）都公開出賣，宮廷中遂金山銀海，董孝仁女士的芳心和兒子劉宏先生的龍心，同時大悅，覺得這才是眞正的人生。劉宏先生親承母教，得意忘形，有一天問宮廷隨從（侍中）楊奇先生曰：「我比我的伯父劉志先生如何？」楊奇先生曰：「你跟劉志先生，天生的一對。」劉宏先生一向瞧不起他伯父的，一聽這話，臉色氣得鐵青。還好，總算沒有爆出刀光血影，而只把楊奇先生，貶到五百公里外去當地方官——汝南郡（河南省平輿縣西北射橋鄉）郡長（太守），楊奇先生像逃避瘟疫一樣，逃離汚穢的宮廷。

楊奇先生被排斥，說明一種現象，不行賄的官員，在中央政府已無法立足，上自宰相，下至中下級官員，全靠錢和嗜錢如命的宦官們支持，他們做官的唯一目的，是搜括的銀子越多越好。一八四年，一個以張角先生爲領袖，龐大憤怒的農民抗暴集團，四面八方蠭起。然而，被錢堵塞了心竅的母子，顢頇如初。一八五年，宮廷忽然大火，靈台殿、樂成殿、章德殿、和驩殿，一掃而光。母子們大張撻伐刮來的錢，也燒成灰燼，懊喪得恨不得向南牆上撞死。再開始聚斂已來不及，在寢殿侍奉宦官（中常侍）張讓、趙忠先生的建議下，劉宏先生下令增收田賦——每畝增收十錢，民變遂更不可遏止。

媳婦的報復

董孝仁這位窮措大皇太后，對宮庭外的殺聲哭聲，固可無動於衷，拚命斂財如故。但對宮廷內的權力鬥爭，她卻無法避免的捲到裏面；一個可怕的敵人，悄悄在她身旁崛起。

這位可怕的敵人何靈思女士——是劉宏先生的大老婆，東漢王朝現任皇后，也是董孝仁女士的媳婦。何靈思女士生下兒子劉辯，而另一位小老婆王靈懷女士，生下兒子劉協。何靈思女士妒火中燒，效法那些當皇后的前輩手段，把王靈懷女士毒死。關於這一段，我們在何靈思女士篇幅裏，再作報導。而現在只說王靈懷女士死後情形，劉宏先生大肆咆哮了一陣之後，擔心劉協小娃也遭毒手，就把劉協小娃送到皇太后住的永樂宮，請老娘董孝仁女士撫養。董孝仁女士當然對孫兒嚴密保護，何靈思女士雖急得團團轉，卻再也找不到機會。這使她對她的婆母，懷恨在心。按照宗法制度，皇后生的兒子劉辯小娃，當然是皇太子。可是，劉協小娃要比劉辯小娃聰明，劉協小娃又是劫後餘生，身為祖母的董孝仁女士，就想教劉協小娃當皇太子。何靈思女士由懷恨轉成恐懼，再由恐懼轉成加倍的懷恨。

一八九年，劉宏先生忽然臥病，政府高級官員們考慮可能會一命歸陰，紛紛建議他早日確定皇太子人選。劉宏先生乃決定劉協小娃，並把決定告訴宦官兼上軍指揮官（上軍校尉）

蹇碩先生。正要通知政府正式發佈，劉宏先生大限已到，死翹翹啦。蹇碩先生知道這項遺命會遭到何靈思女士的哥哥，全國最高統帥（大將軍）何進先生強烈反對，就計劃先下手爲強。於是，祕不發喪，而以活皇帝的名義，召何進先生進宮。何進先生匆匆而至，就在宮門口，跟上軍軍政官（上軍司馬）潘隱先生碰個照面。潘隱先生向他使了一個示警的手勢。他們是老朋友啦，何進知道發生變化，轉身就走，潘隱先生尾隨而至，告訴他命在須臾。何進先生嚇得着實抖了一陣，接着集結他所能控制的精銳部隊，在全國各郡駐京辦事處聯合總處（百郡邸）佈防，觀望進一步發展。

幸虧進一步發展的是好消息，何靈思女士派出親信，召喚哥哥前往。原來蹇碩先生一聽何進先生入而復出，曉得消息已經走漏，如果堅持到底，已落後了一步，只好俯首帖耳，請求何靈思女士宣佈十四歲的劉辯小子繼任皇帝——東漢王朝第十四任皇帝。

劉辯小子既當上皇帝，娘親何靈思女士水漲船高，當然是皇太后，何進先生再兼主管宮廷機要（錄尚書事）。兄妹二人，分拿內外大權，聲勢烜赫，膨脹到戲劇性的高漲。蹇碩先生自然不肯干休，並不是他先天好戰，也不是他忠於故主劉宏先生的遺命，而是，專制政體下，政治鬥爭一經開始，就不能停止，必須一直鬥爭下去，直到對方送掉老命，或直到自己送掉老命。

蹇碩先生不相信他的政敵會饒了他，事實上他的政敵也確實不會饒了他。有一天，蹇碩先生寫了一封密函給另外兩位寢殿侍奉宦官（中常侍）趙忠、宋典，要求共同採取激烈行動，緊閉宮門，由皇太后董孝仁女士下詔捕殺何進。

——前面所提到的兩位氣焰萬丈的高級宦官王甫、曹節，都已死亡。王甫先生死得最慘，他被捕下獄，父子活活拷打至死。曹節先生有太白金星保佑，死在床上。

這封信到達趙忠、宋典手裏後的變化如何，難以預料。同在宮廷之中，爲啥不面對面，而必須把如此可怕的機密，用黑字寫到白紙上？豈蹇碩先生已被軟禁了乎哉，我們不敢確定。不過敢確定的是，這位信差郭勝先生（也是宦官，不過是小宦官），跟何靈思女士兄妹，是南陽（河南省南陽市）同鄉，卻中途拐彎，送到何進先生手裏。何進先生這時候不再嚇一跳啦，局勢已全部掌握，他教禁宮侍從長（黃門令）把蹇碩先生逮捕，一刀砍下尊頭。

——我們認爲，這封信可能是何進先生僞造的，用來消滅異己。蓋越想越覺得問題重重，即令被軟禁，蹇碩先生也沒有必要寫這樣一封信，他不是呆瓜。

蹇碩先生之死，象徵董孝仁女士的失敗，她正是力促劉協小子當皇帝的主持人。何靈思女士不再繼續容忍啦，她在言詞行動上，對這位窮措大出身的婆母，明顯的表示今非昔比。董孝仁女士這個老丐婆，雖貴爲太皇太后，卻不知道兒子已死，權力魔杖已去。她唯有收斂她的鋒芒，才能苟延殘喘，但她卻像一頭豬一樣，認爲靠她的兄弟，身爲陸軍元帥（驃騎將軍）的董重先生，也是一樣。這種錯誤的判斷，使她付出判斷錯誤的代價。她憤憤的向她的媳婦何靈思女士開罵曰：「妳仗着妳老哥是全國最高統帥，就這麼囂張跋扈，目中無人呀。我要發起脾氣，教陸軍元帥砍掉何進的頭，易如反掌。」

沒有實力支持的恐嚇，謂之虛聲恐嚇，只能惹火上身，不能使對方屈服。何靈思女士把婆母的話告訴了哥哥。何進先生立即反擊，他跟三位宰相，以及他弟弟何苗先生，聯合上了一份奏章，奏章上強調：董孝仁女士平常日子，透過已死了的寢殿侍奉宦官（中常侍）夏惲先生，和永樂宮交通官（太僕）封諝先生，勾結州郡政府，貪贓枉法，勒索財寶，全存身邊，對國家的法紀，已嚴重的破壞。而且，仍是老話，藩妾不可以在首都停留。奏章上要求把董孝仁女士逐出永樂宮，遣返她的封國河間，不准逗留。何靈思女士立刻批准，何進先生跟着立刻採取行動，派遣軍隊把董重先生的住宅包圍，董重先生只好自殺。

董孝仁女士身為現任皇帝的嫡親祖母，二十二年之久的皇太后，再也想不到會發生如此劇變。當宦官群翻臉無情，衝進永樂宮，要把她架出去的時候，她走上她兄弟的後塵，也服毒自殺，拋下她絞盡腦汁搜括來的金山銀海，和價值連城的珠寶，一個銅錢都沒有帶走。

根據史書推斷，她毒發身死時，大概五十三歲。她的屍體歸葬河間，一場傳奇躍昇，也傳奇收場。

宋孝靈

時代／二世紀七〇年代
其夫／東漢王朝第十二任皇帝劉宏
遭遇／死於囚室

一開始就危機四伏

宋孝靈女士，是宋敬隱女士兄弟的曾孫女。

宋敬隱女士是一世紀八〇年代，東漢王朝第三任皇帝劉炟先生的妻子之一，她因「生菟奇案」，被大老婆皇后竇妙女士誣陷，死於宮廷冤獄。這場冤獄，已有專文介紹。後來她的兒子劉肇先生繼位第四任皇帝，冤獄才算伸雪，已經覆沒的宋氏家族，再在東漢政府復興，形成一種力量。

這力量累積七十年之久，而於二世紀七〇年代，再度進入宮廷。一七〇年，東漢王朝第十二任皇帝劉宏小子在位，前已言之，他於一六八年十三歲時一步登天，當上了皇帝的。到一七〇年，劉宏小子已十五歲。用現代眼光來看，不過是一個還不太懂事的男孩，可是中國傳統的早婚制度，和皇家特有的淫風，使他跟他的前輩一樣，早早的就跟女人上了床。宋孝靈女士那一年幾歲？史書上沒有記載，大概也在十五歲左右，同樣也是一個還不太懂事的女孩。被宋家獻給劉宏，作為一項政治投資。劉宏小子封她為小老婆群第一級——貴人。第二年（一七一），在娘家人強大力量的支持下，再被劉宏小子擢升為大老婆——皇后。——中國歷史上這種娃娃皇帝和娃娃皇后，車載斗量。國家就踩在劉宏這個還是初級中學堂畢業生年紀的頑童腳下。而皇后何靈思的雙乳，恐怕還未長成。比起王孝平女士，固然稍勝一籌，但仍使人忍不住有一種看草台戲的感覺。

宋孝靈女士雖然當了皇后，老爹宋酆先生，也因是皇后之父的緣故，封為二等侯爵（不其鄉侯）。可是誰都沒有料到，這不是一個好的開始，而是壞的開始，小夫妻間的感情並不和諧。劉宏小子對這位小妻子提不起興趣。內情如何，我們不知道，但至少不能說宋孝靈女士不漂亮，如果不具備天姿國色，她根本進不了皇宮，即令進了皇宮，史書上也會指出她這方面的缺陷。

中國宮廷是殺機四伏的高級妓院，任何沒有掌握權力魔杖的人，包括皇后、妃子、宮女、宦官在內，地位生命，都像熟透了的石榴，隨時隨地都會砰然一聲掉下來，跌個粉碎。無數身懷絕技的小老婆，彷彿一群餓狼，看到身負重傷的同類時，她們做的不是同情她保護她，而是更殘忍的撕裂她。小老婆群的朱唇玉齒中，讒言誹語，傾盆而出。這個年輕皇后，幾乎從起頭就坐到火藥庫上。

一七二年，也就是皇太后竇妙女士死翹翹，宦官勢力日正中天的一年，東漢王朝興起冤獄。

冤獄的男主角劉悝親王，是第十一任皇帝劉志先生的弟弟，現任皇帝劉宏小子的堂叔，封國在勃海（河北省南皮縣），所以稱爲勃海王，他閣下是一位典型的王孫公子，史書形容他曰：「素行險僻，僭傲不法。」從當時彈劾他的奏章上，可看出他的行爲。六年前的一六五年，首都北方軍團參謀主任（北軍中侯）史弼先生就向皇帝指控過他曰：「劉悝對外集結各路地痞流氓，英雄好漢。對內狂飲亂嫖，整天遊蕩，毫無節制。交結的朋友，全是被逐出家庭的逆子，和被逐出政府的叛徒。州政府和縣政府不敢碰他，他的師傅和封國宰相（國相）不敢惹他，如果不早日阻止，恐怕會發生災禍。」

當時的皇帝還是他老哥劉志，僅只下令把劉悝降級，把封國從勃海遷到癭陶（河北省寧晉縣西南）。勃海是一個郡，管轄八縣，而癭陶只不過一個小縣，這等於把一個龐大帝國的君主放逐到一個小鎭當君主一樣，財富和權勢，都剝削了八分之七，對一個揮霍慣了和威風慣了的荷花大少而言，當然是一個打擊。劉悝先生的反應不是閉門思過，可能他也曾經閉門思過，思過的結果卻是：自己並沒有過，過都是別人的。所以他迫不及待的發動「復國」攻勢，要恢復他原來勃海封地。他的攻勢全靠賄賂，他找到了寢殿侍奉宦官（中常侍）王甫先生，承諾說，只要能夠復國，當用五千萬貫錢（五百兩黃金）作爲謝禮。

劉悝先生算是找對了對象，王甫先生正是適當人選，皇帝老哥劉志對他言聽計從。可是，神差鬼使，劉志先生臥病在床，拖到一六七年，臨死之前，想到劉悝先生到底是自己的親弟弟呀，就在遺詔內，訓令劉悝先生仍恢復勃海舊土。

這次舉動使劉悝和王甫都大喜若狂，劉悝先生大喜若狂，是他終於「復國」，王甫先生大喜若狂，是他根本沒有開口，卻不費吹灰之力，得到五千萬貫。

一生茫茫然

然而不久大家都瞪了眼，先是王甫先生瞪了眼，後是劉悝先生瞪了眼。劉悝先生當然願意拿出五千萬貫回報，可是當他探聽內幕，發現王甫先生並沒有爲他出力時，他就拒絕支付五千萬貫賄款。王甫先生不肯甘心曰：「我沒有開口就辦成了事，是我的運氣，你管這幹啥？只要你『復國』成功，就得兌現。」屢次派人催討，屢次碰釘子而歸，王甫先生鼻孔冒煙，發狠曰：「好吧，你以爲我沒有出力，我就出力教你瞧瞧。」

當劉志先生死掉，劉宏小子還沒有坐上寶座的那段時間，因爲政治權力處於眞空狀態，所以謠言四起，謠言之一是，劉悝先生自以爲他是死皇帝劉志先生的弟弟，肥水不落外人田，應該由他繼承寶座才對；而肥水竟然落到外人田，他可能發動一項政變。流傳了一陣，等到劉宏小子登極，謠言才告平息。寢殿侍奉宦官（中常侍）鄭颯先生、禁宮高級侍從（中黃門）董騰先生，跟劉悝先生私交甚篤，一直信件往返，保持聯絡。這件事王甫先生早就知道，而現在他才加利用，施出「誣以謀反」的撒手鐧。京畿總衛戍司令（司隸校尉）段熲先生，是王甫先生最得力的毒牙，於是，就在一七二年十月，段熲先生逮捕鄭颯、董騰，羈押北寺監獄，恁憑二人「空言狡展」，在苦刑拷打下，也終於取得「坦承不諱」的口供。另一位毒牙，宮廷祕書長（尚書令）廉忠先生，理直氣壯的向皇帝劉宏小子提出報告，指控鄭颯、董騰，圖謀不軌，打算把劉宏趕走，而迎立劉悝。支持指控的證據，堆積如山，即令天縱英明的柏楊先生，也都不能不信，更何況昏庸如豬的劉宏先生乎哉。他立刻採取緊急措施，下令冀州州長（刺史）逮捕劉悝，強迫在獄中自殺。劉悝先生妻妾十一人，子女十七人，侍女二十四人；以及五十二個更爲無辜的親屬，全在獄中絞死。東漢政府晉封王甫先生侯爵（冠軍侯），用以酬庸他破獲叛逆陰謀的功勳。

劉悝先生之死，跟我們的女主角皇后宋孝靈女士，風馬牛毫不相干。可是，問題卻出在劉悝先生的正配妻子宋王妃身上，蓋宋王妃是宋孝靈女士的姑媽，這就相干啦。王甫先生對這項親情感到恐懼，恐懼宋孝靈女士暗中爲她的姑媽復仇。爲了自己的安全，他必須再下毒手。

在王甫先生精密的佈置下，撒下天羅地網，可憐的宋孝靈女士，還蒙在鼓裏。劉悝先生全家慘死五年之後的一七八年，王甫先生的佈置成熟，他聯合中級國務官（太中大夫）程阿先生，向劉宏先生揭發宋孝靈女士用左道旁門手段，咒詛皇帝。接着，小老婆群紛紛而上，爲這項揭發作證。宋孝靈女士到此，縱滿身是口，都無法爲自己辯解。結婚以來從沒有十分親密過的丈夫劉宏，不能忍受妻子這種咒詛，他以皇帝的名義，頒下詔書，撤銷她的皇后封號，囚禁到宮廷監獄（暴室）。只不過二十三歲的皇后宋孝靈女士，她茫茫然被獻進皇宮，茫茫然被掇弄上皇后寶座，再茫茫然被逮捕下獄。史書上沒有記載她一句聲音——連一聲哭泣、申訴、呼冤的聲音都沒有。但我們可想出她的迷惘和憂傷，身陷重圍，孤苦無助。進了暴室之後，不到幾天，就被害死，沒有人知道她是如何死的。她那因女而貴的老爹宋酆先生，跟她的哥哥弟弟，也全被處決，其他家屬被放逐到邊疆。一場政治投資，八年後的利息是大人和孩子一片伏屍。後人有詩嘆曰：

歷朝廢后總傷倫　更奈網羅出寺人
漢代外家多滅族　冤如宋氏最酸辛

除了當權派王甫、曹節，和同黨的小老婆群，宮廷中其他宦官和宮女，對年輕皇后無緣無故冤死，充滿悲痛。大家湊錢出來，收拾宋家父女兄妹的屍體，歸葬到他們故里扶風平陵（陝西省咸陽市西平陵鄉）。

宋家是在一七八年被屠的，十年後的一八九年之初，史書上說，劉宏先生忽然做了一夢，夢見把帝位傳給他的叔叔皇帝劉志先生，滿面怒容曰：「宋孝靈有什麼罪過，你使她絕命？劉悝又有什麼罪過，受到你的迫害？而今他們已向天庭控訴，上帝饒不了你。」劉宏先生霍然驚醒，大爲恐慌，悄悄問御林軍左軍司令（羽林左監）許永先生曰：「糟啦，有沒有辦法補救？」許永先生曰：「宋孝靈女士是你的原配妻子，正宮皇后，跟你共同承奉祖宗廟祭，治理國家。人們從沒聽說她有啥過失，而你卻偏相信讒言妒語，使她淸白之身，受到極刑，又禍連全家，天下人不但痛心，而且怨恨。劉悝親王是你叔叔皇帝劉志的同胞弟弟，遠在封國，根本沒有叛逆之心，你沒有弄清楚。竟把他殺掉。天道明察，鬼神是騙不了的。唯有馬上對他們重新埋葬，以安冤魂。遠貶在外的宋氏家族，也應該馬上放他們回來。更應該恢復劉悝親王的封號，爲他選擇繼承人，只有這樣，才有消災祛禍的可能。」

然而，劉宏先生是個護短的窩囊貨，他沒有能力翻案，何況，他已經臥病在床，而且就在當年（一八九）四月，斷了尊氣，死他娘的啦。宋孝靈女士連個於事無補的事後昭雪，都沒有得到。而宋氏家族，也永遠消失在東漢王朝的政治舞台。

王靈懷・何靈思

時代／二世紀八〇年代
其夫／東漢王朝第十二任皇帝劉宏
遭遇／先後被毒死

屠夫之女

二世紀八〇年代時，東漢王朝政權，已歷時一百五十年之久，政治機能不但僵化，而且腐爛。中國有句俗話，曰：「一蟹不如一蟹」，東漢王朝的皇帝也是一樣，一個皇帝不如一個皇帝。在正式官文書上，他們都是聖明天子，實際上卻好像歷史隧道中賽跑的豬群，祖孫父子，奮勇的比賽誰最下流，誰最昏庸。第十一任皇帝劉志先生，不過一個癟三無賴，在他手裏，把東漢王朝的牆腳挖空。第十二任皇帝劉宏先生，比癟三無賴都不如，索性弄包炸藥埋到已挖空了的牆腳下，轟然一聲，把它炸碎。

——每一個王朝的政權，最初建立時，都是鐵打的江山，誰都無法把它推翻。可是，它終於被推翻啦，蓋推翻它的不是敵人，所有的敵人都砍下了尊頭矣。而是皇帝老爺自己下手，代敵人報仇，誰都阻擋不住。

東漢王朝一進入二世紀，宦官和政府官員（士大夫）之間的奪權鬥爭，如火如荼，誓不並立。宦官的後台是宮廷，政府官員的後台也是宮廷，政府中奪權鬥爭，跟宮廷中的奪床鬥爭，結合在一起，密不可分。

中國小民在這兩種糾纏不分的鬥爭裏，承受刀光血影的無盡災難。二世紀八〇年代的一八四年，鉅鹿（河北省寧晉縣西南）張角先生在民間崛起，發動一場全國性的抗暴民變，這些抗暴的變民，以頭上裹的黃巾作爲標識。站在統治階級的立場，順理成章的詈之爲「黃巾之亂」。

正當全國沸騰，千萬人頭落地之際。宮廷中的奪床鬥爭，進行得同樣慘烈。王靈懷女士只不過悲劇中的小人物，眞正的主角是何靈思。

何靈思女士跟兩百年前紀元前一世紀八〇年代的趙飛燕、趙合德姊妹，有三項共同之點，第一、她們都是從卑賤的地位，爬上皇后寶座的。第二、她們都是妒大王，滿口毒牙，對同是女性，而被皇帝姦淫懷孕的其他小老婆，一律無情的撲殺。其三、她們當權時所作的一連串錯誤的決定，爲自己帶來悲慘的毀滅。

何靈思女士的出身，比趙飛燕姊妹，更是差勁。她是南陽宛縣（河南省南陽市）人，父親何眞先生是個殺豬的。縱然二十世紀八〇年代，理論上職業平等，但人們心裏仍會覺得「殺豬的」不是滋味。嗚呼，更何況一千八百年前，絕對封建的社會，一個屠夫，天還沒有亮，摸黑爬將起來，汗流浹背的把豬老爺掀翻到案子之上，手提牛耳刀，一刀下去，鮮血直冒，豬老爺發出哀號，聲震四野。——做一位殺豬朋友的鄰居，可是一種天災。怪不得孟軻先生的老娘搬家，就是柏楊先生的老娘，也得搬家。不要說日夜長相廝守的鄰居啦，就是不當鄰居，也得有點修養，一想起他閣下每天都要「恨從心頭起，惡向膽邊生」，連眼眨都不眨，恐怕忍不住都要打個冷顫。

——古人不云乎：「相由心轉」，心裏常想善事，尊臉上就會一團祥和。總是背後計算人，暗下毒手，尊臉上準冒出奇異稜角。「恨從心頭起，惡向膽邊生」的日子一久，面部鐵定的要逐漸變得猙獰。

然而，何屠夫卻有一個沉魚落雁，閉月羞花的女兒。這是不是上帝故意安排，或開開何家的玩笑，我們不知道。只知道任何人家，有一位標致的女兒，都樂不可支。老爹老娘開始編織起美麗的遠景，那遠景就在皇宮。以當時的封建制度，屠夫之女想進皇宮，比柏楊先生想到西班牙當國王，還要荒唐。

然而，機會倒是有的，東漢王朝政府有一項蹂躪人的規定，每年八月，都要在民間挑選一批美貌姑娘，到皇宮當宮女。宮女的意義就是奴隸，外表富麗堂皇，莊嚴肅穆的皇宮，裏面卻關着一個凶暴的淫棍，一個隨時吞噬弱小的大老婆，和一群畏上欺下的小老婆，以及一堆畸形的男人，這些都是蛇蠍。一個女孩子一旦進入宮廷，就等於掉到蛇蠍窟裏，不如一隻螞蟻，生命、自由、身體，全部暴露在赤裸權力之下。他們唯一的任務是供別人，包括皇帝、皇后、妃妾、有權的宦官等等，支使娛樂，然後慘死或憂鬱以終。最後的結局是在年華老去時，被逐出皇宮，落到另外一批同性質的主子之手。

謀殺

政府選拔宮女，每次都引起民間的驚恐和騷動，沒有一個神經正常的人願意把自己女兒投到蛇蠍窟裏。可是，野心家卻不是這種想法，他們把女兒當作賭注，輸啦不過斷送了一個孩子——注意，野心家往往是狠心家；而贏啦，可就天降奇福，金碧輝煌。二世紀七〇年代的某一年，東漢政府爲皇帝劉宏先生選拔宮女的時候，屠夫何眞先生，不但沒有憂心忡忡，反而用盡心機搭上宦官內線，施用壓力，使地方政府一定要把何家女兒選進去。所以，所有女孩子離家前往首都洛陽，起程時都是一片哭聲的。只有何家，老老少少，喜氣洋洋。

上帝有時候也很喜歡跟野心家合作，作爲人性中冒險部份的鼓勵。何靈思女士的花容玉貌，在千萬個花容玉貌中，更奪目光彩。史書形容她：身長七尺一寸，肌膚瑩艷，骨肉停勻。劉宏先生只看了她一眼，就魂不守舍。如果是柏楊先生之類臭男人，魂不守舍只好魂不守舍，最快的起步不過撒鴨子猛追。而皇帝老爺魂不守舍的結果，可是直截了當的上了床。

皇帝和宮女上床，稀鬆平常。然而，上了床之後仍愛得發緊，就不平常啦。何靈思女士的肚子更是爭氣，竟然一天天膨脹，於一七三年，生下一個又白又胖的娃兒——劉辯。這一年，劉宏先生事實上還是一個大小子，才十七歲，依普通情形推測，何靈思女士不過也在十六七歲之間，名副其實的小母親。這個適時而來的劉辯娃兒，給這位小母親，帶來輝煌錦繡的前程。因爲劉宏雖然美女如雲，卻一直沒有兒子，不是老奶們根本不懷孕，就是一生下來即行夭折，所以劉辯娃兒立刻被當作活寶。中國民間有一種傳說，富貴人家的兒子往往早夭，貧苦人家的兒子卻長得像條蠻牛。爲了避免早死，也爲了盼望長得像條蠻牛，就把劉辯娃兒送到一個名叫史子眇先生的道士那裏撫養，不敢叫娃兒「皇子」，恐怕過往鬼神把皇子魂魄勾去，只敢叫「史侯」。

劉宏先生回報小妻子何靈思女士生子之功，從卑賤的宮女，立刻擢升她當小老婆群第一級的「貴人」，並且於一八〇年，更正式册立她當皇后，這一年她不過二十三四歲。

跟大多數女人一樣，何靈思女士忌妒心奇重，她不能忍受丈夫對其他老奶的寵愛。在宮廷中，任何有權力和有魅力的千嬌百媚，都不可能阻止皇帝喜歡別的女人，以趙合德女士的法力無邊，老傢伙都要偷情，何況何靈思女士的法力又差一截乎哉。明知道忌妒是沒有用的，卻偏要忌妒，這是人性的弱點，嗚呼。

就在她閣下當皇后的次年（一八一），小老婆群第二級「美人」王靈懷女士出場。王靈懷女士是趙國（河北省邯鄲市）人，她擁有聲勢烜赫的家庭——前任高級皇家警衛指揮官（五官中郎將）王苞先生的孫女。如果僅就娘家的社會地位來說，何屠夫每天給王司令官的官邸送豬肉時，連正門都不敢進，見了王苞先生的馬車夫，都得哈腰請安曰：「二爺，您早！」然而，屠夫之女竄升到皇后寶座，將軍孫女卻仍屈居小老婆群第二級，形勢就倒轉過來。劉宏先生不會放過任何一位美女的，王靈懷女士不久就身懷六甲。面對着熊熊妒火，恐怖抓住了她，她生活在皇后的魔爪下，懷孕的事實足夠證明她「勾引皇帝」，其賤可誅；假如也生下一個兒子，更成了「奪嫡」陰謀；宮廷中因妒而殘殺的往事，使她毛骨悚然。她不生在二十世紀，如生在二十世紀，墮胎易如反掌。但她生在二世紀，只好服用大量的中國古老草藥，希望流產。可是，不知道什麼緣故，胎兒硬是安穩不動，以致十月期滿，不得不呱呱墜地。這個不受歡迎的劉協娃兒，在他小母親懷裏莽撞着找尋乳頭的時候，還不知道他的降生爲小母親帶來殺身之禍。

何靈思女士一聽說王靈懷女士生了娃兒，怒不可遏，無名之火，直沖霄漢，她訓令御廚房，趁着王靈懷女士口渴要喝水的時候，把毒藥悄悄下到茶盃裏。王靈懷喝下那盃水之後，渾身變成一塊靑鐵，輾轉呼號，腹痛如絞，留下她那命運不卜的可憐劉協娃兒，死在產床上面。

這樁謀殺案做得太笨拙而且太大膽，何靈思女士顯然還沒有到趙合德女士那樣鞏固的地位，劉宏先生得到消息，暴跳如雷，吼曰：「反啦，反啦。」他要爲王靈懷女士復仇，下令逮捕何靈思，送到宮廷監獄（暴室）審訊。何靈思這時候才發現她不但要從寶座上栽下來，而且還要受到凌辱，命喪黃泉。她已見不到劉宏先生的面，無法施展媚工，只好向宦官們求救。

裸遊館

何靈思女士由於宦官的力量，一步登天；自進宮後，察言觀色，知道宦官的權力，無微不至。形式上皇帝是宦官的主子，實質上，宦官用他們特有的手段，像用一條看不見的繮繩，拴着皇帝的鼻子，教他喝水他喝水，教他吃草他吃草。何靈思女士對宦官就更屈意結納，她不但是他們的主母，並且是他們的朋友；宦官們也正希望跟皇后建立這種親密關係。

當時最當權的宦官，是兩位新崛起的張讓先生和趙忠先生，當他們受到抨擊時，劉宏先生洋洋得意曰：「張讓是俺爹，趙忠是俺娘。」皇帝老爺竟然說出這種無恥的話，可說明他們對劉宏先生有多大的控制力。

何靈思女士向他們求援，雖然她是主母，更是相依爲命的同黨，她仍用出了無數稀世珠寶作賄賂。（寫到這裏，我老人家眞不明白，宦官終身不能脫離宮廷，要那麼多稀世珍寶幹啥？）就在共同利害跟稀世珍寶雙重誘惑下，張讓、趙忠出面，帶領一些有頭有臉的宦官，跪在劉宏先生面前，爲他們的主母何靈思女士，苦苦哀求。哀求時說了些啥話，史書上沒有記載，但只要一想，也就可想個大概差不多矣，不外是皇后老奶冤枉呀，她一向很愛王靈懷女士的呀，絕不會下毒手呀，定是王靈懷女士吃錯了藥呀。或者是皇后老奶還年輕，她只不過嚇嚇王女士，想不到份量用多了一點呀。皇后老奶只是爲了爭取你的愛寵啦，以後再也不犯了呀，如果把她幹掉，哎呀，你陛下剛殺了一個老婆（宋孝靈女士），現在又殺一個，人們怎麼評論你呀。等等。是不是這些，或許還有其他奇妙功夫，也說不定。反正到了後來，劉宏先生點了點頭，不再追究。一場有驚無險的風浪，才算平息，王靈懷女士白白毒死，何靈思不但沒有惡有惡報，反而仍當她的皇后。但劉宏先生對王靈懷女士生的劉協娃兒，卻放心不下，爲了預防何靈思女士再下毒手，就把劉協抱到永樂宮（皇太后宮），交給劉宏親娘皇太后董孝仁女士撫養，這位祖母對這位自幼喪母的孫兒，又憐又愛，稱他爲「董侯」，嚴密保護。

劉宏先生對何靈思女士雖然心有芥蒂，可是何氏家族都已經大富大貴，老爹何眞先生早死，追封侯爵（舞陽侯），老娘封女侯爵（舞陽君），老哥何進先生擔任全國最高統帥（大將軍）。東漢政府大權，集中在何家班之手。

——何家只因有一位美麗絕倫的女兒，從卑賤的屠戶之家，爬上國家最高政治階層，不過只十年時間，跟核子試爆後上噴天際的菌狀雲一樣，使人目瞪口呆。廣東省有句諺語曰：「不要小看女人！」嗚呼，女人比男人具有更多的變數。然而，李耳先生有言曰：「福兮禍所倚，禍兮福所伏。」何家這項得來太易的榮華富貴，不久就付出代價。

劉宏先生是東漢王朝最荒淫腐爛的皇帝之一，他像超級市場老闆，把政府各級官員跟青菜蘿蔔一樣，標價出售。公爵價錢一千萬，部長級（卿）價錢五百萬。更高的官，價錢就更嚇人。宰相級（二千石）二千萬，而縣長級（四百石）則只四百萬就行啦。

除了貪汚，就是淫亂。何靈思女士雖然仍保持皇后地位，劉宏對她已不再有興趣照顧，卻在皇宮裏大搞特搞，興建「裸遊館」，顧名思義，那是他跟美女如雲脫光衣服，追逐嬉笑，衝鋒陷陣的地方，拾遺記上記載曰：

「劉宏先生在西苑（皇家花園），蓋了千餘間『裸遊館』，館外台階，鋪滿了新鮮綠草，用人工開鑿無數小溪，迴曲圍繞，清澈可以見底。他閣下坐着小船，在溪上徜徉。特別挑選肌膚細膩像玉石樣的宮女，負責搖槳。水那麼靜，宮女玉肌又那麼冰滑，於是龍心大悅。盛暑之時，又教其他漂亮的宮女，演奏流行歌曲，宣稱那可以招來涼意。歌曰：『涼風徐來，每天籠罩着小河。荷花晚上開展，荷葉白天捲臥。白天是那麼短促，享受不盡這麼多歡樂。琴弦笛管，唱出鴛鴦情歌。千年萬歲，再沒有這種喜悅。』

「小溪中的蓮葉很特別，大如車輪，高有一丈，是南方進貢來的。晚上自動展開，白天卻捲起來，一個莖上能生出四朵蓮花，名叫『夜舒荷』，也稱之為『望舒荷』，蓋一到月亮東升，它就會自動捲起。」

黃巾民變

拾遺記對「裸遊館」續介紹曰：

「劉宏先生每年盛夏，都到『裸遊館』避暑，擺下酒席，一鬧就是一個通宵，這自然舒服兼安逸，於是他閣下嘆曰：『使萬年都過這種日子，眞是頭等神仙。』凡十四歲以上，十八歲以下的宮女，都打扮得美艷奪目，脫去上衣，露出豐滿的雙乳（柏老按：現在流行的『

上空裝』，中國『古已有之』矣，在這方面，歐美諸夷，落後一千八百年）。下半截只穿內褲（柏老按：是三角褲或四角褲，書上沒有說明，遺憾）。有時候，一男數女，或一男數十女，共擠到一個浴池裏（柏老按：豬八戒先生大鬧盤絲洞，表演的就是這種節目），西域（新疆省及中亞東部）進貢的一種『茵墀香』，用水煮沸，沐浴過後，渾身一股幽香。煮過的渣汁傾到小溪裏，香聞數里，因稱之爲『流香渠』。又在『裸遊館』附近興建『驢鳴堂』，教小宦官們居住，不時的發出驢子叫聲。用以取樂。再興建『雞鳴堂』，弄一群公雞到裏面，每逢酣飲達旦，劉宏先生醉得像豬一樣，於是小宦官驢叫，眞雞公高啼，好不熱鬧。如果劉宏先生再不甦醒，就在他面前燃起火把一樣的巨燭，他陛下這才大吃一驚。」

不但興建等等之「館」，還在宮廷中興建街道，完全仿效首都洛陽街市，教宮女宦官們去做生意，有的當老闆，有的當夥計（店員），有的當顧客。劉宏先生則換上小民們穿的青衣小帽，自己經營一家店舖，宮女宦官們前去買東西，他閣下就手拿算盤，跟那些他隨時可以殺之辱之，淫之貴之的顧客們，討價還價，爭執不休。（柏老按：那些扮演顧客的老奶老爺，面對毒牙，心裏是啥滋味乎哉？）

他閣下店裏的貨物，被買被偷，不久就一掃而光。那些宮女宦官，還爲了得多得少，分贓不均，明爭暗鬥，大打出手。劉宏先生自鳴得意，白天做生意，晚上殺奔「裸遊館」挑燈夜戰。把皇后何靈思女士，以及國家大事，全部拋到腦後。東漢王朝到了這個地步，如果再不覆滅，簡直是沒有天理矣。

一八四年，鉅鹿（河北省寧晉縣西南）小民張角先生發動一項廣大的反抗暴政的民變，把全國劃分爲三十六「方」（地區），用黃巾裹頭，作爲標幟。不到一個月，全國就殺聲震天，伏屍千里，陷於混戰，首都洛陽岌岌可危。腐敗的東漢政府只好精神勝利，宣稱他們是「黃巾賊」，發兵進擊。可是當皇帝的劉宏先生卻不信任政府軍隊，而只信任宦官。每一支政府軍隊，都派一個宦官作「監軍」。監軍可以直接上奏皇帝，既迅速而又有效，權力大過司令官百倍。皇家北翼警衛指揮官（北中郎將）盧植先生，曾一度把變民領袖張角先生團團圍在廣宗（河北省威縣東），眼看就要破城，監軍左豐先生向他索取金銀財寶，盧植先生是一員律己很嚴的將軍，哪裏有金銀財寶。左豐先生一想，你瞧不起我呀，一個小報告遞上去，劉宏先生就像被踩了尾巴的狗一樣叫起來，把盧植先生免職逮捕，裝到囚車，押回首都洛陽，投入大牢。豫州（河南省）州長（刺史）王允先生，曾經在一場擊敗黃巾兵團之役中，查獲到張讓先生密友寫給變民領袖們的信件，王允先生呈報中央政府，張讓先生嚇出一身冷汗，立刻反撲，誣陷王允先生罪大惡極（史書上沒有具體的列出罪狀，但張讓先生當然有一番使皇帝怦然心動的說詞），王允先生就跟盧植先生同一命運，免職逮捕，裝入囚車，押回首都洛陽，投入大牢。

然而，百足之蟲，死而不殭。政府軍最後仍把黃巾變民集團撲滅。問題是，撲滅黃巾變民集團，並不等於恢復東漢政府統治權威，新興的軍閥像雨後春筍般的紛紛盤據要津，他們親眼看到高級將領盧植、王允們效忠政府的下場，就擁兵自衛，對皇帝老爺敬鬼神而遠之。

被撲滅的黃巾集團，在總崩潰後，漏網的和殘餘的變民，仍佈滿各地，有的仍堅持原來的反抗暴政宗旨，有的則墮落成殺人劫舍的匪徒盜賊。

這是一個已點燃了引火線的炸藥庫，東漢王朝已到末路。可是，以劉宏先生爲首的宮廷和政府官員，卻以爲已恢復黃巾民變以前的原狀，屁股底下坐的是穩如泰山的安樂椅哩。劉宏先生每天仍到他的「裸遊館」跟宮女們大家一齊脫光，認爲這才是有意義的生活。可是，女人縱慾過度，對身體的傷害不大，男人縱慾過度，一定縮短壽命。一八九年，劉宏才三十四歲，以現代眼光來看，不過一個剛剛在社會上站定腳跟的青年，卻一病不起。

母子兩個糊塗蟲

劉宏先生臥病在床時，皇太子還沒有確定。他有兩個兒子，何靈思女士生下劉辯，王靈懷女士生下劉協。政府官員們眼看劉宏先生大限要到，而帝位繼承人還在空懸，萬一他閣下先行伸腿瞪眼，恐怕引起不能預測的混亂，不斷請求早日確定皇儲。可是，不知道什麼原因，可能劉宏先生覺得自己離死還遠得很哩，也可能對挑選誰一直猶豫。依照宗法規定，「嫡長子」劉辯小娃，天經地義的是皇太子，但劉宏先生對他娘何靈思女士謀殺王靈懷女士的往事，耿耿於懷，恐怕劉辯繼承帝位後，老娘再下劉協小娃毒手。而且，負責養育劉協小娃的祖母董孝仁女士，對孫兒憐愛，對媳婦厭惡，一心盼望劉協小娃能成爲合法繼承人。不過，劉宏老爹考慮到，劉協不但是「庶子」，而且年齡也比劉辯小，如果硬立他當皇太子，欺兄奪嫡，可能引起強烈的政治反應。

劉宏先生不但沒有確定誰當皇太子，而他自臥病那天起，跟政府官員們幾乎完全隔絕。除了女人外，只有寢殿侍奉宦官（中常侍）兼上軍指揮官（上軍校尉）蹇碩先生可以自由出入。蹇碩先生跟皇太后董孝仁女士是一黨，左說右勸，劉宏先生終於決定立劉協小娃當皇太子。可是，還沒有發佈詔書，他閣下就斷了御氣，結束他混賬的一生。蹇碩先生無法拿出證據證明皇帝的決定，只好乞靈於詭計，打算把皇后何靈思女士的哥哥，掌握兵權的全國最高統帥（大將軍）何進先生，誘到皇宮幹掉，先除去對頭的爪牙，然後再把劉協小娃抱上金鑾殿。

想不到，事情仍失敗在同類宦官之手，向已走到宮門的何進先生通風報信，何進先生扭頭就跑，結集部隊應變。蹇碩先生一瞧大勢已去，立即改變計劃，擁護嫡長子劉辯小娃繼位。繼位後，何靈思女士高陞皇太后，大權陡增，兄妹聯合，進行報復，蹇碩先生斬首，太皇太后董孝仁女士跟弟弟陸軍元帥（驃騎將軍）董重先生，先後自殺。

經過情形，在董孝仁女士篇幅裏，已經介紹，不再囉嗦費唾沫矣。我接着敍述董孝仁女士死後的事。

董孝仁女士死後，東漢王朝的腐敗政權，全部落到何家班掌握，妹妹何靈思女士像權力網裏的蜘蛛一樣，高踞皇宮，手裏的魔杖就是十七歲的兒子皇帝劉辯。哥哥何進先生，和弟弟何苗先生，控制全國軍隊。專制政府永遠是建立在槍桿上的，權力中心遂穩固得像一塊茅廁裏的石頭，又臭又硬。然而權力中心只是高階層建築，東漢王朝一連串經過劉志、劉宏兩位皇帝，和無數宦官同心合力的挖牆腳掘墳墓，已到了尾聲。

稍微對國家有點愛心，和稍微有點見識的人，都憂心忡忡。他們慶幸終於有一位新皇帝出現，新皇帝的年齡還不能夠爲非作歹，大權在何家班之手，如果能使何家班改變心意，把宦官們一網打盡，東漢王朝還有得救的可能。虎賁警衛指揮官（虎賁中郎將）袁紹先生——他擁有當時中國社會最崇拜的烜赫家世，向何進先生祕密建議曰：「從前竇武先生打算掃除宦官，反而失敗，是因爲密謀洩露之故。而且禁衛軍在心理上，對宦官一向畏懼，竇家班卻倚靠他們，怎不滅亡？而今，你們何家兄弟，掌握着野戰部隊，無論將領或參謀幕僚，都是一代豪傑，對宦官的殃民誤國，恨入骨髓，願意貢獻生命。這正是天賜良機，你應該爲天下剷除百年來的災害，使你留名萬世。」

何進先生採納了這個意見，進宮跟妹妹商量，希望把包括寢殿侍奉宦官（中常侍）在內的所有兼差的宦官，全部免職，使宦官們恢復本來面目，只在宮廷服務，不再統領武裝部隊，和享受特權，而由男性警衛指揮官（三署郎）接替他們的遺缺。如果這項建議實行的話，東漢王朝的壽命，可能延長。可是具有決定權力的何靈思女士，不過三十三歲左右，跟一個無期徒刑的囚犯一樣，一生都關閉在宮廷之中，所接觸的除了宮女，就是宦官，十年之內，只跟三個眞正男人見過面，一個是死鬼丈夫劉宏，一個就是哥哥何進，另一個則是弟弟何苗。現在一聽說要對她最習慣的生活環境，作天翻地覆的改變，跟她的前輩竇妙女士一樣，立刻一百個搖頭，她曰：「宦官負責保衛宮廷，是古代留下來的傳統制度，怎麼可以隨便把它取消？而且劉宏死掉沒有幾個月，我一個小寡婦，就跟一些陌生男人面面相對，那算幹啥？」

尤如竇武先生無法違抗女兒的決定一樣，何進先生也無法違抗妹妹的決定。退而求其次，何進先生想先殺幾個惡名特別昭彰的宦官，以平民憤，但袁紹先生認爲毫無意義，他曰：「這是制度問題，不是某幾個人問題。宦官以及宦官的親屬黨羽，都位居要津，只殺掉幾個，剩下來的其他壞蛋，豈肯善罷甘休，一旦有變，後患無窮。」

就在這時候，宦官們已得到風聲，大起恐慌。他們向何靈思女士的娘——女侯爵舞陽君、弟弟何苗先生，潮水般的送上名貴禮物，母子兩個糊塗蟲就跟他們站到一條線上，向何靈思女士打小報告曰：「何進那小子，作威作福，已危害到國家的安全。」

——錢能通神，竟把何進孤立起來，連親娘親弟都往他頭上罩「危害國家安全」大帽，如果何進是圈外之人，早砍下尊頭矣。

引狼入室的妙計

一方面，何靈思女士以皇太后之尊，不同意何進先生的主張。另一方面，何進先生本身也欠缺創造歷史的能力。讀者老爺都知道，何進先生出身卑微的屠夫之家，靠着巴結奉承宦官，才爬到今天高峰。雖然已雄踞國家領導人地位，隨時可以把某些宦官處決，但他爬得太快，潛意識裏對宦官的敬畏，仍然存在。以致使他不敢在沒有皇太后妹妹的支持下，採取行動。他希望爲國家建立功業，也希望名垂青史，但他一直下不了決心，事情就拖了下來。

於是，袁紹先生想出了一個典型的引狼入室的妙計，他建議既然問題出在何靈思女士一人身上，則如果祕密調遣外地駐軍，向首都洛陽進發，揚言何靈思女士如果不排斥宦官的話，他們就行攻擊。這是威脅何靈思女士聽從何進先生的一項有效手段。何進先生一聽，拍腿稱讚曰：「好主意，好主意。」

第一個強烈反對的是全國最高統帥部（大將軍府）祕書官（主簿）陳琳先生，他向何進先生警告曰：

「有句譏諷傻瓜的諺語：『掩住眼睛捉麻雀』，小小的麻雀，人們尚且不能不把牠們看到眼裏，不能一廂情願去胡搞，更何況國家大事？怎能像兒戲一樣，用詐術去達到目的？你閣下身擁大權，手握重兵，威鎮全國，想幹啥就幹啥，除掉宦官，就跟用火爐去燒頭髮一樣。只要迅雷不及掩耳的發動全面逮捕，天心人心，無不稱快。現在反而拋棄自己的利器，去外邊求援。一旦大軍雲集，誰的兵力強大，誰就成了老闆，誰就可以控制中央政府。這才是把刀柄塞到別人手裏，不但不能成功，恐怕還要天下大亂。」

嗚呼，袁紹先生這個天下最愚蠢的妙計，眞是天上少有，地下一雙——另一件同樣最愚蠢的妙計發生在一千年前的紀元前八世紀二〇年代，周王朝第十二任國王姬宮涅先生認爲放放烽火沒有關係（皇后之死第一集姑蘇饗鞋褒姒女士的篇幅裏，已有報導），現在，袁紹先生出了同樣的餿主意，而何進先生這個白癡，跟姬宮涅先生一樣，竟然也採納這種餿主意，使人嘆息。悲夫，太多的聰明絕頂人士，往往做出任何人都知道非砸鍋不可的儍事。袁紹、何進，他們都爲這項錯誤的決策，付出代價。中國歷史發展到這裏，又要血流成河的改朝換代矣。

何進先生這頭蠢豬聽了陳琳先生的眞知灼見，反而笑曰：「你眞是個懦夫。」意思是再多的兵馬向首都進發，我是全國最高統帥，他們敢逞強呀，我只要小拇指一動，就能要他們的命。他另一位部屬曹操先生，附和陳琳先生的意見，插嘴曰：「宦官災禍，自古都有。皇帝不應該教他們掌權，一掌權就不可收拾。如果要懲罰他們，只要找出首腦，交給一個法官就行啦，何必大張旗鼓，去召外兵？而今看你之意，竟要全部殺掉。打擊面太廣，機密一定洩露，我敢預料結局稀里花啦，不可收拾。」何進先生的智力商數使他無法了解更高層面的智慧，於是，他用「塞嘴術」反擊，號曰：「曹同志，他也懷私心呀。」這種塞嘴術其靈無比，曹操先生果然不敢再說話，但他心裏不服，出門之後，嘆曰：「亂天下者，必是何進。」

天上確實有一種漿糊貨色，就是用電鑽去鑽，都不能使他開竅。——從袁紹的這件餿主意上看，天老爺早就注定袁紹不是曹操的對手，十年後的下世紀（三）第一年，紀元二〇〇年，袁紹兵團和曹操兵團，在官渡（河南省中牟縣東北）決戰，袁紹以數倍於曹操的兵力，一敗塗地，活活氣死。

何進先生既相信袁紹的妙計萬無一失，就依計行事。恰巧三星上將（前將軍），封爲侯爵（鰲鄉侯），涼州（甘肅省）州長（刺史）董卓先生，他閣下的頭腦比何進先生還要簡單，而且性情又十分凶暴，在內戰中總是被黃巾變民擊敗，東漢政府要軍法審判他，但他向當時最當權的十位高級宦官——赫赫有名的「十常侍」，厚厚賄賂，不但沒有治他的罪，反而升了他的官。他現在正率領約二十萬人的龐大涼洲兵團，駐在河東（山西省夏縣）。何進先生就近取才，下令他向首都洛陽進兵。又教東郡（河南省濮陽市西南）郡長（太守）橋瑁先生，率軍駐屯成皋（河南省滎陽市西北汜水鎮），復派遣將領丁原先生，到孟津（河南省孟津縣東）縱火焚燒渡船，火光上沖雲霄，直照洛陽。各路兵馬紛紛發表文告，宣稱要入都兵諫，殺盡宦官。

且說即將在稍後四年中扮演重要角色的董卓先生，得到何進先生的祕密詔書，大喜若狂，縱然他白天做夢，也夢不到會有這種使他可以插足中央政權的機會。立刻下令全軍開拔，一面進發，一面向皇帝上了一份奏章，表明他忠心耿耿，也同時使他的行動獲得輿論支持——確定他可不是擅自犯闕的。

密謀全盤洩露

董卓先生的奏章沒有提到何進先生，完全以主動兵諫的角色自居，奏章曰：

「全國人都知道，天下所以大亂，一直不能安定的緣故，都由於宦官張讓等幾個傢伙，違反皇帝命令。與其揚湯止沸，不如從爐灶裏把火弄滅。紅腫雖然疼痛，總比生砍殺爾好。所以我下令涼州兵團全軍動員，戰鼓怒鳴，戰馬長嘶，直向首都洛陽進發。請你陛下馬上把張讓等惡名在外的一些宦官，砍頭示眾，不但是政府之福，也是國家之福。」

何進先生看到這份奏章，蠢心大悅，董卓眞是善體人意呀，蓋這正是何進先生所需要的也。何進先生把奏章交給文武百官們傳閱，掩飾不住他的興奮曰：「在這種強烈反應下，不怕皇太后不准我動手。」但稍微有點頭腦的官員，卻發現事態嚴重，執法監察官（侍御史）鄭泰先生提醒何進先生曰：「從過去的紀錄查考，董卓這傢伙可是豺狼之輩，把他弄到京師，他會把我們吃掉。」曾經戰敗黃巾，被宦官誣陷下獄，稍後經人營救，又官復原職的大將盧植先生，也提出警告曰：「我跟董卓在一起共事過，深知道他表面十分和善，內心卻非常毒辣，一旦進入京師，包管後患無窮。」

——事實上這不是董卓先生個人問題，而是國家領導人智力商數問題。重金禮聘江洋大盜，明火執仗的到自己金庫捉蟑螂老鼠，即令來者不是董卓先生，而是柏楊先生，你也別想我大功告成之後，會爬下來磕頭，領你一塊錢賞金，就謝恩而退。

人生最沮喪的事，莫過於爲愚人策畫。何進先生看來，反對他引狼入室的任何理由，不但沒有價值，而且統統是「別有居心」的「反調」。反調者，當權派不願聽兼聽不進耳朵的話也。但他的弟弟何苗先生，也向他說話啦，何苗先生曰：「老哥，請冷靜的想想，當初咱們從南陽護送姊姊到洛陽，可是既貧窮，又卑賤，舉目四顧，誰是我們的親？誰又是我們的友？完全靠宦官們的提拔，才有今天的一人之下，萬人之上。宦官固然罪大惡極，可是他們如果不壞，哪有我們今天。而且國家大事，談何容易，一旦發動，就跟潑出去的水一樣，再也收不回矣，應該三思。依我看來，我們不但不應排斥宦官，反而應跟宦官結合一起，共享榮華富貴。」

這一段話抵得住政府官員千百段話，因爲何苗先生是自己窩裏人，把何家班利益擺到第一線。何進先生開始動搖，懷疑那些出身烜赫的傢伙們，如袁紹先生誅殺宦官的主張，是不是明智？當董卓先生的涼州兵團已渡過黃河，抵達洛陽西方六十五公里的澠池縣時，何進先生決定改變主意，就以新皇帝劉辯小子的名義，訓令董卓先生停止前進。董卓先生這時還不敢公開違抗中央政府，只好暫時按兵不動，但他的斥候部隊已進抵距洛陽不過四十公里的夕陽亭。

袁紹先生看出何進先生的變化，向他恐嚇曰：「事情已到了這種地步，勢不兩立的局面已經公開，你還等啥？等宦官一夜之間死光？還是等宦官饒了你？如果不能迅速決斷，恐怕竇家班的滅門大禍，在你們何家班頭上重演矣。」幾句話又把何進先生搞得慌了手腳，於是再改變主意，任命袁紹先生當京畿總衛戍司令（司隸校尉），教他採取行動。袁紹這個天下第一號蠢貨，他到差後第一件事不是展開大規模逮捕——恐怕他也不敢，一旦發動大規模逮捕，何靈思女士不支持他，等宦官們反擊，他可要惹禍上身矣。所以他到差後第一件事，就是派遣祕密使節通知董卓，要董卓先生再上一份措詞更強烈的奏章，並揮軍繼續東進。

這是由中央政府發動的一場反對中央政府的兵變，董卓先生成了中央政府的殺手兼救星，他當然樂意登上政治舞台，一切照辦。這時候，可憐的皇太后何靈思女士才發現情勢不妙

——當然她還不知道是她哥哥何進先生要的危險把戲，只好下令把所有當權派宦官，包括她丈夫劉宏的「爹」「娘」張讓、趙忠在內，全部逐出皇宮，使他們各人回到各人在宮外建立的家舍，而只留下跟何進先生關係最密切的一小撮。那些當初何進先生向他們拍馬奉承，見了他們連坐都不敢坐的高級宦官群，都跑到何進先生官邸，乞求寬大處理。何進先生曰：「全國靡爛，都由你們而起，而今董卓大軍轉眼就到，恐怕對你們不利，你們一個個身封侯爵，爲啥不早日回到你們的采邑享福乎哉？」袁紹先生勸何進先生，就在他們晉見的時候，捉住殺掉，一了百了。可是何進先生認爲既然剝奪了他們的權，就等於去了爪牙，而又遠離皇帝，沒得魔杖可玩，也就再不會有權。所以袁紹先生要求了幾次，何進先生都不肯聽從，袁紹先生忍耐不住，索性直接祕密通知各州各郡，教州長（刺史）郡長（太守）們逮捕宦官的親屬。大批呼冤求救的專人和函件，擁向洛陽已失勢的宦官群，使他們渾身發抖。

在這麼大的打擊面下，密謀全盤洩露，宦官們終於明白原來是這麼回事，受過宦官重恩的何家班，要反過來消滅恩主啦。一霎時恐怖與憤怒併發，他們不能束手待斃，即令死，也要在死前反擊。

埋伏下刀斧手

宦官們的反擊是困難的，他們已赤手空拳，一無所有，不但擋不住董卓先生的涼州兵團，即令對袁紹先生手下的衛戍部隊，也只有乾瞪眼。他們了解，要想翻身自救，並進一步爭取勝利，唯一的辦法是重新掌握權力魔杖，把新皇帝劉辯小子弄到手心。問題是，他們連皇宮的大門都進不去，又怎麼能掌握那魔杖乎哉？

然而，這個困難不久就行解決，他們的鑰匙是裙帶關係。當初何家班巴結宦官的時候，無所不用其極，就把何靈思女士的妹妹（也是何進先生的妹妹），嫁給張讓先生的兒子。

——這就怪啦，宦官們是割掉生殖器的朋友，根本沒有生殖能力，哪裏來的兒子？史書上既這麼說，我們就只好這麼寫。可能張讓先生跟柏楊先生寫雜文一樣，是半路出家的，在出家前先有了兒子。不過這個可能性比較小，蓋絕大多數宦官，都是從小就被閹割掉的也。所以，兒子也者，可能是義子或侄子。宦官們既有權有錢，又有爵位，往往收一兩個乾兒子過癮，生前既可享受家庭天倫之樂，死後財產爵位又有人繼承，一舉兩得。

張讓先生施出了苦肉計，也向兒媳跪下磕頭（這是中國傳統中最尊敬的禮節），用滴出蜜的舌頭哀告曰；「賢媳呀，我一個人有罪，使我們全家受累，妳知道我心裏多麼難過，翁媳們自然要回到我們的家鄉，安享餘年。只因爲我受皇家的恩典太重，而今遠離，勢將一去不返，心裏無限依戀，難割難捨，唯一的願望是再叩見皇太后一面，在啓程之前，多侍奉幾天，承望皇太后顏色，然後出宮，雖死也無遺憾矣。」

這一段說辭文情並茂，而且無懈可擊。兒媳婦即刻回家，轉告老娘女侯爵舞陽君，老太婆當下進宮，轉告女兒何靈思女士。何靈思女士大大的感動，也不通知哥哥何進先生，直接下令教十位寢殿侍奉宦官（十常侍）進宮值班。好啦，他們一進皇宮，不但如魚得水，而且猛虎入山。一場宮廷屠殺，立刻爆發。

我們且抄三國演義中關於這場宮廷屠殺的報導。

三國演義曰：

「（張讓等宦官）先伏刀斧手五十人於長樂宮（皇太后宮）嘉德門內，入告何太后曰：『今大將軍矯詔外兵至京師，欲滅臣等，望娘娘垂憐賜救。』太后曰：『汝等可詣大將軍府謝罪。』張讓曰：『若到相府，骨肉俱粉矣。望娘娘宣大將軍入宮，諭命止之。如其不從，臣等只就娘娘面前請死。』太后乃降詔宣何進。何進得詔便行，主簿（祕書）陳琳諫曰：『太后此詔，必是十常侍之謀，卻不可去，去必有禍。』何進曰：『太后詔我，有何禍事？』袁紹曰：『今謀已泄，事已露，將軍尚欲入宮耶？』曹操曰：『先召十常侍出，然後可入。』何進笑曰：『此小兒之見也，吾掌天下之權，十常侍敢待如何？』」

——何進先生眞是一頭豬玀，一刀砍下，便要了老命，掌握天下兵權，遠水豈救得了近火乎哉？正常情形之下，對方恐懼後患，當然不敢動手，現在是窮寇反撲，反撲失敗，不過一死，反撲成功，還有扭轉大局的可能性。不要說掌握天下兵權，縱然家裏有座原子炮，他們也是拚啦。何進先生自己才是小兒之見，卻倒轉過來嘲笑別人是小兒之見，天下這類移情朋友，固多的是也。

三國演義續曰：

「袁紹曰：『公必欲去，我等引甲士護從，以防不測。』於是袁紹、曹操，各選精兵五百，命袁紹之弟袁術領之。袁術全身披掛，引兵布列青瑣門外。袁紹與曹操帶劍護送何進至長樂宮前。黃門（宦官）傳懿旨云：『太后特宣大將軍，餘人不許入內。』將袁紹、曹操都阻擋在宮門之外。何進昂然直入，至嘉德殿，張讓、段珪迎出，左右圍住。何進大驚，張讓厲聲責之曰：『董太后（董孝仁女士）何罪？竟以鴆死？國母喪葬，託病不出。汝本屠沽小輩，我等薦之天子，以致榮貴，不思報效，欲相謀害。汝言我等甚濁，其清者誰？』」

——張讓先生責備何進先生的話，正史是這樣的焉：「張讓等詰之曰：『天下憒亂，非僅我曹罪也。先帝（劉宏）嘗與太后不快（指毒死王靈懷女士），幾至成敗，我曹涕泣解救，各出家財千萬爲禮，和悅上意，但欲託卿門戶耳，今乃欲滅我曹種族，不亦太甚乎。』」這段話，較三國演義上的話沉痛而眞實，如果僅就何家班私人利益而言，何進先生有負宦官矣。

三國演義續曰：

「何進慌急，欲奪出路，宮門盡閉，伏甲齊出，將何進砍爲兩段。後人有詩曰：『漢室傾危天數終，無謀何進作三公。幾番不聽忠臣諫，難免宮中受刀鋒。』」

——宦官如果採取軟功，當着何靈思女士的面，向何進先生苦求，以他閣下狐疑寡斷的性格，可能三度改變主意。問題是，宦官們不敢冒這個險，萬一他不三度改變主意怎麼辦？而且，宦官們還多少希望殺掉何進先生後，能產生阻嚇作用，扭轉狂瀾。卻不知道他們已按下包括自己在內，千萬人頭落地，九十餘年的全國大混戰的電鈕。

殺將・焚宮・皇帝逃亡

大屠殺是這樣開始的，三國演義曰：

「張讓既殺何進，袁紹久不見何進出宮，乃於宮門外大呼曰：『請將軍上車。』張讓等將何進首級從牆上擲出，宣諭曰：『何進謀反，已伏誅矣，其餘脅從，盡皆赦宥。』（柏老按：「誣以謀反」節目又出了籠，可惜這玩藝這次不靈）袁紹厲聲大叫：『閹宦謀殺大臣，思誅惡黨者，前來助戰。』」

事情急轉直下，三國演義曰：

「何進部將吳匡，便於青瑣門外放起火來。袁術引兵突入宮廷，但見閹宦，不論大小，盡皆殺之。袁紹、曹操，斬關入內。趙忠、程曠、夏惲、郭勝四人，被趕至翠花樓，剁爲肉泥（柏老按：趙忠先生乃死皇帝劉宏喊「娘」的人物，威震天下），宮中火燄沖天。張讓、段珪、曹節、侯覽，將何太后及皇太子（劉辯）並陳留王（劉協小娃）劫去省內，從後道走北宮。時盧植辭官未去，見宮中事變，擐甲持戈，立於閣下。遙見段珪擁逼何太后過來，盧植大呼曰：『段珪逆賊，安敢劫太后？』段珪回身便走，何太后從窗中跳出，盧植急救得免。吳匡殺入內廷，見何苗亦提劍出，吳匡大呼曰：『何苗同謀害兄，當共殺之。』眾人俱曰：『願斬謀兄之賊。』何苗欲走，四面圍走，砍爲虀粉。袁紹復令軍士分頭十常侍家屬，不分大小，盡皆誅絕（柏老按：家屬何辜？宦官固然可恨，反宦官的一些傢伙，嘴巴喊着「罪不及妻拏」，下手時卻眼紅如火，跟宦官同樣的殘無人道），多有無鬚者誤被殺死。曹操一面救滅宮中之火，請何太后權攝大事，一面遣兵追襲張讓等，尋見少帝（劉辯）。」

皇宮裏血流成河，伏屍如山，共屠殺了兩千餘人，還不包括那些沒鬍子的倒楣朋友。柏楊先生嘆曰：「有鬍子的有福啦。」接着是一幅皇帝逃亡圖。

三國演義曰：

「且說張讓、段珪劫擁少帝（劉辯）及陳留王（劉協），冒煙突火，連夜奔走至北邙山。約三更時分，後面喊聲大震，人馬趕至，當前河南中部掾史（洛陽市中區高級官員）閔貢，大呼：『逆賊休走。』張讓見事急，遂投河而死（柏老按：權力魔杖固然法力無邊，但必須在特定的條件之下，也就是在擁有效忠的軍隊時，才法力無邊。如果赤手空拳，啥把戲都耍不出，法力就有邊矣）。少帝（劉辯）與陳留王（劉協）未知虛實，不敢高聲，伏於河邊亂草之內。軍馬四散去趕，不知帝（劉辯）之所在。帝（劉辯）與王（劉協）伏至四更，露水又下，腹中飢餒，相抱而哭。又怕人知覺，吞聲草莽之中。陳留王（劉協）曰：『此間不可久留，須別尋活路。』於是二人以衣相結，爬上岸邊，滿地荆棘，黑暗之中，不見行路。正無奈何，忽有流螢千百成群，光芒照耀，只在帝（劉辯）前飛轉（柏老按：對一個馬上就要完蛋的末梢帝王，仍忍不住往外亂冒鬼話）。陳留王（劉協）曰：『此天助我兄弟也。』遂隨螢火蟲而行，漸漸見路。行至五更。足痛不能行。山岡邊見一草堆，帝（劉辯）與王（劉協）臥於草堆之中。草堆前面是一所莊院，莊主是夜，夢兩紅日墜於莊後（柏老按：鬼話最難啓齒，但只要胡亂冒出一句，以後就狀如瀉肚，用蘿蔔塞都塞不住），警覺，披衣出戶，四下觀望。見莊後草堆上紅光沖天（柏老按：夢還有可能，我老人家昨晚就夢見敝肚臍眼裏跳出一個太陽；但是一口咬定活生生親眼瞧見，就他媽的離譜太遠矣），慌忙往視，却是二人臥於草畔（柏老按：實際上只不過兩個乳臭未乾的小娃，劉辯十四歲，劉協九歲）。莊主問曰：『二少年誰家之子？』帝（劉辯）不敢應。陳留王（劉協）指帝（劉辯）曰：『此是當今皇帝，遭十常侍之亂，逃難到此，吾乃皇弟陳留王也。』莊主大驚（柏老按：換了我，我也大驚），再拜曰：『臣先朝（劉宏先生當皇帝時）司徒（宰相）崔烈之弟崔毅也，因見十常侍賣官嫉賢，故隱居在此。』遂扶帝（劉辯）入莊，跪進飲食。」

被列爲「正史」的資治通鑑，對這一樁大屠殺的經過，敍述得更爲動人，恭抄於後，以便讀者老爺對照參考，文曰：

「尚方監（宦官）渠穆，拔劍斬何進。張讓等作詔，授故太尉（宰相之一）樊陵爲司隸校尉（京畿總衛戍司令），尚書（宮廷祕書）得詔板，疑之曰：『請大將軍出共議。』中黃門（宮廷侍衛）以何進頭擲與尚書曰：『何進謀反，已伏誅矣。』何進部曲將吳匡、張璋，在外聞何進被害，即引兵入宮，宮門閉。虎賁中郎將（禁衛軍司令官）袁術，與吳匡等共砍攻之，宦官持兵器堅守。會日暮，袁術因縱火燒南宮青瑣門，欲以脅何太后出張讓等。」

惡棍的介入

事情到了這個地步，張讓等也不是呆瓜，怎麼會允許何靈思女士把他們交出？而何靈思女士失去何進先生，也沒有力量把張讓先生交出，結果當然一團糟。

資治通鑑曰：

「讓（張讓）等入白太后，言：『大將軍兵反，燒宮，攻尙書門。』因挾太后，及少帝（劉辯）及陳留王（劉協），劫省內（宮內）宮屬，從複道走北宮。尙書盧植，執戈於閣道窗下，仰數段珪，珪懼，乃釋太后，太后投閣，乃免。袁紹與叔父隗（袁隗），矯詔召樊陵、許相，斬之。紹及何苗引兵屯朱雀闕下，捕得趙忠等，斬之。吳匡等素怨苗不與兄進同心，又疑其與宦官通謀，乃令軍中曰：『殺大將軍（何進）者，即車騎（何苗）也，吏士能爲報仇乎。』皆流涕曰：『願致死。』匡遂引兵與董卓弟奉車都尉（陸軍上校）旻，攻殺苗，棄其屍於苑中。紹遂閉北宮門，勒兵捕諸宦官，無少長，皆殺之，凡二千餘人，或有無鬚而誤死者，紹因進兵排宮。張讓、段珪等困迫，遂將帝（劉辯）與陳留王（劉協）數十人，步轂門（洛陽城北門），夜至小平津（河南省孟津縣東黃河渡口），六璽（皇帝皇后政府等印信）不自隨，公卿無得從者。唯尙書盧植、河南中部掾（洛陽中區高級官員）閔貢，夜至河上（黃河南岸），貢厲聲質責讓等，且曰：『今不速死，吾將殺汝。』因手劍斬數人，讓等惶怖，叉手再拜叩頭，向帝（劉辯）辭曰：『臣等死，陛下自愛。』遂投河死。」

——有件事弄不懂，閔貢先生既亂砍亂殺，幹掉了幾個，爲啥不向張讓先生直接下手？是不敢也乎？如果張讓先生不跳黃河，又該怎麼辦？直接下手和逼他自殺，後果是一樣的，不知道他閣下爲啥採逼死之法。

經過內外一陣屠殺，宦官絕種，中國歷史上第一個宦官時代，到此結束，宦官們付出他們爲非作歹的代價。可是，政府、皇帝、官員，以及全國人民，不但不能恢復原狀，反而從此陷入更大的災難。死者已矣，一死百了，活人的苦，卻只開端。

資治通鑑續曰：

「（閔）貢扶帝（劉辯）與陳留王（劉協），夜步逐螢光南行，欲還宮。行數里，得民家露車（農夫普通載貨的平板牛車，既沒有頂篷，也沒有欄杆），共乘之，至洛舍（地名，在邙山北麓）。」

在洛舍住了一夜，第二天：

「帝（劉辯）獨乘一馬，陳留王（劉協）與貢，共乘一馬，從洛舍南行，公卿稍有至者。」

接着，董卓先生——這個頭腦簡單，四體發達的惡棍，以電影上的大場面鏡頭出現。原來他閣下接到袁紹先生的命令，立即率領他的涼洲兵團，向東進發，抵達洛陽城西的皇家顯陽花園（顯陽苑）。只見洛陽火光沖天，一片血紅，那正是袁紹先生攻擊皇宮，焚燒青瑣門的時候。董卓先生知道事情發生變化，下令緊急行軍，抵達西門時，探馬報說，皇帝正在邙山，他閣下立刻北上，逕到邙山。

劉辯小子折騰了兩天一夜，驚魂甫定，忽然號角頻傳，鼓鳴馬嘶，大軍雲集，嚇得面無人色，也顧不得皇帝天縱英明的學說啦，不客氣的渾身發抖，涕淚直流。隨從的政府高級官員們只好派出使節，告董卓先生曰：「皇帝有詔，大軍停止前進。」

「詔」是政府的最高權威，而且是絕對權威。可是，沒有權力支持，詔書就成了軟麵條。董卓先生迫不及待的露出凶暴面目，回答曰：「你們這些飯桶，身爲國家領導人，不能使政府和皇家固若金湯，連皇帝都被搞得逃命。現在又要命大軍停止前進，什麼皇帝有詔，有詔個屁。」那些高級官員們面面相覷，口呆目瞪，只好恁憑擺佈。董卓先生一馬當先，依照正常儀式參拜劉辯小子，問一些有關事變的經過情形，劉辯小子這時候雖然已弄清楚這些兵老爺不是強盜，而是來保護自己的，但心裏仍十分害怕，尤其董卓先生彪形大漢，殺氣騰騰，他陛下舌頭就好像打了個結，跟鼓兒詞的唱本一樣：「他問一句俺答一語，他說一字俺應一聲。」支支吾吾，結結巴巴。董卓先生問了半天也沒問出來龍去脈。他一輩子沒見過皇帝，腦海裏的皇帝形象可不是這種德性，這如果就是「天子聖明」，老董簡直可稱活神仙啦。他又跟劉協說話，別瞧這個九歲娃兒，卻跟柏楊先生小時候一樣，口齒伶俐，頭腦清楚，不但不害怕，對事變經過，敍述得清清楚楚，更以親王的身份，對董卓先生起兵勤王，千里保駕，表示嘉許。董卓先生不由點頭讚嘆，這才稱得上國家領袖呀。尤其是，劉協小娃是由太皇太后董孝仁女士抱養大的，一支筆寫不出兩個「董」字，俺跟她都姓董，五百年前還是一家人哩。董孝仁女士要立劉協小娃當皇帝的企圖失敗，得罪了現任皇太后何靈思女士，以致全家慘死，現在瞧俺老董爲妳老姊出口氣吧。一個莽撞的，關係着我們女主角何靈思女士生死的大事，就在這一剎那，全盤決定。

同囚永安宮

十四歲的劉辯少年皇帝，在涼州兵團前呼後擁中，戰戰兢兢，返回他的宮廷，跟他娘親皇太后何靈思女士見面，母子們抱在一起，慶幸他們終於脫離危險，馬上可以恢復皇家權威啦。雖然何進、何苗，和她手下的那些宦官，剎那間全從眼前消失，有一種恍如隔世孤獨無依的傷感。但魔杖無恙，體制也無恙，仍可很快建立起來新的國家領導中心，和新的搖尾系統。

然而，前已言之，跌成碎片的瓷器，誰都無法使它恢復原狀，即令何進先生仍活着都沒有用。正如那些反對徵調外兵的人士所料，形勢已發生基本變化。涼州兵團控制洛陽，中央政府陷於癱瘓，董卓先生成了唯一有本錢發號施令的最高頭目。中國歷史上，誰掌握兵權，誰就是大爺。董卓先生本來只不過一個兵團司令官，現在一步登天，小人得志，燒得他簡直不知道怎麼折騰才好。他每天帶着鐵甲衛士，出入被視爲尊嚴神聖的宮廷，好像出入廁所一樣，政府官員以及一些兵力脆弱的中央軍將領們，包括袁紹、曹操在內，一個個口呆目瞪，怒髮衝冠，可是他們束手無策。

這些事情——全國最高統帥被殺，皇太后跳樓，小皇帝逃亡，以及法紀蕩然，軍隊橫暴，都發生在一八九年八月。用不着我老人家自作聰明的向貴閣下指出，貴閣下就會發現，東漢王朝政府已成了一個火藥庫。

到了九月，董卓先生把這個火藥庫燃爆。他閣下是一個毫無政治細胞的土佬，只當了一個月權，就頭昏眼花，認爲可以想幹啥就幹啥。他大張旗鼓的召集中央政府全體高級官員，宣佈廢立。爲了先聲奪人，他板起誰欠一塊錢，而又三年不還的面孔，曰：「大者是天地，其次是君臣，而今皇帝既呆又弱，怎能主持國家大事？我現在要效法霍光前輩的往事，要立劉協當皇帝，各位以爲如何？」一言既出，好像青天霹靂，那些平常誓以忠貞自吹自擂的袞袞諸公，用艾斯光眼睛一瞧，董卓先生背後站着殺氣騰騰的涼州兵團，就像吃了啞巴藥，誰都不敢吭聲。但董卓先生仍不滿意，因爲他沒聽見歡呼雷動，顯然他們還多少有點不服，於是喝曰：「從前霍光決定大事時，田延年拔劍對付那些反調份子，如今誰敢阻撓這項決策，一律交付軍法審判。」只有那位拒絕向宦官屈膝的宮廷祕書（尙書）盧植先生抗議曰：「從前劉賀皇帝被廢，僅只公佈的罪狀，就有一千多條。而現在皇帝才十四歲，即位不到半年，有啥過失？這兩件事似乎不能相提並論。」

董卓先生簡直不相信天下竟有不怕死的硬漢，他跳起來，就要要下令把盧植先生拖出斡掉，但他仍是忍了又忍，大踏腳步離開會場。他有點掃興，這點掃興當然不能改變主意，於是也再不徵求別人同意啦，決定蠻幹。教劉辯小子升殿，由他的智囊李儒先生宣讀早已擬好的廢立文告，文告曰：

「孝靈皇帝（劉宏），早棄臣民，皇帝（劉辯）承嗣，海內仰望。而帝（劉辯）天資輕佻，威儀不恪，居喪慢惰，否德既彰，有忝大位。皇太后（何靈思）教無母儀，統政荒亂。永樂太后（董孝仁）暴崩，眾論惑焉。三綱之道，天地之紀，毋乃有缺？陳留王協（劉協），聖德偉懋（柏老按：九歲的娃兒，有屁聖德），規矩肅然，居喪哀戚，言不以邪，休聲美譽，天下所聞（柏老按：不知道哪裏找來這麼多優美的形容詞）。宜承洪業，爲世世統。茲廢皇帝（劉辯）爲弘農王，皇太后（何靈思）還政。請奉陳留王（劉協）爲皇帝，應天順人，以慰生靈之望。」

宣讀文告已畢，皇家師傅（太傅）袁隗先生把劉辯小子扶下金鑾寶殿，何靈思女士看到這場面，一句話也不敢說，只臉色蒼白，掩面流涕，嗚咽出聲，高級官員們也陪着悲戚，沒有人敢表示不滿。其實表示不滿又有啥用乎哉，徒招殺身之禍。

董卓先生不會放過何靈思女士，他曰：

「何太后逼迫永樂宮（董孝仁女士），致令不得其死，完全喪失作媳婦的本性，這筆賬不能不算。」

算賬的結果在意料之中，三國演義曰：

「卓請陳留王（劉協）登殿，群臣朝賀畢，卓命扶何太后及弘農王（劉辯），及帝妃唐氏於永安宮閒住，封鎖宮門，禁群臣無得擅入。可憐少帝（劉辯）四月登基，至九月即被廢。董卓身為相國，贊拜不名，入朝不趨，劍履上殿，威福莫比。」

失去權勢的帝王皇后，沒有自衛能力。何靈思女士母子已成了甕中之鼈，走到生命盡頭，沒有人能阻止下一步的發展。

美女惡棍俱塵土

「正史」上對何靈思女士之死，只寥寥數語，後漢書曰：「遷於永安宮，遂以弒崩。」資治通鑑曰：「乃遷何太后於永安宮，鴆殺之。」「鴆殺之」比「弒崩」要具體，而三國演義則更詳盡，呈現給讀者老爺面前的是一項生動的黑社會謀殺鏡頭：

「卻說少帝（劉辯）與何太后、唐妃（劉辯的姬妾），困於永安宮中，衣服飲食，漸漸缺少，少帝（劉辯）淚不曾乾。一日，偶見雙燕飛於庭中，遂吟詩一首，其詩曰：『嫩草綠凝煙，裊裊雙飛燕。洛水一條青，陌生人稱羨。遠望碧雲深，是吾舊宮殿。何人仗忠義，洩我心中怨。』董卓時常使人探聽，是日獲得此詩，來呈董卓，卓曰：『怨望作詩，殺之有名矣。』遂命李儒帶武士十人，入宮弒帝（劉辯），帝（劉辯）與后（何靈思）妃（唐妃）正在樓上。宮女報李儒至，帝（劉辯）大驚。儒以鴆酒奉帝（劉辯），帝（劉辯）問何故。儒曰：『春日融和，相國（董卓）特上壽酒。』（董卓先生屁股上好像綁了火箭，一炮就沖到了最高峰的『相國』。不能再高啦，再高就是皇帝啦）。太后（何靈思）曰：『既云壽酒，汝可先飲。』儒怒曰：『汝不飲耶？』呼左右持短刀白練於前曰：『壽酒不飲，可領此二物。』唐妃跪告曰：『妾願代帝（劉辯）飲酒，願公存母子性命。』儒叱曰：『汝何人，可代王（劉辯）死？』乃奉酒與何太后曰：『汝可先飲。』太后（何靈思）大罵何進無謀，引賊入京（洛陽），致有今日之禍。儒催逼，帝（劉辯）曰：『容我與太后（何靈思）作別。』乃大慟而歌。其歌曰：『天地易兮日月翻，棄萬乘兮退守藩。爲臣逼兮命不久，大勢去兮空淚潸。』唐妃亦作歌曰：『皇天將崩兮后土頹，身爲帝姬兮恨不隨，生死異路兮從此別，奈何煢速兮心中悲。』歌罷，相抱而哭。李儒喝曰：『相國（董卓）立等回報，汝等俄延，望誰救耶？』太后（何靈思）大罵：『董賊逼我母子，皇天不佑，汝等助惡，必當滅絕。』儒大怒，雙手扯住皇太后（何靈思），直擲下樓。叱武士絞死唐妃，以鴆酒灌殺少帝（劉辯），還報董卓。』

三部書的記載，至少有三點不同，事實是：一、何靈思女士並非摔死樓台，而是被鴆酒毒死。二、劉辯小子延到次年（一九〇）才被謀殺，多活了一年。三、唐妃並沒有同時斃命，這位可憐的少女，在劉辯小子死後，回到她娘家潁川（河南省禹州市），老爹唐瑁先生要再爲她物色夫婿，她堅持不允。不久天下更亂，董卓先生的殘餘部隊大掠關東（函谷關以東地區，包括河南、山東諸省），把她也俘擄到手，將領之一的李傕先生，要娶她當老婆，她更不答應，但她也不肯透露她跟前任皇帝（劉辯）的關係。後來宮廷祕書（尚書）賈詡先生得到消息，報告劉協先生，劉協無限感傷，特派欽差大臣封她弘農王妃，迎接到劉辯陵園安居。嗚呼，她這段遭遇，就是一幕悽艷的傳奇，有待文學家爲她譜出可歌可泣的樂章。

何靈思女士到底是摔死或是毒死，不必細去追究，反正死啦。死啦之後，董卓先生又把她弟弟何苗先生的屍體，從墓中掘出，亂刀砍成碎塊，拋到路旁餵狗。至於老娘女侯爵舞陽君，白髮蒼蒼，也被殺掉，把屍體扔到亂草中，何姓家族於是滿門誅滅。這個屠夫之家，自一八〇年何靈思女士當上皇后，到一八九年全家被屠，整整十年，享盡人間尊榮。何靈思女士七〇年代初入宮時，如果十六七歲，則死時不過三十左右，不知道她有沒有懊悔過不如仍當一個屠家之女？或許她懊悔過，但也只會在最後時刻才懊悔。何靈思女士一生不全是快樂的，她得寵的日子不多，而付出的代價卻不少，不比她的前輩們少。

何靈思女士既滿身罪狀被處決，從前被她毒死的少女王靈懷女士，在沉冤十年之後，得到平反。形勢已變，現在是她親生的兒子劉協先生坐上寶座矣。一九一年，劉協下令訪求母家的親人，找到王靈懷女士的哥哥王斌先生，王斌先生由一個罪犯的家屬，忽然成了皇帝的舅父，眞是天降奇福，帶着妻子到首都長安（那時，董卓先生強迫遷都），由皇家賞賜給高樓大廈和田產，封官「奉車都尉」（上校）。一九四年，追尊親娘靈懷皇后（她本是姬妾第二級的「美人」），把棺木遷到丈夫劉宏先生墓旁陪葬。這位糊里糊塗懷孕，糊里糊塗生下娃兒，再糊里糊塗被謀殺的少女，靠着兒子的運氣，死後總算得到榮耀。雖然死後的榮耀不過一場虛幻，但總比沒有好。她在地下看見她的仇人何靈思女士狼狽而至時，不知道她將大笑耶？抑充滿同情。——她應了解，殺她的凶手是中國傳統文化中的多妻文化。

王靈懷女士的哥哥王斌先生，不久就被派擔任首都洛陽警衛區司令（執金吾），封三等侯爵（都亭侯）。

兩位皇后都度過了各人的一場春夢，本文也告一結束。董卓先生不久也被他的部下宰掉。美女惡棍，都化塵土，留下來兵荒馬亂，英雄割據，草莽並起，小民們的災難，更沒完沒了。悲夫。

董貴人・伏壽

時代／二世紀九〇年代－三世紀一〇年代
其夫／東漢王朝第十四任皇帝劉協
遭遇／父女同死，全族屠滅

按下第一個電鈕

董貴人女士，河間（河北省獻縣）人，是董孝仁女士的侄孫女，她爹董承先生是董孝仁女士的侄兒，所以她跟東漢王朝第十四任，也是最後一任皇帝劉協，是表兄妹——也可能是表姊弟關係。她啥時候被選入皇宮，做劉協先生小老婆群第一級「貴人」的，史書上沒有記載。但她之獲得進宮，是可以理解的，一則，劉協先生從小被董孝仁女士養大，有先天的感激之情。二則，在二世紀九〇年代長期的混戰和逃亡中，董承先生曾率領一支私人軍隊，對劉協先生保護備至。我們推斷她進宮之時，可能在一九六年遷都許縣（河南省許昌市東）之後一二年間，劉協先生已十六七歲矣。伏壽女士，琅邪東武（山東省諸城市）人，她的八世祖伏湛先生，曾當過宰相（大司徒），老爹伏完先生，是一位侯爵（不其侯），娶第十一任皇帝劉志先生的女兒陽安公主，生下伏壽女士。她的門第世家，和皇家的關係，遠比董貴人女士更近一層，所以她當上皇后。史書上說，伏壽女士於一九〇年被送進皇宮，即被封小老婆群第一級「貴人」，那年劉協小子才十歲，伏壽女士恐怕總在十五六歲以上，依照中國傳統習慣，是小丈夫制的——這傳統直到二十世紀，還在農村盛行。十歲的小丈夫，不可能要一位十歲以下的小妻子，因爲他需要一位母親型的妻子照顧。一九五年，劉協小子十五歲時，才正式把伏壽女士封爲皇后，大概二十歲左右。

這是她們的簡單經歷，那麼樣的平凡，可是大混戰時代使她們的一生充滿戲劇性苦難。在這場縱跨二世紀三世紀，中國人民悲慘的歲月中，她們雖都扮演一項使人垂淚的角色，可是，董貴人女士沒沒無聞，伏壽女士卻在史書上佔重要一頁，環繞在她身畔的人物，因爲三國演義家喻戶曉的緣故，也跟着家喻戶曉。

大混戰時代是頭腦簡單的董卓先生按下第一個電鈕的，他不知道政治的複雜性，認爲僅靠他手下的武裝部隊，就可以幹啥都行。一九〇年，也就是劉協小娃當皇帝的次年，董卓強迫遷都——從洛陽西遷，到四百公里外西漢王朝的故都長安。蓋各地勤王大軍雲集，董卓先生的涼州兵團防線太長，有陷於重圍的危險。這個莽漢，一聲令下，即行啓程，不但皇帝遷，大小官也跟着遷；不但大小官遷，洛陽數百萬小民也得跟着遷，爲了斷絕小民的希望，他下令縱火，數百年經營的宮殿和繁華的市區，在火海中變成一片焦土。海盜般的軍隊，把可憐的洛陽居民，像豬羊一樣的，用刀槍逼着上道，而就在道上，涼州兵縱馬踐踏，再加上飢餓和疾病，四百公里道路上，堆滿了屍體。史書上說，這一次遷都浩劫，有數百萬人死亡，當時世界第一繁華的都市——女兒如花，牡丹如火的洛陽，一百公里以內，不見人煙。

報應來得很快，這筆血債，只兩年便行償還。一九二年三月，劉協小子病初癒，在未央宮接見政府高級官員。董卓先生穿着正式禮服，坐上馬車入朝，不知道怎麼搞的，馬忽然受了驚嚇，揚起雙蹄蹦跳，竟把他閣下顛了下來，弄得滿身泥漿，不得不爬起來回到他的太師府，換新的禮服（他閣下的新官位「太師」，是介於皇帝跟宰相之間的巨頭，在中國歷史上，太師往往是奪取皇位的階梯，再往上一竄，屁股就可以坐上寶座矣）。他的一位美麗小老婆，認爲這是一個不祥的預兆，勸他不要出門。董卓先生對這種婦人之見，當然嗤之以鼻。俺老董百戰英雄，大江大海經多少，誰敢碰我？雖然他不聽勸告，但他仍下令加強戒備。從他的太師府到皇宮，軍警夾道林立，箭上弦，刀出鞘，精銳強悍的騎兵衛隊，把他乘坐的座車團團圍住，他最寵信的心腹將領呂布先生，騎馬執戈，前後巡邏護衛，這眞是鐵桶般的保護網，即令二十世紀，恐怕機關槍都打不透。

而就在這時候，董卓先生另一位寵信的心腹將領，騎兵司令（騎都尉）李肅先生，帶着他的貼身勇士，在皇宮的北掖門佈防。董卓先生座車剛到，馬又忽然驚叫，不肯前進。董卓先生這才有點心神不寧，決定回頭。可是呂布先生堅持不可，他堅持是有道理的，如果只因爲馬驚就嚇成這個樣子，以後就沒有威信啦，怎麼能再統率大軍乎哉。董卓先生採納了這項意見，繼續前進。就在這一陣對話的當兒，李肅先生舉起鐵戟，迅雷不及掩耳的向董卓先生當胸刺去，誰曉得董卓先生早就防着這一招，他雖外穿錦袍，卻內着鎧甲。李肅先生一戟下去，竟沒有刺進去，立刻慌了手腳，急忙再刺第二戟，只刺中董卓先生的手臂，董卓先生一頭撞到車下。

肚臍眼裏燃油燈

董卓先生栽下座車，急忙叫曰：「呂布何在？」嗚呼，呂布何在，呂布就在身旁。呂布先生舉起鐵矛曰：「有詔討賊。」董卓先生這才恍然大悟，誓死效忠他的兩個奴才，全背棄了他。董卓先生不像愷撒先生，愷撒先生發現布魯克斯先生背棄他時，失望的嘆曰：「怎麼，還有你？」而董卓先生不過一個暴徒，說不出這種感傷的話。他的反應是破口大罵，罵呂布先生曰：「你這條狗，敢如是耶？」呂布先生當然「敢如是耶」，一矛下去，前胸進去，後胸出來，董卓先生就完了他媽的蛋。

董卓先生一死，接着是可怕的報復。長安城一片歡騰，把他閣下肥胖的屍體拖到大街上，就在他肚臍眼裏燃起油燈，一天一夜不熄。然後政府軍在將領皇甫嵩先生率領下，攻擊有三十年存糧的郿塢，把董卓的全家，包括老娘、妻子（那位勸董卓先生不要出門的美麗少婦，也應在內）、兒女全部殺光。老娘九十歲高齡，逃到郿塢門口，向政府軍跪下哀告曰：「請饒我一命。」話還沒有說完，大刀一揮，已身首異處。她活得太久了，如果幾個月以前死掉，她會享到人間最大的哀榮。人生，有時候活得太久，並不是福。

——呂布先生所以背棄他的恩主董卓先生，三國演義有一段香艷的愛情故事。宰相（司徒）王允先生有一位義女，就是中國歷史上四大美女之一的貂蟬女士，王允先生最初把她許配給呂布先生，接着再把她獻給董卓先生，作爲他的姬妾。然後向呂布先生垂淚，告訴他他的未婚妻被董老賊搶去啦。這個挑撥離間的計謀獲得空前成功，呂布先生終於向「老賊」報了奪妻的一箭之仇。

——貂蟬女士的故事，在民間流傳了一千八百年，直到二十世紀，仍有她的電影故事上演，賣座奇好。不過，因爲「正史」上沒有關於她的記載，以致很多人疑心有沒有這麼一位重要角色。兩性間的關係，是促使歷史發展或改變方向的動力之一，至少在我們所報導的皇后之死篇幅中，可得到證明，讀者老爺千萬不要忽視。有貂蟬這位美女也罷，沒有貂蟬這位美女也罷，有一件事可是確定的，呂布先生是老董最最親信的心腹將領，夫任何惡棍頭目，所以能成爲惡的頭目，都是靠這種最最親信將領支持他。所以在最危急時，董卓先生還喊：「呂布何在」，想不到最最親信的將領卻來一個倒馬樁毒。孟軻先生稱惡棍頭目爲「獨夫」，形容他是多麼孤單，滿懷恐懼的孤單。史大林先生到了殺盡對手之後，大概想起了呂布先生的故事，想要先下手爲強，問題是，殺呂布之人，可能仍是呂布，赫魯雪夫先生雖來不及照老史尊肚上一矛，但在老史翹了辮子後，卻來一個鞭屍，跟一矛也差不多。這是獨夫的悲劇，不知道爲啥仍有那麼多人，偏偏喜歡幹這一行也。

董卓先生死後，東漢王朝政府的大權，落到王允先生手上，眞是狼崽子下兔崽子，一窩不如一窩。大概像道家學派的理論，東漢王朝，氣數已盡。對本文而言，也就是董貴人女士和伏壽女士，已命中注定了要被全家處決矣。嗚呼，王允先生是一個跟董卓先生同類型人物，雖然他僅只是一個文人，手裏沒有兵權，但其蠢如豬則一。東漢王朝因董卓之死，呈現可能復興的契機，被王允活活扼殺。

董卓先生死後，東漢政府頒下大赦令，對董卓的涼州兵團和將領們的罪惡，一律不再追究。這時董卓先生的女婿牛輔先生（比董卓還要昏暴的傢伙），正率領一部份涼州兵團，駐屯陝縣（河南省三門峽市），拒絕投降。呂布先生派李肅先生率軍前往征討，大敗而歸，呂布先生跳高曰：「你怎麼如此膿包？」把李肅推出轅門，就地正法。

——李肅先生跟呂布先生是同鄉至友（同是九原郡人，九原，今內蒙古五原縣），又同謀刺殺董卓先生，感情至篤，想不到卻只因一場敗仗，竟然翻臉無情。一則呂布先生本質是一個忘恩負義之徒，朋友算老幾？二則呂布先生顯然企圖獨霸「殺董」之功。呂布先生於六年後，為他的行為付出代價，一九八年，被曹操先生的兗州兵團捉住，絞死。

牛輔先生雖然戰勝，但他卻是一個庸才，戰場上的一次勝利，不但沒有帶來興奮，反而帶來恐慌。董卓已死，大家知道陷於孤立，隨時會再受到中央政府更強大的攻擊，這種壓力造成精神過度緊張。於是，有天晚上，軍營夜驚，士兵們無緣無故的，從夢中號叫而起，瘋狂毆互相屠殺，等到好容易清醒，已死傷狼藉，使氣氛更加恐怖。牛輔先生目睹慘狀，想想前途，忽然壯志全消，把他所搶掠的金銀珠寶，打一個小包袱，帶着最最親信的衛士胡赤兒先生，拋下大軍，跳城溜他娘的啦（天下竟有這種鼠輩將軍，也算一奇）。走到中途，胡赤兒先生腦筋一動，牛輔這個威風凜凜的傢伙，現在成了落湯雞，而且是一個政府緝拿的要犯，跟着他還有啥苗頭，不如幹掉他，一則可把金銀珠寶全下腰包，二則還可向政府領賞邀功，不但有銀子可拿，還可能封官封侯哩。越想越對，就把牛輔先生的尊頭砍下，持往政府軍獻寶，卻被呂布先生毫不客氣的拉出處斬，命財兩空。

——即令是忘恩負義的人，也厭惡人忘恩負義。呂布先生之殺胡赤兒先生，正是此也。生在亂世，人性的弱點更容易暴露，殺殺砍砍，纏到最後，連是非都難分辨矣。

牛輔先生一溜，軍中失去了主帥，西涼兵團亂成一窩螞蟻，不但不能再戰，眼看就要一哄而散。牛輔先生的部將李傕、郭汜、張濟，大起恐慌，商量的結果是，他們派人到長安，請求政府赦免他們這次抗命的行動。這是一個重要關鍵，關鍵握在宰相王允先生之手。

血濺后衣

西涼兵團請求赦免的專使到了首都長安，宰相王允先生一口拒絕，他的理由比敲鑼還要響亮，曰：「國家大事，豈是兒戲？在法律上，叛亂就是叛亂，政府已經寬大爲懷，大赦了一次，他們不知悛改，現在招架不住啦，再哀哀討饒，既有今日，何必當初。」有人提醒他，宰相跟法官不同，法官鑽到條文裏過日子，宰相總攬全局，眼觀四面，耳聽八方，必須考慮到政治影響，選擇最大利益。王允先生凜然曰：「一年之中，頒發兩次大赦令，政府還有啥尊嚴？我這樣決定，正是爲了國家千秋萬世的最大利益。」

西涼兵團既得不到赦免，他們只有兩種選擇，一是放下武器，被繩綑索綁，拖到軍事法庭上，砍掉尊頭。一是索性蠻幹到底，即令失敗，不過跟沒蠻幹一樣，反正是死定啦，萬一闖出了點萬兒，那就貴不可言矣。他們選擇了後者，向長安挺進。政府派出阻擊的軍隊節節潰敗，呂布先生幾乎被生擒活捉，落荒而逃。長安不久就告陷落，王允先生陪着皇帝劉協小子逃到東城宣平門樓上，嚇得渾身發抖。西涼兵團把他們團團圍住，這時候，王允先生的凜然嘴臉沒有啦，把自己所說出的理由全部吞回去，他以皇帝的名義，下令大赦。

西涼兵團這時候已不在乎什麼大赦不大赦，他們指名要王允先生下來跟他們對話。王允先生無可奈何，只好下來，被押解到西涼兵團軍營，現在輪到他請求大赦矣，西涼兵團當然不會「一年之中，三次大赦」，羈押了幾天，受盡了凌辱之後，被劊子手處決。

——前已言之，不懂政治的人，偏偏坐在非懂政治才可以坐的座位上，是中國歷史反覆重演的悲劇。使中國人因一個蠢貨的錯誤決策，付出流血屠戮的代價。王允先生拒絕大赦，不過是一個比芝麻還小的例證，但他卻按下東漢王朝滅亡的第二個電鈕，加速了長期內戰。

西涼兵團是一群暴徒，奪取長安後，皇帝劉協小子落在他們手裏，將領們紛紛當權，士兵們除了姦淫婦女，就是搶劫殺人。首都成了匪窟，物資缺乏，糧食比黃金還貴，大街上堆滿屍體。而西涼兵團又發生內訌。李傕、郭汜互相攻擊，李傕先生把皇帝劉協小子擄到他軍營，郭汜不甘示弱，把全體政府高級官員也擄到他軍營。幾個月下來，數萬人戰死，長安成了鬼城。一直到另一位將領張濟先生，從陝縣（河南省三門峽市）前來調解，兩個混蛋發現這樣搞無法善後，也就同意各交出人質，允許皇帝還都洛陽。

可是，當皇帝劉協小子剛逃出長安，李傕、郭汜忽然大吃一驚，怎麼糊里糊塗把權力魔杖放走了呀，這簡直是天下第一大笨。於是，兩人重新結合，聯軍追擊，一直追到弘農澗（河南省靈寶市東北，黃河小支流），本文女主角之一，董貴人女士的老爹董承先生，他是皇帝劉協小子的舅父，率領他的一支脆弱的警衛隊迎戰。抵擋不住西涼兵團，全軍崩潰。劉協小子，和本文另一位女主角伏壽女士——他已是皇后啦，向東逃命，逃到曹陽（河南省靈寶市東北），追兵已至。大家成了甕中之鼈，小皇帝夫婦日夜哭泣。董承先生一面使緩兵計，派專使去西涼兵團，要求和解，揚言願把皇帝交出來；一面派專使到河東（山西省夏縣），向黃巾變民的殘餘部隊首領，請求援助勤王。黃巾部隊連夜趕到，大破西涼兵團，但西涼兵團捲土重來，黃巾部隊失利。劉協小子困在陝縣（河南省三門峽市），一籌莫展。事實上已不可能到達洛陽，董承先生於是計劃北渡黃河，逃向河東（山西省夏縣），只有如此才能擺脫西涼兵團的糾纏。

後漢書上對這一段渡河，有悲涼的報導，曰：

「使李樂（黃巾部隊將領）先渡，具舟舡，舉火爲應，帝（劉協）步出營，臨河（黃河）欲濟，岸高十餘丈，乃以絹縋而下，餘人或匍匐岸側，或從上自投，死亡傷殘，不復相知。爭赴舡者，不可禁制。董承以戈擊披之，斷手指於舟中可掬（柏老按：這些人都是忠於皇帝，誓死不二的男女，卻如此下場），同濟唯皇后（伏壽）、宋貴人（柏老按：董貴人女士還沒登場）、楊彪、董承，及后父伏完等數十人。」

這是董卓傳上寫的，伏皇后傳上，特別指出，這次悲慘的渡河之役，人人性命不保，更不要說身外之物啦。只伏壽女士，卻一手扶着哥哥伏德先生，一手挾着十匹綢緞。董承先生教他扔掉，她不肯，這是她的唯一財產矣。董承先生教宮廷印信官（侍節令）孫徽先生強制執行，伏壽女士挾着不放，孫徽先生用刀向她身旁的侍衛砍去，那個可憐的侍衛大叫一聲，栽倒在地，鮮血濺滿了伏壽女士的衣裳，伏壽女士嚇出冷汗，才算拋棄。

——董承先生看起來一臉凶惡，史書上沒有說明他為啥有這種舉動。柏楊先生想，可能是伏壽女士因挾着綢緞緣故，行動不便。咦，伏壽女士不過十幾歲小女孩，似乎不知道，如果被俘，萬事皆空，如果再登寶座，要啥有啥，幾塊綢緞算屁乎哉。

皇帝第一次奪權

渡過黃河，暫往安邑（山西省夏縣），這時已是一九六年正月，到了七月，才算還都洛陽，而洛陽早已成為一片焦土。州郡各擁強兵，形成半獨立王國，沒有幾人還記得這個破落的中央政府和娃兒皇帝。史書曰：「是時，宮殿燒盡，百官披荆棘，依牆壁間，委輸不至，群僚飢乏，尚書郎（科長級）以下，自出採食，或飢死牆壁間，或為士兵所殺。」然而，在這樣窮困的環境中，仍然內鬥。黃巾部隊首領之一，現在官居全國最高統帥（大將軍）的韓暹先生，又走上董卓先生的覆轍，橫行霸道，不可一世。董承先生無力跟他抗衡，聽說兗州

（山東省西部）全權州長（牧）曹操先生，兵強將廣，而且距洛陽最近，只六百公里，就派出密使，邀請他帶兵前來首都保駕。這跟當年何進先生邀請董卓先生，完全一樣，讀者老爺如果不是白癡，一定可以預測到它的結局，只要兗州兵團踏進首都一步，中央政府大權，便天經地義的滑到曹操先生之手，除非兗州兵團不夠強大，偏偏兗州兵團夠強大，尤其是，曹操先生不但是一個成功的軍事將領，而且是一個有謀略的政治家。

曹操先生一到洛陽，立刻發現這座古城殘破窮困得不能立足。就於當年（一九六）九月，遷都許縣（河南省許昌市東），東漢王朝政府這時才開始有一個強有力的領導中心。

——一群軍閥惡棍的結局是：韓暹先生一聽兗州兵團逼進洛陽，拔腿就跑，在逃向幷州（山西省）途中，被地方民兵首領楊宣先生擊斬。李樂先生是最幸運的，害病死掉。張濟先生受饑饉逼迫，進攻南陽（河南省南陽市），戰死。郭汜先生被他的部將伍習先生翻臉一刀，報銷了老命。李傕先生最慘，以曹操先生為首的中央政府，下令討伐，被屠滅三族。

早期的軍閥惡棍消滅的同時，曹操先生重組遷都後的東漢王朝中央政府。委派皇后伏壽女士老爹伏完先生當「輔國將軍」，伏完先生頭腦清醒，他知道政府大權在誰手裏，不可能允許他插一腳，堅決辭職，於是改派文職初級國務官（中散大夫），類似政府顧問之類的官，名義好聽，沒有實權。大概就在這時候，董承先生的女兒董貴人女士被送進皇宮，當劉協小子小老婆群第一級「貴人」。

曹操先生重組中央政府的工作，遇到層出不窮的阻力。曹家班控制中央政府，已成定局，是曹操先生把這群高級乞丐從餓死邊緣拯救出來的，沒有曹操先生，中央政府困在洛陽，即令不被韓暹先生扼殺，官員們也終於會陸續倒斃牆壁之間。任何伸出援手的軍事將領，都不會不染指政權，東漢王朝政府也好，皇帝也好，要想恢復原狀，就跟一個行將抬到太平間要斷氣的老漢，要想恢復青春年華一樣，簡直是叫化子三更半夜裂嘴，亂做春夢罷啦。

然而，做春夢的朋友不斷興起，他們嚮往太平盛世皇帝的威風，包括劉協小子在內，他想當一有絕對權力的皇帝，不甘心當曹操先生的橡皮圖章。問題是，宰相將軍的權力如果來自皇帝賜予，皇帝當然是主子大爺，宰相將軍的權力如果來自自己建立的武裝部隊支持，皇帝就非成橡皮圖章不可。任何踢騰掙扎，只有使套到頸上的繩索收縮更緊。這是定律，權力一旦從皇帝手中滑出，就像生命一旦滑出身體一樣，再也收不回矣。

劉協小子卻想收回。

一九九年，劉協十九歲，可以稱他爲先生啦。劉協先生剛剛過了三年飽暖日子，就想恢復皇權。他當初靠曹操先生的保護，對曹操先生感激涕零。現在，爲了奪權，決心要曹操先生的命。他沒有軍隊，只好使用陰謀。從前，他可效法他的前輩，利用宦官，如今連殘留的宦官也都全部在曹家班控制之下。於是，他利用岳父大人董承先生。

——在皇帝老爺眼裏，從沒有岳父大人觀念，誰見了他都得下跪，都是他的臣民。何況姬妾宮女的老爹，比雞毛更沒有份量，不過事到緊急關頭，有點親情，總比萍水相逢的好。劉協先生的陰謀是，要董承先生集結忠臣義士，除掉曹操。

——嗚呼，再重複一遍，權力一旦喪失，不可再得。無論是啥模樣的「忠臣義士」，於除掉曹操後，能拍巴掌走路，恁你劉協先生在金鑾殿上吆五喝六乎哉。再起來的包管又是一個董卓，又是一個曹操，這是上天注定專制政治的命運。

血詔

三國演義對劉協先生奪權密謀和佈置，有生動的敘述，文曰：

「帝（劉協）乃自作一密詔，咬破指尖，以血寫之，暗令伏皇后（伏壽）縫於玉帶紫錦襯內，卻自穿錦袍，自繫此帶，令內史（宮廷祕書長）宣董承入。承見帝（劉協）禮畢，帝（劉協）曰：『朕夜來與后（伏壽）說霸河之苦（霸河，逃亡途中地名），念國舅大功，故特宣入慰勞。』承頓首謝。帝（劉協）引承出殿，到太廟，轉上功臣閣內。帝（劉協）焚香禮畢，引承觀畫像。中間畫漢高祖（西漢王朝第一任皇帝劉邦）容像，帝（劉協）曰：『吾高祖皇帝（劉邦）起身何地？如何創業？』承大驚曰：『陛下戲臣耳，聖祖之事（柏老按：這是政治馬屁，劉邦不過流氓，聖他媽的祖），何為不知？高皇帝（劉邦）起自泗上亭長，提三尺劍，斬蛇起義，縱橫四海，三載亡秦，五年滅楚，遂有天下，立萬世之基業。』帝（劉協）曰：『祖宗如此英雄，子孫如此懦弱，豈不可嘆！』因指左右二輔之像曰：『此二人非留侯張良，酇侯蕭何耶？』承曰：『然也，高祖（劉邦）開基創業，實賴二人之力。』」

——另外還有貢獻更大的韓信先生，不但沒有畫像，反而一字不提，蓋被該「祖宗」「

高皇帝」殺啦，於是連歷史都要竄改。

「帝（劉協）回顧左右較遠，乃密謀承曰：『卿亦當如此二人，立於朕側。』承曰：『臣無寸功，何以當此？』帝（劉協）曰：『朕想卿西都（長安）救駕之功，未嘗少忘，無可賞賜。』因指所着袍帶曰：『卿當衣朕此袍，繫朕此帶，常如在朕左右也。』承頓首謝。帝（劉協）解袍帶賜承，密語曰：『卿可細視之，勿負朕意。』承會意，穿袍繫帶，辭帝（劉協）下閣。」

接着是一幕驚險鏡頭：

「早有人報知曹操曰：『帝（劉協）與董承登功臣閣說話。』操即入朝來看。董承出閣，才過宮門，恰遇操來，急無躲避處，只得立於路側施禮。操問曰：『國舅何來？』承曰：『適蒙天子（劉協）宣召，賜以錦袍玉帶。』操問曰：『何故見賜？』承曰：『因念某舊日西都（長安）救駕之功，故有此賜。』操曰：『解帶我看。』承心知衣帶中必有密詔，恐操看破，遲延不解。操叱左右急解下來，看了半晌，笑曰：『果然是條好玉帶，再脫下錦袍借看。』承心中畏懼，不敢不從，遂脫袍獻上。操親自以手提起，對日影中細細詳看。看畢，自己穿在身上，繫了玉帶，回顧左右曰：『長短如何？』左右稱美，操謂承曰：『國舅即以此袍轉賜於吾，何如？』承告曰：『君恩所賜，不敢轉贈，容某別製奉獻。』操曰：『國舅受此衣帶，莫非其中有謀乎？』承驚曰：『某焉敢？丞相如要，便當留下。』操曰：『公受君賜，吾何相奪？卿爲戲耳。』遂脫袍還承。」

有一點要說明的，正史上說董承先生是把女兒獻給皇帝劉協先生的，三國演義卻說獻給劉協先生的是妹妹。如果獻的是女兒，就應該稱「國丈」矣，三國演義既認為他獻的是妹妹，當然稱他「國舅」。不過，就事論事，「國丈」也好，「國舅」也好，都不可能落到董承先生頭上。正宮皇后伏壽女士老爹伏完先生才是「國丈」，老哥伏德先生才是「國舅」，董承先生不過小老婆群之一的父兄，距「國丈」「國舅」遠得很哩。

三國演義續曰：

「董承辭操歸家，至夜獨坐書院中，將袍仔細反覆看了，並無一物。承思曰：『天子（劉協）賜我袍帶，命我細觀，必非無意，今不見蹤跡，何也？』隨又取玉帶檢看，乃白玉玲瓏，碾成小龍穿花，背用紫襟為襯，縫綴端整，亦並無一物。承心疑，放於桌上，反覆尋之。良久，倦甚，正欲伏几而寢，忽然燈花落於帶上，燒着背襯。承驚拭之，已燒破一處，微露素絹，隱見血跡，急取刀拆開視之，乃天子（劉協）手書血字密詔也。」

手書血字密詔曰：

朕聞人倫之大，父子為先。尊卑之殊，君臣為重。近日操賊弄權，欺壓君父，結連黨伍，敗壞綱常。敕賞封罰，不由朕主。朕夙夜憂思，恐天下將危。卿乃國家大臣，朕之至戚，當念高帝（劉邦）創業之艱難，糾合忠義兩全之烈士，殄滅奸黨，復安社稷（王朝政權），祖宗幸甚。破指灑血，書詔付卿，再四慎之，忽負朕意。建安四年（一九九）

春三月詔。

三國演義是十六世紀明王朝時代的作品，所以密詔裏有「君父」「奸黨」等明王朝的習慣用語。作者羅貫中先生強調該詔書是劉協先生「咬破指尖」，用血寫的，想像力未免太豐富、理解力未免太貧乏矣。嗚呼，羅貫中先生把指尖流出的血，當成鋼筆尖流出的墨水啦，可以源源不斷供應，讓劉協先生洋洋灑灑，大作文章。忽略了一個事實，血液本身含有一種凝結力，僅靠指尖的一點血，恐怕連半個字還沒有寫完，它就自動收了口。柏楊先生在獄中也曾寫過血書，有此寶貴經驗，羅貫中先生可是從沒有面臨過這種慘境也。

「正史」上說，董承先生是自稱「受帝（劉協）密詔」的，連到底有沒有這個用筆寫的詔書，我們都懷疑，更別說用血寫的詔書啦。

一條白絹

董承先生當時集結的「忠義之士」，一個是被軟禁在首都許縣（河南省許昌市東）的西涼郡（甘肅省武威縣）郡長（太守）馬騰先生，他似乎是阿拉伯裔的回教徒。一個是被曹操先生俘擄過來的豫州（河南省）前任全權州長（牧）劉備先生。

——讀者老爺請記住劉備先生，東漢王朝在二十年後的二二〇年，即行完蛋。中國歷史進入三國時代，他閣下是三國之一的蜀漢帝國第一任皇帝。

除了上述二位，三國演義上還有皇帝的御醫吉平先生、副部長（侍郎）王子服先生、參議官（議郎）吳碩先生、外籍兵團指揮官（長水校尉）种輯先生、陸軍將領（將軍）王子蘭先生。可是不久馬騰先生釋回西涼，劉備先生也逃離首都許縣，陰謀集團，已經瓦解。可是，事情卻仍然敗露。次年（二〇〇）春天，吉平先生的家奴秦慶堂先生，跟吉平先生的一位小老婆偷情，吉平先生勃然大怒，一對男女各打了四十大棍，把秦慶堂先生囚禁到黑屋子裏。秦慶堂先生就來一個越獄大逃亡，跑到丞相府，向曹操先生告密。

曹操先生立刻採取行動，把董承等五位先生跟他們的眷屬，全部逮捕處斬，七百餘人的老少屍體，橫陳法場。大屠殺之後，刀尖指向女主角董貴人女士。

三國演義曰：

「曹操既殺了董承等人眾，怒氣未消，遂帶劍入宮，來弒董貴妃（董貴人女士），貴妃乃董承之妹，帝（劉協）幸之（皇帝要女人上床，竟謂之「幸」，乃該女人三生有幸之意，醬缸裏保鏢護院型文化人的嘴臉，完全呈現），已懷孕五月。當日帝（劉協）在後宮，正與伏皇后私論董承之事，至今尚無音耗。忽見曹操帶劍入宮，面有怒容，帝（劉協）大驚失色。操曰：『董承謀反，陛下知否？』帝（劉協）曰：『董卓已誅矣。』操大聲曰：『不是董卓，是董承。』帝（劉協）戰慄曰：『朕實不知。』操曰：『忘了破指修詔耶？』帝（劉協）不能答。操叱武士擒董妃至，帝（劉協）告曰：『董妃有五月身孕，望丞相見憐。』操曰：『若非天敗，吾已被害，豈得復留此女，為吾後患？』伏后告曰：『貶於冷宮，待分娩了，殺之未遲。』操曰：『欲留此逆種，爲母報仇乎？』董妃泣告曰：『乞全屍而死，勿令彰露。』操令取白絹至面前，帝（劉協）泣謂妃曰：『卿九泉之下，勿怨朕躬。』言訖，淚如雨下，伏后亦大哭。操怒曰：『猶作兒女態耶？』叱武士牽董妃出，勒死於宮門之外。」

後人有詩嘆董貴人女士之死——她死時不過二十歲左右，詩曰：

春殿承恩亦枉然　傷哉龍種並時捐
堂堂帝王難相救　掩面徒看淚湧泉

——「承恩」「龍種」，仍是奴才慣性。

董貴人女士是二〇〇年死的，十四年後的二一四年，劉協先生第二度企圖奪權。這時曹家班的勢力更固若金湯，在意料中的，他再度失敗，而惡運遂抓住皇后伏壽女士，這時她已三十五六歲，不再是夜渡黃河，手持綢緞不放的小女孩矣。

三國演義曰：

「一日，曹操帶劍入宮，獻帝（劉協）正與伏后共坐，伏后見操來，慌忙起身。帝（劉協）見曹操，戰慄不已。操曰：『孫權、劉備，各霸一方，不尊朝廷，當如之何。』帝（劉協）曰：『盡在魏公（曹操）裁處。』操怒曰：『陛下出此言，外人聞名，只道吾欺君也。』帝（劉協）曰：『君若肯相輔則幸甚，不爾，願垂恩相捨。』操聞言，怒目視帝（劉協），恨恨而出。左右或奏帝（劉協）曰：『近聞魏公（曹操）欲自立爲王，不久必將篡位。』

帝（劉協）與伏后大哭。后曰：『妾父伏完，常有殺操之心，妾今當修書一封，密與父圖之。』帝（劉協）曰：『昔董承爲事不密，反遭大禍，今又恐洩漏，朕與汝皆休矣。』后曰：『旦夕如坐針氈，似此爲人，不如早亡。妾看宦官中忠義可託者，莫如穆順，當令寄此書。』乃即召穆順入屏後，退去左右近侍，帝（劉協）后（伏壽）大哭，告順曰：『操賊欲爲魏王，早晚必行篡奪之事。朕欲令后父伏完，密圖此賊，而左右之人，俱賊心腹，無可託者，欲汝將皇后密書，寄與伏完。量汝忠義，必不負朕。』順泣曰：『臣感陛下大恩，敢不以死報，臣即請行。』后乃修書付順。順藏書於髮中，潛出宮禁，逕赴伏完宅，將書呈上。完見是伏后親筆，乃謂穆順曰：『操賊心腹甚眾，不可遽圖。除非江東孫權、西川劉備，二處起兵於外，操必自往，此時即求在朝忠義之臣，一同謀之，內外夾攻，庶可有濟。』順曰：『皇丈可作書覆帝后，求密詔，暗遣人往吳蜀二處，令約會起兵，討賊救主。』伏完即取紙寫書付順，順乃藏於髮髻內，辭完回宮。」

挽救王朝

三世紀初葉的東漢王朝政府，大權緊握曹家班之手。這個曹家班跟過去的霍家班、梁家班等等家族，有基本上的不同。過去那些家族，權力來自皇帝，只要皇帝老爺變臉，家族即行瓦解。而曹家班的權力來自他們自己私人的武裝部隊。這些武裝部隊只效忠曹家班，而不效忠皇帝，只效忠曹操先生個人，而不效忠中央政府。中央政府形式雖然依舊，文武宮員雖然依舊，卻早已脫胎換骨矣。曹家班不但擁有軍隊，更擁有無所不至的特務系統。所以，連皇后貼身宦官晉見國丈這件雞毛蒜皮樣的小事，曹操先生也立刻得到情報。

三國演義曰：

「早有人報知曹操。操先於宮門等候，穆順回遇曹操，操問：『哪裏去來？』順答曰：『皇后有病，命去求醫。』操曰：『召得醫人何在？』順曰：『還未召至。』操喝左右，遍搜身上，並無夾帶，放行。忽然風吹落其帽，操又喚回，取帽視之，遍觀無物，還帽令戴。穆順雙手倒戴其帽，操心疑，令左右搜其頭髮中，搜出伏完書來。操看書中言語，欲結連孫劉為外應。操大怒，執下穆順，於密室問之，順不肯招。操連夜點起甲兵三千，圍住伏完私宅，老幼並皆拿下，搜出伏后親筆之書，遂將伏氏三族，盡皆下獄。平明使御林將軍郗慮，持節入宮，先收皇后璽綬。是日，帝（劉協）在外殿，見郗慮引三百甲兵直入。問曰：『有何事？』慮曰：『奉魏公（曹操）命，收皇后璽。』帝（劉協）知事洩，心膽俱碎。慮至後宮，伏后方起，慮便喚管璽人索取玉璽而出。伏后情知事發，便於殿後椒房內夾縫中藏躲。少頃，尚書令華歆，引五百甲兵入到後殿，問宮人：『伏后何在？』宮人皆推不知，歆教甲兵打開朱戶，尋覓不見。料在壁中，便喝甲士破壁搜尋，歆親自動手揪后髮髻拖出。后曰：『望免我一命。』歆叱曰：『汝自見魏公（曹操）訴去。』后披髮跣足（光腳），二甲士推擁而出。

「且說華歆將伏后擁至外殿，帝（劉協）望見后，下殿抱后而哭，歆曰：『魏公（曹操）有命，可速行。』后哭謂帝（劉協）曰：『不能相活耶？』帝（劉協）曰：『我命亦不知在何時也。』甲士擁后而去，帝（劉協）搥胸大慟，見郗慮在側，曰：『郗公，天下寧有是事耶？』哭倒在地，郗慮令左右扶帝（劉協）入宮。華歆拿伏后見操，操罵曰：『吾以誠心待汝，汝等反欲害我耶？吾不殺汝，汝必殺我。』喝令左右亂棒打死。隨即入宮，將伏后所生二子，皆鴆殺之。當晚將伏完、穆順等宗族二百餘口，皆斬於市。」

京戲逍遙津演出的就是伏壽女士之死的場景。不過戲裏忽然間教伏壽女士的兩個孩子，喊曹操先生「外公」，好像伏壽女士是曹操先生女兒似的，大概爲了強調曹操先生的罪惡，硬栽上他殺女殺孫一段，才有此鬼來之筆。有人說曹操先生女兒也嫁給劉協先生的呀，稱老傢伙外公，也可以說得通。但曹操先生女兒嫁給劉協先生，只是一位「貴人」，在宗法制度下，嫡子從沒有把庶子的舅舅家人當人的。遇到勢利眼的庶子，連自己都不把親舅舅瞧到眼裏。紅樓夢上的賈探春女士，就是一個活例證，看看她對自己親舅舅的嘴臉，就知道啦。大概二位皇子人窮志短，只好降貴紆尊，喚幾聲「外公」，企圖打動曹操先生的親情矣。

正史上對事情的經過，記載略有不同。後漢書說，伏壽女士確實有信給老爹伏完先生的，可是老爹是個溫柔敦厚，畏勢如虎的傳統型的高級知識份子，目的只在榮華富貴。有了榮華富貴，早就心滿意足，絕不理會這榮華富貴是哪裏來的。他當然不滿意曹操先生的專權，但也僅限於不滿意而已，卻不敢反抗，女兒的信只有使他渾身發抖。二〇九年，伏完先生一命歸陰。這件事也就成爲過去，萬萬想不到，六年後的二一四年，密謀洩露。史書上沒有說明是怎麼洩露的，依常情推測，老爹絕不可能保留女兒那封足可招來殺身滅族的密函。但事情既然洩漏，曹操先生不會不作反應，他當時就教劉協先生頒發一道廢后詔書，詔書曰：

「皇后壽（伏壽），得由卑賤（前已言之，她並不卑賤），登顯尊極，自處椒房（皇后宮），二紀（二十年）於茲，既無任姒徽音之美（任，太任，周文王姬昌的娘；姒，太姒，周一任王姬發的娘），又乏謹身養己之福，包藏禍心，弗可以承天命奉祖宗。今使御史大夫郗慮，持節策詔，其上（繳出）皇后璽綬，退避中宮，遷於他館。嗚呼傷哉，自壽（伏壽）取之，未致於理（理，軍法審判），爲幸多焉。」

其實審判不審判結局是一樣的，在正史上，伏壽女士毒死暴室，二子同歸於盡。兄弟宗族一百餘人，全部處決，只剩下老娘伏盈女士，幾個老弱婦女，流竄到涿郡（河北省涿州市）。

伏壽女士是東漢王朝最後一位死於非命的皇后，她不是爲了自己的利益，而是爲了搶救她丈夫的王朝。她的犧牲對王朝沒有幫助，死後十一年，東漢王朝終於滅亡，歷史進入另一個新的天地。留在世間的，只剩下上述的逍遙津一齣京戲，供後人唏噓。

甄洛

時代／三國時代・三世紀二〇年代
其夫／曹魏帝國第一任皇帝曹丕
遭遇／毒死・披髮於面，以糠塞口

初嫁袁熙

甄洛女士是中國歷史上最工於心計的美女之一，擁有傳奇的身世和結局。她是中山無極（河北省無極縣）人，東漢王朝宰相（太保）甄邯先生的後裔。老爹甄逸先生，擔任過上蔡（河南省上蔡縣）縣長（縣令），生有三男五女。三男的順序是甄豫、甄儼、甄堯。五女的順序是：甄姜、甄脫、甄道、甄榮、甄洛。甄洛女士是甄家最幼的女兒。

史書上對甄洛女士，搞出來不少鬼話。她閣下生於一八二年，生時大概太過於倉促，天上神仙沒來得及表演，所以直延到生了之後，才開始忙碌。甄洛小女娃睡到搖籃裏，小腿亂踢，有時候把小棉被踢掉，露出肚皮。這本是一件比拉稀屎還平常的事，但她的家人卻彷彿看見，冥冥中似乎有人牽起錦衣，給她蓋上，於是大爲驚奇。——不但甄家的人大爲驚奇，連我這個柏家的人也大爲驚奇。然而使人驚奇的事還在後面，三歲的時候，老爹去世。鐵嘴大學堂相面學博士劉良先生，應邀到甄家，爲甄家子女看相，他閣下看了其他的人，都不開口，等看到甄洛女士，不禁脫帽曰：「這個女孩，貴不可言。」

甄洛女士果然貴不可言，從小就與眾不同。八歲時，正是小學堂二年級蹦蹦跳跳，爬高爬低的頑皮年齡。有一天，門外鑼鼓喧天玩馬戲，姊姊們興高采烈的跑到閣樓上去看，只有甄洛不跟着跑。姊姊們大感不解，問她爲啥？她曰：「這種拋頭露面的事，豈是我們好人家女兒做的耶？」把姊姊們頂撞得口呆目瞪。九歲時，就喜歡讀書，在三世紀，正是「女子無才便是德」興旺時代，而這個「才」，專指讀書。儒家學派的「大儒」們認爲，女子們最崇高的道德行爲，就是不讀書不識字，必須這樣，對大男人沙文主義，才不會產生反抗思想；即令產生反抗思想，也沒有反抗能力。所以當甄洛女孩向哥哥索取筆墨紙硯，要學習寫字的時候，哥哥們吃驚曰：「妳這個娃兒，應該學針線才對。偏去寫字讀書，怎麼，打算當女博士呀。」

——中國古代「博士」，跟二十世紀的「打狗脫」不同。古代「博士」，有時專指大學堂教習，有時泛指一些飽學之士，有時還指茶館酒樓跑堂的。

二世紀最後十年的九〇年代，正是東漢王朝末年，天下大亂，到處饑饉，小民們不得不賣掉家產和珍藏的金銀財寶，換取果腹的糧食。甄家是富家，就藉機會用低價大量收購。年才十歲的甄洛女娃，發現苗頭不對，警告老娘曰：「現在不是太平盛世啦，兵馬四起，飢民逐漸增多，社會秩序已無法維持，而我們卻大量買入稀世寶物。古人云：『匹夫無罪，懷璧其罪』，勢必引起別人的殺機。況且人人貧寒飢乏，我們一家在怒濤駭浪中，豈能獨存乎耶？依女兒之見，最好是動用倉庫裏的存糧，救濟親戚朋友和左右鄰居，廣結善緣，一旦有變，可能避免災難。」

十歲女娃有如此洞察人生的見解，令人佩服。但也正因爲太洞察人生啦，柏楊先生便不相信會出自一個十歲女娃之口，因爲她沒有經過艱難的人生歷程，所以應納入鬼話之列，屬於「異於群兒」類型。史書上說她的家人聽啦，大夢初醒，接納了她的建議。她大哥甄豫先生很早死掉，甄洛女娃十四歲時，二哥甄儼先生也死掉，姑嫂間感情最篤，她就跟二位寡嫂同住，照撫侄兒們，無微不至。這些事使這位美女的聰明賢淑品德，傳播鄉里。

讀者老爺一定還記得袁紹先生，這位給全國最高統帥（大將軍）何進先生，出餿主意引董卓先生向首都洛陽進兵，用以脅迫皇太后何靈思女士的膿包，在董卓先生控制了中央政府之後，逃之夭夭。襲取冀州（河北省中部南部），當了冀州全權州長（牧），管轄黃河以北大平原。擁有當時全中國最強大的軍事力量——比手中掌握着皇帝（劉協）的曹操先生，還要強。他正在招兵買馬，跟曹操先生對抗。曹操先生以東漢王朝宰相立場，指摘袁紹是逞兵作亂的叛徒；袁紹先生以勤王義師的立場，指摘曹操是欺君罔上的奸賊。雙方嚴陣對峙，戰事隨時可以爆發。在戰爭勝負未揭曉前，誰都不敢預料鹿死誰手。不過袁紹先生兵強將廣的聲勢，使人有深刻印象，一致認爲袁紹先生成功的可能性最大。

袁紹先生有三個兒子，老大袁譚，老二袁熙，老三袁尚。袁紹先生不斷聽人提起甄洛女士的美貌和賢淑，更聽人說她自幼種種大貴異象，就娶給老二袁熙先生爲妻。

鄴城陷落

家家有本難唸的經，袁紹先生家也不例外，老三袁尚先生是袁紹繼室妻子劉老娘所生，她唯一的願望就是讓袁尚當老爹的合法繼承人。問題是，宗法制度下，「廢嫡立庶」，是一項禁忌，太多的宮廷慘劇，都由「奪嫡」而起，戚姬女士因奪嫡失敗，而身遭「人豬」慘刑，恁憑誰想起來都會冒汗。袁紹先生也知道事體嚴重，不敢貿然宣佈。於是他採取漸進手段，任命老大袁譚先生去青州（山東省北部）當州長（刺史），智囊之一的沮授先生抗議曰：「大帥呀，請聽一個故事，野地裏發現一隻狡兔，幾萬人追逐，等到有一個人捉住啦，大家就都停止行動。這是爲啥？爲的是所有權已定，名份已定故也。袁譚是你老人家的大兒子，而且是嫡長子，天經地義的應該是你的合法繼承人，如果把他放逐到兩百公里外的青州，恐怕是禍不是福。」袁紹先生嘴硬曰：「你怎麼往這上胡思亂想？我只是教孩子們各自治理一州，考察他們的能力罷啦。」爲了表示確實是這個意思，接着派老二袁熙先生，也就是甄洛女士的丈夫，去四百五十公里外的幽州（河北省北部）當州長（刺史）。袁熙先生走馬上任，留下嬌妻甄洛女士，在鄴城（河北省臨漳縣西南鄴鎮）陪伴婆婆劉老娘。當時習慣如此，婆婆比丈夫重要，不能隨往。史書上雖沒有他們小夫妻離別的記載，但纏綿悱惻，難捨難分，應不在話下。

然而，輪到老三袁尚，老爹卻不再把他派出去，而留在鄴城。事情發展到此，已很明白，老傢伙要老三當他的接班人矣。嗚呼，強兄在外，各據州郡，握有重兵，小弟的屁股怎麼坐得穩耶。袁紹先生的智慧連十歲的甄洛都不如，他從前給何進先生出餿主意，害了何進；現在給自己出餿主意，害了自己。

二〇〇年，袁紹跟曹操間的戰事爆發，在官渡（河南省中牟縣東北）會戰，袁紹先生全軍覆沒，狼狽逃回鄴城（河北省臨漳縣西南鄴鎮），又氣又悲，一病不起，拖到二〇二年，翹了辮子。老傢伙一死，老三袁尚先生立刻坐上冀州（河北省中部南部）全權州長（牧）的寶座，發號施令。於是，在意料中的，內鬥開始。老大袁譚先生率大軍進屯黎陽（河南省浚縣），向袁尚先生要求增派部隊，揚言用以抵抗曹操。袁尚先生不是傻子，怎肯派兵出去教老大吃掉，轉過來反攻自己耶？當然拒絕。

袁譚先生陰謀失敗，就在二〇三年初，大舉進攻鄴城。想不到他閣下跟他老爹一樣不成才，竟被袁尚兵團殺了個落花流水，只好放棄黎陽，退守平原（山東省平原縣）。老三袁尚先生認爲斬草除根，殲滅老哥的時機已經成熟，用大軍團團圍住，強行攻城，陷落就在旦夕。

袁譚先生現在只有兩條路可走，一是城破被擒，死於老弟之手。一是認賊作父，向仇人曹操先生投降。他選擇第二條路，派遣專使到首都許縣（河南省許昌市東），請曹操先生救援。曹操先生大喜過望，幾乎跳起來唱山歌，蓋如果袁家兄弟團結無間，他們所屬的廣大河北平原，包括現在的河北、山東、山西三省，短期內不可能征服。現在袁家弟兄內鬥，而且內鬥到要引外兵入援的程度，是天亡姓袁的。此時不取，是違天也。

二〇四年，曹操先生親率大軍北上，攻擊鄴城。袁尙先生急撤圍還救，與曹操的政府軍決戰，他當然不是對手，霎時崩潰，袁尙先生只好逃向幽州，投奔老二袁熙。

——在本文中，袁家兄弟的故事到此結束，不再出場。但爲了故事完整，對他們應作一個交代。老大袁譚先生不久又叛離曹操，跟政府軍會戰時陣亡。曹操先生繼續進軍幽州（河北省北部），老二袁熙，老三袁尙抵擋不住，棄城逃亡，投奔遼東郡（遼寧省遼陽市）郡長（太守）公孫康先生。公孫康把兄弟二人的頭砍下來，獻給曹操，了卻一樁公案。

——寫到這裏，感慨系之。嗚呼，人人都知團結好，人人都知團結妙，可是卻偏偏不能團結，非聰明不夠，而是團結不易。團結有團結之道，必須同時站在合情合理的平等基礎上，你讓一寸，我讓一尺，或我讓一寸，你讓一尺。如果非要對手徹頭徹尾投降屈膝，才算團結，恐怕是團結不了。袁尙先生坐上他不該坐的座位，已先破壞了團結的基礎。在擊敗大哥之餘，還要趕盡殺絕，不肯懷之柔之，逼他走上絕路，更杜絕了團結的唯一契機。團結是一種藝術，沒有高度政治修養的人，只會傷害團結，不能完成團結。

曹操的政府軍以征服者的姿態，進入鄴城（河北省臨漳縣西南鄴鎭），縱兵大掠，幸虧曹操先生念及跟袁紹先生多年老友，下令對袁家不得有任何侵犯，這才保住袁家沒有受到蹂躪。可是，當曹操先生的兒子曹丕，手提利劍，闖入袁紹先生官邸時，袁紹先生那位惹下滔天大禍的妻子劉老娘，跟本文的女主角甄洛女士，嚇得緊緊的抱在一起，哭成一團。

美貌的威力

依照老爹曹操跟袁紹的關係，曹丕先生應該稱呼劉老娘爲「伯母」的，可是時換星移，現在風光不同。曹丕先生是以征服者的身份出現，所以對尊貴的袁紹夫人，卻像是對一普通俘虜。他看到一位弱不禁風的少婦伏到劉老娘膝上，長髮披肩，渾身發抖，劉老娘用雙手憐惜的護着她，眼睛充滿恐懼。曹丕先生問曰：「這位老奶是誰呀？」劉老娘緊張曰：「她是俺媳婦。」曹丕先生對曰：「教她抬頭瞧瞧。」這句話既輕浮又傲慢，不像是對貴夫人說的，而像是對妓女說的。劉老娘雖然不是滋味，但怎敢計較，趕快把媳婦的頭捧起來，讓曹丕先生仔細欣賞。曹丕先生撩起她的秀髮，用手帕爲她拭去淚痕，那年甄洛女士才二十一歲，牡丹初放，像一顆光艷的明星，照得曹丕先生剎那間一佛出世，二佛升天，剛才那股隨時要劍起頭落的凶狠之氣，不知道跑到哪裏去啦，只聽噹啷一聲，利劍掉到地上。神魂顚倒了半晌，說了些讚美安慰的話，暈暈忽忽，起身告辭。臨走時告訴警衛，要他們嚴密保護。其實這吩咐是多餘的，他們既奉曹操先生命令於先，又看他閣下醜態畢露於後，還敢不盡忠職守乎哉。劉老娘這才喘一口氣曰：「放心吧，我們不會死矣。」

——英雄難過美人關，這正是一幅絕妙的油畫：一位伏在老太婆膝上的美女，被老太婆雙手捧頭，臉上流着淚，誠惶誠恐，向站在身旁，一位全副武裝，殺氣騰騰的青年凝望，那青年已舉起的利劍卻忽然脫手墜地。咦，女人的美貌眞能辦到千軍萬馬都辦不到的事。

曹操先生聽到稟報後，就把甄洛女士迎接過來，作爲曹丕的妻子。她閣下過門之後，先後生下一男一女。男孩名曹叡，女孩名字沒有記載，但在稍後建立的曹魏帝國裏，被封東卿公主。

甄洛女士不但漂亮絕倫，更聰明絕倫，她知道她的身世畸零，有很嚴重的缺陷，容易受人攻擊，蓋她不但是曹家仇人之媳，而且是再嫁之婦，幾乎沒有資格跟曹丕先生其他小老婆競爭，唯一支持自己的是自身的美貌。可是，那個小老婆不美貌如天仙乎耶？必須除了美貌之外，再尋覓更強大的後台。於是，她在曹丕先生母親卞老娘身上下了工夫。二一一年，曹操先生率軍西征，進擊涼州（甘肅省）民兵首領馬超，卞老娘隨行。曹丕跟甄洛留下來鎮守鄴城（河北省臨漳縣西南鄴鎮）。卞老娘中途害病，在孟津（河南省孟津縣）休養。甄洛女士雖小小年紀，卻立刻掌握這個展示她「純孝」的機會，要求親自前往侍奉湯藥。鄴城距孟津直線三百七十公里，中間又隔一條黃河，軍情慘急，當然不允許她去。史書說她就「日夜泣涕」，痛不欲生。這可苦了左右伺候她的一些男女，後來聽說卞老娘病好啦，急急稟報，甄洛女士拒不相信曰：「從前老娘在家，身體偶爾不舒服，總要拖一段時間。而今剛害病就痊癒，不可能有這麼快，你們不過怕我過度擔心，空言安慰我罷啦。」直到卞老娘寫信回來，她才轉悲爲喜。次年（二一二），大軍班師，甄洛女士迎接卞老娘，還沒有看見人哩，只望見了轎子，就流下眼淚。她的孝心和誠懇，使卞老娘左右的人，都深深感動，卞老娘也泣曰：「妳說我這次害病定跟從前一樣，要相當時間。可是我這次只不過一場小感冒，十幾天就好啦，妳可看看我的氣色呀。」然後嘆曰：「她眞是孝順的媳婦。」

四年後的二一六年，曹操先生再率大軍南下，進擊孫權，一家大小都隨軍出發，包括卞老娘、曹丕、孫兒曹叡、孫女東卿公主（那時候還不是公主）。偏偏甄洛女士有病，只好獨自留在鄴城。次年（二一六），大軍班師，卞老娘看見甄洛女士又白又嫩，容光煥發，詫曰：「妳跟兩個小娃兒分離了這麼久日子，難道不思念他們呀，看妳這般豐潤，好像沒事人一樣，這可怪啦。」甄洛女士笑曰：「他們隨着奶奶，我還擔心啥？」這話聽到卞老娘耳朵裏，當然舒服。

從這一連串小故事，可看出甄洛女士用盡心機，刻意的在家庭中爲自己樹立形象。

二二〇年，是中國歷史上重要的一年，無數重要的政治大事，同時擠在這一年發生。曹操先生在洛陽逝世，做兒子的曹丕先生，迫不及待的把東漢王朝第十四任，也是最後一任皇帝，已四十一歲的劉協先生，趕下寶座。一百九十六年之久的東漢王朝，就這樣的靜悄悄結束，沒有引起任何漣漪。曹丕先生坐上龍墩後，稱他建立的政權曹魏帝國——我們不稱它爲曹魏王朝的原因，是它並沒有能控制全中國，它所控制的地區只限於長江以北的北中國地區。在長江上游現在的四川省，劉備先生建立蜀漢帝國。在長江以南，孫權先生也接着建立東吳帝國。中國分裂成三個國家。大統一時代結束，三國時代開始。

長髮披面，以糠塞口

曹丕先生既成了皇帝，當然樂不可支，而更樂不可支的，還有甄洛女士，以她跟丈夫的恩愛，和婆母卞老娘對她的印象，皇后的寶座，她自信非她莫屬。

然而，曹丕先生卻沒有行動。

稍微有點人生嗅覺的人，都會嗅出事情有點不對勁。事實上正是如此，在薄海歡騰，萬民稱慶，歌頌改朝換代的昇平外貌之下，一場宮廷奪床鬥爭，突然白熱化，而甄洛女士一開始就處於不利地位。

首先，當曹丕先生在洛陽，奪取東漢王朝政權，自建帝國時，鄴城在洛陽東北三百公里之外。古人云：「見面三分情。」廝守在一起還有進言或示意的可能，對於陰謀或中傷，也有阻止或解釋的機會。而現在甄洛女士遠在天涯，無論多麼離譜的小報告，她都沒有分辯餘地。

更可怕的是，古中國是多妻制的，甄洛女士僅是曹丕先生的老婆之一，史書上可查考出來的，那時曹丕先生至少已有六位妻子：甄洛女士、郭女王女士、李貴人女士、陰貴人女士，跟亡國之君東漢王朝最後一任皇帝劉協先生的兩位女兒。李、陰以及兩位劉姓女兒，地位並不重要，重要的是郭女王，她比甄洛女士更年輕，更漂亮，更智慧。老爹曹操先生晚年要指定合法繼承人（世子）時，兒子們之間曾發生八仙過海，各顯神通的節目，最後曹丕先生獲勝，其中一部份功勞，得力於郭女王的謀略。而曹丕先生在奪取政權時，郭女王女士跟在身旁，說明郭女王第一回合已佔絕對優勢。

曹丕先生讓皇后寶座虛懸，遲遲不決定人選，對甄洛女士來講，她應該警覺到已亮起了紅燈。如果要她當皇后的話，早宣佈了矣。所以沒有宣佈，正是另外有人——那就是郭女王，她已經十拿九穩，只多了甄洛女士擋住她的路。

郭女王用了啥惡毒的手段，我們不知道。三國演義上說，她跟搖尾系統張韜先生合謀，由張韜先生出面，義正詞嚴的檢舉在鄴城宮裏，掘出甄洛女士所埋葬的木偶，木偶上寫着曹丕先生的生辰八字。讀者老爺對大鬧西漢王朝的一些「巫蠱」事件，一定還有印象，現在重新出現。曹丕聽啦，「大怒」。三國志比較含蓄，只說甄洛女士因為不能馬上當皇后，口有怨言，曹丕聽啦，「大怒」。

兩件事都有可能，「誣以謀反」是中國傳統文化中最拿手的合法屠殺，甄洛女士溫柔機警的性格，不可能口出怨言——她了解當時婦女的地位，更了解自己是再嫁之身，她很能克制自己，所以史書上特別強調她從不忌妒。但人性的變數太多，面臨皇后的重要關鍵，也可能忍不住失望和抱怨。問題是，即令失望抱怨，也不至於激起丈夫的殺機。何況我們壓根兒不相信她會形諸顏色。不過，只要小報告堅持她「有怨言」，她就非「有怨言」不可，有郭女王在，甄洛注定要死。反正是不管怎麼吧，曹丕先生既然「大怒」，就忘了昔日「癡立落劍」的恩情，立刻派出專使，逼甄洛女士服毒自殺。

曹丕先生是在二二〇年十月當上皇帝的，翌年（二二一）六月，就把甄洛女士處死，假如曹丕先生不當皇帝，她會好好活着。甄洛女士在九個月中，經過狂歡、失望、疑懼等等折磨，但她絕想不到最後站在她面前的竟是丈夫派來的殺手。然而郭女王女士仍恐懼她死後向閻羅王控告，所以下令把甄洛女士中毒的屍體，特別處置，頭髮披到臉上，用糠塞住她生前動人心魄的櫻桃小口。蓋教她的靈魂，既無臉見人，又有口難言。

寫到這裏，再介紹一篇關於甄洛之死的記載，內容恰恰相反。魏書曰：

「有司（有關單位）奏建長秋宮（娶皇后），帝（曹丕）璽書迎后（甄洛）詣行在（皇帝住的地方），后（甄洛）上表曰：『妾聞先代之興，所以饗國久長，垂祚後嗣，無不由后妃焉。故必愼選其人，以興內教。今踐阼之初（剛當上皇帝），誠宜登進賢淑，統理六宮。妾自省愚陋，不任粢盛之事，加以寢疾，敢守微志。』璽書三至，而后（甄洛）三讓，言甚懇切，時盛暑，帝（曹丕）欲須秋涼，乃更迎后（甄洛）。會后（甄洛）疾遂篤，夏六月丁卯，崩於鄴（河北省臨漳縣西南鄴鎭），帝（曹丕）哀痛咨嗟，贈皇后璽綬。」

一個史學家把一場血淋淋的謀殺，妻子慘死，丈夫翻臉下手，另一個女人在旁幫凶，竟形容得像詩一樣的美麗。丈夫多麼恩重如山呀，再三再四迎迓；妻子多麼敦厚呀，硬要推辭，而且及時的壽終正寢；幫凶卻根本沒有出現。中國竟有這種無恥的高級知識份子，以爲一枝筆就可以把醜惡化爲聖潔，眞是中國人的羞辱，未免太低估中國人的智慧矣。

洛神賦

甄洛女士死時四十歲，正是內在美和外在美都同趨成熟，最有魅力的迷人年齡，現在成爲一縷冤魂。但文學史上，卻爲這位冤魂，留下佳話，那就是她跟她丈夫弟弟曹植先生的一段愛情。文學史上沒有詳細敍述他們叔嫂怎麼相識，和怎麼幽會。但我們可以想像，這位弟弟初睹嫂嫂容顏時，跟他哥哥一樣，也會同樣神魂飄蕩。而曹植先生文學方面的造詣，跟氣質瀟灑，遠超過渾身流氓氣息的哥哥曹丕。眞正的愛情是不認識權勢的，叔嫂之間，遂存在着靈和肉的愛慕。

這樁奇異的宮廷型親暱，因曹植先生的一篇賦，而流傳下來。在這篇文學作品中，曹植先生當然不敢明目張膽指出跟他相戀的人就是他的嫂嫂，但他用洛水女神宓妃代替她，命名爲洛神賦。赤裸裸地寫出嫂嫂的絕倫美艷，和二人的纏綿繾綣。寫賦的時間是二二二年，甄洛女士已死一年矣，生既不能再見，只有寄望於冥冥中相會。昭明文選特別介紹說，鄴城陷落時，甄洛女士被不解風情，只知道肉慾的曹丕先生霸佔，曹植先生「殊不能平，晝思夜想，廢寢忘食」，我們不能不感到命運對人的作弄，假如當初第一個闖進袁家的不是曹丕，而是曹植，甄洛女士成爲曹植夫人矣。二二二年，曹植先生去洛陽朝見老哥，曹丕先生大概要吃老弟的豆腐，或者爲了報復老弟的荒唐，就把甄洛女士生前所用的枕頭（玉縷金帶枕）教他瞧，曹植先生看啦，流下眼淚。曹丕先生索性把枕頭送給他，曹植先生辭朝回國（曹植先生當時的封號是鄄城王，鄄城，今山東省鄄城縣），在洛水過夜，思念甄洛女士，昭明文選曰：「忽見女來，自云：『我本託心君王（曹植），其心不遂，此枕是我在家時從嫁，前與五官中郎將（曹丕），今與君王（曹植）。遂用薦枕席，歡情交集，豈常情所能具，爲郭后以糠塞口，令披髮羞，將此相貌，重睹君王（曹植）爾。』言訖遂不復見。所在遣人獻珠與王（曹植），王（曹植）答以玉珮，悲喜不能自勝，遂作感甄賦，後明帝（曹叡——甄洛女士的兒子）見之，改爲洛神賦。」

曹叡先生是曹魏帝國第二任皇帝，他把男女幽會的宓妃賦、感甄賦，改爲洛神賦，顯然他不知道那位風情萬種的女郎，就是他的娘親。否則，曹植先生縱是叔父，也要人頭落地矣。在這篇賦中，可看出曹植先生跟漂亮嫂嫂之間一段祕密的戀情。

賦曰：

「余從京域（洛陽），言歸東藩（封國鄄城在洛陽之東），背伊闕（洛陽南郊關隘），越轘轅（洛陽東南關隘）。經通谷（洛陽南十八里），陵景山（河南省偃師市南八公里緱氏鎮）。日既西傾，車殆馬煩。爾迺稅駕乎蘅皋，秣駟乎芝田。容與乎陽林，流眄乎洛川。於是精移神駭，忽焉思散。俯則未察，仰以殊觀。睹一麗人，于岩之畔。迺援御者而告之曰：『爾有覿於彼者乎？彼何人斯，若此之艷也。』御者對曰：『臣聞河洛之神，名曰宓妃，然則君王（曹植）所見，無迺是乎？其狀若何，臣願聞之。』余告之曰：『其形也，翩若驚鴻，婉若遊龍。榮曜秋菊，華茂春松。彷彿兮若輕雲之蔽月，飄颻兮若流風之迴雪。遠而望之，皎若太陽升朝霞。迫而察之，灼若芙蕖出淥波。穠纖得衷，修短合度。肩若削成，腰如約素。延頸秀項，皓質呈露。芳澤無加，鉛華弗御。雲髻峩峩，修眉聯娟。丹唇外朗，皓齒內鮮。明眸善睞，靨輔承權。瓌姿艷逸，儀靜體閒。柔情綽態，媚於語言。奇服曠世，骨像應圖。披羅衣之璀粲兮，珥瑤碧之華琚。戴金翠之首飾，綴明珠以耀軀。踐遠遊之文履，曳霧綃之輕裾。微幽蘭之芳藹兮，步踟躕於山隅。』於是忽焉縱體，以遨以嬉。左倚采旄，右蔭桂旗。攘皓腕於神滸兮，采湍瀨之玄芝。余情悅其淑美兮，心振蕩而不怡。無良媒以接歡兮，託微波而通辭。願誠素之先達兮，解玉珮以要之。嗟佳人之信修，羌習禮而明詩。抗瓊珶以和予兮，指潛淵而爲期。執眷眷之款實兮，懼斯靈之我欺。感交甫之棄言兮，悵猶豫而狐疑。收和顏而靜志兮，申禮防以自持。於是洛靈感焉，徙倚彷徨。神光離合，乍陰乍陽。竦輕軀以鶴立，若將飛而未翔。踐椒塗之郁烈，步蘅薄而流芳。超長吟以永慕兮，聲哀厲而彌長。爾迺眾靈雜遝，命儔嘯侶。或戲清流，或翔神渚。或采明珠，或拾翠羽。從南湘之二妃，攜漢濱之游女。嘆匏瓜之無匹兮，詠牽牛之獨處。揚輕袿之猗靡兮，翳修袖以延佇。體迅飛鳧，飄忽若神。凌波微步，羅襪生塵。動無常則，若危若安。進止難期，若往若還。轉眄流精，光潤玉顏。含辭未吐，氣若幽蘭。華容婀娜，令我忘餐。於是屏翳收風，川后靜波。馮夷（水神）鳴鼓，女媧（天神）清歌。騰文魚以警乘，鳴玉鸞以偕逝。六龍儼其齊首，載雲車之容裔。鯨鯢踊而夾轂，水禽翔而爲衛。於是越北沚（北海），過南岡。紆素領，迴清陽。動朱唇以徐言，陳交接之大綱。恨人神之道殊兮，怨盛年之莫當。抗羅袂以掩涕兮，淚流襟之浪浪。悼良會之永絕兮，哀一逝而異鄉。無微情以効愛兮，獻江南之明璫。雖潛處於太陰，長寄心於君王。忽不悟其所舍，悵神宵而蔽光。於是背下陵高，足往神留。遺情想像，顧望懷愁。冀靈體之復形，御輕舟而上遡。浮長川而忘反，思綿綿而增慕。夜耿耿而不寐，霑繁霜而至曙。命僕夫而就駕，吾將歸乎東路。攬騑轡以抗策，悵盤桓而不能去。」

攜手上床

洛神賦寫於二二二年，距今一千八百年，古字怪句，深奧艱澀，堆滿了互不相關的形容辭，恐怕沒有幾個人看得懂。

——努力反對漢字拼音化的朋友，常捶胸猛號曰：「世界上只有中國人可以看得懂兩千年前的古書呀，英國人能乎哉？法國人能乎哉？」英國人法國人當然不能乎哉，事實上，中國人也不能乎哉，日本人更不能乎哉。貴閣下如果有此項本領，別說其他更古的書啦，就說這篇洛神賦吧，你懂得幾句？

爲了普渡眾生——瞧瞧甄洛女士在她情人眼中千嬌百媚的模樣，且冒險譯成白話。可不是說我懂，只是說我膽大如斗，服務心切，所以，一切以原文爲準。曰：

「我從洛陽，東歸家園。離開伊闕，越過轘轅。道經通谷，翻過景山。太陽已經西下，車馬又疲又煩。暫時停在平坦的草地上休息，使馬匹輕鬆去吃長着芝草的農田。這時樹林一抹斜陽，看到腳下粼粼洛川。霎時間意亂情迷，思緒消散。最初什麼都見不到，稍後發現動人景觀。一位艷麗奪目的女子，站在河上岩石旁邊。驚疑不定，問車夫曰：『你看見什麼啦？她是什麼人，這樣的絕倫美艷？』車夫對曰：『我聽說洛川有位女神，名叫宓妃，你所看見的，莫非就是這位神仙？她長得模樣如何？可肯述說一遍？』我曰：『她輕盈像受驚的飛鴻，柔軟像天上飛舞的游龍。豐滿像秋天盛開的菊，莊嚴像一棵古老的松。隱隱約約，像薄雲偶爾遮蔽的明月。飄飄搖搖，像大風吹捲下的雪。遠遠看起來，光彩四射，像初昇的朝霞。走近仔細欣賞，細膩分明，像芙蓉剛伸出水涯。胖瘦恰到好處，高低更是適度。雙肩下傾，像刀削一樣，小腰身緊緊的和細細的裹束。長長的秀髮披下來，雪白的玉顏，被密密掩住。沒有施一點脂粉，更沒有奇裝異服。頭上高高梳着一個圓髻，雙眉彎彎修長。可愛的紅唇嘅着，貝殼般的皓齒微露白光。大眼睛水汪汪的，面龐削瘦得從顴骨下降。風姿綽約，儀態萬千。柔情媚意，小口說話像往外滴蜜。華貴衣裳，人間稱奇。嬌嫩模樣，更使人入迷。走動時衣裳發出悉索聲音，搖擺着名貴的瓊瑤寶玉。戴着翡翠首飾，懸掛着明珠，照亮她纖小的身軀。穿着出遠門的繡花鞋，搖曳着輕綃的裙裾。幽香隨着她漸漸逼近，那細細的腳步，踟躕在山隅。』我對車夫的話，剛說到這裏。而她已走到面前，親密的挨到她的玉體。看見她衣襟上繡着彩色的圖案，右臂上覆着錦旗。就在這清爽的水濱，她捲起袖子，露出玉手，蹲在沙上戲弄着水草。我多麼喜歡她的美麗啊，心頭震盪，像小鹿一樣亂跳。卻沒有人代我傳遞心聲啊，只託付給眼前清澈的漣漪。但願這份眞情能感動她啊，送給她一個玉珮爲記。可是她的品德是何等的高貴啊，既知書而又明禮。她也還報我一個玉珮啊，指着河水相許。

撫着那仍有餘溫的寶物啊，卻恐怕她只是一時嬉戲。對她的柔情雖然深深感動啊，可是仍免不了忐忑狐疑。我急忙收斂我放肆的念頭啊，想到我一向受的道德教育。然而，她已經察覺到我心情的變化，徘徊徬徨。天空光線閃動，忽然濃陰，忽然又見太陽。她的玉體像白鶴一樣的站在那裏，好像正要振翅飛翔。她腳下的土地發出幽味，每一步都洋溢着芳香。我長長的嘆息着，表達我的愛慕啊，聲音充滿了哀厲悽涼。妳是一位神仙，自然和神仙相配鸞凰。妳們遊戲在清流，飛翔在河上。有的採取明珠，有的摘取桃漿。像漢水邊無邪的游女，又像南遊的妃子——女英和娥皇。恨牛郎星不能過天河啊，讓織女星獨守空房。風輕輕的揚起飄蕩的衣襟啊，她用長袖把它遮住。小身軀好像水鳥，搖動飄忽。輕輕的好像可以在水面上行走，玻璃絲襪卻沾染上塵土。她的舉動柔和得難以捉摸，似乎很危險，卻似乎又很安全。不知道她是前進或是後退，既像是去，又像是還。雙目流轉，玉容光艷。有話要說卻又止住，只聞到氣息幽蘭。婉轉婀娜，使我忘記進餐。這時候忽然天際風停，河川浪靜。水神鳴鼓收軍，女媧唱出歌聲。鯉魚跳出水面，鳳鳥發出清鳴。六條龍並出天際，神仙乘的雲車，奔馳凌空。巨魚跳躍在雲車兩旁，水禽們護衛着擔任哨警。看啊，越過北海，越過南岡。轉過玉頸，回顧哀傷。她微啓朱唇，告訴我怎麼攜手上床。只恨人神是兩個世界，只怨沒有早日相將。舉羅袖掩住眼淚，眼淚卻盈滿眼眶。哀悼我們這次幽會是永訣了啊，轉瞬間各奔異鄉。沒有更多的言語表達我的愛啊，送給一對耳璫。雖住在冥冥中的太虛幻境，卻永遠記着情如長江。忽然間不知道身在何處，從雲霄降下一道白光。什麼都不見了，我走下高岡。遺留下的情懷，四顧張望。盼望她再顯現人形，乘小舟逆流而上。在河上樂而不返，相思綿綿，更增難忘。夜漫漫而不能入睡，霜露不斷，直到天亮。教車夫整裝上道，將踏上歸途還鄉。手執繮轡拉馬，不忍就去，湧上無限惆悵。」

除了這篇賦，甄洛女士還爲現代人們留下一部洛神電影。然而，往事一一都化雲煙。使我們難忘的不是她的花容月貌，而是她被灌下毒藥時的悽涼感受，悲夫。

國家圖書館出版品預行編目資料

皇后之死：姑蘇響鞋・溫柔鄉・長髮披面 / 柏楊
作 . -- 二版 . -- 臺北市：遠流， 2017. 10
面 ； 公分. -- （柏楊精選集）
ISBN 978-957-32-8146-7（平裝）

1. 后妃 2. 女性傳記 3.中國

782.22 106017481